YINGKE® 盈科 | 盈科全国业务指导委员会系列丛书

“盈”的秘密②

有效辩护的53个证据突破

THE SECRET
OF
EFFECTIVE DEFENSE

盈科律师事务所 / 编
赵春雨 / 主编

法律出版社 LAW PRESS · CHINA
北京

图书在版编目(CIP)数据

"盈"的秘密.2,有效辩护的53个证据突破/盈科律师事务所编;赵春雨主编.--北京:法律出版社,2021(2024.11重印)
ISBN 978-7-5197-6008-3

Ⅰ.①盈… Ⅱ.①盈… ②赵… Ⅲ.①刑事诉讼—辩护—研究—中国 Ⅳ.①D925.210.4

中国版本图书馆CIP数据核字(2021)第200025号

"盈"的秘密2:有效辩护的53个证据突破
"YING" DE MIMI 2: YOUXIAO BIANHU DE 53GE ZHENGJU TUPO

盈科律师事务所 编
赵春雨 主编

策划编辑 朱海波
责任编辑 朱海波
装帧设计 汪奇峰 鲁 娟

出版发行 法律出版社
编辑统筹 法律应用出版分社
责任校对 晁明慧
责任印制 刘晓伟
经 销 新华书店

开本 710毫米×1000毫米 1/16
印张 26.75 字数 560千
版本 2021年11月第1版
印次 2024年11月第2次印刷
印刷 固安华明印业有限公司

地址:北京市丰台区莲花池西里7号(100073)
网址:www.lawpress.com.cn
投稿邮箱:info@lawpress.com.cn
举报盗版邮箱:jbwq@lawpress.com.cn

销售电话:010-83938349
客服电话:010-83938350
咨询电话:010-63939796

书号:ISBN 978-7-5197-6008-3
定价:85.00元

回归刑事辩护的真谛

——证据辩护的新理念、新思维、新方法

刘静坤　中国政法大学教授

不自见，故明；不自是，故彰；不自伐，故有功；不自矜，故长。夫唯不争，故天下莫能与之争。

——《道德经》

伴随认罪认罚从宽制度改革，以及近期法律援助法的出台，刑事辩护的制度环境正在历经重大变革。无论是刑事辩护行业、律师事务所，还是辩护律师，都要认真审视辩护行业的当下，理性思考刑事辩护的未来。刑事辩护应当往何处去？如何破解刑事辩护的难题？如何通过刑事辩护推进法治进程？对于这些问题，盈科律师事务所刑事法律专业委员会，特别是赵春雨律师和她的团队，和其他致力于刑辩专业化的同行一道，进行了积极而又颇有成效的探索。

对刑辩律师而言，辩护质量是立业之本。从辩护质量角度看，证据辩护是刑事辩护的核心。[1] 自 2010 年《关于办理死刑案件审查判断证据若干问题的规定》《关于办理刑事案件排除非法证据若干问题的规定》出台以来，我国刑事证据制度快速演进。传统的粗放型刑事辩护，早就不再适应实践的需要；专业化的证据辩护，已然成为有效辩护的标准。证据辩护的水平，直接决定案件辩护

1　赵春雨：《双管齐下：内外证据合力支撑辩点》。

的质量；证据辩护的经验，直接影响证据规则的走向。

辩护律师不仅是证据规则的“消费者”，在某种程度上也是证据规则的“生产者”。也许是使命驱动，也许是职责使然，辩护律师能够真正认真地对待证据规则，真正建立起书本上的规则与实践中的规则之间的桥梁，真正扮演着证据规则卫道者的角色。从辩护律师的视角看待证据规则，有助于全面审视我国证据规则的进步和不足，进而有的放矢地推进证据规则的发展与完善。

本书收录了盈科律师事务所刑事法律专业委员会精选的辩护成功案例，值得理论界和实务界认真研究。本文对相关案例进行了梳理，并从三个维度切入，强调刑事辩护回归证据辩护的真谛，总结了证据辩护的新理念、新思维、新方法，希冀对刑事辩护领域的研究和实践有所裨益。

一、案卷中的证据与案卷外的证据

辩护律师的首要职责，是认真研究案卷中的证据，据以评估指控的案件事实能否成立。对于指控证据不足，明显未达到法定证明标准的案件，辩护律师通过梳理、研析案卷中的证据，有效识别证据风险、漏洞，就往往能够达到预期的辩护效果。不过，随着审前程序逐步完善，对于大多数案件，在案证据已经形成互相印证的证据链，辩护律师仅审查案卷中的证据，可能难以满足有效辩护的要求。

试想，如果办案机关因各种主客观因素的限制，并未发现有利于被追诉者的证据，或者虽然发现此类证据，但受有罪推定、确证偏见等心理影响，并未将之收集在案，或者虽然收集在案，但未随案移送，那么，辩护律师仅围绕案卷证据开展辩护，势必难以打破辩护僵局。鉴于此，以卷内证据为刃刺破指控逻辑，以取证证据为石夯实立论基础，两者双管齐下、有机结合，是有效辩护不可或缺的路径。[1]

1　赵春雨：《双管齐下：内外证据合力支撑辩点》。

第一，基于辩护逻辑需要，构建竞争性的辩护证据体系。基于举证责任的要求，辩护方不需要承担被告人无罪的证明责任。但是，对于公诉机关指控的事实和罪名，辩护律师要想进行实质性的无罪或者轻罪辩护，通常要结合案卷中的证据，搜寻有利于被追诉者的证据。

进一步讲，辩护律师要想论证指控的事实不能成立，或者不构成犯罪，或者构成比指控罪名更轻的罪名，仅靠质疑指控证据往往并不够，还需以证据分析为基础重塑事实，在此基础上对重塑的事实进行规范的法律评价。这在重大疑难案件中体现得尤为突出。这种重塑事实的过程，既要梳理指控证据的问题和缺陷，质疑指控的证据体系，也要提供案卷外的辩护证据，构建与辩护意见契合的竞争性辩护证据体系。

立足辩护实践，案卷中的证据往往是有限的，甚至是片面的，离开辩护律师调查取证，便无法还原案件事实。[1] 指控证据的缺陷和不足，为证据辩护提供了现实的可能。辩护律师应当从整体论的犯罪重建视角，挖掘潜在的辩护证据，并整合案卷中的证据，重塑与辩护意见契合的事实，并促使法庭认同辩护律师重塑的事实。

第二，识别案卷证据缺陷，有针对性地选择辩护策略。强调重塑事实的重要性，并不是说案卷中的证据不重要。相反，案卷中的证据是法庭审判的基础，也是有效辩护的前提。对于不愿或者不能调查取证的辩护律师而言，聚焦案卷中的证据进行分析，仍然是最主要的辩护途径。但是，围绕案卷证据进行分析，不能陷入指控思维的窠臼，而是需要秉承批判思维，锁定关键证据，准确识别关键证据和证据体系存在的缺陷。

对于传统类型的证据，办案机关往往注意审查、核实，但对于鉴定意见等涉及专门知识的证据，办案机关通常只是进行形式审查。与此同时，因鉴定机构

1 赵春雨:《双管齐下:内外证据合力支撑辩点》。

了解的案件情况有限，其鉴定意见也存在失真风险。这使办案机关和鉴定机构之间形成了证据质量的“死角”。如果辩护律师能够有效识别鉴定意见等关键证据存在的风险，并据以动摇指控的证据体系，就能说服法官作出有利于辩护方的认定。

例如，对于专业审计报告的案件，审计机构一般不会仔细查阅案卷，由此制作的审计报告无法对账户流入和流出的资金性质进行准确判断，而公安机关可能直接根据审计报告计算行为人的犯罪所得。[1]如果辩护律师通过调查核实，指出审计报告存在的问题，就能达到良好的辩护效果。再如，对于精神病人或者醉酒的人犯罪的情形，如果办案机关并未对此进行鉴定，或者已有的鉴定意见存在问题，辩护律师就可以说服司法机关进行鉴定，或者进行重新鉴定。即便司法机关不启动鉴定程序，或者经鉴定当事人的刑事责任能力没有问题，辩护律师也可以从当事人的认识和控制能力有所削弱的角度，论证当事人的主观恶性较低，并结合案件的客观危害结果实现有效辩护。[2]

第三，重视证据动态变化，及时发现、收集辩护证据。犯罪行为一经发生，由此形成的证据就处于改变、污染、灭失的风险之中。从证据辩护的角度看，能否及时发现、收集辩护证据，直接决定辩护工作的空间和成效。鉴于此，尽管侦查阶段辩护律师无法阅卷，获取辩护证据的渠道有限，但证据辩护不能因此而停止，而是应当尽可能地获取辩护证据。

与侦查机关在取证方面的程序和技术优势相比，辩护律师拥有从犯罪嫌疑人及其家属等处获得隐秘信息的案件知情优势。充分发挥案件知情优势，能够在证据辩护方面掌握一定的主动权。鉴于此，辩护律师在侦查阶段无法阅卷的情况下，可以通过会见当事人、与家属沟通等方式详尽了解与案件有关的情况，

1 黄敬：《反弹琵琶：逆用刑事印证规则推翻诈骗指控》。
2 胡瑾：《创造条件：从认识和控制能力角度降低主观恶性》。

进而在当事人罪与非罪不甚明朗时，从定罪事实、量刑情节以及犯罪嫌疑人的刑事责任能力等方面寻找突破口。[1]实践表明，在审前程序中，如果辩护律师能对“看不见的证据”作出“精准预判”，有的放矢地提出辩护意见，将会对“捕与不捕”甚至案件走向起到非常关键的作用。[2]

那么，对于辩护律师而言，究竟哪些情况下需要调查取证呢？有必要调查取证的案件，通常具备以下三个前提：第一，辩护律师通过会见、阅卷等工作，发现办案机关指控的事实，与当事人陈述的情况存在实质性矛盾，可能影响定罪量刑；第二，当事人陈述的情况存在的合理性，能够做到逻辑自洽，有调查取证的现实必要；第三，当事人针对辩解理由提供了依据或线索，而办案机关并未收集有关证据。[3]

需要指出的是，辩护律师可以自身调查取证，也可以通过申请司法机关收集、调取证据的方式，由司法机关“代为收集”可能证明被追诉者无罪、罪轻的关键证据。例如，对于现场的血迹、指纹等生物证据应当提取而没有提取、应当鉴定而没有鉴定、应当移送鉴定意见而没有移送等情形，导致案件事实存疑的，辩护律师可以申请司法机关收集、调取、移送有关证据。对于关键证据由第三方保管，辩护律师难以取证等情形，也可以申请司法机关调取有关证据。

二、证据的表象与证据的实质

《关于办理死刑案件审查判断证据若干问题的规定》《关于办理刑事案件排除非法证据若干问题的规定》确立了证据的分类审查规则，为辩护律师审查判断证据提供了依据指引。每类证据都具有独特的证明价值，也存在独特的证明风险。辩护律师对证据的审查分析，不能仅局限于证据表层的价值，而是应挖掘证据的实质内容。

1 胡瑾：《创造条件：从认识和控制能力角度降低主观恶性》。
2 王长利：《精准预判：突破捕前证据的“盲点”》。
3 刘晓安：《转守为攻：补充办案机关“需要”的证据》。

第一，对于新型、复杂证据隐藏的信息，应当通过可视化技术客观、生动地展现。对于电子数据、视听资料等证据，传统的证据审查方式难以识别隐藏的证据信息。如果辩护律师对此类证据仅做形式审查，势必遗漏有利于辩护的重要信息，进而错失证据辩护的良机。

专业辩护，不是让辩护律师成为万能律师。辩护律师遇到专业问题，应当寻求专家的帮助。实践表明，对于涉及视听资料的案件，通过可视化技术客观、生动地展现视频信息，可以让我们透过言词证据，重构案发经过。[1]这对于解决言词证据的矛盾，客观重塑案件事实，具有非常重要的意义。

第二，对于言词证据构建的虚假印证，应当通过客观证据予以破解。言词证据容易存在失真风险，有的案件看似证据之间相互印证，其实是言词证据构建的虚假印证。因此，对言词证据的审查，不能仅停留在表面，还要分析其形成的原因，考察其形成的背景以及证明内容的合理性。[2]更重要的是，对于能用客观证据验证的疑点，要想方设法寻找强有力的客观证据，方能破解核心指控证据的虚假印证，击破指控的核心事实，达到釜底抽薪的效果。[3]

例如，对于证人证言笔录存在的疑问，如果案件中有询问录音录像，就应当审查询问同步录音录像光盘。[4]对于同时存在笔录和录音录像的情形，无论是犯罪嫌疑人供述还是证人证言，当笔录内容与录音录像存在差异的，应当以录音录像为准。同理，当言词证据存在疑问的情形，应当寻求客观证据予以核实。例如，对于虚开汇票等类型的案件，不仅要审查言词证据，更要审查相关的账证记录和电子数据。[5]

第三，对于推定证明、捆绑证明等情形，通过证据分析揭示证明风险。司法

---

1 辛明:《可视化技术:从视听资料中探求真相》。
2 董有生:《表里不一:同步录音录像推动案件反转》。
3 魏俊卿:《步步深入:破解控方核心证据的虚假印证》。
4 董有生:《表里不一:同步录音录像推动案件反转》。
5 丁一元:《电子证据:击爆诈骗谜局的核武器》。

实践中，对行为性质、非法占有目的等主观要素，证明难度较大；办案机关通常是基于言词证据加以证明，或者结合案件情况加以推定。毋庸讳言，言词证据存在失真风险，推定证明容易以偏概全。[1] 辩护律师应当清楚地看到，司法证明棘手之处，恰为证据辩护用武之地。主观要素的证明是指控的薄弱环节，证据辩护应当对此投入更多精力。例如，对于“非法占有目的”的认定，既要避免单纯根据损害后果进行客观归罪，也不能仅凭行为人的供述证明，而是必须坚持客观基础上的主观判断。[2]

同时，对于共同犯罪等情形，办案机关倾向于进行捆绑证明，对此，辩护律师应当善于提出质疑和反证。特别是共同犯罪被告人仅参与部分犯罪的情形，辩护律师应当重视对相关言词证据的审查，解构证据内容并发现细节差异，进而重塑案件事实，使之成为支撑辩护观点强有力的基石。[3]

对于下游犯罪的情形，辩护律师应当注意辨析上游、下游犯罪的关联及行为差异。例如，对于掩饰、隐瞒犯罪所得犯罪，行为人基于同一故意、在同一时间、同一地点，同时或者连续对多起上游犯罪实施掩饰、隐瞒行为的，一般应认定为一次掩饰、隐瞒行为。在个案中，对于非职业销赃人的掩饰、隐瞒行为，应当认真分析掩饰、隐瞒行为的次数，基于同一概括的掩饰、隐瞒故意，在非常紧密的时间段，连续对莫某多起上游犯罪实施掩饰、隐瞒行为，应当认定为一次掩饰、隐瞒行为，至少不应认定超过上游犯罪的既遂次数。[4]

三、有罪推定型指控与无罪推定型辩护

大胆假设，小心求证，是探究案件事实的基本要求。然而，在假设和求证两方面，控辩双方都存在短板和弱项。指控的问题在于，对于有罪假设先入为主，

1 潘忠平:《言之凿凿:言词证据所涉事实的重构》。
2 陈启明:《蛛丝马迹:案件的真相源于生活的真实》。
3 潘忠平:《言之凿凿:言词证据所涉事实的重构》。
4 吴嘉欣:《彼矛彼盾:用控方证据讲辩方故事》。

急于求证，粗心求证，乃至非法取证；辩护的问题在于，对于无罪、罪轻假设，怠于求证，规避求证，乃至放弃求证。须知，面对有罪推定型指控，辩护律师唯有积极搜集反证，并对所有证据全面分析比对，实现建构全新事实或呈现完整事实的效果，方可帮助办案单位查清事实，推翻有罪认定。[1]立足司法个案，能否促使办案机关回归无罪推定原则，关键在于辩护律师的努力。

第一，即便被追诉者选择认罪，辩护律师也有必要开展无罪推定型辩护。立足现有的审前程序，辩护律师在侦查讯问时不能在场，犯罪嫌疑人面对压力极大的羁押讯问，缺乏法律和心理支持，其认罪的自愿性和合法性缺乏制度保障。此种情况下，被追诉者选择认罪，也不意味着辩护律师就应当放弃证据辩护。基于无罪推定原则，辩护律师应当对有罪推定型指控的内在风险提高警惕，积极搜寻对被追诉者有利的无罪、罪轻证据，积极开展对被追诉者有利的证据辩护。

通常情况下，在案多数证据能够形成印证关系，只有被告人供述与在案证据不符，而办案机关又往往认为被告人是在狡辩。辩护律师的职责，恰恰是帮助被追诉者缓冲追诉压力，冷静、专业而又敏锐地寻求辩护的空间。例如，对于办案机关取证不全面的情形，辩护律师应当补足证据体系。有的案件，聊天记录是认定案件事实的关键证据，但办案机关只调取几个月（乃至几年）之前的聊天记录，而忽视后期的聊天内容；当事人有两个以上的微信号码，都存在与案件相关的内容，但办案机关只调取了其中一个微信聊天记录。对于此种情形，辩护人在梳理指控证据时，应当重点审查有无遗漏的部分。[2]如果发现指控证据存在疏漏，就应当及时调查取证，或者督促办案机关收集有关证据。

第二，对于关键指控证据的疑点，应当穷尽合法途径调查核实。诚然，辩护

1 李明:《原来如此：全面取证，展现全新事实》。
2 陈启明:《蛛丝马迹：案件的真相源于生活的真实》。

律师调查取证面临诸多难题，但关键证据的疑点往往是辩护的唯一出路，如果辩护律师视而不见，有效辩护就无从谈起。反之，如果辩护律师熟练掌握证据分析技能，善于发现关键证据疑点，并积极调查核实，就能使辩护绝处逢生。

例如，一起指控折断光缆的案件，辩护律师基于证据疑点，对光缆纤芯是否折断产生怀疑，通过现场调查，发现光缆没有接续痕迹，结合该区间电话用户当时有过通话的事实，论证光缆纤芯没有折断，有力地反驳了指控证据。[1]

第三，对指控证据的弹劾，应当理性评估弹劾的风险以及应对措施。控辩双方的诉讼对抗，是一种活力对抗。辩护律师对指控证据的弹劾，如果准备不足，非但不能取得理想效果，有时甚至适得其反，反而强化了指控的证据体系。同时，面对辩护律师对证据的质疑，公诉机关还可以补充完善证据。

前文提到，辩护律师的比较优势在于案件知情优势，即被追诉者及其亲属能够告知一些办案机关并不知悉的隐秘信息。问题在于，如果被追诉者及其亲属并未向辩护律师如实提供隐秘信息，就将误导辩护工作，导致对指控证据的弹劾难以奏效。例如，有的案件，当事人向辩护律师陈述的案件情况不真实或者不完全真实，很多关键细节都被"改编"，这是导致辩护"跑偏"的重要原因。[2]鉴此，辩护律师在与被追诉者及其亲属进行交流时，务必向对方强调，必须如实向辩护律师作出陈述；同时，辩护律师应当结合在案证据，核实被追诉者及其亲属陈述的隐秘信息是否属实。

其次，用于弹劾的证据应当尽量选择客观证据。[3]言词证据具有易变性，证人、被害人等基于趋利避害考量，可能会选择性地作出陈述，形成对被告人不利的局面。为了解释言词证据的矛盾，质疑言词证据的可信性，不能局限于言词证据自身，而是应当促使被追诉者、证人、被害人说出"完整的真相"，或者通过

1 魏俊卿:《步步深入：破解控方核心证据的虚假印证》。
2 王长利:《精准预判：突破捕前证据的"盲点"》。
3 陈松创:《旁证弹劾：不会说谎的日期》。

客观证据揭示言词证据的矛盾。

此外，从辩护策略角度看，辩护律师进行证据辩护，不能仅拘泥于定罪事实，也可以从量刑情节方面着手。退赃退赔、刑事和解、取得被害人谅解都是影响量刑的酌定从宽情节。在条件具备的情况下，辩护律师应该尽可能帮助当事人"创造"从宽证据和情节。[1]特别是在当前认罪认罚从宽制度大力推行的背景下，量刑辩护已经成为许多案件唯一可行的辩护策略。

作为被追诉者权利的私人信托，辩护律师应当为维护被追诉者的合法权利而抗争。面对不断变化的制度环境，辩护律师要想实现有效辩护，树立专业品牌，就必须在辩护质量上下功夫。以证据辩护为基础，坚持循证之辩，是刑事辩护专业化的必由之路。通过展现专业辩护的魅力，靠证据说话，以事实立论，或可在一定程度上化解刑事辩护的困境，以"不争"的姿态，达到"无需争"的效果，登临"莫能与之争"的境界。

1 肖兴利:《别出心裁:"创造"酌定从宽证据》。

目　录
CONTENTS

双管齐下：
内外证据合力支撑辩点 001

打通专业：
虚假申报操纵证券犯罪的电子数据质证 009

转守为攻：
补充办案机关“需要”的证据 019

立体解构：
多维度突破控方的证据体系 028

可视化技术：
从视听资料中探求真相 036

去伪存真：
证据细节决定案件成败 043

抽钉拔楔：
合同诈骗案再审无罪的路径 051

原来如此：
全面取证，展现全新事实 059

言之凿凿：
言词证据所涉事实的重构 067

一破一立：
“破”解身份疑云，“立”足合理怀疑 074

以正视听：
推翻嫌疑人的不利供述 081

主动出击：
寻找丢失的证据拼图 089

洞幽察微：
数据可视化在职务犯罪中的应用 097

别出心裁：
“创造”酌定从宽证据 106

另辟蹊径：
恢复手机视频，还原现场真相 114

按图索骥：
破解定罪证据链条的同向思维 121

临危不乱：
紧扣证据实现辩护目标 129

旁证弹劾：
不会说谎的日期 138

彼矛彼盾：
用控方证据讲辩方故事 146

破除迷障：
揭示间接证据定案的核心缺陷 154

攻守之道：
案卷中心主义下的言词证据博弈 162

电子证据：
击爆诈骗谜局的核武器 170

表里不一：
同步录音录像推动案件反转 178

釜底抽薪：
质疑《价格证明》以推翻价格认定 185

蛛丝马迹：
案件的真相源于生活的真实 193

创造条件：
从认识和控制能力角度降低主观恶性 201

兵贵神速：
真相蕴含在客观证据中 208

精准预判：
突破捕前证据的“盲点” 215

反弹琵琶：
逆用刑事印证规则推翻诈骗指控 222

步步深入：
破解控方核心证据的虚假印证 229

高手过招：
打破看似牢固的因果关系证据链 237

交叉询问：
捕获细节漏洞瓦解指控证据体系 244

断其一臂：
成功与失败交织的辩护体验 251

击中痛点：
毒品犯罪中“特情引诱”情节的运用 258

规则制胜：
综合运用两大规则摆脱被动局面 266

循序渐进：
找准违法性的源头 274

见仁见智：
透过现象看本质的证据辨析 281

跨越鸿沟：
行政执法证据转化探究 288

无源之水：
鉴定意见不可承受之重 296

峰回路转：
行业法律法规的超级证明力 303

有效剥离：
以有罪之证解无罪之局 311

以退为进：
利用现有证据实现突破 319

合理怀疑：
案外证据构建怀疑的依据 326

以战促和：
协商辩护中证据的运用 334

步步为营：
犯罪金额认定的连续降级 342

拨云见日：
从杂乱的证据中探求真相 349

打蛇七寸：
直击证据要害销售假药案二审改判无罪 356

化敌为友：
检律协同维护当事人合法利益 364

对症下药：
实现法律效果与社会效果的统一 371

有案可查：
辩方调取证据打破有罪推定 379

责有攸归：
以公诉机关的举证责任为突破 386

勇于突破：
认罪认罚制度下的刑事辩护 394

不在场证明：
用一个支点撬动地球 401

后记：
不忘初心，知行合一 409

双管齐下：内外证据合力支撑辩点

赵春雨[1]

突破思路

刑事辩护是逻辑的艺术，是语言的艺术，究其根本是论证的艺术。有一分证据说一分话，证据是认定案件事实的基础，审查和分析证据是辩护的重中之重，概言之，证据辩护是刑事辩护的核心。实践中，律师归纳卷宗证据矛盾、寻找有利证据，是刑事辩护的常态，而律师行使调查取证权、补充有利证据，是刑事辩护的奇兵。可以说，以卷内证据为刃刺破指控逻辑，以取证证据为石夯实立论基础，两者双管齐下、有机结合，是有效辩护不可或缺的路径。

案情简介

近年来，公安机关对新型传销犯罪的打击力度不断加大。本案发生在2015年至2017年，起诉书指控：2015年年初，被告人L注册成立k科技公司，后因资金短缺，无法继续经营。为获取资金，被告人L根据曾参加过传销组织的传销模式，以"消费增值"为名义，实质以高额返利为诱饵，相继制定了N套

1 盈科全国刑事法律专业委员会主任、盈科刑辩学院院长。

销售方案面向社会公众吸纳资金。按照方案规定，购买公司产品进行投单方能成为公司会员，分为动态、静态两种收益模式，其中动态收益是以发展会员进行投单计酬为主，先入会会员从发展的下线会员投资中获取收益，即直接推荐一人获得直推奖，推荐的会员再发展下线获得代数奖。2017年以后，加大了发展会员投单计酬的奖励力度，同时要求会员必须根据投单情况购买不同价格的公司产品或者公司贴牌包装的产品。k科技公司成立分公司后，又增加了分公司经理对在其分公司进行投单提成的奖励模式。静态收益则以会员投单数量为依据，根据所投方案，在期限内给予利润，返利期限短，利润巨大。其利用后期的会员投单资金支付先期会员的高额返利，以此维持方案运作。在推荐奖励和分发工资的双重刺激下，各地发展会员较多的骨干相继成立分公司，推行k科技公司的销售方案，公开面向全社会发展会员，引诱参加者继续发展会员，接收会员进行投单。公诉机关认为，k科技公司销售的产品价格高昂、物非所值，在案发地发展会员投单金额近3亿元。被告人L承认投单返利的销售模式，但是，其主张团队计酬只收取两层提成，即如果A推荐B，B推荐C，C推荐D，A只拿B每单100元的提成和C每单50元的提成，D的投单则与A无关，并未达到传销犯罪要求的三个层级。L认为自己采取案涉经营模式，系因银行贷款受阻，不得已使用社会募集资金来维持公司运营，案发前均如期兑付，没有侵害老百姓的财产，也没有诈骗老百姓的故意。

据了解，本案由k科技公司内部员工举报，系利益分配不均所致，并无投资人报案。在侦查和审查起诉阶段，尽管当地律师提出L不构成传销犯罪，但办案机关不为所动，k科技公司账户2亿余元资金均被冻结。转眼1年过去了，L一直在羁押中。案件进入审判阶段后，L的女儿决定到北京聘请律师，寄希望于关键时刻力挽狂澜。

办案过程

这个案件的委托，笔者记忆犹新。2018 年 9 月 8 日，笔者正在组织“刑法与行政法交叉法律适用高峰论坛”，刑法、刑诉法学界泰斗与知名刑辩律师齐聚一堂，共同探讨刑行交叉案件的疑难法律问题。L 的女儿通过当地律师联系到笔者，我们约在论坛结束后见面。听完案情介绍，笔者明确表示，“这个案件不具备无罪辩护的条件，区分传销行为与集资行为，从组织、领导传销活动罪向非法吸收公众存款罪辩护，再充分运用法定、酌定情节争取判处缓刑，相对较为可行”。L 的女儿与当地律师都很认可笔者的分析，表示如果能够缓刑就非常理想了，就朝着这个目标努力。

从接受委托到开庭，前后只有 2 个月时间。各项工作紧锣密鼓，不敢丝毫懈怠。笔者第一个工作目标，是深入开展阅卷工作，旨在从卷宗内发现蛛丝马迹，寻找突破道具产品、入门费和人头费指控的思路。在案书证显示：7 套营销方案可以印证被告人的辩解，前 2 套方案产品价值为 0 元，没有入门费；后 5 套方案，产品价值为 500 元，均有对应的实物——有机大米和养生酒类；7000 元只是投单的基础金额，可以投资 7000 元、14,000 元、21,000 元……以此类推，并按照投单金额和约定利率还本付息。与此同时，在案证人证言显示：全案 63 个证人，57 人明确表示未发展下线，2 人未提及是否发展下线，4 人表示介绍了近亲属投资。对于关键的人头费，证人证言更给出了否定答案：不仅无 1 人陈述系为赚取介绍费而参与投单，还有 21 人明确表示投资目的系获取高额返利而非介绍费。显然，本案指控“发展人员的数量为本案计酬或者返利的依据”明显证据不足。被告人 L 允诺的利息，是参与者获得收益的主要来源，发展下线既不是 k 科技公司的营销要求，也不是会员的获利基础，本案与传销犯罪靠赚取人头费获利有本质区别，这是一起带有传销色彩的非法集资案件。

可是，新问题又产生了。如果界定为非法集资，是涉嫌非法吸收公众存款罪，还是集资诈骗罪呢？如果是后者，最高可判处无期徒刑，反倒定组织、领导传销活动罪罪责更轻。本案中，进入k科技公司的资金数额，卷宗证据显示很清晰，重点在于钱都花在哪里了？是挥霍了，还是用于支付前期投单的高额返利？有没有用于k科技公司的生产经营？这是区分集资诈骗罪与非法吸收公众存款罪的关键所在，也正是卷宗证据缺失的地方。于此，笔者第二个工作目标明晰了，即调取证明k科技公司实际投入生产经营的证据。笔者在3天内，走访了两省五市，对k科技公司的药厂、食品厂进行了拍照取证，收集了收购合同、销售合同、产品专利申请书等核心书证；并且，通过调查笔录对“豪车”用途作了说明，证明公款购车用于公务接待，并非被告人L和亲属消费。全部证据组成18本卷宗，笔者特意安排规范、精致装帧，不仅用以证明L主观系为生产经营而非骗取会员财产的事实，还要给法庭留下深刻印象。

案件开庭时，1位主诉公诉人对阵12位辩护人，始终坚持组织、领导传销活动罪的指控。笔者作为第一被告人的辩护人，当庭发表了1小时辩论意见，其他辩护人仅作补充，未予重复。由于庭前对组织、领导传销活动罪的法律规定、理论依据、实践判例进行了深入研究，笔者开篇并未阐述准备好的辩论意见，而是就公诉意见关于会员资格、层级、上下线关系、后台数据和实体投资比例等问题的认定进行逐条答辩，在此基础上再系统论证组织、领导传销犯罪活动罪的犯罪构成，以及本案证据不充分之处。采取“先声夺人”的有针对性回应方法，有利于引导法官关注焦点、及时纠偏见，也有利于呈现较好的法庭辩论效果。

鉴于本案不以无罪为辩护目标，笔者一方面反驳组织、领导传销活动罪的指控，另一方面提出本案构成非法吸收公众存款罪应判处缓刑的主张。首先，笔者明确指出本案系集资行为，而非传销行为，L 不构成组织、领导传销活动罪。具体论证三个要点：第一，k 科技公司会员的营利模式为资本营利而非人头营利，赚取人头费不是会员参与的主观目的。k 科技公司的会员，每单投资 7000 元，投资单数不限，投资收益率在 20%~30%，而介绍费只有 100 元和 50 元两个标准，可谓“冰山一角”。第二，k 科技公司会员介绍下线，并非获得返利的前提条件，介绍费不是人头费。本案中，只要投单就享有返利，无论是否介绍下线，都不影响承诺的投资收益，发展人员的数量亦非返利的依据，无论从比例来说，还是从两级的限定来说，介绍费都应界定为普通的销售提成。第三，k 科技公司会员并未按照一定顺序组成层级，系统显示层级与实际不符。卷宗内 10 份证言显示，投资人借用亲属身份证注册会员，目的是拿推荐奖；Q 证实，如果没有推荐人，系统自动设置推荐人，推荐人与被推荐人并不认识；G 证实，登记在她名下的会员基本不认识，不是她发展的；X 证言显示，她的推荐人是 W，但补侦卷投单明细显示推荐人是 H。上述证据综合印证，后台记录不真实，不能作为认定传销犯罪层级的依据。

其次，笔者指出被告人 L 不具有非法占有的目的，其扰乱金融秩序的行为，应构成非法吸收公众存款罪。具体论证两大要点：第一，k 科技公司的产品真实存在，在案证据不能证明物非所值，k 科技公司的真实意图是串联会员以形成产品销售网络，不存在骗取财物的行为和故意。第二，辩护人当庭出示 18 本证据材料，证明 k 科技公司绝大部分资金实际投入生产经营，没有虚构事实和隐瞒真相，进一步印证不具有非法占有的目的。公诉人认可辩方举证的证据真实性，却不认可关联性。然而，只要证据真实性得以确认，关联性是无法抹杀的。

最后，笔者结合被告人 L 具有揭发他人犯罪的立功情节，指出对其判处非监禁刑的可行性和必要性，从事实基础、法律基础和价值基础三个层面进行了阐述。笔者着重表达，2018 年 11 月 1 日，习近平总书记主持召开民营企业座谈会，最高人民法院周强院长、最高人民检察院张军检察长也强调，涉及民营企业家的案件，要依法审慎采取羁押措施，充分考虑保护企业发展需要。本案中，作为民营企业家，L 的行为是当下民营企业融资难的无奈之举。笔者提请法庭充分注意：案发前，k 科技公司始终足额兑付；案发后，在企业资金悉数冻结的情况下，L 还安排家属借款向确有困难的投资人兑付，这是不多见的。开庭前，数以千计的投资人致信法院，表达自己只是投资理财，并未参加传销组织，既未受骗，也未骗别人，要求释放 L，这更是不多见的。因此，继续羁押 L 解决不了问题，重判 L 亦不符合民意，最大限度恢复生产和偿付投资，才是根本所在。对 L 适用缓刑，既符合量刑规范，也体现法律效果与社会效果的统一。

案件庭审持续整整一天，晚上 10 时，随着法槌敲响，笔者紧绷的神经终于放松了。主审法官走下审判席，微笑着对笔者说："赵律师，你讲的时间太长了，不过讲得好，我不忍心打断，大家都陪着你加班。"这话语与笑容，至今仍温暖和激励着笔者。辩护人一行走出法院时，夜色中人潮涌动而来，自觉站在两旁为我们留出一条通道。原来，受旁听人数限制，k 科技公司很多会员在法院门口冒着寒风等候。他们早已获悉律师的庭审表现，由衷对我们表达赞美，也仿佛看到了希望。那一刻，争相握手的真诚，此起彼伏的感谢，深深感动了笔者。

生命就像一种回音，你播种什么就收获什么，你给予什么就得到什么。刑辩之路，亦如是。L 在春节前被取保候审，并于次年 3 月宣告缓刑。一家人久别重逢、喜极而泣之际，笔者在北京默默送上祝福。意料之中，本案被抗诉，但二审裁定维持原判。当一切尘埃落定，笔者与 L 都再踏新程。

复　盘

本案辩护实现了既定目标，辩护策略选择、在案证据分析与律师调查取证均可圈可点。但笔者认为，庭前与法官沟通起到了重要铺垫作用。本案中，笔者庭前两次约见主审法官，第一次由于法官还未阅卷，未做实质沟通。第二次会面，探讨比较深入，至今历历在目。起初主审法官倾向认为，本案不构成非法吸收公众存款罪，即使不构成组织、领导传销活动罪，也应当定集资诈骗罪。因为k科技公司承诺的高额返利，远超出现有实际经营利润，崩盘是必然的，只是时间问题。如此“先入为主”，还“底气十足”，笔者着实捏了一把汗。转念一想，如果换位思考，法官的意见不无道理。笔者马上调整情绪，并迅速捕捉到关键点，即“人抓早了”，借此引出两个观点：第一，k科技公司前期投入较大，未来收益具有可期待性，目前持续两年足额返利是不争的事实，认定被告人L具有非法占有目的证据不足，可能造成错案；第二，定组织、领导传销活动罪，在案扣押财产应当上缴国库，财产一旦没收，无法实现修复社会关系的目的，容易引发上访。法官若有所思，并未反驳笔者。事实证明，这次交流扭转了法官的“内心确信”，为庭审辩护打下了良好基础。当前，“辩护重心前移”已经成为刑辩律师的共识，笔者认为，不应仅立足于审查起诉阶段的辩护，开庭前的每一次表达机会，都是有效辩护的重要链条。

证据运用

民营企业家犯罪中，通常当事人对自己的行为有所预期，相对于无罪辩护，以缓刑作为目标更为常见。对于判处缓刑而言，“判处拘役、三年以下有期徒刑”是必要条件，但不是充分条件，期间需要辩护人有效开展工作。笔者借本案引申一些思考，简要分享适用缓刑的证据问题。

第一，证明“犯罪情节较轻”的证据。

如果犯罪情节严重或者恶劣，即使罪行不重或者基于法定减轻情节判处3年以下有期徒刑，也不能判处缓刑。为此，辩护人不能坐等法官判断，应当结合在案证据分析作案手段、次数、危害后果，也可补充调取犯罪起因、被告人控制能力较差等相关证据，为“情节较轻”的认定提供充分依据。

第二，证明“有悔罪态度”的证据。

悔罪，是犯罪分子在认识到整个犯罪行为的性质和危害后，自己对犯罪行为作出否定评价的心理。因此，被告人本人的思想汇报及悔过书是非常重要的证据，律师应当尽到提示义务，使其通过看守所转交给办案机关。当然，赔偿、退赃和被害人谅解书，是常见的悔罪证据，律师要积极引导被告人和家属尽快落实。

第三，证明“宣告缓刑对所居住社区没有重大不良影响”的证据。

辩护人应首先向居委会、小区门卫、邻居等处调取一贯表现证明。同时，被告人在单位的表现，也可以作为“品格证据”。对于民营企业家来说，纳税和解决就业关系民生，慈善和技术革新关乎社会责任，调取这类证据也能增强法官对被告人不再犯罪的信心。

第四，证明“有客观需要”的证据。

实践中，民营企业家基于项目或者岗位的特殊需要，一旦判处实刑，会牵一发而动全身，影响自身企业或者其他单位的重大利益。这时，辩护人要积极调取证明有判处缓刑必要的证据。在经济犯罪案件中，被告人的人身自由与偿还能力息息相关，也可以调取被告人不被羁押更具有可期待利益的证据，从而为判处缓刑增加机会。

打通专业：虚假申报操纵证券犯罪的电子数据质证

康　烨[1]

突破思路

行为是刑罚的基础，“无行为无责任”。电子数据所透露出的行为人交易轨迹以及心理动因，对于判断行为人是否存在操纵证券市场行为和主观故意至关重要。在全国首例虚假申报型操纵证券市场案件当中，笔者结合股票二级市场的交易规则，对电子数据按照时间轴的方式进行梳理，最大限度地还原行为人在案发当时的客观行为和交易动机，实现“用证据说话”的重要作用。

案情简介

2018 年 8 月，某市公安局立案侦查了唐某博等人通过虚假报撤单的手法操纵证券市场的案件。案件侦查终结后，某市检察院第二分院对该案进行审查起诉，并以涉嫌操纵证券市场罪提起公诉。《起诉书》指控：2012 年 5 月至 2013 年 1 月，唐某博伙同唐某子、唐某琦使用本人及其控制的数十个他人证券账户，

1　盈科全国刑事法律专业委员会副主任、盈科上海刑事诉讼法律事务部主任。

不以成交为目的，采取频繁申报后撤单或者大额申报后撤单的方式，诱导其他证券投资者进行与虚假申报方向相同的交易，从而影响三支股票的交易价格和交易量，随后进行与申报相反的交易获利，违法所得金额共计2581万余元。其中，2012年5月7日至23日，唐某博伙同唐某子、唐某琦，采用上述手法操纵“华资实业”股票，违法所得金额425.77万余元。其间，5月9日、10日、14日撤回申报买入量分别占当日该股票总申报买入量的57.02%、55.62%、61.10%，撤回申报买入金额分别为9000万余元、3.5亿余元、2.5亿余元。

2012年4月24日至5月7日，唐某博伙同唐某子、唐某琦采用上述手法操纵“京投银泰”股票，违法所得金额1369.14万余元。其间，5月3日、4日撤回申报买入量分别占当日该股票总申报买入量的56.29%、52.47%，撤回申报买入金额分别为4亿余元、4.5亿余元。

2012年6月5日至2013年1月8日，唐某博伙同唐某琦采用上述手法操纵“银基发展”股票，违法所得金额786.29万余元。其间，2012年8月24日撤回申报卖出量占当日该股票总申报卖出量的52.33%，撤回申报卖出金额1.1亿余元。

《起诉书》认定，被告人唐某博、唐某子、唐某琦采用当日连续申报买入或卖出并在成交前撤回申报等手法操纵证券市场，行为构成操纵证券市场罪，且情节特别严重。

笔者接受唐某博的委托并担任其辩护人，在张温娴律师的协助下共同办理此案。在拿到案卷之后，笔者对于十余万条的电子数据进行了逐一整理、筛选、统计，结合《起诉意见书》《起诉书》的指控内容，对相关账户在涉案期间内的交易情况进行了全面整理，并在此基础上，针对不同股票的交易情况针对性地提出了辩护意见。

2020年3月30日，某市第一中级人民法院作出一审判决，综合全案证据、情节，对唐某博、唐某子减轻处罚，对唐某琦从轻处罚，以操纵证券市场罪判处被告人唐某博有期徒刑三年六个月，并处罚金人民币2450万元。

办案过程

2019年6月27日，最高人民法院、最高人民检察院发布《关于办理操纵证券、期货市场刑事案件适用法律若干问题的解释》(以下简称《解释》)，进一步明确了“幌骗交易操纵”“盅惑交易操纵”“抢帽子交易操纵”“重大事件操纵”“利用信息优势操纵”“跨期、现货市场操纵”等常见操纵手段，并降低了定罪标准。

《解释》第1条第5项对“虚假申报撤单操纵证券市场”规定：“不以成交为目的，频繁申报、撤单或者大额申报、撤单，误导投资者作出投资决策，影响证券、期货交易价格或者证券、期货交易量，并进行与申报相反的交易或者谋取相关利益的。”

笔者认为，是否构成犯罪，重点要看是否存在“反向交易或者与反向交易相类似的谋取相关利益行为”以及行为与市场价格变动之间是否存在因果关系。在此解读基础上，笔者通过对在案电子数据的梳理，以客观证据还原交易行为为基础，分析操纵证券行为是否成立。

由于案件具有较强专业性，且虚假申报型操纵证券行为入刑为全国首例，为了掌握该类犯罪的出罪理由，笔者着重梳理了中国证监会历年对虚假申报型操纵证券市场行为的行政处罚认定。审查起诉阶段，笔者通过对电子数据以及审计报告的质证，发现审计报告中的各项错误向检察院提出了详尽的辩护意见。之后，审计单位进行了补充审计，就笔者提出的审计错误问题进行了纠正，并且将审查报告中的违法所得数额从3500余万元降至2581万元。

在庭审过程中，笔者将电子数据所反映的交易轨迹，结合对审计报告的质证，专门制作了PPT在当庭播放，以动态方式予以呈现。根据被告人庭前以及当庭供述，为被告人进行了有力辩护。

在诉讼策略上，笔者以电子数据以及审计报告的质证为基础，重点着眼于是否构成"操纵行为"以及犯罪情节是否构成"特别严重"，在整个策略的贯彻中，电子数据证据的质证始终处于重要地位。具体辩护方式如下：

1. 市场是否存在异常偏离值？

笔者从几个方面进行数据分析：证券的价格走势是否明显偏离可比指数，市场是否存在异常价量偏离以及行为与结果是否存在刑法上的因果关系？笔者对比电子数据与市场数据，得出三支股票并未出现明显的市场偏离结论，在此简要列明指数对比图表。（见表1、表2、表3）

表1　涉案操纵日华资实业涨跌幅和偏离值

华资实业涨跌幅数据				上证综指涨跌幅数据			偏离值
日期	开盘价	收盘价	涨跌幅	开盘	收盘	涨跌幅	
2012年5月9日	6.36	6.37	0.16%	2432.47	2408.59	−0.98%	1.14%
2012年5月10日	6.36	6.46	1.57%	2409.95	2410.23	0.01%	1.56%
2012年5月14日	6.48	6.14	−5.25%	2408.26	2380.73	−1.14%	4.10%

数据来源：网易财经股票行情[1]。

表2　涉案操纵日京投银泰涨跌幅和偏离值

京投银泰涨跌幅数据				上证综指涨跌幅数据			偏离值
日期	开市价	收市价	涨跌幅	开市	收市	涨跌幅	
2012年5月3日	6.65	6.7	0.75%	2433.59	2440.08	0.27%	0.49%
2012年5月4日	6.68	6.93	3.74%	2437.47	2452.01	0.60%	3.15%

数据来源：网易财经股票行情[2]。

1　沪深行情，载网易财经，http://quotes.money.163.com/stock，2018年11月13日访问。
2　沪深行情，载网易财经，http://quotes.money.163.com/stock，2018年11月13日访问。

表 3 涉案操纵日银基发展的涨跌幅和偏离值

银基发展涨跌幅数据				深证综指涨跌幅数据			偏离值
日期	开市价	收市价	涨跌幅	开市	收市	涨跌幅	
2012 年 8 月 24 日	3.75	3.66	−2.40%	886.04	871.36	−1.66%	−0.74%

数据来源：网易财经股票行情[1]。

2. 银基发展股票是否存在“反向交易”？

被告人多次向辩护人提及银基发展股票系通过批量交易的方式，虽然交易记录在短时间内出现了几十次申报、撤单，但只是进行了一次性的申报、撤单操作，且距离该次操作最近的一次交易，前后又间隔 3 个交易日。笔者认为，如果两次交易行为前后时长间隔 3 个交易日，后者能否构成证券犯罪意义上的“反向交易”？该支股票能否被排除在犯罪之外？

根据这一线索，笔者对银基发展股票交易进行了详细梳理。根据 2012 年 8 月 4 日的交易数据显示，唐某博的账户组针对银基发展股票，仅在 8 月 4 日 9 时 50 分 ~9 时 53 分以及 9 时 56 分 46 秒发出一次性撤回 43 笔卖出申报之后，没有再进行撤回申报操作。

从影响证券市场的交易机制上来看，如果想要通过撤回卖出申报的方式影响市场价格，需要通过撤卖、配合在申报档以上挂卖单，不断造成“卖单”汹涌的假象，才能实现“通过不断降低的申报价格与申报价格以上的卖单成交，逐步打压股价”的目的。但是在案交易数据显示，被告人在 9 时 50 分 ~9 时 53 分以及 9 时 56 分 46 秒这两个时间段之间，对银基发展股票仅进行了一次性操作，并不存在反向打压的行为。

3. 交易行为与市场结果之间是否存在因果关系？

构成虚假申报要以误导投资者作出投资决策为要件。熟悉股票交易的人知道，只有价量在多次发生变动的情况下，才会令投资者产生价格走势的判断，一次性的交易行为产生不了误导。

1 沪深行情，载网易财经，http://quotes.money.163.com/stock，2018 年 11 月 13 日访问。

通过对关联账户的数据进一步的整理，笔者发现，所有的关联账户中，银基发展仅有一个账户在时隔3个交易日之后的8月7日，进行了买入交易，买入交易的市场价格3.70元相比于8月4日的3.75元更低。从表面上来看，8月7日的交易价格3.70元相比于8月4日确实更低，但是8月4日当日被告人申报撤单之前的9时55分，市场价格已经降至3.74元，之后更是在被告人没有进行任何操作的情况下，市场自身一路下跌，最终以3.66元的收盘价收盘。

由此可见，行为人只有一次性的操作行为，且在行为发生之前，市场即已开始价格下滑，价格走低的趋势与操作行为不具有关联性。

4. 违法所得的计算应当采取先认定操纵行为的影响区间，再根据影响区间判断获利区间。

目前，我国法律及司法解释未对证券操纵犯罪的违法所得计算方式进行规定，司法实务与理论上也未达成一致。

司法实务中，有关操纵证券市场犯罪的刑事判例数量较少，对于应当采取实际所得法还是账面收益法尚且存在争议。从内幕交易违法所得计算方法的选择依据看，以实际所得法为主，账面收益法为辅，但两种方法的使用条件并未明确，且在同一案件中适用结果差异较大。[1] 对于是否考量以及如何确定案发时仍然被行为人持有或者控制的金融商品所对应的内幕交易违法所得，法律与司法解释对一系列核心问题都没有提供明确与具体的规则。[2]

本案中，侦查机关采取了“两次推定”的方式来认定犯罪成立以及违法所得。第一，推定只要交易行为超过立案标准“撤回申报量占当日该种证券总申报量50%以上”就是操纵犯罪；第二，在第一个推定基础上，再推定只要账户组中的某一账户的申报超标，账户组从买入到卖出期间的全部交易行为都是

1 汤欣、高海涛：《我国内幕交易案件中违法所得的算定及判罚——兼论域外法律实践及其启示》，载《证券法律评论》(2015年卷)，中国法制出版社2015年版。
2 刘宪权：《内幕交易违法所得司法判断规则研究》，载《中国法学》2015年第6期。

操纵，账户组所有的获利都是操纵犯罪的违法所得。据此，审计机构的审计报告，采取了先确定某一区间，再计算区间相关账户获利情况的计算方式，最终得出被告人获利高达数千万的结论。但是笔者认为，这一计算方式，混淆了影响区间与获利区间的定义，违背了刑法因果关系判断。应当回归到先认定操纵行为，确定影响区间，再根据影响区间判断获利区间，从而计算违法所得。在此基础上，考虑到案件的示范效应，笔者在辩护过程中，对三支股票的实际获利以及账面获利均进行了计算，并提供了相应的计算逻辑及结论。

（1）华资实业（见图1）

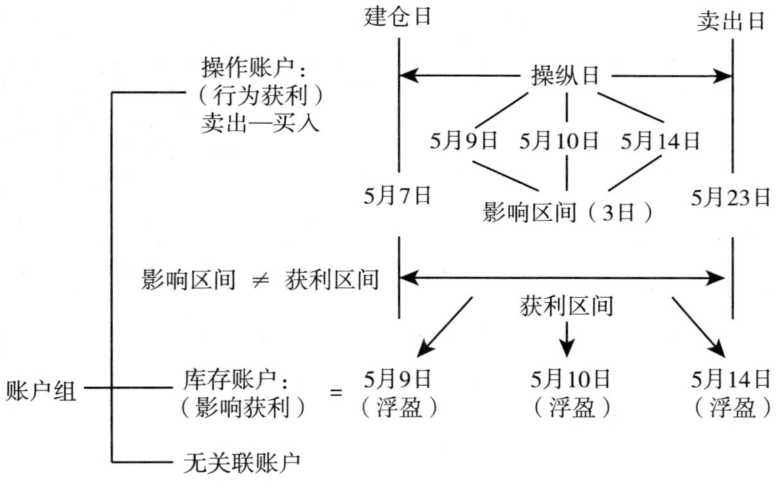

华资实业		
日期	交易账户获利／元	库存账户获利／元
2012年5月9日	141,641.85	−38,472.00
2012年5月10日	1,879,223.81	0
2012年5月14日	−356,769.18	−212,564.04
	−1,546,703.52	−251,036.04
合计	−1,797,739.56	

图1　华资实业实际获利与账面获利

（2）京投银泰（见图2）

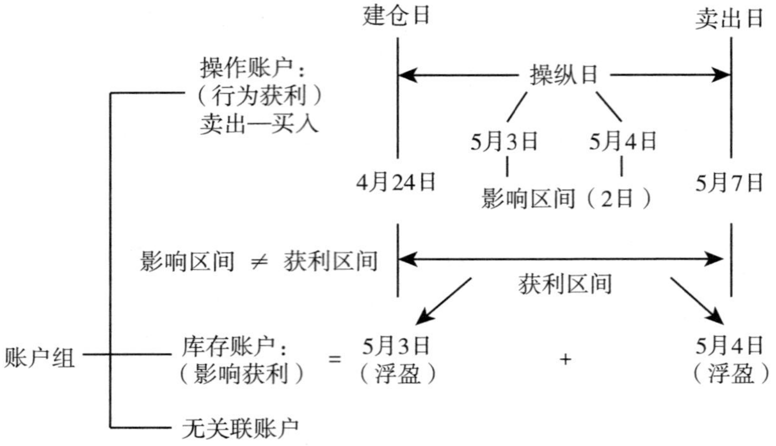

京投银泰		
日期	交易获利 / 元	库存获利 / 元
2012 年 5 月 3 日	656, 334.66	−283, 069.30
2012 年 5 月 4 日	−2, 554, 152.59	1, 302, 118.78
	−1, 897, 817.93	1, 019, 049.48
合计	−878, 768.45	

图2　京投银泰实际获利与账面获利情况

（3）银基发展（见图3）

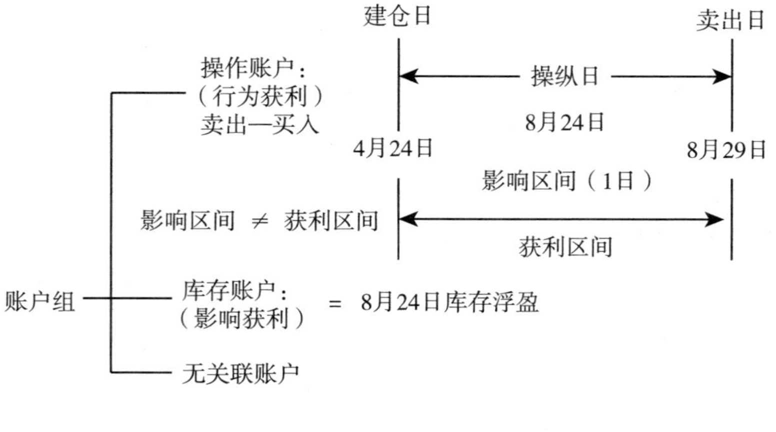

2012 年 8 月 24 日	
操作账户	−5,760.00 元
库存账户	−3,227,606.91 元
无关联账户	—
合计获利	−3,233,366.91 元

图 3　银基发展实际获利与账面获利情况(续)

最终,通过笔者全方位的辩护,在自首、立功量刑情节下,一审法院采纳笔者的意见,将被告人从五年以上的量刑减轻为三年六个月,对违法所得和罚金刑“没一罚一”,对被告人自由刑和财产刑方面进行了最大限度的从宽。

复　盘

由于证券犯罪的特殊性,电子数据作为更客观的证据,对于个案的法益侵害程度以及行为人的主观恶性呈现,具有至关重要的作用。从数据中挖掘、勾勒出对行为人更为有利的情节,本身的说服力、可信度相比于主观证据会更高一些。

当然,无论是独立分析还是电子数据的整理,对于律师团队的专业化、高效化协作都提出了更高的要求。面对数十万条的电子数据,没有高度负责的专业态度、没有高效率的作业模式,没有办法在短时间内完成整理、呈现、完稿工作。

在整个案件的办理过程中,笔者感受到专业化的必要性和必然性。证据为王,电子数据越来越有成为关键证据的趋势。如何用好电子数据,从电子数据中挖掘辩点是今后辩护人需要面对、思考的新课题。

首例虚假申报操纵证券市场案件已尘埃落定,而中国证券市场和法律发展仍在探索,证券市场作为金融资源配置方式,由于自身易波动的特点使其对国家以及司法干预的敏感度更高,因此确保市场参与主体对其行为后果的可预见性、适法性，是提振市场信心的应有之义。

证据运用

证券犯罪案件相较于其他刑事案件，电子数据证据的分析尤为重要，是一项专业性极强的工作。没有丰富的专业知识储备，既无法在咨询阶段获得当事人的信任，也无法在办案过程中有效说服公、检、法等办案人员，更无法在庭审中回溯、还原事实，厘清罪与非罪。对证券犯罪的证据质证，笔者有以下几点思考：

首先，不能迷信会计师事务所或者审计机构的计算结果，大胆对“专业意见”进行质证。该类案件中的电子数据直接源于证监会或者交易所，数据的合法性与真实性相对较高，但关联性值得推敲。数据的分析与计算是质证的关键，在这个过程中一旦发现电子数据与审计报告存在冲突，可以有效质疑审计报告所认定事实及结论的真实性、可靠性。

其次，要对公安机关所做的数据和图表进行认真审核。公安机关对案件事实梳理所制作的数据分析、图表仅是侦查人员根据其理解对数据和碎片事实的选择性汇总和演绎，必定内化了制作者的主观色彩。充分运用电子数据，能够全面、真实展示案件的过程，矫正侦查人员的倾向结论。

最后，对数据梳理的结果进行动态的视觉展示，让诉讼各方参与人全面、直观了解案件发生、发展的过程及其中的因果关系，可以使辩护人提出的质证意见、辩护观点得到有力支撑，起到较好的辩护效果。

转守为攻：补充办案机关“需要”的证据

刘晓安[1]

突破思路

当事人一方因民事纠纷而向公安机关报案，公安机关依据当事人一方提供的证据立案侦查并对另一方采取强制措施。此种情况下，辩护人该如何在最短时间内扭转局面？常规性的防守型辩护显然不可取，唯有转守为攻，积极主动开展调查取证工作，运用证据还原案件事实，揭露控告方故意隐瞒的事实真相，在此基础上形成逻辑缜密、条理清晰的辩护思路，提出不存在犯罪的法律意见，才能有效推动办案机关作出客观、公正的处理。

案情简介

Z某系X建筑产品公司的实际控制人。X建筑产品公司与X金属投资公司系关联企业，X金属投资公司于2013年同欧洲Y材料公司签订《独家总代理授权书》，成为Y品牌阳极铝板在中国内地和香港两个地区的独家合法授权代理人；同年，X建筑产品公司与X金属投资公司签订《阳极铝板授权书》，X

1　盈科全国刑事法律专业委员会副主任、盈科深圳刑事法律事务中心名誉主任。

建筑产品公司作为X金属投资公司的独家授权经销商，负责Y品牌阳极铝板在中国区域的市场推广和产品销售服务。

因某局SK工业区综合开发项目码头工程，X建筑产品公司于2016年2月4日与A公司签订了《阳极铝板购销合同》与《补充协议》；同年3月9日A公司向X建筑产品公司支付了235万元作为合同预付款。2016年2月21日，X建筑产品公司与B公司签订了《阳极铝板买卖合同》，同年3月3日B公司向X建筑产品公司支付289万余元作为合同预付款。由于采购产品属于特别定制商品，上述合同约定，分批交货和截至交货时间为“合同签订、收到甲方（购货方）的全部下料清单，且在90天内收到甲方确认的全部加工图纸后，150天后开始分批交货，30天内交完”。

收到预付款后，X建筑产品公司联系X金属投资公司下单采购，2016年5月12日，X金属投资公司向Y公司工厂下达采购订单，当日得到Y工厂的订单确认回复和正式形式发票。2016年5月22日，A公司和B公司向X建筑产品公司提供下料清单和加工图纸。根据合同交货时间的约定，分批交货时间和截至交货时间为2016年10月19日至2016年11月18日。同时，因SK码头原定通航时间为2016年11月1日，A、B公司向X建筑产品公司提出，必须在2016年9月9日前完成供货。基于该通航时间考虑，2016年5月30日，A、B公司分别向X建筑产品公司发出《解除合同通知书》，以X建筑产品公司未按其发出的《关于SK码头项目阳极铝板采购的函》中约定的时间供货为由，单方解除合同。

2016年5月至2017年6月，Z某代表X建筑产品公司多次与A公司、B公司相关人员沟通，要求协商解决合同解除后的善后事宜。

2017年10月28日，Z某在某市高铁站准备出差时，被某市某区公安分局办案民警以合同诈骗罪刑事拘留。2018年6月23日，公安机关对Z某作出撤销案件的决定。

办案过程

本案是一起典型的以刑事手段干预经济纠纷的案件。笔者在Z某被立案侦查之初介入，经向Z某及X建筑产品公司了解情况，得知A公司、B公司报案所指控的合同诈骗对应的相关合同纠纷，系三方在协商沟通过程中，就违约、赔偿等事项一直未能达成一致而引发，报案人可能隐瞒了三方一直在协商、指向本案属于民事经济纠纷的相关证据，仅提供了关于X建筑产品公司履约能力、无法联系到Z某等此类指向Z某涉嫌合同诈骗罪的证据，而公安机关系片面采信了报案人提供的证据，没有全面、及时、客观地收集或调取证明Z某无罪或罪轻的证据，导致错误认定案件事实，对Z某作出了立案决定。

此时，Z某的辩护人通过调查取证，向公安机关提交案件有关证据材料以还原案件事实，对本案的走向至关重要。笔者经会见Z某和与X建筑产品公司沟通了解，初步确定了无罪辩护的思路，并通过以下两个层面并行论证Z某不构成合同诈骗罪。第一层面为，推断公安机关目前所掌握的、报案人提供的证实Z某有合同诈骗嫌疑的可能证据材料，并据此收集能驳斥报案人主张的相关证据，推翻报案人主张的犯罪事实；第二层面为，了解相关合同纠纷的来龙去脉以及哪些环节对应有现存可收集提供的材料，构建完整证据链还原事实真相，论证Z某不构成合同诈骗罪。

首先，就第一层面而言，A、B公司报案指控Z某涉嫌合同诈骗，其报案依据的主要理由：第一，X建筑产品公司未取得Y公司的授权，无交货履约能力；第二，X建筑产品公司的注册地址处无人办公，未实际经营；第三，Z某作为X公司实际控制人，手机一直联系不上，有逃匿可能。为推翻上述指控及对应证据，Z某一方需重点证实两方面内容：

X 建筑产品公司具备交货履约能力。为此，笔者收集提供了以下证据：X 建筑产品公司的营业执照及相关经营资质材料；Y 公司对 X 金属投资公司的《独家总代理授权书》以及 X 金属投资公司对 X 建筑产品公司的《授权书》；证实 X 建筑产品公司履约模式的 X 金属投资公司与 X 建筑产品公司签订的合约；证实 X 建筑产品公司正常收支、正常经营的近期账务明细清单；X 建筑产品公司与其他公司就涉案同类产品的购销合作合同及履约相关情况。上述证据足以证实，X 建筑产品公司具备经营资质和涉案产品品牌销售的授权，系依 Y 公司的合法授权在中国地区经营涉案产品的销售，仅 2016 年 3 月至 2017 年 11 月，即通过 X 金属投资公司向 Y 工厂采购阳极铝板累计金额 1.17 亿余元；同时，X 建筑产品公司经营状态良好，与市场其他公司在案发期间（自与报案人签订购销合同起至案发时）有多笔订单合作且正常履约，公司具备充分的交货履约能力。

X 建筑产品公司和 Z 某本人与报案人一直在持续联系中，不存在逃匿情况。为此，笔者收集提供了如下证据：第一，X 建筑产品公司 2009 年注册成立，2012 年就已经搬离原注册地址，新办公地址在 X 建筑产品公司与 A、B 公司的来往函件中均有明确记载；第二，Z 某代表 X 建筑产品公司在 2016 年 6 月至 10 月、2017 年 5 月至 6 月，与 A 公司的相关项目经理 L 某、商务经理 X 某，及 B 公司的相关商务经理 S 某多次沟通，各方存在短信、微信及通话记录若干。上述证据足以证实，主张公司与 Z 某逃匿的事实毫无依据，相反，各方直至案发前都一直在就涉案合同纠纷展开洽商谈判，始终未能达成一致。

其次，就第二层面，了解相关合同纠纷的来龙去脉以及哪些环节对应有现存可收集提供的材料，构建完整证据链还原事实真相，论证 Z 某不构成合同诈骗罪。笔者认为，仅是收集和提供前述证据，攻击、削弱报案人方证据的证明力，恐难以实现无罪辩护的目标。理由在于，即便打破了对方的证据链，公安机关采信我方证据，认定公司具备履约能力、公司及负责人员也均未“跑路”，仍存在一些“不合理”之处需要进一步回应解决。例如，既然公司具备履约能力，A、B 公司作为大型国企，为何会贸然解约？案发时距离解约通知已逾 1 年，X 建筑产品公司为何仍拒不向 A、B 公司返还合同预付款？双方为何一直无法协商达成一致？可合理推测，报案人一方可能提出 X 建筑产品公司抱有非法占有合同预付款的目的而一直拒不配合等，因此，正面回应“不合理处”十分必要。

为此，笔者根据 Z 某提供的线索，在 X 建筑产品公司的配合协助下，调取收集到相关合同签订、履行、解约、解约后协商沟通过程中形成并留存下来的书证及电子证据。经筛选，最终向公安机关提交了其中关键环节的有关证据，包括 X 建筑产品公司与 X 金属投资公司、X 金属投资公司与欧洲 Y 公司工厂关于确认订单、后因收到解约通知而取消订单的邮件往来；A、B 公司向 X 建筑产品公司发出的供货函；X 建筑产品公司委派技术人员前往欧洲工厂就 A、B 公司提出的提快交货期要求对应的产品生产解决方案进行沟通的邮件往来、机票报销单据等；A、B 公司发出的解除合同通知书；X 建筑产品公司向 A、B 公司发出的关于解除合同通知书的回函；X 建筑产品公司开具的合同相关发票；Z 某代表 X 建筑产品公司与 A、B 公司沟通的短信、邮件记录等。上述证据构建出一个与报案人主张截然不同的故事：

第一，合同解约系 A、B 公司单方违约，以超出合同约定之外的理由解除合同，无事实和法律依据。自涉案购销合同签订并收到预付款后，X 建筑产品公司按照合同约定，通过 X 金属投资公司向 Y 公司工厂下单采购，2016 年 5 月 12 日收悉工厂关于订单的确认邮件。2016 年 5 月 22 日，X 建筑产品公司通过邮件收到 A、B 公司非正式的加工图纸和下料清单。按照合同交货时间的约定，分批交货时间和截至交货时间应该自 2016 年 5 月 22 日起向后推算 150~180 天即 2016 年 10 月 19 日至 2017 年 11 月 18 日。因 SK 码头原定通航时间为 11

月1日(实际正式通航时间为11月30日),A、B公司提出必须在2016年9月9日前完成供货,远提前于合同约定的交货期限。为解决双方交货期的矛盾问题,切实推进合同履行以实现合同目的,X建筑产品公司派出三人小组赴欧洲工厂协调沟通,并根据沟通结果,于2016年5月28日向A、B公司提出四种不同的建议方案供选择。在提出四种方案时距离合同约定的交货期尚有4个多月,完全具备履约的时间和条件。而X建筑产品公司在2016年5月30日当天,即收到A、B公司发来的《解除合同通知书》。A、B公司合同签订后,单方提出修改合同交货期条款为"9月9日前完成供货",未经X建筑产品公司认可,未形成约束力;而解约系基于该未经认可的条款,系A、B公司违反合同约定在先。

第二,解约后一直未能协商一致,系因A、B公司始终拒不正面回应、也不配合解决X建筑产品公司的合法合理请求。收到解除合同通知书后,Z某立即回函并与A、B公司相关项目负责人积极沟通,就合同解除后续的问题持续协商,一直未能得到正面回复。X建筑产品公司提出,由于合同约定的货物属于特别定制商品,A、B公司单方面违约解除合同,给X建筑产品公司造成重大商业信誉损失和经济损失,包括基材订货预付款、辅材订货款、样品制作及研发费用、燃料预定费、为推进履约产生的国内外交通差旅费等;同时,X建筑产品公司收到预付款后,向A、B公司开具增值税专用发票并已被A、B公司抵扣,A、B公司要求X建筑产品公司返还预付款,但又不愿配合去税务机关解决税金抵扣问题,给X建筑产品公司造成税务风险和税金损失。也就是说,X建筑产品公司未返还预付款的原因,系尚未与A、B公司达成一致,具体返还金额尚无法确定。A、B公司不愿配合协商,也未采取正常民事途径解决问题,而是向公安机关报案,目的正是想借助公权力插手经济纠纷,迫使X建筑产品公司返还预付款。

根据上述两层面的梳理，笔者向公安机关前后提交了《取保候审申请书》、《关于 Z 某不构成合同诈骗罪的法律意见》、《证据清单》及对应证据材料。经与办案机关多番沟通，办案机关在 7 天内对 Z 某取保候审，最终对 Z 某作出撤销案件的决定。

复 盘

笔者担任 X 建筑产品公司的常年法律顾问，对公司与 A、B 公司相关纠纷有一定基础了解。在得知 Z 某被刑事拘留后，第一时间介入，通过会见了解公安机关的讯问情况，结合 Z 某被认定的合同诈骗罪名，一方面预判其涉案事由及报案人方可能会主张的事实，另一方面向当事人了解案件事实，并据此收集调取证据，判断能否与当事人说法形成印证。在有大量客观证据能证实当事人主张的基础上，确定无罪辩护方向，并采用打破原有证据链、构建新的证据链二者并行的辩护思路，据此展开辩护工作。

"有道无术，纸上谈兵；有术无道，歪门邪道"，刑事辩护既要重"道"之理论，也要重"术"之方法，而辩护人的调查取证，无疑是刑辩律师必备"术"之一，既是法律赋予辩护人的权利，也是辩护人应尽的职责，辩护人应充分发挥主观能动性，穷尽一切办法维护当事人合法权益、还当事人清白。此外，辩护人取证，存在一定风险，本案中，笔者非常注重取证过程依法依规，确保手段方式合法；同时及时固定和整合了证据，确保证据不受污染，客观性得以认定。

证据运用

根据《刑事诉讼法》第 52 条规定，侦查人员必须依照法定程序，收集能够证实犯罪嫌疑人有罪或者无罪、犯罪情节轻重的各种证据。但该条文落实到司法实践中，侦查人员很难完全摆脱打击犯罪的立场和先入为主的偏见，往往将侦查重心落在收集犯罪嫌疑人有罪、罪重的证据，而忽视无罪、无罪的证据。于此，辩护人的取证变得尤为重要，笔者结合辩护经验着重分享以下几点内容：

首先，调查取证的前提。并非所有案件都需要辩护人调查取证，有必要调查取证的案件，通常需具备以下三个前提：第一，辩护人通过会见、阅卷等工作，发现办案机关认定的事实，与当事人所陈述的实际情况之间存在出入，该出入可能影响定罪量刑；第二，当事人所陈述的实际情况存在发生的合理性，能够做到逻辑自洽；第三，当事人为该出入提供了依据或线索，该依据或线索所指向的证据办案机关未调取。

其次，调查取证的准备。发现案件有必要调查取证时，对于客观存在的物证、书证，可以根据当事人提供的依据或线索，依法通过持有证据的有关单位或人员协助调取；但对于证人证言或证人作出的书面证词，务必慎重，做好充分准备，具体包括：第一，如果调取证据的对象属于控方证人，必须征得检察院或法院同意以及证人本人许可才可取证；第二，取证前通常都已获取证人的联系方式，可以与其沟通取证的时间、地点、所要了解的案件相关事项的中立性、框架性内容，询问证人有无能够提供的相关客观性材料，证人能够对此提前回忆、搜集可能找得到的材料、做好准备，但切忌不能与证人事先透露案情、出示证据，更不能对其做偏向性的引导或暗示；第三，选择在律师事务所、或证人所在单位等安静、安全的场所进行；全程同步录音录像，并制作同录光盘与笔录等证据一并提交办案机关；第四，结合取证的目的做好详细的取证提纲，紧扣案件事实，控制取证时长；第五，准备好《证人权利义务告知书》，在取证开始前让证人阅读并签字确认。

最后，调查取证的补充。部分案件中，可能发生当事人陈述事实与办案机关认定事实虽存在出入，但因相关事实发生的过程中未留痕、无法提供相关客观证据，或相关证据在被害人处，被害人刻意隐瞒等情况。此时一方面需判断当事人对无法提供说法的真实合理性；另一方面在判定当事人说法成立的前提下，申请办案机关向报案人调取相关证据。此外，如果待调取的证据属于关乎罪与非罪的关键性证据，也建议先申请由办案机关调取，确保证据来源不受质疑；办案机关未作回应时，再由辩护人自行调取。

立体解构：多维度突破控方的证据体系

廖 行[1]

突破思路

刑罚作为最严厉的处罚，需要严密的证据体系作为支撑。污染环境作为非常典型的行政、刑事交叉类案件，证据体系中涉及的犯罪客体界定、取证主体的适格性、取证程序的合法性、污染物种类及含量的鉴定等问题专业性较强，对办案人员的综合能力和办案程序规范性要求很高，辩护空间也相对较大。立足多个维度，综合运用多学科知识，全面突破控方的证据体系，可以实现有效辩护的理想效果。

案情简介

本案是笔者在近两年获得的多个不予起诉案件中比较典型的一个。2018年10月，四川XX环保工程有限公司与D市生态环境局签署协议，约定该公司将一处应急池内的污水调节为达标状态（pH值达到6以上，并且保持稳定），该应急池系十几年前为储存附近多家化工厂的废水而修建蓄水的，协议签订之后该公司对应急池内的污水作了多次调节，每次调节之后pH值会达到6以上，但

1 盈科全国刑事法律专业委员会副主任、盈科成都刑事法律事务部主任。

pH 值又会较快的降到 6 以下，导致多次验收不合格。

2019 年 10 月，该公司总经理 A 某某安排项目现场负责人 B 某将应急池内的污水偷偷外排，因为担心被周围群众和相关职能部门发现，所以要求 B 某选择晚上排放，而且，每次排放之前都必须提前向 A 某某电话汇报。几天之后，B 某将公司员工 C 某某接到项目所在地，并安排 C 某某在夜间利用抽水泵将应急池内的污水偷偷抽排至旁边的排水沟内，污水顺着沟渠最终流入下游江河之中，期间 B 某和 C 某某在应急池污水快要排干时，还在应急池旁边的村民 W 某某处花 500 元购买了鱼塘水抽到应急池，对应急池剩余的水进行中和并外排，污水流经的整条沟渠被染成了红褐色。

2019 年 11 月，四川省环保督察组通过卫星监测发现了该污染环境事实，并现场查获了正在偷排污水的 C 某某，之后将情况反映给 D 市生态环境局，该局监测站执法人员对现场进行了勘查，并进行了抽样检测，其中应急池、应急池旁排水沟、抽水泵软管内水样中重金属锌的含量分别超过《污水综合排放标准》16.8 倍、56.5 倍、464 倍，远远超过《关于办理环境污染刑事案件适用法律若干问题的解释》中锌超标 10 倍以上应当认定为“严重污染环境”的规定。

同月，D 市公安局以污染环境罪进行立案，拟追究 A 某某、B 某、C 某某的刑事责任，并对 A 某某、B 某、C 某某采取了刑事拘留措施。A 某某作为民营企业负责人，实际控制着两家公司，并管理着两家公司的具体业务，两家公司的主要业务均来自 A 某某个人开拓。A 某某被羁押，导致公司经营陷入困境，数十名员工可能面临失业。

办案过程

嫌疑人 A 某某被刑事拘留的第二天，其家属找到笔者，笔者根据其家属介绍的基本情况提供了咨询意见，家属很快与律师事务所办理了委托代理手续。

接受委托后第二天，笔者会见了A某某。A某某详细地陈述了与D市生态环境局签署的协议内容和应急池污水的治理过程，笔者反复细致地询问了污水的排放过程和事发后的处置过程，最后还了解了其经营的两家公司的经营现状。会见结束后，笔者立即实地察看了案发现场，了解了应急池的修建历史、水量、排放过程、水流方向、现场污染等情况，详细走访全程路线并拍照留证，及时制作了案发现场的布局及路线图。

笔者根据会见A某某以及察看现场后初步判断本案是否构成犯罪可能存在较大的争议，并向公安机关提出了取保候审申请，但未获批准。在A某某被刑事拘留不到20天时，公安机关向检察院提请了逮捕，笔者与承办检察官进行了沟通交流，并提交了《请求对A某某不予批准逮捕的法律意见书》，检察院认可了我们提出的意见，没有对A某某批准逮捕，公安机关为A某某办理了取保候审。

2020年4月，公安机关侦查结束移送检察院审查起诉，笔者第一时间到检察院阅卷，将全部卷宗打印出来后，对全案进行了深入细致的分析。经反复研究，笔者更加确信A某某不构成污染环境罪，遂结合证据及相关法律规定向承办检察官提交了《请求对A某某不予起诉的法律意见书》，主要是多维度对控方的证据体系进行突破，主要内容摘录如下：

1. 本案证据显示，A某某的行为没有造成严重污染“环境”，不构成污染环境罪。

本案中，办案人员沿着污水的流向共采集了8个点的水样进行检测，其中只有3个点的水样重金属锌超标10倍以上，分别为应急池内、抽水泵软管内、紧挨着应急池的外排水沟沉积水，但应急池内、抽水泵软管内两处的污水没有排放到环境中去，没有污染环境。

污染环境罪中的环境应当是公开且有较大面积的范围，范围过小就不应当认定为刑事犯罪中指的环境。紧挨着应急池的外排水沟沉积水面积非常小（不足半平方米），即使锌含量超标也不应当认定构成犯罪，而且，该处锌含量超标也可能是在每年夏天应急池污水外溢过程中不断累积沉淀造成的（持续十几年），不能完全认定为A某某的行为所导致。

另外，应急池外主水沟一直到下游入河口的5个点的水样中锌含量都低于《污水综合排放标准》中的一级标准2.0mg/L，符合规定的排放标准，不构成犯罪。

2. 从物理、化学的角度分析，现场大面积的红褐色污染物不是重金属锌。

本案之所以涉嫌污染环境罪，是因为重金属锌超标，但造成现场看似污染很严重的红褐色物质却不是重金属锌。其一，从物理颜色看，无论是锌离子还是锌的氧化物都不是红褐色；其二，从化学的角度分析，该红褐色物质应该是氧化铁，具有初中化学常识以及生活常识的人都应该知道氧化铁（铁锈）的颜色就是红褐色。而且，该氧化铁有确切的来源：根据证人W某某（应急池旁居民）陈述，该应急池已经修建十几年，其以前看到应急池上面的铁皮棚因为刮风掉进池水中被融化，既然水中有铁，经过氧化之后自然会生成氧化铁（铁锈），被排出之后就会在案发现场留下红褐色痕迹，这与现场情况完全相符。

3. 证据收集主体不合法，水样系监测站收集，主体资格不符合《刑事诉讼法》规定。

根据最高人民法院、最高人民检察院《关于办理环境污染刑事案件适用法律若干问题的解释》第12条第2款规定：提取污染物样品的法定主体仅包括两类：一是公安机关单独提取；二是公安机关会同环境保护主管部门共同提取。本案中，提取水样的主体为监测站，该主体不属于《刑事诉讼法》规定的主体，其提取的证据不能作为指控及定罪的证据。

4. 证据收集程序不合法，所收集的证据不能作为指控和定罪的证据。

（1）检测仪器没有进行校准。

锌不溶于水，但易溶于酸，现场检测水样 pH 值时没有对仪器校准，导致 pH 值测量不真实，而水样中锌含量的检测是基于该 pH 值，因此，水样中锌含量鉴定不真实、不准确，锌离子的含量会因酸碱平衡度的变化发生改变。

（2）现场提取水样的位置不符合规范。

根据《水和废水监测分析方法》污水采样方法规定，当水深大于 1m 时，应在表层下 1/4 深度处采样；水深小于或等于 1m 时，在水深的 1/2 处采样。提取水样未测量水深，水样提取的位置不符合规范。A 某某在指认现场时看见工作人员先将水搅拌之后再提取的水样，该水样不能代表所排放处上层清水的锌含量。

（3）证据遭到了污染，不能作为定罪的依据。

根据证据显示，监测人员先将抽水泵软管内沉积水放入应急池现场摆放的塑料桶后，再进行的采样，该水样遭到了塑料桶及桶内残留物的污染，所检测出的锌含量不能作为定罪的依据。

5.《监测报告》不符合刑事证据形式要件，且没有鉴定单位、鉴定人员的资质证明，不能作为刑事证据使用。

本案中，对水样的提取鉴定不属于行政执法过程中收集监测数据，而应当属于对物证的提取、鉴定，应当由具有资质的专门司法鉴定机关出具《鉴定意见》。《监测报告》不符合刑事证据形式，而且现有证据中没有环境监测站、鉴定人员资质的证明材料，因此，该《监测报告》不能作为刑事证据使用。

6. 水样中的锌含量不能代表嫌疑人所排放出的水中的锌含量。

重金属是指密度大于 $4.5g/cm^3$ 的金属，锌的密度高达 $7.14g/cm^3$，而水的密度仅为 $1g/cm^3$，可见，锌的密度远远大于水，在水中极容易沉淀累积。嫌疑人所排放出的水是应急池内的上层清水，而案件所取水样是经过长时间沉淀的底层水样，其中锌的含量远远高于嫌疑人所排放出的上层清水中锌的含量，两者之间的锌含量有很大差异。

尽管辩护人提出了专业的辩护意见，但是考虑到本案无论是否构成犯罪，都已达到行政处罚的条件，故笔者建议案涉公司和家属积极与 D 市生态环境局进行沟通，主动提供整改方案和筹措整改资金，并积极配合主管部门的整改和处理，其态度和积极有效的应对方式得到 D 市生态环境局的认可。

随后，笔者进一步与检察院办案人进行沟通，并告知整改和事件处理进程，提出 A 某某没有犯罪前科，对 A 某某不予起诉符合保护民营企业家合法权益的政策精神，A 某某继续经营两家公司，与各地政府和企业的诸多合同可以继续履行，能够创造效益，保障税收，稳定就业，更好地实现法律效果、经济效果和社会效果的统一。

最终，检察院采纳了笔者的辩护意见，对 A 某某作出不起诉决定。

复　盘

本案能够争取到检察院不起诉的结果，主要在于对控方证据的多维度立体式的全面突破。污染环境案件属于典型先行政后刑事的行、刑交叉案件，是否会由行政案件进一步上升为刑事案件，关键在于是否达到“严重污染环境”的标准，这可以根据相关司法解释规定进行判断，但根据污染物含量判断是否构成犯罪时也需要考虑污染范围的问题，否则会造成排放一滴严重超标的污染物就可能构成犯罪，这明显违背立法的本意，因此，从污染环境范围方面着手，有可能从根本上否定构成犯罪。

污染物样本、《鉴定意见》是指控污染环境罪的核心证据，对样本的提取、保存、鉴定的要求，都是极其专业、严格的，本案中笔者着重从现场大面积污染不是由重金属锌造成、取证主体不合法、取证程序不符合规范、《监测报告》不符合刑事证据要求等方面对控方证据进行多维度突破，综合运用刑事诉讼法学、物理、化学等综合学科知识，最终得到承办检察官的认可，同意了笔者提出的对 A 某某不起诉的意见。

本案所涉及的刑事案件证据审查维度较为多元，可以适用于其他类似案件中。作为辩护人，只要潜心全面研究案件、多维度审查证据，就能够找到好的突破点，最大限度地维护当事人的合法权益。

证据运用

大多数刑事案件中，辩方的证据是非常有限的，其有效辩护主要是依靠突破控方的证据体系，本案就是辩方多维度突破控方的证据体系，最终达到不予起诉的效果，笔者总结如下：

第一，对犯罪构成基本证据的突破。因为对犯罪构成以及要件的理解和认识的差异，导致办案机关所构建的基本指控体系会有偏差，甚至不符合刑法规定，辩护人要精准理解各个罪名的准确定义和构成要件，以此判断其基本指控证据是否符合犯罪构成要件。

第二，对指控核心证据的突破。每个案件都有指控的核心证据，决定犯罪嫌疑人、被告人是否构成罪，这些看似不利的证据中往往隐藏着缺陷，要对该核心证据从形式到内容再到证明目的进行庖丁解牛般的分析和论证。

第三，对“权威证据”的突破。大多数刑案中都有监测报告、价格认定书、司法鉴定报告等证据，辩护人不要迷信其客观、公正和合法性，该类报告专业性强，但是通过专业分析研究，往往能发现在委托手续、受托主体、样品（检材）保管、鉴定程序、鉴定人资质等方面存在瑕疵甚至违法。

第四，对诉讼程序证据的突破。在对案件实体很难突破的情况下，辩护人可以多考虑从程序方面突破，重点审查立案、管辖、讯问、扣押、辨认等程序的相关证据，为证据合法性质证打好基础，可能起到釜底抽薪的效果。

可视化技术：从视听资料中探求真相

辛　明[1]

突破思路

面对视听资料这样的实物证据，发现问题后如何说服审查起诉人员、审判人员采纳观点，极其考验律师思维的宽度，同时也考验律师利用其他工具性资源辅助办案的能力。是凭借“三寸不烂之舌”说服办案人如同我们一样一遍一遍地反复去看、去听视听资料中的细节，还是由我们将问题直接通过技术手段呈现在办案人的眼前，笔者选择后者。其实我们并不需要掌握技术，只要知道从哪里获得技术并为我们所用即可。

案情简介

案发于2019年6月23日上午，东北某市的车辆管理所如同往常一样人群熙攘。数量惊人的车辆登记业务以及如同汽车博览会一般的车流证明了我们这个时代的富足。

闫某作为检车线的一名普通检车员如同每个工作日一样，对每一辆来办理

1　盈科全国刑事法律专业委员会副主任、盈科长春刑事辩护研究中心主任。

车辆登记的进口车辆进行检查，检查的重点只有一个，即是否进行过非法改装。上午 9 时许，一辆白色的商务车停在了闫某面前，身材魁梧、寸头、脖戴金链、身穿黑衣的驾驶员姜某摇下车窗，神情中充满了不差钱的自信。他并未说什么，只是把单据交到了闫某的手中。闫某看到此景也没有什么特别的感觉，因为他专门负责检查进口车辆，一眼就看出这款商务车在不加价的情况下也要 80 多万元。闫某绕着车走了一圈，走到驾驶员一侧车门前，说："这个车改装过，不能过检。"看似平常无奇的一句话，却激起了驾驶者火山爆发一样的愤怒。"什么？改装？你他 ×× 见没见过啊？这是中东版！别在这放 ×！傻 ×！"一番辱骂引起年轻气盛的闫某的反弹，毫不客气地予以回敬。结果可想而知，驾驶车辆的黑衣男子姜某与同伴（白衣男子）与闫某发生了肢体上的接触。现场围观群众无数，其他检车员过来拉开了双方。结果姜某鼻骨骨折，后经鉴定为轻伤二级，闫某身上有多处瘀伤但并无轻微伤及以上伤害，其他人员没有受伤。

警方调查过程中，双方各执一词，闫某称对方下车后对其连续追打，他只是自卫反击。而姜某一方两人称闫某诬陷车辆改装，意图讹钱，因未能得逞就殴打姜某导致姜某鼻骨受伤，姜某及同行人进行了有限度的反击。另外，闫某现场的同事均说自己是拉架的，大多数说没有看到事发起因，到达现场时姜某的鼻子已经受伤了。几位现场目击证人也称事发突然，没有看到全过程，只看到双方有冲突，姜某鼻子流血了。警方从主要冲突事发地点附近的室内调取了一段监控视频。由于闫某单位的出面担保，闫某被取保候审。但最后警方还是采信了姜某一方的陈述，以故意伤害罪将闫某移送审查起诉。

办案过程

笔者是在案件移送审查起诉后接受闫某的委托开始为其提供辩护的。闫某向笔者详述了事情经过，坚称自己并没有先动手，而是对方一共两人对其进行持续追打，不得已才挥拳反击了一下，仅有一下，而这一下确实打中了对方，但打中哪里不清楚。打中之后，闫某并无进一步行动，反而是对方被打中的人又对闫某进行了持续追打，而对方中的一人还取来了砍刀，闫某逃跑了。笔者作为闫某的辩护律师首先表示了对闫某的信任，但法律事实会是怎样还得通过查阅证据才能知晓。

阅卷后，笔者先详细看了笔录部分和鉴定意见部分，得出的结论是，这些证据对闫某不利。主要理由有：(1)目前司法实践中，客观归罪情况经常发生，也就是说在本案中虽然双方身上都有伤，但姜某鼻骨骨折，如果案件事发经过被认定为双方因口角引发的互殴，由于姜某有轻伤以上伤情，而闫某没有受到严重伤害，司法机关倾向于追究闫某的刑事责任，而对姜某不做处理；(2)由于事发突然，对双方来说都属于激情事件，不可能有预谋的过程。关于事发经过的描述就如很多同类案件一样，呈现双方各执一词的情况，即伤者姜某本人和其在场同伴都作出了对闫某不利的事实陈述，而闫某所述的事实与之完全相反。一般情况下，当此种情况出现时，我们一般寄希望于在证人证言中找到有利于闫某的印证事实。我们发现证人有三类：第一类是姜某同伴，如前所述，其证言对闫某不利，并与姜某陈述印证。第二类是闫某的同事，他们是事件中的拉架者，但很遗憾，他们大多数看到的是姜某受伤后对闫某进行追打的后半程事实，并没有看到姜某受伤的经过，即使他们对姜某后续追打闫某的过程描述得如何细致，对姜某的行为描述得如何凶狠，因闫某并无严重伤情，对解决闫某的责任问题也没有多大的助益。只有一个检车员身份的证人张某作出了对闫某有利的证言，能与闫某的证言相印证。第三类就是目击证人，但遗憾的是，仍然因为事发突然，在案的目击证人他们都作出了模糊的描述，就是说双方打起来了。

面对这样的言词证据，笔者判断，办案人一般会推定得出本案事实系双方因口角引发互殴致姜某被闫某击打为轻伤的结论。因为，姜某同伴和检车员张某分别属于与双方有利害关系证人，他们证言的可信度我们一般持审慎态度。而在案记录的目击者的描述更倾向于双方是互殴的情形。这个结论对闫某是极其不利的，因为闫某向笔者陈述的事实很明显是防卫的事实，而笔者只有利用正当防卫的辩点才能最大地维护闫某的合法权益。

为什么我不先看监控录像，而是先看言词证据？实物证据不是更能说明问题吗？因为这个监控录像像你可能看了十遍，都无法分清谁是谁，你看到的就是室外远处发生的打斗的场面和围观的人群，这里反而能清楚地看到一个人挥拳打到了一个黑衣男子的脸上。没错，挥拳的就是闫某，而且就是这一拳打断了黑衣男子姜某的鼻骨。经过闫某向笔者反复讲解，笔者能分清楚涉案人是哪几个，也大致能够判断出闫某是在被对方两人攻击的情况下反击了一下，并且全过程中只反击了一下。另外，姜某擦拭鼻血之后对闫某进一步的追打过程中闫某也没有反击。问题来了，笔者看了这个视频20多遍，而且核心的事情经过只有10多秒，距离远，速度快，笔者怎么能让检察官乃至后续可能审判本案的审判者跟笔者一样也看这么多遍，并且得出跟笔者得出同样的结论呢？如果仅靠语言，笔者没有信心，这是实情。怎么办？只能运用可视化技术，让笔者的结论可以看得见。所以笔者通过互联网找到了同城一名提供视频制作的编导，并出资1000元人民币用时2小时，让他帮笔者做了一份视频的处理分析。

10多秒的核心经过，被扩展为1分58秒；我们把画面放大拉近了距离，对人物进行了记号标记，闫某用绿色箭头，姜某用红色箭头，参与冲突的姜某的同伴用蓝色箭头，这种颜色也成为特定人物勾画的标记色；将最为核心的10秒过程放慢，让我们能连贯且清晰地看清每一个动作细节；对于因光线和衣着造成的人物形象模糊，我们用线进行了勾画；对于动作细节我们运用了反复慢动作技术，因为有一个细节是我们无法回避的，即姜某鼻子上的伤确实是闫某一拳击伤的，既然避无可避，还不如突出出来。但在突出的同时也要把出拳前发生了什么，出拳后闫某做了什么同时突出，以说明闫某实施的是防卫行为；另外，为了说明闫某只是实施了反击的一拳而无其他殴打行为，且一直处于被打状态，我们还将姜某擦完鼻血后追打闫某的画面予以突出，同时进行了人物动作勾画。

在完成上述处理后，笔者结合技术分析向检察机关提交了一份详细的辩护意见，其中核心就是结合技术分析对事发经过进行说明，并依此突出两个核心辩点：第一，双方不是互殴，而是姜某一方在持续追打闫某，闫某反击系防卫；第二，闫某反击虽然致使姜某轻伤，但结合现场受攻击的紧迫情况，该行为并未超过必要的限度，闫某应被认定为正当防卫。当然文字的表述效果是有限的，笔者还亲提电脑，找到办案检察官现场讲解。从检察官的表情和反映看，其对案件事实的内心确认已经偏向了笔者。面谈结束后，就进入了等待期。笔者了解到相关情况：本案被提交了检察委员会，而笔者所做视频分析也在检察委员会上进行了播放，引起了与会委员的重视。一个月后，该检察院以事实不清、证据不足对闫某作出了不起诉的决定。遗憾的是，正当防卫的认定并未写入不起诉决定书，不过闫某获得了无罪的结果，这也是笔者所希望的。

复盘

本案能取得成功的关键在于笔者拿到视听资料后让其为我所用，得到了有利于辩方的法律事实认定。视听资料并不是在每一个案件中都能出现，有时视听资料的存在也未必与我们要探究的待证事实直接关联，所以，运用方法并无一定之规。不过笔者在拿到本案的视听资料后并没有限制自己的思维宽度，也没有轻信自己的表达能力，而是开动脑筋第一时间找到了能将视频进行解构分析的正确方式。

笔者之所以能想到通过网络找视频分析人员与笔者平时与互联网的广泛接触有很大的关系。在此次寻找视频分析人员的过程中，笔者只是通过“视频制作”一个关键词就找到了很多的选项，并以同城服务提供者为目标，通过网聊就选定了人员，面谈、监督制作一气呵成。至于查找方式，很多 APP 能够给我们提供答案，包括百度、淘宝、58 同城、赶集网等，只要你会网购，获得这些资源并不困难，只是你可能不知道这些服务存在罢了。

在互联网和大数据时代，检索已经成为我们生活本能。“内事不决问张昭，外事不决问度娘”已经成为当代人的共识。但是，因为我们拥抱互联网的方式不同，导致一些人可能沉迷于游戏、聊天和发朋友圈，而笔者则更关注如何能更多地获得信息和知识。

证据运用

我们常说“有图有真相”，庭审实质化改革也提出“让正义看得见”，可见人类对于“看”的重视远高于“听”。而辩护律师以往的表达方式更加局限于“说”，效果无法达到极致。另外，真的就“有图有真相”？如果原“图”看不清时怎么办？可视化技术或者说可视化办案思维能够帮我们解决这些问题。当然，笔者也认为高水准的刑辩律师不是要掌握所有证据分析辅助技术，而是善于发现问题，并知道如何获取资源来帮助自己透过证据归纳出有利于辩护目的的法律事实。

2018 年最高人民法院颁布实施的《人民法院办理刑事案件第一审普通程序法庭调查规程（试行）》（法发〔2017〕31 号）第 33 条规定，“控辩双方出示证据，应当重点围绕与案件事实相关的内容或者控辩双方存在争议的内容进行。出示证据时，可以借助多媒体设备等方式出示、播放或者演示证据内容”，为可视化技术的诉讼应用提供了法律依据。可视化技术可以让我们能够运用图表将分布在各个证据中的法律事实要素进行归类呈现；可以让我们透过言词证据，利用动画技术重构案发经过，笔者试过，效果很好；可以如本案一样，将视听资料中有利于我们的要素予以凸显，强化说服能力。还有很多可视化方法，有待我们挖掘，不怕办不到，就怕想不到。

去伪存真：证据细节决定案件成败

朱卫永[1]

突破思路

证据是刑事诉讼的核心和灵魂，是查明案件事实、正确裁判的前提和基础。在刑事案件办理的过程中，辩护律师需要时刻注意控方是否提交了完整的证据，控方证据所认定的事实是否偏离了客观事实。作为辩护人，要勇于怀疑控方建构的证据体系，善于发现对被告人有利的证据，只有关注和挖掘细节，才能去伪存真，重构案件事实，达到辩护效果。

案情简介

当事人陶某是一名退伍军人，由于部队中常年的射击训练，其逐渐成为一名枪支爱好者。退伍后，陶某依然放不下心中的热爱，从“纸上谈兵”渐渐变成了职业“售枪人”，但是他深知买卖枪支是违法犯罪，所以一直以来都只销售一定类型的枪支配件，误以为可以逃脱法律的制裁。

起诉书指控，被告人时某（陶某上家）、陶某（委托人）、刘某（陶某下家）、应

1 盈科全国刑事法律专业委员会副主任、盈科杭州刑事法律事务部主任。

某（刘某下家）等人为谋取非法利益，通过网络单独或结伙非法买卖枪支、弹药，其中有3起事实与陶某有关：

1. 销售1只“筒枪”（火药枪）给崔某：2017年3月，崔某通过其本人QQ登录京东商城向网名“猛虎商团”购买枪支，并支付价款300元人民币。“猛虎商团”遂将崔某所购物品种类、联系方式、收货地址等信息通过WhatsApp发送给陶某，最终陶某通过韵达快递将枪支寄售给崔某。经鉴定：崔某处查获的枪支为以火药动力发射弹丸的枪支。

2. 销售101颗制式火药子弹给倪某：2017年3月，倪某通过QQ商城向网名“兔君主”购买子弹，并支付价款人民币800元。被告人陶某得知该信息后遂将倪某所购物品种类、数量、联系方式、收货地址等信息通过WhatsApp发送给时某，最终时某以寄件人“丛安日”的名义将101颗子弹通过天天快递寄售给倪某。经鉴定：倪某处查获的类子弹物为制式火药子弹。

3. 通过刘某及应某销售2支气枪及1000余颗铅弹：2016年10月至2017年2月，证人陈某、缪某、雷某分别向被告人应某提出购买枪支、弹药，其中陈某购买气枪一支以及铅弹1000发，缪某购买气枪一支以及铅弹若干，雷某购买铅弹若干。应某遂通过微信联系被告人刘某，刘某将上述信息告知被告人陶某后，陶某通过快递将枪支散件、铅弹分别寄售给缪某、应某及雷某，应某收到枪支配件后组装成枪并交于陈某。经鉴定，陈某、缪某处查获气枪为以压缩气体为动力发射弹丸的枪支，缪某处查获110颗类子弹物、雷某处查获879颗类子弹物均认定为弹药（雷某处查获的气枪经鉴定不能认定为枪支）。

起诉书指控被告人陶某非法买卖枪支、弹药罪，按照指控的事实，其面临的刑期可能在十年左右。

办案过程

在审查起诉阶段接受陶某家属委托后，笔者第一时间进行会见与阅卷，对在案证据以及陶某的基本立场有了充分了解。陶某坚称自己从未销售过整枪或弹药，仅承认销售了部分枪支配件，这一点与其手机备忘录中的记录可以基本印证。

但是，下家刘某的供述对其极为不利，刘某一口咬定所有的配件均向陶某购买，是由陶某拆分、分批发货。案卷中只记载了手机数据检查笔录，关于前两起事实也仅截取了极少一部分的 WhatsApp、微信聊天记录，第三起事实中刘某与陶某的聊天记录更是未予以采集。公安机关既然做了手机数据的采集，为何没有全部提交给公诉机关？是否仅提交了部分对陶某不利的聊天记录？是否有意隐藏了对陶某有利的聊天记录？辩护律师怀疑一切的天性，穷尽一切的原则立即显现。笔者向公诉机关申请拷贝本案所有原始的手机存储数据，在 40GB 的电子数据中，对陶某的四部手机、刘某的两部手机中上万页的内容进行了逐页翻阅、一一比对。终于功夫不负有心人，笔者找到了上述二人之间全部的聊天内容，且有部分内容对陶某极为有利。

通过进一步梳理聊天记录和卷内其他证据，笔者得出结论：本案起诉书所指控第三起事实仅有证据证明缪某及陈某枪支中的部分配件来自被告人陶某，其余指控如第一起火药枪、第二起火药子弹以及第三起缪某、雷某处的铅弹，均无法证明系陶某销售。

1. 关于公诉机关指控被告人陶某销售一支枪支给崔某的事实，如果不逐一比对电子数据，会认为该起事实，证据确实、充分。买家将收货地址发给中间商、中间商将该信息完整的发给卖家，卖家将发货记录回复给中间商，证据链条似乎已经完美。深入审查电子数据，却可发现控方的证据链条断裂，种种疑虑浮上心头。

其一，不合常理的交易：不赚钱还买一送一？

根据崔某的证言，其以300元的价格向“猛虎商团”购买“火柴枪”1支，收到一个快递，内有1支“火柴枪”附赠1支“筒枪”。崔某花了300元购买一把枪却收到2支枪，交易的数量不符合常理。中间商“猛虎商团”支付给陶某的款项是300元人民币，中间商不赚差价？崔某陈述通过QQ登录京东商城购买，却无法提供相关购买记录，证言缺乏真实性。

其二，到底是哪支枪？能搞清楚吗？

陶某只寄出了1支，而崔某处查获了3支，陶某寄给崔某的“钢笔狗”究竟是本案查扣的3支枪中的哪一支无法明确。

其三，“钢笔狗”=“筒枪”？

如果崔某下单的是“火柴枪”，为何陶某处显示下单是“筒枪”？在枪支交易一般坏境下，两者是否等同？

其四，“枪”真的可以算枪吗？

本案查扣的3支枪支，有1支未予鉴定，在笔者向法庭提出对未鉴定“筒枪（钢笔狗）”进行鉴定时，最终核实该枪支已经被相关部门销毁、灭失。还没有鉴定就进行销毁，这把所谓的“枪”算枪吗？

其五，我有，为什么还要向你买？

笔者通过翻阅“猛虎商团”与陶某的所有聊天记录，发现陶某曾经向“猛虎商团”询问是否有“钢笔狗”。如果我有货，也在卖这个货，还需要向你买这个货吗？这也与起诉书认定陶某是卖家的事实相矛盾。

2. 关于公诉机关指控的第二起犯罪事实，陶某通过时某向倪某出售101发子弹的事实，笔者一一核对了所有在案人员的聊天记录，发现了控方证据存在多处无法解释的矛盾，提出了倪某处查获的 101 颗制式小口径子弹与时某所寄出的编号为 560661654497 的快递物品不具有同一性（该起事实有陶某和时某聊天记录中记录“100 颗小嘴粮 + 买家地址、时某快递记录、证人倪某的证言”等证据）。同样，笔者产生了五个疑问：

其一，子弹怎么多了 1 颗？是同一种子弹吗？

本案查获的子弹数量为 101 颗，按照聊天记录记载，小嘴粮的交易数量为 100 颗，按照交易惯例，少发为常态，多发为失常。子弹为消耗品，只会越来越少，不会越来越多。为何查扣的子弹数量比交易的数量更多？是同一种子弹吗？

其二，小嘴粮 = 大口径子弹吗？

陶某与时某当庭供述相互印证，“小嘴粮”是一种没有火药的工艺弹；本案查扣的是大口径子弹，两者能等同吗？

其三，中间人是谁？中间人只有一个渠道吗？

该起事实缺乏倪某口中所说的卖家“兔君主（中间商）”的相关材料，“兔君主”是谁？能排除“兔君主”有向别处购买的可能吗？

其四，转账记录在哪里？

本案缺乏被告人陶某与时某该笔交易相对应的转账记录，两者每笔交易都有明确的转账记录，唯独该笔没有，作何解释？

其五，真的都能完成击发吗？

本案的 101 颗子弹未完成击发实验，是否能认定为制式子弹，鉴定意见缺乏合理依据。

公诉机关指控的第三起事实，陶某真的卖了那么多吗？公诉机关指控的在“下家”处查扣的枪支真的都是陶某贩卖的吗？公诉机关根据部分证据所构建的“事实”与笔者根据所有证据构建的“事实”哪个更为可信？

首先，879 颗铅弹：孤证不立。

关于雷某处查获的 879 颗铅弹，在案除了刘某供述外，没有任何其他证据证明与陶某有关。

第一，所有被告人的供述及证人证言仅能指向刘某但不能指向陶某，刘某到陶某的证据链条缺失。

第二，完整的聊天记录，为何没有这笔交易的内容？

笔者找到的聊天记录中陶某、刘某二人从未提及铅弹有关的内容，也未提及雷某的收货地址，除了刘某的供述，没有任何的证据证明这批铅弹是向陶某购买。

刘某的上家只有陶某一人吗？

从被告人刘某的前后供述来看，其货物来源明显并非陶某一人，还有其他如微信名叫“狗王”的卖家，该批子弹是“狗王”提供还是陶某提供，又或者是其他未提及的上家提供，均无法排除合理怀疑，刘某的供述明显缺乏可信度。

其次，缪某和陈某的整枪配件都来自陶某吗？

第一，只有“身子”“管子”，能装配成枪吗？

关于缪某的枪支，笔者找到的聊天记录中显示，由于正值年关，缪某迟迟未收到货，刘某催促陶某时说道：“我只下单了枪身和管子，现在只收到了管子。”陶某表示会去核对，但之后二人再未就枪身有无补货有过新的沟通，是否补发了枪身无法得知，可以明确刘某并未向陶某购买整只枪，也从未购买子弹。

关于陈某的枪支，同样显示只下单了“管子与身子”。在陶某发送一张快递面单（收件人为应某）给刘某之后不久，刘某说道：“管子和身子已收到。”

第二，多出的快递是谁的？

根据应某的供述，陈某的枪支来自多个快递，而陶某只寄送了一个快递，多余的快递是哪来的？

综上所述，我们通过电子数据的质证主张第一起、第三起事实证据链条的不完整，法庭基本采纳了笔者的辩护意见。关于第二起犯罪事实，囿于 101 颗子弹都完成了击发加之被告人被羁押近两年的现实，法庭未予以采信。从最后的判决来看，原本将近十年的量刑，降到最后的四年有期徒刑，笔者所付出的一切都是值得的。

复　盘

该案系公安部督办的枪支类案件，公安机关在立案侦查时即有意将该案办成当地的典型案件。笔者本着每个刑事案件都是一场修行的原则，不计得失地付出，全力以赴地争取。好在主审法官高度负责，非常重视证据，本案历经四次庭审，虽未取得无罪的辩护效果，但也实现了有效辩护。

回看本案的办案过程，笔者认为三个方面最为重要：第一，怀疑一切。控方为何不提交全部的电子证据？是当时仅恢复了部分的数据？是有意隐瞒了部分证据？对此，辩护人必须进行深挖，尽管审查原始通讯记录工作量极大，也要迎难而上。第二，重构“事实”，通过及时申请查阅全部的电子证据，不计辛劳地逐一核实、比对全案的证据，笔者发现了新的“真相”，故而重新向法庭构建了新的“事实”。第三，通过可视化的方式展示新构建的“事实”，如果当时仅在开庭的时候向法庭阐述证据的问题，法庭或许并不会如此重视，笔者用清晰的表格向法庭展示，既节省了法庭的审理时间，提高了法庭的判案效率，也获得了不错的辩护效果。

证据运用

随着电子数据的应用愈加广泛，该类证据的审查与质证成为律师不可或缺的技能。笔者通过本案的办理，得到以下三点感悟，仅供参考：

第一，敢于怀疑电子证据的完整性。

面对电子证据的审查，首先要关注控方用以指控的电子证据来自哪里，提取的过程是否合法，提取的内容是否完整。在司法实践中，公安机关出于各种原因，存在部分截取和部分提交的情况，必须对此警惕，从时间范围、连续性等角度进行校验。

第二，积极求证电子数据蕴含的细节。

电子证据往往内容庞杂，识别关键信息如同“大海捞针”。要围绕指控内容和争议焦点，结合其他主客观证据锁定审查重点，以免漫无目的、陷入僵局。同时，辩护人要保持职业敏感，敏锐捕捉每一个细节，为构建辩方事实所用。

第三，充分发挥被告人本人的质证作用。

对于电子证据，被告人不仅有知情的权利，还有质证的能力。被告人是案件的参与者，对于起诉书所指控事实的真伪具有直接的辨别能力，对于电子数据的时间、内容等方面也更清晰。辩护人应及时和被告人核实已掌握的电子数据，对我们的辩护工作会大有裨益。

抽钉拔楔：合同诈骗案再审无罪的路径

郭彦卫[1]

突破思路

合同诈骗罪案件，是指行为人以非法占有为目的，在签订、履行合同过程中，采取虚构事实或者隐瞒真相等欺骗手段，骗取对方当事人的财物，即当事人受骗而损失财物是该罪的基本特征。受到欺骗以及损失财物作为基础事实，需要证据加以证明，其中，受害人的报案书是最直接的反映，是直接证据，更是核心证据。如果在合同诈骗罪的辩护中排除了这样的证据，就起到了抽钉拔楔的效果。

案情简介

2000年，正值壮年的韩某从县里来到省城，带领几个工人成立了一个平安土建工程队，以干些零碎的小工程为生。一个偶然的机会，经老乡杜某介绍认识老乡杨某。杜某在一家单位上班，有一定的社会关系；杨某有亲戚在电力局当领导，可以联系到电力方面的工程；韩某有工人，能干活。三人合计，由杨某

1　盈科全国刑事法律专业委员会副主任、盈科石家庄刑事法律事务部主任。

和杜某持干股（利用社会关系找电力方面工程），韩某负责具体施工，利润三人分成。根据当时的政策注册了一个“桥西宏通电力工程队”的个体工商户的营业执照和施工资质，注册在杨某名下。

当时省会的多数单位家属小区居民用电是一栋楼或者一个单元共用一块电表，各户共同分担，多有不便。市政府制定了关于改造一户一表的优惠政策，单位提出申请，每户居民收费 250 元，由电力局委托施工企业完成。韩某他们合伙后也参与了这项改造工作。到 2003 年三人因利润分配问题有矛盾，就分开单干。约定谁揽的活谁干，各自独立，营业执照共用。但一套章用起比较麻烦，经韩某要求，杨某将营业执照给韩某刻了一套章用于承揽业务。

水利部直属的设计院家属小区住宅楼也要进行一户一表的改造。设计院曾向电力局提出申请，但电力局认为设计院小区是自备变压器，不适用本市政府制定的优惠政策，如改造需要自己负责。设计院找了几家施工队比价，其他几家施工队报价 120 万元到 130 万元，韩某报价 100 万元被选中，以 99.5 万元签订了合同。

韩某完工申请电力局验收接入电网时，电力局回复要想入网必须从电力局购买材料。此时杨某提出分 12 万元利润，可以协调其电力局工作的亲戚帮助验收入网。韩某支付 3 万元现金和打了 9 万元欠条给杨某，并出资了 84,500 元（按 338 户计算）材料费给杨某从电力局领出来材料，将自己安装好的材料替换，通过了验收入网。

杨某向韩某索要欠条上的 9 万元，韩某说将合伙时的账算清，多退少补。杨某不同意，就以受害人身份向公安机关报案，称韩某私刻宏通工程队公章与设计院签订合同诈骗工程款据为己有，韩某被刑事拘留。但经审查，杨某没有损失不属于受害人，合同诈骗必须得有受害人，但此时韩某已经被羁押了。办案人员找到设计院负责签订合同的人说：“根据市政府的政策，一户一表的改造工程每户出资250元，材料是电力局免费提供，韩某未向你单位告知，将电力局免费提供的材料的编入预算，骗了你单位签订合同，多支付了材料费（经价格鉴定为349,938元），你单位受到损失，应当报案。”该负责人不写，但在被留置一整天后，终于写了报案材料。韩某被以合同诈骗罪提起公诉。

办案过程

一、荒唐的指控，囫囵的判决

公诉机关指控：2004年4月设计院宿舍进行一户一表改造工程，电力局指派桥西区宏通电力工程队杨某负责施工，杨某让韩某具体负责施工事宜。韩某以伪造的桥西区宏通电力工程队的公章、账务章与设计院签订合同，后隐瞒该工程部分原材料由电力局无偿供给的事实，将应由电力局无偿供给的材料编入工程决算，骗取设计院工程款，占为已有。

杨某代表桥西宏通电力工程队提起了刑事附带民事诉讼，认为韩某构成职务侵占罪，要求返还其占有的工程款给桥西宏通电力工程队。

一审法院于2004年2月1日和3月7日两次开庭审理，2005年4月1日作出一审判决，判决合同诈骗罪成立，判处韩某有期徒刑三年，罚金5万元。韩某上诉，2005年6月1日中级人民法院作出二审判决书，改判韩某有期徒刑三年缓刑四年。

二、漫漫申诉路，曲折两轮回

二审改判缓刑走出看守所后，韩某开始了申诉。5年后，省高级人民法院于2010年1月20日作出再审决定，指令市中级人民法院再审。

市中级人民法院于2011年11月11日、2012年11月20日两次开庭审理，2014年5月8日作出刑事裁定，撤销区人民法院一审、二审刑事判决，发回区人民法院重新审判。

10年后，区人民法院2014年12月18日、2015年5月8日两次开庭审理，2015年7月22日作出再审一审刑事判决，判处韩某有期徒刑三年，罚金5万元。韩某不服提起上诉。

市中级人民法院于2016年4月20日开庭审理，于2016年12月27日作出再审二审刑事判决书，改判韩某有期徒刑三年缓刑四年。

时隔10年，原审和再审两级法院判决结果惊人的相似。韩某再次提起申诉。省高级人民法院于2018年11月27日作出再审决定书，决定对本案提审。

三、证据真假难分辨，指控逻辑不自圆

省高级人民法院本次提审，笔者查阅了全部证据材料后认为，起诉书指控的事实错误，证据真伪难辨，不能形成完整的指控体系。

1. 起诉书指控“2004年4月设计院宿舍进行一户一表改造工程，电力局指派桥西区宏通电力工程队杨某负责施工，杨某让韩某具体负责施工事宜”的事实是否属实？

对此控方的证据是举报人杨某的证言和电力局的证明，举报人杨某证言：“2004年4月，市电力局有一户一表电网改造工程，电力局把这项工程给了杨某，并且给了其设计院一户一表电网工程的图纸，改造工程出料单。之后就让韩某代表工程队施工……后通过设计院联系才知道韩某伪造了工程队的公章、财务章，已与设计院签订合同，骗取了工程款。”电力局证明：“设计院电网改造系我单位委托宏通电力工程队实施安装。”

而设计院院长李某、副院长张某、后勤科长孙某、副科长王某都证明：“其单位的一户一表电网改造工程是韩某持‘桥西宏通电力工程队’营业执照复印件和委托书来联系、签订合同、带领工人安装施工、领取工程款等。而之前该单位曾向电力局提出过申请，得到的答复是该单位是自备变压器，不在政府文件范围内，需本单位自己负责改造。”

对比以上双方的证据，作为受害人一方的证言应当更可信，因为他们是受害者，是事件的亲历者。

2. 起诉书指控：“韩某以伪造的桥西区宏通电力工程队的公章、账务章与设计院签订合同”，韩某签订合同的公章是否是伪造的？

杨某举报韩某私刻了公章。韩某辩称，韩某、杨某、杜某三人原为合伙关系，因闹矛盾分家，约定营业执照可以共用，谁承揽的活谁干，各自独立；因使用不便，向杨某索要了营业执照，找了刻章店刻的章。

该节事实，控方的证据为杨某的举报证言；刻章店老板的证言，证明韩某曾持营业执照到店里刻章；公安机关调取刻章店留存的营业执照复印件和印模；公安机关技术鉴定意见，证明韩某与设计院签订合同的章和杨某提供的“桥西宏通电力工程队”的章不是同一枚章。

为证明曾经的合伙关系，韩某提供了几个工人的证言，以及合伙时的流水账记录，但流水账没有杨某和另一合伙人杜某的签字。杨某提供的一个工人的证言为，韩某是给杨某打工。另一合伙人杜某出具书面证言为，三人没有合伙关系。但韩某的女儿与杜某的电话录音中，杜某认可三人曾经是合伙关系。

3. 关于起诉书指控：“……后隐瞒该工程部分原材料由电力局无偿供给的事实，将应由电力局无偿供给的材料编入工程决算，骗取设计院工程款，占为己有……”

为此，控方提供了设计院提交的报案书及孙某等证言。孙某证言证明不了政府优惠政策。

在市中级人民法院重审时，法官找孙某作的调查笔录显示：为这事公安传我去了三趟，他们说韩某诈骗了我院的钱，必须帮我们追回来，不追是失职……还有一个检察院的女人说必须写。我们单位认为没有受骗，韩某还为我们单位省钱了……检察院叫我们去了10小时，认为我们得了好处……另外，卷宗中关于设计院支付韩某工程款的账目复印件都上盖有检察院纪检科的章。

四、拨开迷雾看本质，“十五”沉冤终昭雪

本次提审，笔者主要是从以下方面进行论证。合同诈骗罪的本质是，行为人在签订履行、合同过程中，虚构事实、隐瞒真相，骗取当事人财物。

1. 关于本案立案的依据。起诉书指控的设计院一户一表改造工程的联系和施工，虽不属于犯罪构成的要件，但可以影响对双方陈述真实性的判断，可以合理推定报案人的动机、案件的起因，对法官自由心证形成影响。通过以上对这组证据的分析，可以看出本案起因是杨某的报案，但杨某不是适格的受害人，因此，本案立案就是错误的。

2. 关于韩某是否伪造公章的问题。从以上证据可以看出，韩某重新刻了印章是事实，争议在于是否经过杨某同意。在这一问题上，只有杨某和韩某一对一的言词证据，不能完全确定各自陈述真实性。笔者认为，合同诈骗的本质是受害人损失财物，而本案即使认定刻章未经杨某同意，如果没有受害人，也不能构成合同诈骗，未经杨某同意刻章是另外的法律问题。

3. 关于韩某是否隐瞒市政府优惠政策，欺骗了设计院，设计院是否有财物损失。首先，政府的政策不是一个普通人能隐瞒的。其次，设计院相关人员的证言证实，设计院根据市政府的政策向电力局申请，而电力局没有同意，电力局自行改造，不存在受骗，其支出的工程款是基于比价后的合同价款，跟政府优惠政策没有关系。

4. 关于举报书的证明内容。第一，设计院是与韩某签订的合同，并未与杨某接触。第二，以大包干的形式签订合同是双方自愿签署的，是设计院在几个施工队之间比价后的选择，不存在受到欺骗的情况。第三，设计院明确表示没有受到欺骗，是办案人员认为有暴利。中级人民法院重审时孙某的笔录，印证这样一个明确没有受骗的举报书是被迫出具的，不是设计院的真实意思。

综上所述，从两个阶段概括韩某在与设计院签订履行合同过程中的行为：第一阶段，未将市政府的优惠（免费提供的材料）编入预算，也未使用电力局提供的材料；第二阶段，在工程完工后，因通不过电力局的验收，通过杨某购买电力局的材料，把自己已经安装的好材料替换下来，也未向设计院另外收取费用。可见，韩某所得工程款完全是基于合同约定，并已完成了合同义务，不存在非法占有财产的行为与目的。据此，省高级人民法院于 2019 年 8 月 14 日作出终审判决，判决韩某无罪。

复　盘

韩某出生于 1953 年，自 2004 年 10 月 16 日韩某被拘留至 2019 年 8 月 14 日省高级人民法院改判无罪时是 66 周岁。本案完整地经历了一审、二审，申诉、发回重审一审、二审，再申诉、提审，三个轮回，15 个春秋。

韩某在花甲之年，获得无罪的结果，是正义的胜利，是法治的胜利。之所成功，在于其长达 15 年坚持，申诉，在于终审法官的勇于担当。终审法官紧紧抓住犯罪构成，从合同诈骗罪的本质出发，没有适格的受害人，没有受到财物损失就不构成本罪。杨某报案的内容以及公章是否伪造的问题不是核心问题，行为人虚构事实与受害人处分财产之间具有因果关系，才是构成合同诈骗罪的实质。本案中，受害人的陈述及报案书是本罪的核心，排除了这个基础事实，受骗的基础事实和指控的证据体系就成了无源之水，无根之木，指控体系就崩溃了，就相当于抽掉了木质结构的钉和楔，散架了。

在实践中，民营企业在初创时期，不乏兄弟式合伙、仇人式散伙，出于利益纠葛，甚至不惜将对方送进监牢。因此，合同诈骗类案件的报案原因错综复杂、真假难辨，必须对报案材料进行详尽审查，准确把握财产处分行为与处分原因，用客观事实否定非法占有目的的认定。

证据运用

诈骗类案件的本质是受害人受到欺骗而损失财物，受害人的陈述和报案书是其受骗过程和结果体现，能直接证明案件事实，属于直接言词证据，决定了案件侦查的起始和侦查脉络。因此，解构受害人陈述和报案书就是解构核心证据。如果这样的证据被排除了，就相当于抽钉拔楔地解决了问题。

审查被害人陈述、报案书等与其他一般证人证言有相同之处，比如，要审查其陈述是否明确、具体、细致、完整，是否客观和真实；审查其是否与其他证据矛盾或者矛盾有无合理解释；通过纵向和横向对比，是否与其他证据相互印证等。被害人陈述、报案书的特殊之处在于，被害人和案件有密切利害关系，有可能因个人怨愤而夸大事实；其陈述的内容更容易受到感情、利益因素的影响，主观性特征更强，要格外关注不实演绎部分。因此，应当审查报案是主动报案还是被动报案，报案时间与案发时间的距离；报案人与被告人是否有经济上的合作关系，是否存在经济纠纷，是否有利用刑事报案来解决经济纠纷的动机。综合全案证据，对被害人陈述、报案书进行有效质证，才能还原事实，区分罪与非罪。

原来如此：全面取证，展现全新事实

李　明[1]

突破思路

言词证据作为刑事诉讼的重要证据类型，在司法实践中具有重大作用，极具研究意义。在涉众类刑事案件办理中，涉案人员在核心事实与主观认知方面陈述趋同，导致事实扭曲的情况时有发生。作为辩护人，如果仅依靠从在案言词证据中寻找矛盾点，阐述事实，很难颠覆控方所认定的事实。唯有大量搜集反证，并对所有证据全面分析比对，实现建构全新事实或呈现完整事实的效果，方可帮助办案单位查清事实，推翻有罪认定。

案情简介

高某某系某培训学校法定代表人，该校具有合法的办学许可证，办学内容包括 IT 软件培训等。办学过程中，因招生困难，高某某等成立多家公司，并以公司名义对外发布用工招聘信息，吸引应聘人员。面试过程中，工作人员以求职人员专业技能无法胜任工作岗位等话术，劝诱其参加实践技能培训课程，并

1　盈科全国刑事法律专业委员会秘书长、盈科沈阳刑事法律事务部主任。

承诺培训合格后入职涉案公司或推荐相关联公司完成就业。培训费用的交纳方式有两种，一次性全款交费是16,800元，贷款交费是18,800元，贷款交费的学生在培训期间每月可获得补助500元（部分工作人员陈述为带薪培训，500元每月）。如应聘者有意向，可参加一次试听课程学习。在应聘人员同意参加培训的情况下，双方签订入职前培训协议及补充协议，签约主体为学员及某培训学校，培训期间为4个月。如选择助学贷款，放贷机构在发放贷款之前，有与贷款者核实相关的贷款金额、贷款用途等程序设置，经审查合格后，发放贷款至涉案培训学校。涉案营销部门有话术底稿，宣讲说辞包括入职前培训、贷款付费，培训期间享受补助，承诺经培训合格进入公司工作或推荐至相关公司就业，入职后工资3000~5000元甚至更高，分期逐月用收入偿还贷款等。同时，教学过程有强化就业意识，刻意弱化培训学校的布置与行为。个别应聘者选择一次性交纳培训费，绝大部分应聘者选择以贷款方式交纳培训费。

2019年6月，部分应聘者以被诈骗为由，向警方报案。2019年8月，公安机关采取专项行动，对涉案培训学校的多个培训地点进行了搜查，将所有涉案物品现场查扣，并对高某某等10余名涉案员工传唤调查。因涉嫌诈骗罪，高某某和学校多名管理人员及部分员工被刑事拘留，高某某等对涉案犯罪事实供认不讳。2019年9月，经检察机关审查批准，决定对包括高某某在内的多名涉案员工执行逮捕。

公安机关侦查终结后，以高某某等涉嫌诈骗罪，于2019年11月向检察机关移送审查起诉。起诉意见书指控，2018年年初至2019年8月，高某某等三人伙同员工肖某某等三人，在某地注册涉案培训学校，在网络上发布虚假招聘信息、以分配工作为诱饵，采用公司制定的“话术”骗取应聘学员信任，让培训学员到涉案培训学校培训1~4个月，高某某等以让被骗学员交全款或帮助被骗学员贷款的方式从每位应聘学员的手中骗取数额不等的培训费，涉嫌诈骗300余人，诈骗金额达800余万元。审查起诉期间，退回公安机关补充侦查两次，延长审查起诉期限三次。

办案过程

2019年8月15日，有孕在身的女士张某某到律所向笔者与闫东律师咨询“招转培”类诈骗案件的相关情况。经了解，所谓“招转培”是“招工转培训”的简称，即在教育培训等领域，部分培训机构刻意隐瞒有偿培训目的，通过成立多家公司，在各大招聘网站发布虚假用工招聘信息的方式，与尚未就业的毕业生或缺乏专业实践技能的待业人员建立链接，并安排用工面试，面试后以其能力达不到该岗位工作能力标准为由，引诱应聘者参与有偿培训，并承诺培训合格后，进入招聘信息发布公司就业或负责推荐其他高薪岗位。据张女士介绍，其爱人高某某以及部分骨干员工，已经被公安机关刑事拘留。早在2018年10月，被称为“全国首例”的“招转培”诈骗案件，被告人陆某某已由某法院判决认定诈骗罪成立，判处有期徒刑十年六个月。

笔者与闫东律师接受张女士委托后，立刻带领团队成员启动本案的办理工作。接案后第二天，辩护人第一时间会见犯罪嫌疑人高某某。据高某某陈述，涉案培训学校具有合法资质，已经营多年。随着全国计算机、IT培训行业普遍采用“招转培”模式招生，采用正规的招生模式已经难以为继，不得不学习并效仿此模式进行招生。学校招生过程中，确实有意隐瞒了“招转培”的事实，这种行为虽不道德，但是整个行业都这么干，要想生存，只得如此。其主管教学，对其他方面具体情况并不太了解。其在公安机关办案人员的教育下，认识到了自己的错误，认可公安机关的诈骗罪指控，已经认罪。

经过进一步询问，辩护人发现涉案学校有正规的师资队伍，有完备的教学计划，培训过程正规，有阶段性考试与评价制度，不满意可退费，学习完成后大部分学员通过推荐已经实现就业，就业服务无次数限制，学费金额符合市场价格，招生过程中确实有不实宣传，但只作为招生的手段，并没有非法占有他人钱财的目的。而上述内容公安机关完全没有讯问，高某某也没有机会表达。了解至此，笔者认为本案存在无罪可能，高某某等人的行为确实存在过错，但其行为本质上应是以招生为目的的不当手段招生行为，而非以非法取财为目的的诈骗行为。随后，笔者将诈骗罪的法律规定、犯罪嫌疑人的诉讼权利及我们的初步观点告知高某某，高某某对自己的错误行为有了深刻理解，很是后悔。同时，也认识到了自己确实没有诈骗。

鉴于案情疑难复杂，根据涉案金额及情节，如高某某涉嫌诈骗罪罪名成立，高某某及部分涉案人员将面临十年以上有期徒刑，有在先判例的情况下，无罪辩护成功具有较大难度。回所后，笔者马上召集团队成员及专家顾问研讨本案。案情介绍完毕，绝大多数人认为诈骗罪名成立。部分成员认为，学生刚毕业是来找工作挣钱的，却被公司隐瞒真相忽悠，陷入错误认识，变成了花钱，与应聘者投递简历时所谋求的利益不同，具有非法占有应聘者培训费的目的，构成诈骗；部分成员认为，本案涉及被害人人数众多，社会影响较大，有欺骗行为，有取财事实，没有实现在应聘公司就业，整体模式与在先案判例模式基本一致，从司法实践角度看，认定为诈骗罪的可能性较大。但是，笔者与闫东律师认为，本案具有一定的典型意义，涉案培训学校具备教学资质与教学能力，培训费用符合市场价格且已提供对价服务。错误招生行为应属主管部门行政管理范畴，不应入刑。

由于本案处于侦查阶段，卷宗证据材料尚未开示，案件探讨暂时告一段落。笔者围绕各方观点，展开了调查研究工作，并形成了初步的无罪辩护意见。在与办案警官沟通的过程中，笔者明显感觉到首例“招转培”案件对公安机关办案思路影响很大，无罪辩护意见很难得到认可。高某某被批准逮捕，在意料之中。

时间过得很快，本案进入了审查起诉阶段，辩护人第一时间完成了阅卷工作。通过阅卷辩护人发现，卷宗证据材料整体上对高某某不利。近 200 名被害人询问笔录内容基本一致，被骗签订协议并贷款交费，接受了培训，学习效果一般，工作没有落实，凭空背负贷款。个别学员笔录有培训满意、入职满意或多次推荐就业、尚未完成培训课程等有利陈述。所有犯罪嫌疑人讯问笔录均认罪悔罪。话术底稿、协议原件等书证，也用于证明预谋情况等。

笔者认为，仅以公安机关提供的全案证据所反映出的案件事实情况看，认定诈骗罪争议不大。但这种事实与高某某及其亲属陈述的事实存在较大差异。经团队会议研究确定，下一步工作重点应紧紧围绕犯罪构成要件展开，重点研判约访后签约过程中，是否存在虚构事实、隐瞒真相的事实？被害人是否存在陷于错误认识的事实？涉案学校是否具有非法占有目的的事实？合同约定履行及完成等情况。笔者还针对培训学校教学资质、教学条件、保质保量完成教学内容、相关课程市场收费标准、毕业生就业工作进展、部分学员未实现就业原因等情况，紧急约谈了其家属，并在第一时间出具证据调取清单，展开全案相关证据调取与梳理工作。在家属的积极努力下，搜集到了部分重要证据，其中包括办公邮箱中学校员工日常工作汇报留存的邮件信息，几百 G 的上课录音录屏资料、学员培训期间的考试内容、学员培训结束后的就业情况及回访情况。还有之前因没有地方放置，保存在他处的考试卷子、部分学员签署的《培训协议》，退费单据等证据材料。上述证据均是有被害人签字的原件或保存完整的音视频资料及案发前形成的保存于电子邮箱中工作人员的工作函件等，可信度及证据效力较高。本案调证工作取得了重大进展，基本实现了调证目的，涉案过程的基本事实，已可以完整展现。

经过反复研究，完整的辩护思路逐渐形成。笔者坚定认为涉案学校整体行为系“错误的招生方式，并非侵财犯罪的诈骗行为”，其在招生环节存在隐瞒真相的问题，本质上系 IT 培训行业内普遍存在的违规办学问题，应由教育主管部门依规处理，不应定性为诈骗犯罪。

笔者就涉案学校系正规培训机构，学员来源多源化，培训费用符合培训市场正常价格，学校对学员进行了正规培训，学校配备专职员工负责学生就业工作，学校有退费程序，参加培训人员明知培训内容，培训学校与放贷平台有学校为学生贷款承担连带责任的明确约定，培训费用大部分用于学校运营与发展，没有挥霍或携款逃匿的情况等方面，进行了论述并提交了证据。同时，又从招生、培训、就业三阶段展开，就社会危害性、非法占有故意、罪刑相适应、近 300 余名被害人的由来以及与首例“招转培”案件存在本质区别等方面，依次进行了详细论述与法律分析。功夫不负有心人，经过辩护人、当事人家属的坚持与努力，最终，检察机关接受了辩护人无罪意见，认定高某某诈骗犯罪事实不清、证据不足，不符合起诉条件，决定对高某某不起诉。至此，本案无罪辩护成功。

后检察机关依法向教育主管部门发出检察建议，涉案学校由于存在违规招生问题，被教育主管部门吊销了办学资格。

复　盘

本案之所以无罪辩护成功，笔者认为主要抓住了以下几个关键点：

第一，全面了解信息。

本案办理过程中，笔者耐心倾听当事人辩解意见，与知情人员及时沟通，全面深入了解了涉案学校运营模式及教学细节、学员学习情况和入职情况等无罪事实证据情况，并指导相关人员搜寻相关客观证据，成功建构了全新无罪事实。

第二，严格审查证据。

本案办理过程中，笔者经严格审查控方证据，对本案所涉被害人们陈述及嫌疑人们供述内容的真实性、合法性全面提出质疑。经审查发现了嫌疑人、被害人陈述内容不符，众“被害人”隐瞒对己不利事实，夸大被控人员的有罪事实。

第三，寻求理论支撑。

本案系民刑交叉案件，辨析难度较大。笔者经过大量研习刑事法律理论著作及多次请教高校刑法学专家等工作，对民事欺诈和刑事诈骗界分，财产犯与营利犯之间的区别与联系等相关理论问题有了较为清晰的理解。

第四，依托团队力量。

办案过程中，笔者组织了多次疑难案件研讨会议，团队成员畅所欲言，各抒己见，从案件罪与非罪的不同角度提出了意见，达成了初步共识。集体智慧助力笔者对本案定性有了更为准确的把握，对案件处理发挥了重要作用。

第五，与承办人充分交流意见。

办案过程中，笔者通过多次提交书面意见、提交理论文章、电话沟通等方式，从行业现状、犯罪构成要件、全案证据情况、当事人及其家庭情况等多个方面，与公诉人深入交换意见，赢得了公诉人的尊重与认可。

证据运用

言词证据具有不稳定性的特点，易被各方面因素所影响，造成无法全面、客观反映事实的情况。是否应予采信，应结合嫌疑人辩解、常理、常识、常情及在案其他证据综合判断。如果在卷证据无法完整呈现案件事实，辩护人唯有通过全面取证，方可实现无罪辩护目标。具体在证据运用方面，笔者提出几点建议：

1. 善于挖掘有利证据，借力打力，拆解控方证明体系。以本案为例，个别被害人笔录中，有对学校教学及就业进行正面评价的陈述。学校工作是标准化、流程化工作，对待所有学员服务内容基本一致，既然有学员正面评价，可以说明学校履行了相关义务。评价褒贬不一，仅能说明个体主观认知不同。

2. 善于进行证据比对，动摇控方证据效力。实践中，一些言词证据表面上看是不利证据，但是，经过认真对比可见，其内容与在案物证、书证、视听资料等客观证据相矛盾，这充分说明，言词证据本身不具有真实性，与客观事实不符，不能作为定案依据。

3. 善于调查取证，建构辩方事实。当事人或者家属由于不具备专业法律知识与经验，对一些有利证据没有认知。这就需要辩护人不放过任何细节，耐心与其沟通，挖掘证据线索，全力调取证据，并利用己方证据，建构无罪或罪轻事实，纠正办案人员错误判断。

言之凿凿：言词证据所涉事实的重构

潘忠平[1]

突破思路

共同犯罪是指二人以上共同故意犯罪。实践中，对于指控为共同犯罪的案件，要警惕“概括的共同故意”的认定。对于被告人仅参与部分犯罪事实的情况，而需重视对相关言词证据的审查，解构证据内容并发现细节差异，以重构案件事实，使之成为支撑辩护观点强有力的基石。看起来“言之凿凿”的言词证据，实则禁不起推敲，辩护人的责任是还原法律事实，让被告人仅为自己真正“共谋”的犯罪事实承担刑事责任。

案情简介

李三与刘四系表兄弟，李三经营一个二手汽车售卖店，偶尔向需要借款的人员放贷，收取高额利息。2017年年底，刘四与李三商议，由李三提供资金，刘四帮助出借给他人，借款人向李三出具借款手续并提供汽车用于抵押，刘四则从放贷所得的利息中分取一半利润作为报酬。

1　盈科全国刑事法律专业委员会副秘书长、盈科嘉兴刑事法律事务部主任。

2017年12月底，公职人员俞某通过微信找到刘四，欲借款60,000元人民币，刘四遂带领俞某到李三的二手汽车售卖店，由李三与俞某办理借款手续。俞某根据双方约定向李三出具了借款60,000元的借条，载明每月支付利息4000元，借款期限为6个月。李三在约定的借款本金基础上扣除了前2个月的付息保证金8000元及车辆安装GPS定位装置费用10,000元，实际交付给俞某42,000元。同时，俞某提供了其母亲名下1辆汽车的车辆登记证书复印件以及落款处为其母亲姓名的车辆担保书。

2018年2月，在俞某借款不到2个月时，刘四就多次找到俞某并称俞某提供的车辆担保书上其母亲的签名系伪造的，构成违约，要求俞某提前归还60,000元。俞某不同意，刘四又威胁将到俞某工作单位催讨借款。俞某因在事业单位工作，怕造成不良影响，就勉强答应提前还款。随后，刘四又带俞某到别处高息借款并以新的借款用于偿还前述60,000元借款。整个催讨及收回借款的过程，刘四均未告知李三。

此外，在2018年1月，李三和刘四还一起向柳某放贷，李三先行向柳某银行帐户转帐20万元制造已给付20万元借款的证据，实际上向柳某收取借款手续费、车辆安装GPS定位装置、还款保证金等各类费用145,000元，相应金额由柳某取现后再交还付李三。当月李三、刘四还以相同手法向他人放贷一起。

2018年3月中旬，李三、刘四称某违约，要求柳某按20万元的借条及银行转帐记录还款20万元。柳某报警，于是李三、刘四被公安机关抓获，侦查后认定李三、刘四采用“套路贷”手段诈骗他人钱款，诈骗作案三起，即将俞某该起事实也纳入其中，相应的证据就是李三、刘四的供述及俞某的陈述。李三一审时辩称：其对其余两起犯罪事实均无异议，但辩解称对俞某没实施诈骗，其只是向俞某高息出借钱款，利息和扣除的费用均是在征得俞某的同意下进行，自己从没向俞某催讨借款，也没有委托刘四向俞某催款，在案发前都不知道俞某已归还

60,000 元。一审法院审理认为，李三与刘四系共谋诈骗并共同实施部分犯罪行为，同伙隐瞒部分事实不影响对李三定罪，并认定李三为该起诈骗事实的共犯。

办案过程

笔者团队接手案件时，一审法院已经作出判决，认定被告人李三犯诈骗罪，判处有期徒刑二年二个月，并处罚金 3 万元。被告人李三不服该判决并向中级人民法院提起上诉。笔者从二审法院复印了案件全部证据、一审庭审记录，并听取了上诉人李三的供述与辩解，对上述证据进行分析讨论后认为：就李三向俞某放贷这节事实，刘四单独构成诈骗罪，李三不构成诈骗共犯，一审法院认定事实错误，依法应予改判。但是，李三及其辩护人在一审时已对该事实提出辩解及辩护意见，一审法院仍然判定李三构成共犯，如何通过证据分析论证说服二审法院采纳辩护观点呢？笔者团队重点做了以下工作。

一、分析争议事实所涉的言词证据

涉及该起事实的言词证据分别有被害人俞某的 1 份陈述、上诉人李三的 1 份供述、原审被告人刘四的 2 份供述。通过将所涉言词证据全文摘录，并逐份对言词证据进行梳理，揭示证据间的矛盾后，就争议事实所涉言词证据形成的意见如下：

1. 李三与刘四之间仅存在将钱款出借给俞某的共同故意，并没有证据能够证明双方曾达成放贷后以存在违约等理由要求俞某提前还款并非法占有钱款的合意。

2. 虽然李三与刘四存在共同实施“套路贷”诈骗犯罪的事实，但两起犯罪均在 2018 年 1 月之后。在放贷给俞某之前，李三与刘四从未共同实施通过“套路贷”手段诈骗他人钱款的犯罪行为，即李三与刘四在放贷给俞某时没有“套路贷”诈骗的“前科”，也就不存在共同诈骗犯罪的概括故意。

3. 在俞某借款后，刘四以俞某提供伪造抵押委托书构成违约并要求提前还款的行为未得到李三的授意或认可，李三直至案发都不知情。因此，刘四的行为已超出其与李三之前形成的向俞某放贷的共同故意，属于实行过限，刘四的相关行为不能代表李三。

二、在证据分析基础上撰写辩护意见

基于对言词证据的分析，提出李三不构成对俞某诈骗的共犯这一辩护观点。主要理由：

1. 李三对俞某实施的行为，不符合“套路贷”诈骗的核心要求。当时，认定“套路贷”诈骗依据的主要司法文件是浙江省高级人民法院、省检察院、省公安厅《关于印发〈关于办理“套路贷”刑事案件的指导意见〉的通知》（浙公通字〔2018〕25号），该文件规定认定“套路贷”构成诈骗犯罪一般需要符合以下要件：一是主观上具有非法占有公私财物的故意；二是客观行为上分步实施以下行为以实现非法占有的目的：（1）以各种名义骗取被害人签订虚高借款合同等明显不利于被害人的各类合同，并制造资金给付凭证或证据；（2）制造借口单方面认定被害人违约并要求偿还虚高借款；（3）通过上门催讨或利用其制造的明显不利于被害人的证据提起诉讼等方式向借款人或其亲属施压，最终实现侵占财产的目的。

2. 李三与刘四事先没有对俞某实施“套路贷”的概括故意。李三与刘四虽然有向他人出借资金并收取利息的行为，但没有证据能够证明在当时双方就已经商议好通过套路他人的手段非法占有他人财产。

3. 按犯罪主客观统一原则，不能认定李三对俞某实施“套路贷”的诈骗犯罪行为。一是李三只实施了资金出借的行为，且该资金出借过程中并未制造60,000元给付凭证，而是直接以扣减相关费用后支付剩余金额的方式给付，不存在“套路”行为。二是以违约为由要求俞某提前还款等行为均由刘四单独实施，李三不曾参与，也不知情。三是俞某的陈述仅能证实李三向其放贷，但无法证实刘四的催收行为系李三授意或知晓。四是在刘四要求俞某提前还款，并带俞某至别处高息借款，使俞某以新还旧的过程中，李三并未基于此取得任何好处，俞某归还的60,000元也没有给到李三。即便刘四与李三存在亲戚关系，但刘四擅自要求俞某还款等行为完全超出李三的主观故意内容，应认定为刘四的单独行为，认定李三为共犯缺乏事实依据。

4. 刑法应对复杂事实的入罪保持谦抑。“套路贷”犯罪作为一类社会现象，在具体实践中较为复杂，往往与违规的民间借贷活动交织。将“套路贷”认定为诈骗犯罪时，仍要符合诈骗罪在客观行为方面“虚构事实、隐瞒真相”的核心要件，否则容易将高利放贷等行为认定为诈骗犯罪，也违背了罪刑法定的基本原则。一审查明的事实中已明确李三未参与且不知晓刘四之后对俞某实施的一系列行为，但一审认定属于“同伙隐瞒部分事实”不影响李三定罪，作出该认定的逻辑前提应是李三与刘四有共同故意，但李三与刘四没有概括故意，李三实施的行为又不存在虚构事实、隐瞒真相的情形，从刑法谦抑的原则出发，就不能推定李三具有诈骗俞某的共同故意，故不应认定李三就该事实构成诈骗罪。

辩护意见中的各小论点逻辑严密，层层递进，最终得出结论：一审认定李三犯罪事实存在错误，应予以改判。一审认定李三与刘四共同诈骗3起，其中俞某这起诈骗属于刘四单独作案，李三不构成共犯，因此，李三的诈骗金额应扣减18,000元；且李三参与的其余2起诈骗均属未遂，可比照既遂从轻或减轻处罚，因此，二审法院应对李三的刑期作出相应调整。

三、法院采纳辩护意见并予以改判

笔者向二审法官提交了质证意见和辩护意见后，也曾与法官电话沟通，阐明了核心辩护观点，但法官未对辩护意见作任何评论。又过了近1个月的时间，向法官询问何时开庭时，二审法官答复原则上不开庭了，这让原本信心满满的辩护团队变得忐忑不安。令人欣喜的是，二审法院宣判时，几乎采纳了笔者的全部辩护意见，直接对李三改判为有期徒刑一年，并处罚金 3 万元，改判后李三当即获释。至此，针对李三所涉诈骗犯罪的有效辩护达到预期目标。

复　盘

笔者团队复盘总结时认为，二审不开庭审理，该案仍能得到改判，主要在于证据分析做得扎实，重构出了一个不同于一审的案件事实。

1. 梳理言词证据。要对争议事实提出有说服力的辩护观点，关键在于对在案证据进行梳理、分析，在李三向俞某放贷的事实中，寻找支持或否定李三成立“套路贷”诈骗犯罪的每一个细节。

2. 厘清错误认识。分析言词证据后，辩护团队揭示并澄清了几个误区：一是高利放贷并不必然构成“套路贷”的诈骗犯罪，李三向俞某放贷赚取高额利息并不属于“套路贷”，还需要后续实施肆意认定借款人违约等迫使借款人按虚高的债务偿还借款的行为。二是存在共同“套路贷”诈骗事实并不必然能认定对类似行为均存在概括的诈骗故意。

3. 重构案件事实。基于对言词证据的分析并厘清认知误区后，辩护人针对涉及俞某的争议事实的全部言词证据重新构建出一个不同于一审的案件事实：李三出资，刘四寻找客户，共同合作向俞某高利放贷并从本金中扣减部分高额利息后放款，放款 1 个多月后，刘四在李三不知情下认定俞某违约，并收回了全额借款，李三不构成诈骗罪的共犯。

证据运用

仅通读言词证据从中获得大致的印象事实，这是运用言词证据的大忌，这会使我们错失言词证据的价值。运用言词证据需注意以下几点：

1. 运用言词证据首先要厘清时间轴。言词证据由侦查人员采集，在固定的过程中，比较容易受到取证人员个人倾向的影响，所以，在运用证据时必须建立两条时间轴。一条时间轴是各个言词证据形成的时间，通过形成时间分析证据之间是否存在互相影响的情况以及同一人不同时间形成言词证据的变化。另一条时间轴是各个言词证据提及的犯罪事实的发展时间，从而确定犯罪事实发展的时间节点。

2. 运用言词证据重在揭示事实的细节。在案件中，就是需要解读并揭示争议事实的具体细节，同时根据证据提供人的立场，确定其所能提供事实的来源及边界，从而发现矛盾或不合理之处，并形成质证意见。比如俞某的陈述只能证明李三曾向其放贷，但无法证实刘四向其催讨借款时李三明知。

3. 运用言词证据时对主观故意慎作推定。主观故意除被告人直接供述外，也可通过其外在行为、过往经历作出司法推定，但在缺乏足够证据的情况下应慎重进行推定。比如本案中，李三与刘四确实另外实施了2起“套路贷”诈骗犯罪，但不能因此推定，李三对所有高利放贷的行为均与刘四具有概括的诈骗犯罪故意。

一破一立："破"解身份疑云，"立"足合理怀疑

张倩雯[1]

突破思路

在以犯罪集团、犯罪团伙的形式实施犯罪活动的刑事案件中，因犯罪分子的家庭成员与犯罪分子难免产生经济及人身上的密切往来，家庭成员一并入刑的情况并不鲜见。辩护人要对在案证据与指控事实进行单独审查与比较审查，从而发现证据漏洞和争议点，破除家庭成员的犯罪身份，继而将侦查机关未发掘的当事人生活实景与在案证据结合，重塑一个新的"可能性"故事。"一破一立"，是刑事辩护绝处逢生的有效方法。

案情简介

2016年以来，陈某与赌场其他合伙人在柬埔寨、越南、老挝等地设立多个赌博网站，设置足彩、六合彩、时时彩、棋牌等赌博项目，吸引我国赌客进行赌博。2018年5月，陈某及赌场其他合伙人分别将各自经营的"皇家现金网(HG858)""皇氏(HS888.com)""香港威尼斯人""凤凰彩彩网""皇家7077""皇

1　盈科全国刑事法律专业委员会副秘书长、盈科泉州刑事法律事务部主任。

家 5155”等赌博网站的办公地点一同搬迁至老挝金三角产业园，以同一公司的名义，采取公司化运作模式共同经营。该公司对后勤保障、出款等事项进行统一管理，并组建多个经营团伙对赌博网站进行经营管理，形成一个网络赌博犯罪团伙。经查，2018 年 2 月至 2019 年 9 月，陈某及其他赌场合伙人经营上述赌博网站非法获利达 239，132，546 元（货币名称为人民币，下同）。其间，陈某等人通过赌场送款人员将上述违法所得转移给国内家属或亲友进行保管、支配。其中，2019 年，王五（陈某妻子，本案当事人）多次在厦门市为陈某接收其从事网络赌博犯罪的违法所得，每次 100 万元左右，数额总计达 500 万元以上。

2018 年 5 月初，越南警方通过外交途径将四个涉嫌招揽我国境内人员进行赌博的赌博网站犯罪线索移交公安部，当月公安部下发部级督办线索，对一系列设在境外的赌博网站进行侦查。经某地级市公安局指定管辖后，某县级市公安局于 2018 年 5 月 28 日对该赌博网站进行立案侦查，发现了陈某及赌场其他合伙人的赌博犯罪团伙。2019 年 9 月 30 日，公安机关进行收网，陆续抓获陈某、赌场其他合伙人、王五等 32 人。王五因涉嫌开设赌场罪于 2019 年 10 月 1 日被公安机关指定居所监视居住，同月 3 日被刑事拘留，同年 11 月 1 日被变更强制措施为取保候审。因本案案情复杂，2019 年 12 月 27 日，公安机关提请批准延长侦查羁押期限 1 个月，获人民检察院批准。2020 年 2 月 6 日，该案进入审查起诉阶段，起诉意见书指控王五涉嫌开设赌场罪，且位处 32 位犯罪嫌疑人中的第 3 位。据了解，该案涉案犯罪嫌疑人人数众多，多为家族成员参与，涉案金额超过 2 亿元，赌盘涉及东南亚多国，案涉账目流水十分复杂，持续时间较长。

办案过程

笔者在案件移送审查起诉阶段的前一天接待了委托人，随即展开紧锣密鼓的辩护工作。

一、通过接待初步了解案情，制定辩护方向

根据委托人叙述的情况，笔者初步研判，因犯罪行为地处东南亚国家，涉及众多境外机构，本案侦查机关的取证难度应大于普通刑事案件。因此，针对本案的证据链条，应有较为充足的辩护空间可以发挥。

二、细化在案证据，锁定王五涉案情节，把握案件特点

公安机关起诉意见书中指控本案犯罪嫌疑人王五的行为仅涉及其从配偶陈某（系本案首犯）处接收款项500余万元，留存了部分款项并花费了部分款项。

全案共36卷卷宗材料，笔者通过制作阅卷笔录、思维导图的方式细化在案的证据，以“主轴围绕”的方法，将单独审查与比较审查相结合，对在卷材料中的证据与指控的犯罪事实进行了分析总结，发现案件呈现以下特点：

第一，本案系公安部督办的案件，案情复杂，影响重大。第二，王五位列第三的指控排序与在案证据呈现的犯罪事实严重不符。全案仅有8份王五的讯问笔录、2份陈某的讯问笔录、2份负责送款的犯罪嫌疑人的讯问笔录以及3份辨认笔录，再无其他。第三，本案王五接收款项的数额呈现固定性与稳定性的特点，且数额并不存在过分异常的情况。第四，讯问笔录的内容虽然能够印证王五收到款项的事实，但是交收双方对款项的性质说法不一。第五，王五仅承认实施了接收、保管、支配款项的行为，但从未承认款项的性质为赃款，坚持陈述该笔款项系其配偶陈某支付的家用款项，系合法经营所得。

三、寻找案件关键点，发现证据漏洞，指出王五在案件中的角色存有疑点

王五是否系赌场销赃人？如何确定王五在本案中扮演的角色？从判定王五行为性质这一点，笔者认为本案侦查机关指控王五实施销赃行为的证据链条存在重大缺失。关于接收款项的性质，在案证据不能证明王五系明知其接收的款项是其配偶陈某开设经营赌场的犯罪所得。本案首犯陈某在其供述中称，该笔款项系其在东南亚开设经营赌场所得及在菲律宾做玉石石材生意的投资经营所得，其委托送款人支付给王五的款项性质为家用款项。而王五虽知道陈某在境外开设经营赌场，但其认为自己接受的款项系陈某投资经营玉石生意所得。对于款项的性质，首犯陈某的供述与王五的说法一致，均证实陈某既有开设赌场所得，又有经营玉石石材生意所得，但该笔款项究竟来源于开设赌场，还是合法经营所得？

笔者综合评估后认为，王五虽明知其配偶陈某在东南亚经营开设赌场，但中国自古遵循“亲亲相隐”原则，容隐权在中外司法被作为一项原则予以认可，王五对陈某开设赌场的行为知情不举不构成犯罪。鉴于陈某确实存在合法经营的产业，其转给王五的款项并不必然来源于开设赌场的犯罪所得，王五不参与赌场经营，也不知悉赌场获利情况，王五始终供述其收取款项的来源是其配偶陈某的合法经营所得，且系为贴补家用，不能认定王五帮助陈某掩饰、隐瞒犯罪所得或开设赌场的故意。因此，本案侦查机关的证据链条出现了断裂，无法证明王五主观故意。

四、深入了解实际情况，提交有利证据，“立”足合理怀疑，还原案件过程

虽然本案证据不足以证明王五明知其接收款项的来源为其配偶陈某的开设经营赌场所得，但是毕竟金额巨大，又已经刑事立案，本案辩护难度仍然很大，必须充分论证王五主观上不知其接收的款项系配偶陈某的开设经营赌场所得的合理性，指出侦查机关提供的证据无法达到排除合理怀疑的证明标准。为此，深入了解王五的家庭情况十分必要。经详细询问，笔者了解到以下情况：第一，王五为全职家庭主妇、文盲，自 2014 年起就在家负责照顾小女儿，没有工作经济收入，2016 年后与配偶陈某长期两地分居，家庭的所有花销费用自 2014 年开始均由配偶陈某负责，陈某给王五的生活花销费用呈现固定性，稳定性的特点。第二，王五配偶陈某确有成立公司经营玉石石材生意且系公司控股股东。该公

司自2013年至2019年每年营收均超过5000万元，王五自2015年起每年均有多次收到过数百万元的分红款项，由境外某商业银行直接汇入王五在我国境内的银行账户，付款人信息清楚载明系陈某的公司。第三，侦查机关指控王五收取的款项共计500余万元，但该款项的取得时间及金额亦与陈某经营玉石石材生意所获得的分红款呈现相近。

根据这一情况，笔者将相应的证据制作成证据清单，抓住侦查机关指控王五犯罪的证据漏洞，重点论述了以下三点：第一，本案并无证据证明王五在计算机网络上建立赌博网站或者为赌博网站担任代理，接受投注，亦没有证据证明实际参与赌博网站日常经营管理，证据完全无法证明王五实施开设赌场的行为。第二，在案证据不能证明王五知晓其接收的款项系陈某开设赌场所得，且从收到款项的金额上看，与每年陈某可以从境外经营公司所获得的款项金额相近，王五认为该款项全部系玉石石材公司投资收益所得完全合情合理。第三，王五与其配偶陈某长期两地分居，聚少离多，其从未参与陈某的经营，更无法知晓陈某实际经营生意的状况，因此王五并不具有“应知”其接收的款项系陈某开设赌场所得的可能性，王五主观上不具有开设赌场或帮助掩饰隐瞒所得的故意。

五、成功熔断案件证据锁链，王五获不起诉

笔者及时向检察院提出辩护意见，并多次与检察官进行沟通交流，确保检察官“听得到”“听得懂”“听得进”。最后，检察官采纳了辩护意见，并对王五作出了不起诉的决定。

复　盘

笔者认为，本案之所以能够达到良好的辩护效果，主要在于通过证据审查挖掘争议焦点，并结合案外信息，构建一个足以动摇检察官心证的合理怀疑。

第一，审查证据，挖掘争议。针对此案涉案人数众多、案情复杂、交易巨大的特点，辩护人以侦查机关指控王五的犯罪事实为中心，提取所有与王五相关的在案证据，审查证据“三性”后，先以点对点的形式在每个证据及其对应的待证事实之间穿梭，挖掘出没有充分证据证明的事实，再将证据组成证据链条，审查证据链的缺环，最后将两者整合，便是本案可以发挥的争议焦点。选择合适的证据审查方法，方能高效厘清证据与事实的关系、多个事实的内在联系以及证据与证据之间的关联，从而发现证据漏洞与争议点，为之后的“破”与“立”打好基础。

第二，获取信任，得到案外信息。律师对争议点和漏洞的深入分析、辩护工作的充分展示，能唤起当事人及家属的积极心态，主动提供与案情有关却被侦查机关忽略的信息，该信息使案件事实具有更多可能性。但万变不离其宗，最终仍要回归到法律事实，将辩方的信息资料与在案证据结合，构建合理怀疑。本案中，对王五家庭财产情况的深入了解，起到了关键作用。

综上，本案辩护策略是以“破”为主，动摇检察官的内心确信，为“立”打开隘口，从而说服检察官作出不起诉决定。

证据运用

根据《刑事诉讼法》规定，证据确实、充分，应当符合以下条件：(1)定罪量刑的事实都有证据证明；(2)据以定案的证据均经法定程序查证属实；(3)综合全案证据，对所认定事实已排除合理怀疑。笔者认为，证据审查应当从以下几个方面着手：

第一，主轴围绕。所谓“主轴围绕”，是全面围绕办案机关指控的犯罪事实，发散性地将相关证据进行单独审查与比对审查，重点审查其内容的真实性、关联性，评估其对待证事实的证明价值，排除虚假的、对定罪量刑无关的证据，仅留存对当事人具有刑法评价意义上的证据。其作用在于全盘了解控方构筑案件的整体蓝图。

第二，细节挖掘。所谓“细节挖掘”，是对留存的证据进行二次加工，采取综合审查的方式对案件中留存的证据材料综合分析，评价其内容和反映能否相互印证，能否确实充分地证明案件的真实情况，重点在于探寻案件证据链中存在的矛盾点，进而挖掘、分析该矛盾点。其作用在于发掘辩方在蓝图中可利用的辩护空间。

第三，构建怀疑。挖掘、分析案件争议点后，便具备了构建合理怀疑的可能性。构建合理怀疑除了联系当事人实际情况进行合理联想之外，为了增强说服力，最好提供证据予以证明，将己方提供的证据嵌入在案证据中，回归案件本身，形成新的证据链条，以证据和事实讲述新的故事，引导办案人员转化思路，正确评价当事人的行为。

以正视听：推翻嫌疑人的不利供述

唐小娟[1]

突破思路

如果犯罪嫌疑人在公安机关的"引导式"讯问时下，已经做了不利的供述，此时坐等侦查终结再来看案卷证据阅卷，再对证据进而提出辩护意见异议，显然会延误辩护的时间，这时就只怕为时已晚。深入了解需要梳理出核心事实以及犯罪嫌疑人作不利供述的原因，精准确立突破点并主动出击，有针对性地调查收集能够推翻不利供述的证据，从而可以动摇侦查机关已构建起来的证据体系。事实胜于雄辩，同样，事实也胜于"自认"，要想实事求是、以正视听，必须综合运用证据加以证明，达到使无辜的人不受刑事追究的目的，实现社会公平正义。

案情简介

王某站在刚刚亲手清洗一新的装载机前，像看宝贝似的又转着圈审视了一番，满意地点了点头，心想，收拾好了一定能卖个好价钱，再攒点钱就能买房子了。

1　盈科全国刑事法律专业委员会副秘书长、盈科银川刑事法律事务部主任。

王某从事二手装载机买卖已经有五六年了，每天起早贪黑到处去看装载机，遇到合适的拉回来自己清洗一番，再通过微信朋友圈发信息转手卖出去赚取差价。自从几年前妻子嫌王某太忙不顾家提出离婚后，父母一直催着王某赶快再娶个媳妇。年前经人介绍认识了一个女朋友，几个月的相处感觉还谈得来，就等攒够钱买房子准备结婚呢。

突然，电话响起，王某心想，是不是客户上门了。当接通后，对方却说“你好，我是某某公安局的，你是不是在刘某手里买过6台装载机？”“啊？我在他手里买过3台。”“另外3台是在袁某和伍某手里买的吧？”“是啊！怎么了？”“刘某涉嫌诈骗罪已被刑事拘留，你买的6台装载机卖到哪里了？要配合我们追回来！今天下午先到公安局来一趟吧！”到公安局后王某才知道，刘某卖给他的装载机都是以租赁为由从他人处骗来的。

案件经公安机关侦查终结后移送检察院审查起诉，起诉意见书载明：2019年11月初，刘某以给其同学袁某的装载机找到活要租赁装载机为由，将袁某的龙工855B装载机骗到手后，随即以低于市场价的价格将袁某的装载机变卖给王某，非法获利约4.5万元；2019年12月7日，刘某以给朱某的装载机介绍活为由，将朱某的龙工855装载机骗到手后，随即以低于市场价的价格将朱某的装载机变卖给王某，非法获利约3.7万元；2019年12月19日，刘某以要租赁项某的装载机干活为由，将项某的龙工853D装载机骗到手后，以低于市场价的价格将项某的装载机变卖给王某，非法获利约3.7万元；2020年2月24日，刘某以要租赁装载机干活为由，将史某的龙工50C装载机骗到手后，随即以低于市场价的价格将史某的装载机变卖给王某，非法获利约9万元；2020年3月6日，刘某再次以租赁装载机干活为由，将张某的徐工541F装载机骗到手后，随即以低于市场价的价格将张某的装载机变卖给王某，非法获利约3.2万元；2020年3月26日，刘某以要租赁1台装载机干活为由，将史某的龙工855D装载机骗到手后，随即以低于市场价的价格将史某的装载机变卖给王某，非法获利约 11 万元。据此，指控王某构成掩饰、隐瞒犯罪所得罪。

王某协助公安机关将涉案装载机追回，后王某被取保候审。公安机关委托价格认定中心认定 6 台装载机共价值 54 万元。

办案过程

2020 年 5 月 4 日，忧心忡忡的王某走进了笔者的办公室，陈述购买 6 台装载机的过程，反复提到确实不知道那些装载机是刘某骗来的，现在他协助公安机关把装载机都找回来了，自己赔偿了买受人的全部损失 40 多万元，原本准备结婚买房的钱全赔完了，现在自己还被公安机关取保候审，将来还要送到法院判刑，实在感觉太冤了。

听完王某的诉说，笔者详细询问了王某从刘某、袁某及伍某手里购买装载机的过程以及二手装载机市场交易规则后，初步判断：对于刘某的诈骗行为王某确实不知情，王某无法得知涉案装载机为非法所得，且交易过程符合交易习惯，王某不构成犯罪。

听完笔者的分析，王某激动不已，当即决定办理委托手续，委托笔者担任其辩护人。

向公安机关递交了委托手续，了解基本案情后，笔者又向王某核实了公安机关向其取证的过程及内容，发现公安机关存在先入为主的情况，在做笔录时“引导”王某说从刘某处购买的装载机的价格远低于市场价，并表示自愿认罪。

鉴于此，笔者认为王某笔录造成的被动局面已经存在，又不符合非法证据排除的相应条件，直接否认口供的真实性是苍白的，但是，犯罪嫌疑人供述属于主观证据，中间融入了自身判断，如果与客观证据发生矛盾，显然客观证据证明力更强。因此，寻找客观证据来推翻犯罪嫌疑人的不利供述，成为本案的可行路径。结合本案实际情况，了解二手装载机的市场交易规则是重中之重，是判断“是否低于市场价格”的关键所在。笔者认为，应当从以下三个方面着手：一是走访了解本地二手装载机买卖市场交易习惯、交易规则；二是了解涉案装载机相同品牌型号的市场价格；三是梳理王某与刘某、袁某、伍某的微信聊天情况，以证实买卖过程符合交易习惯和规则，王某并不具有主观上的“明知”。

确定调查方向后，笔者和团队成员向装载机销售商打听了周边从事二手装载机的人员及商户，向他们了解装载机的产权登记情况及从事二手装载机买卖的市场交易规则，并且制作了调查笔录，根据调查的情况，总结如下：

1. 关于装载机的产权问题：装载机属于工程机械，目前国家没有出台相关法律、法规及政策要求强制进行登记，因此没有登记证书等能证明产权的材料。新装载机在出售的过程中，仅有发票以及合格证，由于装载机转让率较高，出厂时间比较久的装载机几经易手后，发票及合格证很难保存。

2. 关于装载机的交易市场：作为重要的工程机械，装载机受工程建设市场及建设周期影响巨大，也就导致了二手装载机交易的频繁和灵活，个人从事二手装载机交易的情况非常普遍，对此不可能也无法对二手装载机交易进行严格的管理和控制。

3. 关于装载机的交易价格：二手装载机的交易价格受建设周期及建设地域的影响价格波动也比较大，很多从事二手装载机交易的商户及个人会根据经验及所掌握的不同地域的市场行情对二手装载机进行估价买卖，二手装载机市场交易没有统一的标准和估价方法。

在调查时，笔者也就涉案装载机的市场价格请相关从业人员进行了估价，他们表示，价格是根据他们多年的从业经验结合市场行情评估，一般收购时出价会给自己留有一定的利润空间。经过统计笔者发现，他们给出的估价介于王某购买价与出售价之间，也就是涉案 6 台装载机总价在 30 万 ~40 万元，远未达到价格认定中心认定的 54 万元的价格。对此，笔者认为应对涉案装载机价格申请重新认定，以证明王某从刘某处收购的价格没有远低于市场价。

与此同时，笔者安排团队律师开始着手梳理王某与刘某、袁某、伍某的交易及聊天记录，由于双方多是用微信语音沟通，并且讲的是方言，在语音转文字后显示出来的内容与真实意思出入较大。对此，需要一边截图，一边转语音，让王某翻译真实意思，在旁边进行备注，耐心还原了真实讨价还价的聊天过程。

经全部翻译梳理完成后，得出王某在收购装载机的过程中，交易行为完全符合市场交易规则，其不知道也无法知道涉案装载机系犯罪所得的结论。首先，刘某向王某出售装载机的过程中，明确称装载机是其自己所有，并且商讨价格的过程也完全是正常的交易过程；其次，刘某给王某出售了 3 台装载机后，为避免王某起疑，又让袁某、伍某出面联系王某出售了另外 3 台装载机，并且袁某、伍某与王某联系时也称是自己的装载机，从这些客观聊天记录中反映出王某主观上确实不知道涉案装载机系犯罪所得。

当做完上述工作后，案件刚好移送到检察院审查起诉。笔者第一时间阅回卷，发现公安机关的认定逻辑果然与笔者预判的一样，即王某在向刘某收购装载机的过程中没有索要相关权利凭证，并且在王某的笔录中陈述其购买价远低于市场价。但同时，笔者通过阅卷发现，项某提供给公安机关的购买记录显示，其购买 2 台装载机花费了 103,000 元，而时隔半年后价格认定中心认定涉案的其中 1 台龙工 853D 型装载机的价格就达 90,000 元；史某的龙工 50C 装载机 2017 年 4 月 20 日购买时的价格是 144,000 元，而三年后鉴定基准日 2020 年 2 月 26 日认定价格为 140,000 元，比三年前仅仅降了 4000 元，实践中保值再好的机械也不可能三年仅降值 4000 元，显然认定价格明显过高。

笔者根据调查了解到的事实结合案卷中相关证据能够印证的事实，向检察院递交了《王某不构成犯罪的法律意见书》，后附《调查笔录》及《微信聊天截图梳理》，并申请对涉案装载机价格重新进行认定。

人民检察院采纳了笔者的意见，决定将本案退回补充侦查，同时让公安机关对涉案装载机价格委托进行重新认定，经重新认定涉案装载机价格为 48 万元，虽然仍然比调查询得的价格高出很多，但本案中，王某收购共计花费 37.6 万元，并以 44 万余元价格出售，其中 1 台装载机的收购价格还超过认定价格，这就对王某比较有利了。

案件第二次移送审查起诉后，笔者再次与办案人进行沟通，阐明了王某不构成犯罪的观点。不久，人民检察院作出了《不起诉决定书》，载明：经本院审查并退回补充侦查，本院仍然认为某公安局认定被不起诉人王某明知刘某出售给其的装载机系犯罪所得，而以明显低于市场价的价格收购的犯罪事实不清、证据不足，不符合起诉条件，且无再次退回补充侦查的必要。依照《刑事诉讼法》第 175 条、《人民检察院刑事诉讼规则》第 367 条第 2 款之规定，决定对王某不起诉。

复　盘

在侦查犯罪的过程中，公安机关往往站在证实犯罪的角度构建证据体系，难免在收集证据时有所倾向和取舍。掩饰、隐瞒犯罪所得罪中是否“明知是犯罪所得”是定罪的关键，明知包括知道或应当知道，应当知道就是一种推定的“明知”。本案中，公安机关引导犯罪嫌疑人说出收购价远低于市场价，是为了推导出犯罪嫌疑人应当知道所收购的装载机有可能系犯罪所得，进而定罪。

在犯罪嫌疑人已经做了不利供述的情况下，笔者结合犯罪构成要件，主动收集梳理公安机关未收集的有利证据，同时进行针对性地进行走访调查取证，动摇定罪的证据链条，从而推翻指控，达到出罪目的。主要体现在两大方面：首先，笔者发现王某与刘某的聊天内容恰好证明双方之间进行讨价还价的过程完全是正常的交易行为，符合交易习惯和规则，而这一关键证据公安机关未收集固定，笔者主动进行梳理并提交，起到了重要作用。其次，笔者通过对二手装载机市场进行走访调查，搜集了公安机关不可能去主动收集的证据材料，制作的多份调查笔录也起到了关键作用。

当本案通过笔者的努力，证明交易过程符合交易习惯及市场交易规则后，就无法推定出犯罪嫌疑人应当知道所收购装载机为犯罪所得的结果，指控构成掩饰、隐瞒犯罪所得罪自然不能成立。

证据运用

《刑事诉讼法》第 43 条赋予了律师调查取证权，在某些案件中，尤其是当事人已经做了不利供述的情况下，如何破解，就需要律师充分运用这一权利，主动出击，收集对当事人有利的证据材料，还原事实经过，以正视听，笔者认为可以从以下几方面着手：

一是让当事人详细描述案发过程，挖掘在行为过程中形成的客观证据，尤其注意针对一些细节问题，要引导当事人仔细回忆，看有无留下蛛丝马迹，并对相关证据进行提取固定。

二是探究形成不利供述的原因，让当事人进行合理解释，再分析当事人的解释是否符合客观事实及常情常理，通过比对案卷中收集固定的其他证据，分析与不利供述存在矛盾的地方或者找出能够印证当事人对不利供述做合理解释的证据；同时，也要注意辨别当事人是否为了脱罪而有意翻供误导辩护律师。

三是寻找其他可能潜在的能够印证当事人行为合理性的证据，比如惯例、习俗、特定的规则，并进行必要的调查，制作调查笔录递交办案机关。

四是通过比对案卷中收集固定的其他证据，分析与不利供述存在矛盾的地方或者找出能够印证当事人对不利供述做合理解释的证据，从而为不利供述做有利的合理化解释，彻底破解不利供述的影响。

主动出击：寻找丢失的证据拼图

周一鸿[1]

突破思路

承担举证责任的是主张者，而不是否定者。2012 年《刑事诉讼法》规定了人民检察院在公诉案件中对被告人有罪承担举证责任的条款，即公诉方在指控被告人构成某一犯罪时，对其指控的待证事实有提出证据论证的责任。但举证责任也存在一些例外，比如，被告人主张的对自己有利的量刑事实应承担证明责任。而作为辩护人，除了提出量刑事实和量刑情节，更应依法帮助被告人合法收集证据，完成举证责任。

案情简介

这是一起二审改判案件。一审法院判决认定的犯罪事实如下：李某某（另案处理）为帮助朋友符某某出气，多次找被告人张某约架，案发当日，李某某再次约被告人张某到某 KTV 门前打架，被告人张某带领被告人于某某等人按约到某 KTV 门前，但未找到李某某，后被告人张某与被告人于某某等人一同吃

1 盈科全国刑事法律专业委员会副秘书长、盈科烟台刑事法律事务部主任。

饭，并于饭后将被告人于某某带回其家中，尔后，李某某再次通过电话挑衅被告人张某，二人通过电话争吵、对骂，被告人张某告知被告人于某某、李某某在电话中称要将其砍死，让被告人于某某跟随其下楼，后被告人张某、被告人于某某持棍下楼，被告人张某驾车载被告人于某某行至某饭店时，与被告人李某某等人乘坐的车辆相遇，被告人张某先下车持棍打击李某某等人乘坐的车辆，被告人于某某也下车持棍击打车辆，随后李某某等20余人下车持砍刀等工具追砍被告人张某、被告人于某某，致被告人张某右手、头部、背部等多处被砍伤，被告人于某某颈部、右腕关节等多处被砍伤，被告人张某逃回自己车上，并驾车撞击李某某等人乘坐的车辆，致3辆车受损。经鉴定，损失价值共计人民币14,627元。案发后，被告人张某、被告人于某某赔偿了各被害人的经济损失并取得了谅解。

一审法院认为，被告人张某、于某某为发泄情绪、逞强耍横，任意毁损他人财物，破坏社会秩序，情节严重，其行为已构成寻衅滋事罪的事实清楚，证据充分。被告人张某曾因故意犯罪被刑事处罚，假释考验期满后五年内再犯应当判处有期徒刑以上刑法之罪，系累犯，依法从重处罚。被告人于某某案发后经公安机关电话传唤主动归案，如实供述其主要犯罪事实，系自首，依法予以从轻处罚。鉴于被告人张某归案后如实供述犯罪事实，并能当庭自愿认罪，其与被告人于某某均能积极赔偿被害人的经济损失并取得谅解，故依法对被告人张某、于某某予以从轻处罚。

一审法院以被告人张某犯寻衅滋事罪，判处有期徒刑三年六个月；以被告人于某某犯寻衅滋事罪，判处有期徒刑一年九个月，缓刑二年。

一审宣判后，公诉机关不抗诉，张某提出上诉。张某上诉理由如下：一审认定其发泄情绪、逞强耍横、任意毁损他人财物，属事实认定有误，其在李某某多次挑衅后中了圈套，其在同案于某某被砍伤的情况下才驾车撞击对方车辆，以阻止对方对于某某的伤害，有正当防卫和紧急避险的情节，其本人在案件中受轻伤，是受害人，一审未予考虑，家中有孩子及老人需要照顾，妻子因贩卖毒品被逮捕，可能判处重刑，请二审法院从人道主义出发，考虑对其从轻处罚。

办案过程

因张某家庭贫困，二审申请法律援助，笔者在接受法院援助中心指派后第一时间到二审人民法院阅卷，并会见了张某。

经过认真细致的阅卷及会见，笔者注意到张某提到了一个一审判决并未认定的重要量刑事实：案发时张某曾在第一时间拨打 110 电话报警且案发后主动到公安机关说明情况，即张某可能构成自首。但案卷中既没有张某的报警记录，也没有张某主动到公安机关说明情况的笔录材料。

针对这一发现，笔者向区公安局 110 报警中心申请调取案发当日张某的电话报警记录，经过 110 报警中心核实，案发当日确实有张某的移动电话号码报案记录，这让笔者坚信张某陈述的其在案发后拨打 110 电话并主动投案的情况属实。

但关键问题是，本案的案卷材料中并没有张某主动到公安机关说明情况的笔录材料。通过会见和阅卷，笔者发现一条重要线索，即李某某等人因涉嫌故意伤害张某、于某某被另案处理，也许证明张某自动到案且如实供述的关键证据就“隐藏”在李某某等人故意伤害案中。随后，笔者即与有关办案机关联系，了解到李某某涉嫌故意伤害罪一案也是由本案一审法院办理，于是向一审法院递交了查阅复制案卷材料的申请书。经准许，笔者查阅了李某某等人故意伤害案案卷，并最终在案卷中找到了那份可以证实张某在案发后主动投案并如实供述的关键笔录材料。

随后，笔者立即向二审法院提交取得的新证据，以及律师意见和二审开庭审理申请书，二审法庭也采纳了笔者关于开庭审理的意见，决定开庭审理本案。

在检察院查阅案卷期间，侦查机关补充出具了《工作情况》，载明案发当日张某以受害人身份做了询问笔录，随后，侦查机关让张某回去治疗，并听候处理，后多次传唤张某，张某电话无法接通，侦查机关让于某某通知张某到派出所接受调查，于某某表示无法联系到张某，侦查机关遂对张某进行网上追逃。针对这一情况，笔者再次会见张某，其陈述当时手机丢失因此新换了手机号码，侦查机关未联系到他的这段时间其妻子生育二胎，遂另行租住房屋照顾妻子和孩子。并且在第一次到侦查机关做笔录时，侦查机关未向其出具犯罪嫌疑人权利义务告知书，其确实不知变更联系方式需要另行通知侦查机关。根据上述情况，笔者调取了张某妻子的《孕产妇系统管理手册》及第二个孩子的《新生儿出生医学证明》，证实在侦查机关联系不上张某的那段时间，张某妻子的确生育了二胎，且《新生儿出生医学证明》载明的地址也确系其新租住的房屋地址。

在二审开庭前，笔者专门与审判长和二审检察员进行了沟通，在庭审中结合调取的新证据，有针对性的就张某有自首的从轻、减轻情节提出了如下辩护意见：

1. 辩护人调取的《110接警记录单》、张某第一次讯问笔录及侦查机关补充出具的《工作情况》证明一审判决认定事实错误，张某案发后自动投案且如实供述，应认定其有自首情节。

辩护人调取的《110接警记录单》、在一审法院调取的李某某等人涉嫌故意伤害罪一案中张某第一次讯问笔录及侦查机关补充出具的《工作情况》，与张某一审庭审时供述相互印证。即案发后张某拨打110电话报警，并在案发现场等候，主动向出警警官说明了涉案事实，鉴于张某被李某某等人砍伤，办案警官让张某先去医院诊治。之后，张某又主动到派出所向办案警官如实供述案件情况，并做了第一次讯问笔录，且张某在案件办理过程中一直如实供述涉案事实。

笔者认为，张某在与李某某等人斗殴受伤后以被害人身份报案，并主动到侦查机关说明全部案件事实的行为，一方面，体现了其主观上愿意接受司法机关对其行为的处理，另一方面，在客观上也节约了侦查机关侦破案件的资源。张某主动到案后一直保持如实供述，其行为符合《刑法》第 67 条关于自首的规定，即犯罪以后自动投案、并如实供述自己的罪行，应当依法认定为自首。

2. 在案没有证据证实张某有主动到案后又逃避侦查的行为，侦查机关补充出具的《工作情况》的部分内容与事实不符，不应认定张某自动投案后又逃跑。

侦查机关补充出具的《工作情况》载明，“案发当日张某作为受害人做了询问笔录”，该内容与事实不符。根据笔者调取的李某某等人涉嫌故意伤害罪一案中张某笔录证实，该笔录非询问笔录，而是讯问笔录。讯问前，侦查机关未向张某出示《犯罪嫌疑人权利义务告知书》，未告知其关于犯罪嫌疑人的权利义务。

侦查机关补充出具的《工作情况》载明“后多次传唤张某，张某电话打不通，让于某某通知张某到派出所接受调查，于某某称联系不上张某”，不能证实张某到案后又逃避侦查。根据笔者从侦查机关调取的《110 接警记录单》，及张某第一次的讯问笔录证实，当时张某使用的是河南地段的手机号码，是张某从其河南的朋友处购买，双方未变更登记手机卡卡主。在张某第二个孩子出生后，内有该手机卡的手机丢失，因张某非登记手机卡主，无法补办，张某另办手机卡，即抓获后讯问笔录中载明的电话号码。据张某供述，张某第一次的讯问笔录载明的住址是张某父亲的房屋，案发时张某居住在此房屋内，也是张某妻子《孕产妇系统管理手册》载明的住址。之后，张某的第二个孩子出生，张某的岳母来帮忙照看孩子，由于张某父亲房屋面积较小，无法居住三个大人及两个小孩，因此张某另外租赁房屋，即张某第二个孩子《新生儿出生医学证明》载明的地址，也是其被网上追逃抓获后供述的现住址，当时张某一直与妻子及孩子正常居住在该房内。另外，张某手机丢失前，张某作为李某某涉嫌故意伤害罪一案的被害人，还按办案警官要求做了伤情鉴定，张某告知办案警官第二个孩子即将出生，办案警官让张某先忙孩子的事情。在案也无证据证明侦查机关让于某某通知张某到派出所接受调查。因此，在案无证据证实张某有自动投案后又逃跑的行为。

综上所述，笔者认为，张某第一次讯问笔录中的联系方式及现住址无法联系到本人，系事出有因、有合理解释，张某主观上并无逃避侦查的故意，客观上也未实施逃避侦查的行为。另外，侦查机关工作有过错，第一次讯问时，未向张某出示《犯罪嫌疑人权利义务告知书》，告知其关于犯罪嫌疑人的权利义务，导致张某不知道变更联系方式及住址应及时通知侦查机关。侦查机关办案人员电话传唤不到张某时，应亲自去犯罪嫌疑人家中寻找，查明张某有无外逃的事实，不应委托不具有侦查权的同案人于某某寻找张某。侦查机关在没有查明张某确实有外逃事实的情况下，草率地上网追逃张某，对没有逃避侦查行为的张某不公正、不公平，并导致一审法院错误认定量刑事实，遗漏张某重要的法定从轻、减轻量刑情节，影响张某作为犯罪嫌疑人、被告人的合法权利。

根据张某上诉意见及案件事实，笔者还提出以下辩护意见：张某同意约架的行为虽然属于自陷危险，但张某驾车冲撞对方车辆，系为拯救正被李某某等人追砍的于某某生命安全，应被赋予可以实施紧急避险的权利，其紧急避险所造成的损害小于避免的损害，应当认定成立紧急避险，张某冲撞车辆的行为不具有刑法意义上的社会危害性，应减轻或不承担该部分行为的刑事责任。

经过笔者的有效辩护，二审法院对笔者提交的新证据予以采信，并依法采纳了笔者辩护意见，认定张某有自首情节，撤销一审判决关于张某的量刑部分，判张某犯寻衅滋事罪，改判有期徒刑三年。

复　盘

本案委托之初，张某及其家属的期望就是二审改判缓刑。但是，张某系累犯，根据刑法规定不具备适用缓刑的条件，这是无法回避的现实。因此，笔者只能立足于找寻一审是否有遗漏的量刑事实、量刑情节，以期收集相关证据予以证明，达到从轻、减轻处罚的辩护目的。

是否成立自首情节是本案的核心辩点，也是二审争议的焦点。笔者引导张某努力回忆到案经过的细节，并根据张某提供的线索调取了证明张某主动到案、如实供述的相关证据。但是，侦查机关、公诉机关坚持认为，张某自动投案后有逃跑行为，不应认定自首。对此，笔者重点阐述张某是否符合"逃跑"的行为表现，是否具有"逃跑"的故意，从自首情节的法理依据、张某失联的客观原因以及侦查机关未尽义务角度层层深入，通过言词证据与书证的相互印证，深入论证了张某无逃避侦查的行为，并最终获得审判机关的认可。真可谓，"山重水复疑无路，柳暗花明又一村"。

尽管囿于法律刚性的限制，从裁判结果来看，二审较之一审只减少 6 个月刑期，但是，人的自由是无价的，不能用数字来量化。二审法院能够查明事实，依法认定自首情节，充分体现了实事求是的精神，也让张某感受到了审判的公正、公平。相信张某真心服判、真诚悔罪，一定会在服刑期间认真改造，早日减刑回归社会。

证据运用

《刑事诉讼法》第 37 条规定，辩护人的责任是根据事实和法律，提出犯罪嫌疑人、被告人无罪、罪轻或者减轻、免除其刑事责任的材料和意见，维护犯罪嫌疑人、被告人的诉讼权利和其他合法权益。该规定赋予了辩护人就积极主张的事实提供证据加以证明的职责，但与公诉机关负有的证明责任并不相悖。在公诉机关已经举证证实指控的犯罪事实的情况下，根据案件的不同情况，会动态出现“证明责任的转移”，辩方要适用“谁主张，谁举证”的规则，积极承担举证责任。笔者分享如下观点，与大家切磋：

第一，特定材料的举证义务。《刑事诉讼法》第42条规定，辩护人收集的有关犯罪嫌疑人不在犯罪现场、未达到刑事责任年龄、属于依法不负刑事责任的精神病人的证据，应当及时告知公安机关、人民检察院。上述证据线索多来源于当事人本人或者家属，不能依赖于办案机关主动调取或者充分注意，辩方应当及时收集并举证。

第二，反驳推定的举证义务。刑事推定一般适用于“明知”等主观要件的认定，比如依据请托人的证言、亲属收受请托人财物的事实、请托人与国家工作人员的公务关系、国家工作人员职务行为形成的证据链条，可以推定国家工作人员与其亲属共同受贿的故意。但是，如果犯罪嫌疑人、被告人提出具有相当证明力的证据反证，则可以排除推定的适用。

第三，量刑情节的举证义务。《刑法》第61条规定，对于犯罪分子决定刑罚的时候，应当根据犯罪的事实、犯罪的性质、情节和对于社会的危害程度，依照本法的有关规定判处。因此，是否存在法定从轻、减轻处罚情节或者酌定从轻情节，直接影响到宣告刑。辩方通过举证争取的量刑情节一般包括自首、立功、被害人过错、赔偿与谅解等，从犯情节一般可以通过在案证据加以论证，必要时也可以进行额外举证。

洞幽察微：数据可视化在职务犯罪中的应用

付金彪[1]

突破思路

近年来，随着我国不断加强反腐力度，职务犯罪在刑事辩护领域的比重也随之增加，与此同时，在以贪污罪、受贿罪、巨额财产来源不明罪等犯罪中，犯罪数额的认定直接关系到罪刑轻重。如何通过证据的梳理与收集，识别复杂的财产关系，区分罪与非罪，职务犯罪中如何认定涉案财产就成为刑辩律师亟待解决必须克服的一个难题。实践中，在卷财务凭证往往无序排列，审计基础材料也未必完整，律师熟练运用财务数据可视化，可在繁杂中分门别类、洞幽察微，有助于控审各方一目了然、精准判断。本文试图通过一个笔者经办的典型案例，梳理接案会见、证据处理、沟通交涉等环节，阐述自己对于职务犯罪中数据可视化应用的管见，望抛砖引玉，与诸君共同商榷。

案情简介

A 某为某区副区长兼公安局局长，2019 年 3 月 26 日，因涉嫌职务犯罪被某

1　盈科全国刑事法律专业委员会副秘书长、盈科天津刑事法律事务部主任。

市监察委员会采取留置措施；同年9月25日被刑事拘留；同年10月9日被依法逮捕。该案由某市第一中级人民法院开庭审理。

留置A某6个月后，某市监察委调查结果如下：

1. 涉嫌贪污罪。2016年公车改革以后，A某安排司机驾驶其家庭成员名下的私家车接送其上下班。其间，A某放任司机将私家车的部分维修、保养的费用以公车名义在单位报销，累计报销金额3万余元。

2. 涉嫌受贿罪。1996年至2019年，A某利用职务上的便利，为他人在项目承揽、案件办理、工作调整等事项上谋取利益，索取或者非法收受他人财物共计380余万元，涉及行贿人员近30名。

3. 涉嫌巨额财产来源不明罪。经调查，A某1984年至2019年，工资奖金合计近200万元；其妻1982年至2019年，工资奖金合计近450万元；其子2016年至2019年，工资奖金合计60余万元。此外，还有投资理财、房产出售、出租等合法收入。经过计算，A某的家庭合法收入共计1500余万元。A某家庭现有房产、汽车及银行存款、投资理财、现金等家庭财产共计1600余万元。根据国家统计局某市调查总队出具的《某市城镇居民人均消费支出情况表》，A某家1983年至2005年，消费支出25万余元。2006年至2019年，家庭网上消费、信用卡消费等共计460余万元，家庭装修、儿子出国留学、结婚、给A某妻子的母亲买房等花费共计530余万元。综上，A某家庭财产、支出共计2700万余元，超出其家庭合法收入1199.60万元，且其未能说明合法来源。

本案中，犯罪嫌疑人及其家属最关心的问题：巨额财产来源不明罪的罪名能否成立以及该罪犯罪数额的认定。因为，这不仅关系到刑期，还关系到犯罪嫌疑人及其家属上千万的财产是否会被作为非法所得而被追缴的问题。

本案难点有三：其一，财务数据年深日久，时间跨度最长达到了25年，致使许多证据无从查证；其二，财务数据本身的性质决定了其调取、核对、汇总程序复杂，而本案涉及的证据种类又繁多杂乱（包括工资、奖金、结婚费用、留学费用、外汇兑换、房屋租金、车辆购入、基金投资、股票买卖、网上消费、信用卡消费等），整理财务证据的工程量巨大；其三，在移送审查起诉前，监察委已委托数位财务专家对本案涉及的财务数据出具了详尽的《情况说明》，财务审查结果的真实性及权威性难以突破。

以上三点，对于笔者及笔者的团队来说，毫无疑问是一个巨大挑战。如何搜集真实可靠的数据，从而突破财务专家对财务数据的论证结果，进而说服、打动案件承办人，是突破本案关键所在。

办案过程

正本清源，解决一切法律实务问题都要从基础概念与法律规定出发。要解决本案中非法所得的认定问题，首先要厘清本罪中非法所得之含义。据相关法律规定，巨额财产来源不明罪中的"非法所得"，一般是指行为人的全部财产与能够认定的所有支出的总和减去能够证实的有真实来源的所得。在具体计算时，应把国家工作人员个人财产和与其共同生活的家庭成员的财产、支出等一并计算，而且一并减去他们所有的合法收入以及确属与其共同生活的家庭成员个人的非法收入。

第一步：有效沟通，制定诉讼策略。

在审查起诉阶段接受委托后，笔者简单了解案情，第一时间前往看守所会见了犯罪嫌疑人 A 某，A 某称：自己收受他人的钱款已经向监察委和盘托出，除此之外没有其他非法收入，且其家庭钱款由其妻子打理，具体收支数额其妻最清楚，应不存在不能说明收入来源的情况，但是不能保证其家属在隐瞒他的情况下有其他非法收入（关于本案中贪污罪与受贿罪，因文章篇幅有限，故不赘述）。

依据A某陈述，笔者立即与其妻联系，对是否存在个人非法所得进行核实，并对家庭财产收入进行更加详细了解（考虑其妻子存在共同受贿的可能，要防范串供风险，笔者此处沟通非常谨慎）。通过进一步沟通，从A某妻子口中知悉以下事实：

1.A某妻子本人并无非法所得；

2.A某家庭的合法收入主要包括家庭成员的工资、奖金收入、基金投资收益、理财及利息收益、5套房产的差价收益、购置房产过程中开发商支付的违约金、延期交房违约金、借款利息及向A某弟弟的借款；

3.A某妻子认为，除被指控的受贿罪之外，确实没有其他非法所得，希望辩护人就巨额财产来源不明罪做无罪辩护。

第一轮沟通后，笔者心中对案件有了些丘壑。在与团队律师会议商讨后，结合犯罪嫌疑人本人及家属的陈述和要求，敲定了初步的诉讼策略，即以重新核查现有财务证据为主，以主动调查新的财务证据为辅，出具一份翔实、有力的调查报告，通过直观的数据和实物证据证明其收入来源的合法性，进而达到无罪辩护的诉讼目的。

第二步：主动出击，收集关键证据。

1. 阅卷分工，统筹规划。

会见结束的当天下午，笔者前往某市人民检察院第一分院调取卷宗。初步浏览卷宗，确定了案件证据收集的工作量。通过阅读卷宗可知，公诉方掌握的证据主要包括：A某的供述，其妻子、儿子、弟弟等人的证言，房产买卖合同，发票，税票，贷款情况，购置车辆发票，房屋租赁合同，股权投资证明，A某夫妻和儿子的银行卡交易明细，购汇单据，股票账户交易明细，一家三口任职单位提供的自参加工作以来的收入证明，基金账户交易明细等。

根据卷宗中所列明的证据，结合 A 某妻子的陈述，笔者将阅卷、核查证据的任务平均分配给了团队中的 5 名律师，并委派 1 名具有财务经验的律师专门负责核查股权、税务等专业性较强的证据。

2. 证据收集，整理分析。

首先，以表格的形式整理阅卷笔录，将每一份证据中能够证明 A 某家庭的收入、财产、支出的金额，整理摘要出来。将不能说明收入来源的，责成犯罪嫌疑人及其家属说明来源。

其次，在阅卷过程中，核实监察委认定的证据的真实性、合法性、关联性；复核公诉方对于财务数据的计算方式，找出时间计算起点、计算金额的瑕疵，尤其是涉及国外生活外汇兑换时间的起始点，关注财务数据是否有重复计算、是否有遗漏的情况。

其间，为落实家庭收入情况，笔者再次会见 A 某，与其逐项核实家庭收入情况，阐述办理思路、辩护方向以及向公诉机关提供律师意见的内容。A 某认可后，笔者便以 A 某不构成贪污罪，巨额财产来源不明数额计算存在重大错误为由向检察官提交了律师意见书。

第三步：积极交涉，达成诉讼目的。

提交律师意见书以后，笔者和经办检察官进行面对面沟通，并发表自己的意见：

首先，请求检察官收集调查 A 某不构成贪污罪的若干证据，同时就该指控罪名证据存在瑕疵，现有指控证据难以形成证据链条发表了意见。

其次，就家属及犯罪嫌疑人急切关注的巨额财产来源不明罪向检察官明确表示家属可以提供其收入来源来往合法性证据。提交了一份 40 页的财务数据核算说明，并与原监察委提供的《财务计算说明》进行直接比对，指出错误之处，尤其指出“外汇汇率是动态的，监察机关的起算点，正处于高汇率期间，该种计算方式明显对犯罪嫌疑人不公平”这一问题。经过沟通，检察官一目了然地看到原来数据计算里的错误，当场表示会及时跟市监察委核实。

沟通过后两周左右，我们被检察院告知，此案因时间原因将被移送至法院提起公诉。检察官同时表示，认可律师提交的贪污罪不成立的律师意见，将原来巨额财产来源不明罪的金额由1200万元左右调整到700余万元。显然，这个数字并未达到预期目标，笔者认为，还可以继续通过证据运用进一步压缩涉嫌到案犯罪金额，审判阶段要继续做公诉人的工作。笔者发现两个重要问题：

犯罪嫌疑人妻子工资、奖金等自1999年就开始通过银行卡发放，但因为时隔太久，在银行系统打出的交易流水中，2008年之前的交易记录无法显示交易对方账户，也未标明款项性质，因此无法直观判断哪些为工资所得。在向银行会计询问过后，得知可通过代码辨别哪些是银行发放的款项。

犯罪嫌疑人妻子提供的其名下近10个银行账户的交易流水显示存在大量频繁购买短期理财产品的交易，其收取的租金多于现有租赁合同的金额，还有早期购买股票所得收益未被监察委调取。

在账目如此纷繁复杂的情况下，即使监察委收集到相关材料，如果没有具备一定财务知识的人员，该账目也是断然梳理不清的。即使有这样的人员，不花大量时间也不可能完成。工作难度可想而知，但为了最大限度地维护A某的合法权益，实现有效辩护，笔者决定无论多难、多费时费力，也要自己重新整理一套完整证据提交给检察机关。

于是笔者将A某家庭收入、财产、支出分类，在大类下又分了小类，接着是项目明细，分别编制了主表、附表共计30余张表格。在每一项中对数据来源、计算方式、计算过程进行了说明，并注明了证据索引。从梳理、记录制表、核对、与当事人反复核实，到最终整理成一套清晰、完整的证据，总计花费了1个月的时间。

在没有看表格之前，公诉方非常明确地告知笔者，“你们在公诉阶段已经取得重大进展，现在指控证据非常充分了，不可能再给你们进行核减了”。但是看到笔者专业细致的表格，检察官非常认真负责地与监察委核实、与笔者沟通、与家属沟通，最终于案件开庭前做出了变更起诉，将巨额财产来源不明金额由 700 余万元下调至 200 余万元。

庭审中，就巨额财产来源不明罪指控的 200 余万元，笔者坚持做无罪辩护，但由于关键证人申请出庭未获准许，加之涉及家属之间借贷及房屋买卖等言词证据混乱，其他家属不愿出庭作证说明，导致最终没有实现无罪辩护的目标，稍显遗憾。本案移送审查起诉三个罪名，经过笔者的努力，贪污罪没有提起公诉，指控 200 余万元巨额财产来源不明罪判处被告人 A 某有期徒刑两年，指控受贿 380 余万判处有期徒刑十年，罚金 50 万，数罪并罚执行合并执行刑期十一年，罚金 50 万元。基本上实现了当初拟定的诉讼目的。

复　盘

本案是涉及多罪名的复杂案件，受篇幅所限，本文着重呈现巨额财产来源不明罪的辩护过程，即从无罪辩护切入，最终实现当事人满意的罪轻辩护目标。

本案成功辩护的关键是通过可视化作业厘清长达十几年的家庭财产状况，从而证实被告人财产来源的合法性。实践中，像巨额财产来源不明这样的案件，因非法所得数额计算所需数据范围之宽、时间跨度之长，在资料存在缺失、相关人员可能失联以及受限于时间及人力的情况下，仅依赖监察委工作人员调查核实，难免存在遗漏之处，即使是检察官，在巨量财务数据面前，也很难在有限的时间内确保证据的全面性和准确性。正因如此，辩护律师更应不遗余力，主动收集办案机关未能掌握的证据，仔细核查烦琐的财务数据计算材料，敢质疑看似权威的司法会计鉴定意见，以期梳理出依据充分、校验正确的数字，供共检察官和法官参考。

让笔者感到欣慰的是，当我们把被告人的合法收入整理完毕时，办案机关对我们提供的证据高度重视，以积极、审慎的态度回应辩护人的意见并最终予以采纳。本案巨额财产来源不明罪的成功辩护，是法律共同体的集体智慧与共赢结果。

证据运用

诚然，上述案例中以制作可视化图表的方式处理财务证据只是数据可视化在职务犯罪中应用的冰山一角。但笔者认为，在传统意义上收集、整理财务证据只是将证据进行了初步加工，而只有将“粗加工”的证据进行精细的可视化作业，才是对证据的“精深度加工”。在诉讼过程中，证据的完整性和有用性固然重要，但不能因此忽略直观性在证据运用中的作用，证据越是繁多、庞杂，可视化的价值越会凸显，这其中不仅需要经办律师的耐心、恒心，更需要有一颗“匠心”。

当然，律师不是专业的财务人员，面对各类财务凭证的审核，有畏难情绪和无力之感是很正常的。但笔者认为，除了特别专业的数据处理，律师完全可以凭借清晰的思路与细致的工作，驾驭财务类书证的审查与运用，具体可以从如下几个方面出发：

第一，掌握基本的财务知识，提升证明辨别能力，防止混淆视听。实践中，如果对基本的数字代码和记账方式不够了解，会导致证据审查南辕北辙，必须细致耐心并及时请教专业人士，以避免无效劳动。

第二，运用时间轴梳理方式，完整展示现有证据，发现遗漏证据。时间轴是梳理财务数据的重要方式，以时间为序能够最大限度地保证信息的有效拣取，在此基础上合并同类项，直观呈现待证事实。

第三，列表对比资金流向与用途，反驳指控事实，构建有利事实。比如，资金虽然表面流向被告人，但是被告人随后又变换主体回流，如果不充分了解案件背景，不对证据仔细审查，就会导致错误认定。

最后，我想重申，在诉讼过程中证据的完整性和有用性固然重要，但不能因此忽略直观性在证据运用中的作用，证据种类越是庞杂，可视化证据在诉讼中的作用就越会凸显，结合到本案中，若笔者仅将收集到的证据单纯的堆叠、罗列，恐怕无法突破被冠以“权威性”的专家意见，也无法达到最终的诉讼效果。

别出心裁："创造"酌定从宽证据

肖兴利[1]

突破思路

在审前辩护阶段，主动出击调查取证，是刑辩律师开展证据辩护的重要方法。调查取证的方向不应仅拘泥于定罪事实，也可以从量刑情节方面着手。退赃退赔、刑事和解、取得被害人谅解都是影响量刑的酌定从宽情节。在条件具备的情况下，律师应该尽可能帮助当事人"创造"这些从宽证据和情节。

案情简介

刘某在担任某环境公司分公司业务员期间，得知某环卫局欲以公开招标方式采购一批环卫设备，遂找到当地某贸易公司合作，双方约定：由刘某协助贸易公司参与环卫局的招投标，中标后贸易公司再从刘某所在的环境公司采购相应的环卫设备销售给环卫局，将差价利润的30%作为手续费交给贸易公司，剩余70%归刘某所有。

随后，刘某在环境公司内部OA系统呈报商机评审及合同评审流程，提出

1　盈科刑辩学院副院长、盈科长沙刑事合规法律事务部主任。

该贸易公司需采购7台勾臂车和45个配套垃圾箱，并特别备注“因考虑运输成本高等因素，垃圾箱实际由用户自行采购”。环境公司审核通过后，刘某负责制作了投标文件，由贸易公司加盖公章后交至环卫局参与竞标。

2017年9月，贸易公司顺利中标，并与环卫局签订了采购合同，双方约定：环卫局向贸易公司采购7台总价146.8万元的勾臂车及105个总价161.7万元的环保垃圾箱。之后，刘某代表环境公司与贸易公司签订产品买卖合同，约定：环境公司向贸易公司销售7台总价89.5万元的勾臂车，由环境公司直接发货至环卫局。

2017年10月，刘某与环境公司的一家外协厂某设备公司联系，称贸易公司欲从设备公司直接采购一批垃圾箱，该批垃圾箱的结构和样式要在环境公司定制产品的基础上作一些技术改进。之后，刘某以贸易公司的名义与设备公司签订了采购105个总价87.6万元环保垃圾箱的合同。刘某向设备公司提供了其手绘垃圾箱草图，并多次前往设备公司生产车间进行技术指导。

环境公司依约将7台勾臂车发至指定地点后，由刘某负责验货签收，并垫付费用找当地中介为车辆上牌过户，办好全部手续后交货至环卫局。设备公司将贸易公司定制的垃圾箱发货后，由刘某负责安排车辆转运交货至环卫局。完成全部交货后，贸易公司收取环卫局支付的全部采购货款308.5万元，并向环境公司和设备公司分别支付89.5万元勾臂车款和87.6万元垃圾箱款，然后按照与刘某的约定将90.7万元差价利润转账至刘某个人银行账户。

2018年12月，贸易公司因与刘某产生矛盾，遂向环境公司告发刘某。刘某在接受环境公司调查时，承认其在工作期间利用职务便利侵占公司货款45.7万元，并同意在2个月内向公司退缴全部非法所得并交纳10万元罚款。之后，刘某向环境公司退缴13万元。2020年7月，环境公司向公安机关控告刘某职务侵占。2020年8月19日，刘某因涉嫌职务侵占罪被公安机关刑事拘留。同年9月2日，刘某被检察机关批准逮捕。

办案过程

一、第一时间受委托，固定证据很及时

因环境公司的工作人员2019年曾多次向刘某催要货款，并多次通过电话、短信等方式告知刘某，如其不及时退赔将向公安机关报案，故刘某在2020年8月14日接到公安机关电话通知其前往接受调查时，马上意识到公司已经报案。他和家属在第一时间想到了正确的应对方法——委托专业刑辩律师提供法律帮助。

2020年8月17日中午，笔者团队正式接受刘某及其家属委托。之后立即兵分两路开展工作：一路负责接待刘某，认真听取整个事件的来龙去脉，跟他探讨分析各种有利和不利因素；一路负责查阅、整理刘某自行收集提供的大量书面材料及录音资料，寻找有利证据。两路人马汇合后，立即召开团队会议，经过认真细致的研讨分析，在数小时内形成《刘某被控职务侵占罪一案初步法律分析报告》，对整个案情脉络进行梳理，对刘某所涉法律风险进行提示，并对需要进一步收集调取的证据列出详细清单。

根据笔者团队开具的证据清单，刘某再次收集提交了大量书面材料。在全面分析现有证据材料的基础上，笔者团队制作了《刘某支付勾臂车和环保垃圾箱各项税费开支情况一览表》，对刘某为涉案项目自费垫付的开支情况进行了全面统计，并整理形成《刘某涉嫌职务侵占罪一案证据卷》。在此基础上撰写了《关于刘某不构成职务侵占罪的法律意见书》，着重从三个方面提出了刘某不构成犯罪的理由。

二、律师陪同去自首，接受审讯心不慌

8月19日上午8时许，按照刘某此前与办案民警约定的时间，笔者陪同刘

某准时来到公安机关接受调查。此前，律师团队已经对刘某进行心理辅导，分析公安机关极有可能在调查结束后对其采取刑拘措施，使其对案件走向有比较清晰的预判和足够的心理准备。

笔者跟刘某一起来到民警办公室后，首先向负责侦办该案的民警提交了《法律意见书》和厚厚一摞《律师调查卷》，并简要陈述了律师认为刘某不构成职务侵占罪的意见。民警接受律师的材料后，表示会认真审查律师的材料和意见，依法公正调查该案。

之后，办案民警安排刘某到隔壁讯问室办理相应手续并接受问话。刘某此前虽然接受了心理辅导，在离开时仍有稍许紧张，笔者立刻安慰他，公安机关对其采取刑拘措施后会在 24 小时内送看守所羁押，一旦进入看守所后，律师可以马上来会见他。听后，他镇定地给妻子发送了短信，平静地跟随办案民警去接受调查。

三、反复沟通破坚冰，全额退赔获谅解

8 月 21 日上午，笔者一大早就来到看守所会见刘某。他详细讲述了在公安机关接受审讯的情况，以及重新回忆起来的跟案涉交易相关的一些重要细节。经过整整一天的会见，笔者对整个案情和关键细节有了比较清晰的判断。结束会见时，刘某要求律师转告其妻子去找环境公司的领导求情。

笔者将刘某的想法转告其妻子唐某，并就跟领导沟通的技巧和注意事项对唐某进行指导。第二天，唐某来到环境公司找相关领导，但事与愿违，此前负责调查刘某的公司领导都不愿意跟她见面，唐某连公司的大门都进不去。经多方联系、反复央求，最后一个办事人员告知唐某，公司已经将该案移交给了公安机关，后续对刘某怎么处理由公安机关说了算。公司领导拒人千里的态度表明，其并不愿意接受刘某的任何道歉和求情。

根据法律规定，犯罪嫌疑人被刑事拘留后，公安机关最迟要在 30 天内向检察机关提请逮捕。为了在批捕阶段成功拦截案件，笔者认为应尽早协助家属跟公司相关负责人正面沟通，于是向办案单位提出，希望公安机关能组织双方进行调解。本案客观上确实存在调解与和解的基础：刘某在接受公司内部调查时曾经认可其存在职务侵占行为，双方就退赔金额也达成过一致意见，刘某之所以只退赔了部分款项，是因其认为公司还有一些工资、奖金和业绩提成款没有结算给他，他希望从退赔金额中进行抵扣但未获公司同意。经过反复沟通之后，环境公司派出了一名法务人员与律师团队衔接。刘某在看守所里给公司领导亲笔书写了《悔过书》，言辞恳切地表达了忏悔之意，并提出愿意向公司退赔非法所得。这份《悔过书》转交给公司领导后，公司领导的态度有所缓和。

案情有了一定的转机，然而出乎意料的是，公安机关在刑拘 10 天后即向检察机关报捕，导致笔者因时间不够，致力于促成刘某家属与公司达成谅解的愿望破灭。

刘某被批捕后，陷入绝望情绪，之前对公司的愧疚和忏悔之心，也转为了对公司领导的敌视和仇恨，谈判协商工作一度陷入僵局。笔者一方面对刘某进行心理疏导，告知其虽然被逮捕，我们律师仍然会继续努力为其申请羁押必要性审查。如果最终能与公司达成刑事和解，仍然有希望通过羁押必要性审查成功取保。听到律师这么说，刘某再次振作起来，要求律师帮助家属竭尽全力争取公司对他的谅解。

经过反复沟通协调，公司最终同意按照刘某 2018 年 12 月接受内部调查时承诺的金额进行退赔。因刘某已被逮捕，在退赔金额的谈判上已然没有任何筹码，家属最终同意了公司的要求，一次性向公司退缴了 29.5 万元（公司同意对刘某垫付的 3.2 万元业务开支予以扣减）非法所得并自愿交纳了 10 万元罚款。之后，律师团队协助刘某与公司签署了《刑事和解协议》，公司也对刘某出具了《刑事谅解书》，“请求司法机关对刘某从轻、减轻处罚”。辩护律师随后向检察机关递交《羁押必要性审查申请书》获准，刘某在被羁押 86 天后恢复自由。

四、重获自由取新证，历尽艰辛终不诉

2020 年 10 月 13 日，该案被移送检察机关审查起诉。笔者在第一时间阅卷后，准确捕捉到案件争议焦点。之后，笔者团队通过与刘某多次会谈沟通，指导其收集到多份有利证据材料，包括贸易公司在案发前曾多次经销环境公司勾臂车和垃圾箱的书面合同，证明刘某并非为了实施侵占犯罪而故意虚增中间商，环境公司在报案时称“刘某虚构中间环节，欺骗终端客户”的情况不实；刘某从腾讯公司调取其通过微信转账支付勾臂车和垃圾箱转运、验收、上牌等费用的流水凭证，证明其所述“承包”涉案交易车辆及垃圾箱部分服务并垫付费用的情况属实。

在进一步调查取证的基础上，辩护律师制作了《审查起诉阶段律师调查卷》提交给检察机关。同时结合本案事实、证据和法律适用问题，撰写了《建议不予起诉法律意见书》，提出了两个核心观点：一是刘某将第三方生产的垃圾箱销售给环卫局所赚取的差价款，不应认定为职务侵占的犯罪金额。因为垃圾箱并非由刘某任职的环境公司生产，刘某在案涉交易中通过贸易公司经销第三方生产的垃圾箱，虽然使环境公司失去了相应的交易机会，也造成了利润损失，但这种可期待利益的损失属于不确定收入，而非客观、现实、确定的单位财产，因此该部分差价款应当从犯罪金额中扣减。二是刘某为案涉勾臂车垫付的购置税、运输费以及验收、上牌费用等共计 15 万余元应当作为交易成本从刘某所得款项中扣除，因为这笔钱是其完成涉案交易所实际支出的，不可能成为被职务侵占的对象。

经过反复沟通，检察机关最终采纳了这两点意见，认为刘某赚取环境公司勾臂车差价利润 57.3 万元的行为涉嫌职务侵占，扣减刘某实际垫付的各项税费 15.3 万元后，最终认定其职务侵占犯罪金额为 42 万元，鉴于其犯罪情节轻微，

且具有自首、初犯、认罪认罚、取得被害单位谅解等情节，对刘某作出了不起诉决定。

复　盘

在认罪认罚从宽制度全面推行的大背景下，审前辩护越来越成为律师辩护工作的重点环节和重要阶段。在审前阶段，律师开展证据辩护的重要方式是主动出击调查取证。调查取证的方向既可以是定罪事实，也可以是量刑事实。在条件具备时，律师还可以通过指导和协助当事人退赃退赔、达成刑事和解、获得被害人谅解等，为其“创造”重要的量刑证据和从宽情节，使当事人最终获得宽缓的处理结果。

当然，每个案件因涉及的罪名、证据情况及当事人经济条件等各不相同，不是每个案件都需要“创造”这些量刑证据，因此这种方法并不具有普适性。本案中，辩护律师之所以着力促成退赔和谅解，是因为通过全面分析研判在卷证据，最终确定为被告人作罪轻辩护、争取从宽处罚是最佳策略。正是在这一辩护思路的指导下，辩护律师调取了证明当事人没有虚构中间环节、主观恶性不大的书面合同，以及垫付费用应当扣减的转账凭证等客观证据，使其犯罪金额得到大幅扣减，在此基础上再通过“创造”退赃退赔、被害人谅解、刑事和解、认罪认罚的量刑证据，最终实现了不起诉的辩护效果。

证据运用

办理刑事案件过程中，辩护律师不仅要精于分析、研判侦查机关收集的证据材料，还要善于主动出击，除调查取证外，还可以“创造”证据为当事人争取更有利的辩护效果。

当然,“创造”证据的方法不能不加区别地滥用,否则不仅达不到想要的辩护效果,还极易给律师本身带来法律风险。以下几个方面的问题尤其需要引起注意:

第一,可以“创造”的证据相对固定,主要是退赃退赔、刑事和解、被害人谅解等酌定从宽证据,能够证明被告人案发后有较好的悔罪态度,协助司法机关积极追赃挽损,及时弥补被害人损失、修复社会关系等。

第二,“创造”证据的辩护方法只适用于特定案件类型,如退赃退赔可以适用于经济犯罪、侵财犯罪、贪贿犯罪等,有特定被害人的案件可以创造刑事和解、被害人谅解等证据,刑事和解则可适用于因民间纠纷引发的轻微侵犯人身权、民主权犯罪、侵财犯罪以及除渎职犯罪以外的轻微过失犯罪。

第三,对于与被告人刑事责任能力相关的证据,以及与案件事实本身相关的证据,如行为人的年龄、主观故意、共犯地位作用等方面的证据,则千万不能擅自“创造”。

另辟蹊径：恢复手机视频，还原现场真相

张锦前[1]

突破思路

按照《刑事诉讼法》规定，辩护人在侦查阶段不享有阅卷权。如因疫情影响等特殊情况，辩护人无法及时会见到犯罪嫌疑人，便难以第一时间了解案件信息。在这种情况下，唯有另辟蹊径，寻找证明无罪的关键证据，才能在刑事拘留到逮捕之间的“黄金救援期”实现有效辩护。律师在侦查阶段调查取证具有局限性，书证、视听资料等客观证据证明力相对更高，律师取证风险也相对较小，是值得探索和尝试的路径。

案情简介

2020年2月3日，林七与友人黎某外出就餐期间因琐事与他人发生口角，并产生肢体冲突。在冲突中，林七的额头、眼角被打破，且出血较多。派出所民警出警后，依法将林七等人传唤至派出所协助调查。

到派出所后，民警让双方当事人坐在派出所的椅子上等候询问。林七的脸

1 盈科刑辩学院副院长、盈科厦门刑事法律事务部主任。

上、额头和眼角有较大伤口，且满脸血迹。于是，林七与黎某向派出所民警提出想先处理伤口再做笔录的请求。派出所民警拒绝林七与黎某的请求。

此时，二人发现派出所民警在忙于处理其他事情，没有马上对他们进行询问的意思，认为自己有处理伤口的时间且不马上对他们进行调查而民警又不答应请求纯属故意刁难，再次提出先处理伤口再配合调查的请求，还是遭到民警拒绝。林七与黎某随即对民警的行为提出质疑，并与民警发生言语争执。争执过程中，一民警拉拽黎某示意其配合调查，不要在派出所里闹事。但黎某情绪激动，误以为民警是在暴力执法，随即动手反抗，将一名民警的手扭伤。林七在旁持手机拍摄，意在记录民警执法过程，保留证据，一边拍摄一边叫喊："来，拉，让他拉。"整个过程中，没有发现林七有实施任何暴力行为，也没有出现煽动、教唆黎某暴力反抗的语言。

但公安机关认为林七也参与了"袭警"，且对黎某有煽动、教唆行为，属于共同犯罪，当即以涉嫌妨害公务罪对林七、黎某刑事拘留，将二人羁押于厦门市第一看守所，并向检察机关提请批准逮捕。

办案过程

2020 年 2 月正是新冠肺炎疫情最为严重的时期。本案中，笔者不仅按部就班推进程序，还另辟蹊径还原事实，在"零会见"的情况下，仍高效完成了"黄金救援"。

一、预约会见碰壁，无法了解案情

笔者接受林七家属委托后，第一时间联系林七在押的看守所预约会见。然而，案件在一开始就陷入了僵局，林七所在的看守所拒绝了辩护人的会见申请，不仅辩护人无法会见，就连公安机关和检察机关的提审活动也全部中止，而当时也尚未开通视频会见通道。因此，辩护人无法第一时间向林七了解案发过程。

二、联系公安机关，案发经过描述大相径庭

尽管看守所会见受阻，好在家属在林七被刑事拘留前曾在派出所与其短暂见面，林七将案发经过告知了家属，并一再强调自己并没有动手。随后，笔者联系侦查机关，以不能会见为由，希望从侦查机关了解到案发经过。然而，侦查机关回复辩护人，林七不仅实施了暴力行为，对黎某也有煽动、教唆行为，说法与家属截然相反。其间，林七家属曾与受害民警取得联系，上门赔礼道歉、赔偿医疗费用，并取得受害民警的谅解。受害民警出具给林七的《谅解书》对案发过程的描述亦是："本人……在劝阻当事人林七的过程中被扭伤右手……"。似乎，林七涉嫌妨害公务罪已是板上钉钉的事。

三、与家属反复沟通，发现关键证据

正当笔者一筹莫展之际，公安机关在拟报捕前向家属发还了林七的手机、衣物等随身物品。在与笔者沟通中，家属无意间提到侦查人员在归还林七的苹果手机时，曾当着家属的面翻看了该手机，并实施了类似删除文件的操作。辩护人留意到这个细节，判断林七的手机中可能存与案件有关的证据材料，而侦查人员在取证后将该证据材料删除。笔者熟悉苹果手机功能，知道苹果手机的照片和视频删除后仍会在"最近删除"文件夹中保留40天。于是，笔者立即与家属一起查看林七的手机，侦查人员果然未检查"最近删除"文件夹，笔者与家属顺利地从林七的苹果手机中恢复了两个记录了案发全过程的视频。

第一个视频是林七的自拍视频，从视频中可以看出林七坐在派出所的椅子上，脸上、额头和眼角有较大伤口，且满脸血迹。背景音中，黎某正在跟办案民警描述冲突经过。而第二个视频则记录了黎某"袭击民警"的全部经过，该视频以林七为第一视角全程拍摄。视频显示，林七与黎某在派出所通道上再次要求派出所民警准许其先处理伤口，但现场的两位民警对林七与黎某的要求不予理会。其中一名民警左手拉住黎某，右手推其背部，与另外一名民警欲将黎某强制带离现场。黎某见状，误以为遭受暴力执法，随即反抗，将其中一名民警的手扭伤。整个过程中林七一直在旁持手机拍摄，意在记录民警执法过程，保留证据，除了口头叫喊：“来，拉，让他（民警）拉”之外，林七没有实施任何暴力行为，也没有煽动、教唆黎某暴力反抗的语言。

四、提交证据与律师意见，检察机关不批准逮捕

看过上述视频，笔者了解了全案经过，更加坚定了为林七做无罪辩护的信心，从两个角度准备法律意见：

首先，林七本人的实行行为仅构成治安违法，不应认定其构成妨害公务罪。

从视频内容来看，林七只是与民警发生言语争执，不配合调查，并未实施暴力袭击，亦未以暴力相威胁。具言之，根据《刑法》第277条第1款、第5款相关规定，以暴力、威胁方法阻碍国家机关工作人员依法执行职务的，构成妨害公务罪，暴力袭击正在依法执行职务的人民警察的从重处罚。最高人民法院、最高人民检察院、公安部《关于依法惩治袭警违法犯罪行为的指导意见》第1条对“暴力袭击正在依法执行职务的人民警察”亦作出了详细解释，即“1. 实施撕咬、踢打、抱摔、投掷等，对民警人身进行攻击的；2. 实施打砸、毁坏、抢夺民警正在使用的警用车辆、警械等警用装备，对民警人身进行攻击的……”。结合上述规定可知，“袭警型”妨害公务犯罪案件，要求行为人必须具有暴力袭警或以暴力袭击相威胁的行为，且行为恶劣程度应当与撕咬、踢打、抱摔、投掷行为相当。但从视频内容来看，林七因民警不同意其先处理伤口的请求而与民警发生争执，拒不配合民警调查，并未对民警实施过撕咬、踢打、抱摔、投掷或恶劣性质相当的其他暴力行为，也不存在以暴力相威胁的语言。因此，林七的行为即使有不当之处，性质最多仅是阻碍、拒绝人民警察依法执行职务的治安违法，不构成妨害公务犯罪。

其次，林七并未实施教唆和煽动行为。视频清晰显示，黎某的行为系其对民警拉拽行为反应过激而突发的，属于自己实施的行为，林七并未教唆或者煽动黎某实施上述行为。因此，即使黎某的行为构成妨害公务，也不能以共同犯罪为由，认定林七构成妨害公务罪。

在公安报请检察院批捕后的第一天，笔者便将视频光盘作为证据材料，随《不予批准逮捕法律意见书》一并提交给了检察院，并电话与主办检察官沟通此特殊情况，得到检察官的高度重视。

结果自然求仁得仁，如愿以偿。检察院作出了不予批准逮捕决定，公安机关依法释放了林七，同时以“情节显著轻微，不构成犯罪，不应追究刑事责任”为由对林七作出了终止侦查决定。林七恢复了自由，洗脱了“袭警”之罪，一家人阴霾消散，轻松开始新的生活。

复盘

本案是2020年新冠肺炎疫情大背景下，笔者在侦查阶段“零会见”的前提下，进行无罪辩护的成功案例。笔者认为：

首先，刑事辩护工作要摒弃把辩护重心放在法庭的传统做法，将辩护工作前移到侦查机关办理刑事拘留后至检察机关作出批准逮捕决定前的这一“黄金救援期”上。本案中，笔者即秉承这一理念，在侦查阶段初期就展开积极有效的诉讼救援行动，成功地说服检察机关作出不批准逮捕的决定，劝阻侦查机关实施进一步刑事追诉行动。

其次，检察人员在审查批准逮捕时一般基于对公权力的信任，可能会潜意识地轻信侦查机关的证据，而忽视对犯罪嫌疑人有利证据的审查、搜集。本案发生于疫情期间，检察人员更有可能变通地书面审查完报捕材料就直接作出是否批准逮捕的决定。辩护人的工作重点就是要及时地扭转这种局面。本案中，笔者及时抓住一个偶然的机会，从基本的事实认定部分狙击了侦查机关的“定罪方向”，说服检察人员作出有利于自己当事人的决定。

最后，案件办理中有时会出现一些反常现象。“事出反常必有妖”，辩护人要有从这些现象中发现有利于自己当事人的证据的敏锐度。本案中，笔者也正是从家属反馈的信息中迅速捕捉到反常情况，马上行动，查看手机从而发现视频，达到有效辩护的效果。

证据运用

证据运用的前提在于树立取证意识，辩护人要敢于调查取证。辩护律师的常规思路是通过会见、阅卷，在侦查卷宗里找到有利于当事人的证据。但当上述活动无法达到目的时，辩护律师可以考虑另辟蹊径，甚至“釜底抽薪”，积极发现并搜集新的证据材料，呈现一个不同于侦查机关、公诉机关所认定的事实，击破控方指控逻辑的基石。本案中，辩护人之所以能在细节中找到反转案件的关键——视频证据，正是取证意识的正向反馈。

调查取证注意风险防控。“妨害作证罪”一直是悬在刑辩律师头上的达摩克利斯之剑。但辩护律师被指控“妨害作证”的情况多发于对证人证言进行取证。辩护人认为，各种证据种类基于其自身属性，取证风险也是不同的。类似本案中的视频证据，因客观性较强所以取证风险较低，在查明真伪、做好证据交接的基础上应当积极调取提交。

而对于证人证言这类主观性较强的证据，辩护人往往也难以分辨其真实性。因此，对于证人证言这类言词证据，辩护律师应审慎评估风险，慎重调取。从自我保护的角度出发，辩护律师应多运用“申请调查”，少用“自行调查”，以避免风险的发生。如需亲自取证，要筑好必要的“防护墙”。比如不要单人取证、取证时不要通过家属、可以同步录音录像等。

按图索骥：破解定罪证据链条的同向思维

杜　平[1]

突破思路

刑案定罪是按照犯罪构成要件的对合法证据进行体系性论证，正向求证罪名，以得出罪与非罪结论。对证据体系较为完整的案件进行辩护时，辩护人按照定罪思路去梳理全案证据排列组合所对应待证事实要点，此谓“按图”，在证据链条中准确抓取定罪关键证据的薄弱点，紧扣关键证据比对应核心法律事实辩护，此谓“索骥”。如关键证据立不住，将会动摇法官内心确信而作出有利于被告人的判决。

案情简介

西部某市是我国某种类农作物与多种类经济作物的重要产地，该市良种培育播种比例占全国同种类 80% 以上，在当地从事良种生产、销售的公司多达四百余家，且每年新入行与被淘汰的数量基本持平，保障种业繁荣稳定，农民增产增收是当地政府的重要工作。

1　盈科刑辩学院副院长、盈科兰州刑事法律事务部主任。

案涉西部某种业公司系该行业佼佼者，为进一步优化资产配置，与某上市公司子公司某农业科技公司联手推广由西部某种业公司独家持有的某经济作物优良品种，合作方式是西部某种业公司培育某良种，由某农业科技公司按照合同价格收购后，再以高价出售给当地种植户播种，果实用于色素提取。农户的收成由某农业科技公司回收加工，西部某种业公司与某农业科技公司再进行利润分配。对有如此良好前景的项目，合作双方均拿出十足诚意进行紧密配合，且良种取得了国家资质证书认可，项目进展有条不紊。但农户在种植成熟期发现田间出现杂株较多，初步判断达不到良种外包装标识含量标准，遂向当地农业农村局反映情况。该局选派工作人员到田间查勘，总计出具三份田间检测报告，报告内容综合显示：某良种田间杂株较多，达不到良种外包装标识含量标准；造成减产原因是良种当季播种存在人为延迟且田间管理不规范，同时遭遇了周期较长的恶劣天气等因素影响。面对农户减产索赔诉求，某农业科技公司因公司初创，对农业知识欠缺，未能对此充分重视并妥善处置。

西部某种业公司在协助某农业科技公司处理此事过程中曾两次致函某农业科技公司，函件主要内容：虽然此时农户已减产并出现了要求索赔的紧急情况，但两公司合作目的是提取色素，色素提取的利润远大于果实出售利润，应当立即收购农户果实以减少损失，如某农业科技公司不愿意照价回收农户果实，西部某种业公司承诺照价回收农户果实。但是某农业科技公司接函后仍旧强调“客观因素”，最终协商失败，致使农户拒绝果实回购并多次上访。某农业科技公司发现事态演变，为消除对上市公司不利影响，遂与部分农户达成了果实回购的合意。因不同意果实回购的农户继续上访，当地农业农村局介入调查后将结果上报当地政府，政府指令公安局依法调查，公安局成立专案组并以生产、销售伪劣种子罪立案侦查，西部某种业公司法定代表人王某某由先期配合了解情况变为被传唤后采取强制措施，后被取保候审。侦查终结后，检察院以西部某种业公司、王某某构成生产、销售伪劣产品罪提起公诉，指控销售金额为 240 余万元。

办案过程

王某某家属联系到笔者时，案件已经开过一次庭。笔者虽能体会并理解家属的情绪和期望，但是已经开过庭的刑事案件，如果没有新的证据或者新的情况，二次开庭机会很小，在等待判决结果期间，律师能为案件做的工作十分有限。加之此前被告人已经认罪认罚，且出庭的律师也无异议，笔者遂婉言拒绝了家属的聘请要求。

几日后，家属携带一些案发前两家公司项目合作相关材料以及案发前的良种合法机构鉴定意见等资料到笔者律所拜访，将其所了解到的案件信息及庭审情况详细陈述，再次恳请笔者能够办理本案。经审查上述材料，笔者提出三点初步判断：(1)罪名由生产、销售伪劣种子罪变更起诉为生产、销售伪劣产品罪的原因极可能是因在案证据发生明显变化而作出的指控选择，依据《刑法》第 147 条之规定，生产、销售伪劣种子罪的构成要件之一系“使生产遭受较大损失”，是行为犯与结果犯的结合，侦查机关取证内容必然包括对农户的损失结果，而生产、销售伪劣产品罪虽然同样是行为犯与结果犯的结合，但是重要构成要件之一“销售金额”的取证相比前者“使生产遭受较大损失”的取证难度小，“销售金额”公安机关取证较为容易。(2)无论是生产、销售伪劣种子罪还是生产、销售伪劣产品罪，从刑法理论上厘定“假冒、伪劣”都是定罪量刑的核心要素，因两个罪名定罪处罚都需要鉴定意见这一关键证据，面对专业性极强的种业鉴定意见如何质证才是辩护人着重要考虑的问题。显然本案被控生产、销售伪劣产品罪不仅销售金额易于计算，鉴定意见也更不容易“撼动”。(3)当地农业农村局的一份田间检测报告显示，农户种植减产原因系当季播种延迟 + 田间管理不善+恶劣天气+种子质量等因素综合导致，涉案种子虽被控伪劣产品，虽案件确实存在“多因一果”，但辩护时不可只强调非种子原因影响，更需要注意既然被控罪名已明确，那么其中一定比例的合格种子所对应的销售金额是否应在总金额中减去，况且本案已指控金额并非全案销售总额。更需要注意的是，对此类案件证据体系梳理与统揽，务必分门别类，分列质证，根据对已有证据的初步分析，笔者认为本案取证存在明显问题，但是否足以动摇法官内心确定，此时不可妄下评判，证据是否能够形成合法体系是辩护人力争维护当事人合法权益的唯一抓手。

之后，家属接到电话反馈说检察院新增销售总额补充起诉且无新证据，法院已定于10日后再次开庭。

案件已经庭审质证且被告人认罪认罚，笔者此时接受委托将面对诸多的不确定性和巨大的挑战。最终笔者被家属孜孜寻求专业辩护的真情实感打动，接受了委托。经阅卷审查，本案证据确实存在重大问题，对证据体系思考后发现证明链条并不完整。第二次开庭时，笔者按照被控罪名的证据排列进行反向推证——按图索骥展开质证与辩论。

本案所有证据的取证、鉴定转化为定罪的核心证据就是农业农村部下属某机构的鉴定意见，围绕“鉴定意见”这一核心证据而向外发散性逐一质证才能隔断全案证据体系。在彻底否定该鉴定意见证据三性之前，先从检材来源不具备同一性与取证不具备合法性角度质证，本案证人提供证据作为鉴定检材的来源不清、取证违法且严重污染，本案关键证据“鉴定意见”依法不能作为定案证据。理由要点：第一，根据《刑事诉讼法》第141条、《公安机关办理刑事案件程序规定》的规定，在侦查活动中发现的可用以证明犯罪嫌疑人有罪或者无罪的各种财物、文件，应当查封、扣押，应当制作扣押笔录或提取笔录以保证取证程序合法、证据真实。本案却采用证据提供人手持证据照片和自书说明的方式，替代扣押和提取笔录，故本案证人提供的种子是否具有同一性事实存疑。第二，相关证据照片显示，证人郑某某是作为自己提交证据的“见证人”、证人谭某某是作为证据的提供人却没有作为提交证据见证人，显然各自提供证据转化为公安机关的取证行为不符合《刑事诉讼法》第 52 条、最高人民法院《关于适用〈中华人民共和国刑事诉讼法〉的解释》第 82 条第 1 项、第 2 项的规定。侦查机关保留二位证人所提供种子未经法定扣押程序，不能产生法定取证效力。笔者为应对公诉人以取证瑕疵为由遮掩取证错误，当庭将案卷中侦查机关出具对西部某种业公司涉案财物的《扣押决定书》、扣押笔录与前行为进行对比性举证说明，有理由推定侦查机关对证人提供的种子同一性难以认定。如此项证据被认可合法，笔者当庭再进一步阐释认证将陷入悖论：如果侦查机关当时就能肯定二位证人提供的种子就是被告人王某某的，为避免涉案物品被销毁，防止被调换、破坏，侦查机关应当立即完成法定的提取、扣押程序，以保证未来作为指控证据的三性均备，但实际上违反法定程序的扣押行为将导致该证据的证明力存在极大不确定。不能确定的证据且又未通过合法取证程序获得却作为鉴定意见的检材，该鉴定意见根本不具备客观性、合法性。“毒树之花必结毒果”，依据最高人民法院《关于适用〈中华人民共和国刑事诉讼法〉的解释》第 82 条第 2 项、第 3 项，第 85 条，第 86 条之规定，对此证据应当依法不予采信。

笔者判断合议庭应当是认为农业农村局下属某监督检验检测中心“鉴定意见”已为本案定罪量刑“托底”，随即阐明该“鉴定意见”违法、无效的质证观点：控方将该证据材料作为鉴定意见举证，已出现检材来源不合法、不明确，其本身不具备刑事证据三性：(1) 在卷内三份鉴定聘请书中均无对本案进行鉴定需要解决的问题说明，需要提请法庭再次注意的是，其中两份鉴定聘请书某某某号、某某某号，均是 2019 年某月某日，与侦查机关要求鉴定机构递交鉴定结果的时间竟是同一天，因为特定物鉴定需要遵循生长周期的客观规律，此鉴定要求显然是无法完成的，故该证据聘请方式缺少合法性要件。(2)案卷中没有鉴定机构法定资质、鉴定人资质，故缺少鉴定人合法性要件。(3)控方举证的“鉴定意见”仅是农业农村局下属某监督检验检测中心出具的《测试结果单》，案卷中并无书面鉴定意见，故缺少证据表现形式合法要件。(4)该《测试结果单》中不存在任何鉴定人、复核人签字与盖章，故缺少鉴定意见核心合法性要件。(5)此次鉴定材料显示，送检人不明、委托人不明、委托事项不明，故缺少鉴定意见检材与结论客观性要件……

此时审判长与主审法官立刻翻阅案卷并低声交流，关键证据的“漏洞百出”已引起重视。笔者关于其他证据三性的质证意见进一步影响了法官对全案证据的内心确信。如笔者陈述控方对某单位所提供一份书面材料作为书证举证错误，证据内容表现形式属于言词证据，却不符合法定采集、固定程序；再如《抓获经过》《到案经过》与被告人主动到案的客观事实不符等。限于篇幅，其他证据质证意见不再阐述。

一审判决重点在于两个方面：一是将鉴定意见仅作为“实验数据”参考，变相支持了辩护人的质证意见，但结合其他证据，仍然判决认定指控罪名成立。二是在侦查机关拒绝纠正抓获经过等情况下，判决认定被告人成立自首，并适用“减轻处罚”。根据《刑法》第140条规定，销售金额200万元以上的，处十五年有期徒刑或者无期徒刑，并处销售金额50%以上二倍以下罚金或者没收财产。本案检察院量刑建议为十五有期徒刑，法院实际判决十年六个月，客观上取得了较好辩护效果。

复　盘

笔者认为，本案按图索骥方式的辩护经验可以总结为三点：

第一，归纳准确罪名，制定本罪辩护策略。首先明确公诉机关变更罪名原因是根据在案证据而选择性指控，本案未指控“种子罪”，肯定在案证据缺少经济损失的证据且不能补正，变为指控“产品罪”，显然是销售金额证据在案，那么辩护人手点就不在于优先判断涉案金额是否准确，而重点在于分析特殊产品的质量伪劣证据是否齐备。

第二，梳理用于待证事实要点的证据。此类案件常见间接证据较多，针对该类案件的证据体系选择重点、逐一突破，预判公诉人所举证据归类及证明内容，反向比对自己梳理的待证事实要点所需证据的要求与标准，诉讼全程紧扣“无证据，无事实”。

第三，换位思考法官的定罪思路。此类案件定罪思路以鉴定意见为核心证据，对鉴定意见的否定质证必须充分有力，由此引起法官也对其他间接证据质证意见予以注意。当核心证据与其他证据不能互撑时，法官裁判思路会倾向辩方观点。本案在庭审中，出现鉴定意见内容与言词证据内容相矛盾，“借力打力”对鉴定意见三性再次否定取得了实效。当然，如果能成功申请鉴定人出庭接受询问，结果或许会更理想。

证据运用

刑事法律思维是分析比对证据、求证案件事实、得出客观结论的思维，其本质是刑事证据思维的运用。笔者认为，按图索骥方式下的证据运用，可展开为如下四个方面：

1.“画图”梳理本罪待证事实与在案证据的联系，例如，本案案例中辩护人抓住核心事实与关键证据的不能支撑印证，导致案件主要事实存疑，这是辩护的基本功。

2.“索骥”证据辩护应先找出定罪的关键证据，并将其放在整体控方证据体系中审视，分析该证据在证据链条中所处客观地位及对全案核心事实证明力是否存在薄弱点，一针见血，攻其要害。

3.按图索骥的刑事证据思维运用始终是要与法官定罪思维做到契合，案卷堆积的法官已形成思维惯性，要站在法官视角，揭示定罪风险，辩护人直指案件焦点，才能动摇其“内心确信”。

4.庭审中，辩护人质证受制于控方举证顺序，流水作业式发表意见不易达到直观否定控方证据的效果。相比之下，审查起诉阶段的交流更灵活，辩护人更好运用“按图索骥”的表达方式，在审前辩护中产生实效。

临危不乱：紧扣证据实现辩护目标

王　宇[1]

突破思路

实践中，认罪认罚是“双刃剑”。在事实清楚、证据确实充分的情况下，认罪认罚确实可以获得最大限度量刑减让，但如果存在争议，草率认罪认罚，反而会导致定罪量刑畸重。与此同时，因被告人当庭态度不尽人意，公诉机关在庭审中撤销认罪认罚的情况并不鲜见。面对这种被动局面，辩护人应当临危不乱，通过争取二次开庭机会，适时调整辩护策略，运用证据深化辩护观点，以期为当事人争取最大利益。正所谓，“山重水复疑无路，柳暗花明又一村”。

案情简介

2019 年 12 月，吴某在菲律宾经营一家博彩公司（以下简称博彩公司）。徐某与其相识后，便在博彩公司从事行政方面的工作，月薪人民币 8000 多元。

2019 年 12 月至 2020 年 1 月，吴某向徐某提供林某和蒋某名下的两张工商银行卡、U 盾及两张绑定银行卡对应的手机卡和吴某的个人银行账户，还通

1　盈科刑辩学院秘书长、盈科扬州刑事法律事务部主任。

过微信或者 Telegram 聊天工具告知徐某两张银行卡的用户名和交易密码。徐某按照吴某的要求，每天把两张工商银行卡中的资金分别陆续转账至吴某指定的多个银行账户。期间转账金额共计 30 万元左右，每天 300 元至 4 万元不等。徐某并不知道两张工商银行卡中的资金来源，吴某亦未告知。其后，徐某发现银行卡无法使用，通过银行卡持有人向银行询问原因，得知银行账户已被冻结。

2020 年 1 月，春节前徐某回国。同年 2 月左右，吴某要求徐某收购银行卡、U 盾以及绑定银行卡的手机卡。其后徐某向吴某提供了两张银行卡，分别是招商银行卡和交通银行卡。为此，吴某支付了 6000 元收购银行卡的报酬，徐某在收到该款项后，全部转给提供银行卡的户主。此外，吴某还自行提供了林某浦发银行卡和平安银行卡、邹某的农业银行卡、蒋某的农业银行和中国银行卡等。徐某按照吴某的指示要求，把上述银行卡号提供给“小强”，由其将资金分别汇至吴某指定的银行账户内。然后，徐某使用上述资金，通过在“火币”或者“OK”平台上购买虚拟货币的方式，最终将一部分虚拟货币直接转至吴某的指定钱包地址（可以收取虚拟货币的类似于支付宝的 APP），还有一部分通过虚拟币交易变现的方式把资金转至吴某指定的银行账户。期间涉案金额共计 281 万元左右。吴某承诺成功后按利润的 10% 分配报酬。后案涉平台账户被公安机关冻结，吴某并未按约定给徐某分配报酬。

2020 年 3 月，吴某得知上述银行卡被冻结后，就要求林某、曾某帮忙申请解冻，但一直未能成功。其后，吴某再次要求徐某收购银行卡从事上述同样行为。徐某在提供他人银行卡后，把上述事宜交给林某处理，直到案涉账户再次被冻结，以至案发。

2020 年 7 月，徐某因涉嫌诈骗罪被公安机关刑事拘留。同年 9 月，徐某被检察机关批准逮捕。11 月，徐某被检察机关以掩饰、隐瞒犯罪所得罪提起公诉。2021 年 7 月，检察院变更起诉。同年 8 月，法院公开宣判。

办案过程

一、侦查阶段，通过会见明确辩护方向

2020年8月，笔者在接受委托后第一时间会见徐某，向徐某解读诈骗罪的法律规定和犯罪构成，诈骗罪在刑法理论中是一个非常重要的罪名，在司法实践中更是一个量刑较重的罪名。在会见过程中主要向徐某核实了如下几个问题：第一，在本案指控事实中，具体参与了哪些行为？第二，是否采用了虚构事实或者隐瞒真相的方法？第三，是否让被害人陷入认识错误，进而处分财产？第四，是否具有非法占有他人财产的目的？

上述问题归纳起来，其实质就是诈骗罪的犯罪构成要件。通过徐某的回答得知，徐某并未采用所谓的虚构事实或隐瞒真相的方法，更不可能知道谁是被害人，也不知道资金的来源，其所从事的仅是资金转账行为。那么，如何界定资金转账行为便成了本案定性的关键，当然也是证据链条环节中的核心。徐某进一步陈述，资金转账是按照吴某的要求转账至指定账户的，同时徐某还提供了一部分银行卡，并通过在“火币”或者“OK”平台上购买虚拟货币的方式按照吴某的要求转账至指定银行账户，但徐某并不知道资金的来源，吴某亦未告知徐某。据此，笔者认为徐某不构成诈骗罪，本案不符合诈骗罪的构成要件。

笔者第一时间分别与公安机关、检察机关进行沟通，并分别提交《取保候审申请书》和《不予批准逮捕的法律意见书》等相关材料，得到的答复均是，案件仍在侦查阶段，由于彼此信息不对称，待案件到审查起诉阶段阅卷后再进一步交换意见。同年9月，检察机关以涉嫌诈骗罪批准逮捕徐某。至此，笔者通过第一阶段的工作，初步明确了本案的辩护方向即徐某不构成诈骗罪，为第二阶

段即将进行的证据审查和研判全案证据做好准备。

二、审查起诉阶段，全面审查、研判全案证据

2020 年 10 月，徐某被公安机关以涉嫌诈骗罪移送审查起诉。笔者第一时间安排阅卷并重点查阅如下证据：犯罪嫌疑人徐某和林某的供述和辩解、银行流水等书证、相关证人证言、辨认笔录以及其他有关的证据材料等。

1. 运用常识和逻辑推理，切断控方证据链。

笔者通过分解验证，解决证据的证据能力问题。从证据能力三要件即来源、过程、结果，对证据进行分解，以验证证据的合法性。本案中，徐某于 2020 年 7 月 10 日被侦查机关抓获归案，7 月 11 日被两次提审。7 月 12 日被取保候审，7 月 28 日被刑事拘留，9 月 3 日被批准逮捕。但是，笔录显示 7 月 13 日和 17 日两次的讯问地点均是派出所。徐某陈述其从 7 月 11 日至 27 日一直被侦查机关控制在派出所附近的宾馆。也就是说在这期间侦查机关并未对徐某办理取保候审，而是变相羁押。故此期间的讯问笔录应当作为非法证据予以排除，不能作为本案定案的依据。

2. 通过逐一研判证据模块，推翻控方证据链。

笔者通过横向、纵向对比，解决证据的证明力问题。对案件中证明同一事实的两个或两个以上的证据材料进行比较和对照，审查所印证的内容是否一致，分析证明力问题，是形成心证的关键一步。本案中，报案人系秦某，但其并非本案的被害人，本案真正的被害人是江某。关于秦某陈述的资金去向，客观上侦查机关却未进一步查明资金相对方的往来情况及资金最终去向。这是其中的一个重要证据模块，所以，本案不能形成完整有效的证据链。

具体来说，本案涉案资金流向分三种情况：第一，有证据证明林某资金流向被害人，但没有证据证明被害人资金流入林某的银行卡中；第二，先有被害人的资金流向第三方公司，然后再流向隋某，再转入林某，但仅有银行流水，没有相关证据证明被害人与第三方公司、隋某之间是否存在真实的交易关系；第三，有证据证明被害人资金直接流入林某银行卡中，其中两笔是先通过胡某、吴某再流向林某银行卡中，但没有胡某、吴某相关的证据证实资金性质。这是其中的一个重要证据模块，故本案不能形成完整有效的证据链。

值得注意的是，在7月11日的讯问笔录中，当侦查机关先后两次问及徐某是否知道资金来源时，徐某的前后回答并不一致。故从文义解释来看，徐某对资金来源并不知情，其陈述，"一般这种赃款都是通过网络赌博或者诈骗这些获取的赃款"，只是一种事后的主观猜测性供述，并不能直接证明徐某行为当时是知情的，这也是符合该类案件的逻辑和常识。即本案存在无法排除的合理怀疑。

通过对全案证据综合分析、论证，笔者认为本案定性错误，行为人的主观要件是区分其成立诈骗罪共犯还是单独成立掩饰、隐瞒犯罪所得、犯罪所得收益罪的关键。如果下游犯罪行为人事前与其上游诈骗犯罪行为人有通谋，事后实施了转账、套现、取现等行为的，成立诈骗犯罪的共犯；如果事前并无通谋，仅仅是事后实施了转账、套现、取现等行为的，则构成掩饰、隐瞒犯罪所得、犯罪所得收益罪。因此，本案中徐某不构成诈骗罪，但涉嫌构成掩饰、隐瞒犯罪所得、犯罪所得收益罪。

最后，在审查起诉阶段，笔者取得了阶段性的成果。公诉人采纳了关于本案定性的辩护意见，由移送审查起诉时的涉嫌诈骗罪，到提起公诉的涉嫌掩饰、隐瞒犯罪所得、收益罪。并且，在量刑上，由涉嫌诈骗的十年以上，到审查起诉阶段在认罪认罚基础上的三年，亦有审判阶段判处缓刑的可能性。这为此后的审判阶段辩护打下了坚实的基础。

三、审判阶段，不断优化辩护路径

本案经过两次庭审，控辩双方激烈对抗，可谓一波三折。但笔者依赖于对证据的运用，由证据所反映出的事实，进而最大限度地还原案件事实真相，建构对被告人有利的法律事实。

1. 第一次庭审，“山重水复疑无路”。

2021 年 3 月，本案第一次公开开庭审理。通过庭审发问环节，笔者当庭要求法庭核实变相羁押的违法事实。同时，还通过对徐某和同案犯林某的交叉询问，进一步查明徐某并不知情资金来源，进而可以判断徐某不构成诈骗罪的共犯。但虽无通谋，徐某在 2020 年 2 月明知银行卡被冻结的情况下，仍然实施了转账、套现、取现等行为，应当构成掩饰、隐瞒犯罪所得、犯罪所得收益罪。在法庭质证环节，笔者重点从资金来源方面，本案不能形成完整有效的证据链进行辩护。同时，笔者还通过查阅菲律宾法案，在菲律宾经营一家博彩公司是合法的，并且也可以获得菲律宾行政许可。结合本案特殊性即吴某尚未归案进行有针对性地对本节事实加以展开辩护，以期得到法庭认定存在无法排除的合理怀疑。

经过法庭调查后，公诉人发表公诉意见和量刑建议，结合徐某当庭否认检察机关指控的主要犯罪事实，当庭取消对徐某的认罪认罚，量刑建议从审查起诉阶段的三年调整为四年。至此，本案看似从罪名上达到了预判的定性结论，但从量刑上却加重了刑期。笔者一度进入低谷，很快又恢复冷静，通过复盘及时调整辩护思路与表达方式。

2. 第二次庭审，“柳暗花明又一村”。

第一次庭审结束后，时隔 4 个月的期间，笔者始终和主审法官保持沟通和交换法律意见，提请合议庭进一步斟酌审查和研判本案中存在的“硬伤”，主要为以下三个内容：第一，关于本案的定性，是否应当进一步界分徐某以及同案犯林某的行为，并且两者的行为和作用大小也是不同的，进而应当对两者的行为分别评价。本案中林某仅有提供银行卡的行为并未参与转账、取现等，可以评价为帮助信息网络犯罪活动罪。但林某在第一次庭审结束时却一直以掩饰、隐瞒犯罪所得、收益罪认罪认罚。第二，在证据方面，2019 年 12 月至 2020 年 2 月，徐某并无作案的时间和主观上的意志因素，不应当对本节的事实予以刑法评价。同时，2020 年 3 月至 5 月，从资金来源上和资金去向上，本案不能排除合理怀疑，亦不能形成完整有效的证据链。第三，是司法实践中值得我们探讨的理论问题，本案在吴某尚未归案的情况下，能否认定徐某从犯地位，也成了本案的焦点和关键所在。

功夫不负有心人。2021 年 7 月，笔者收到法院送达的《变更起诉决定书》，二次庭审中，笔者围绕上述核心问题再次充分发表辩护意见。最后，法庭充分予以采纳，对徐某的第一张卡 100 万元因证据不足不予认定涉案金额，同时将徐某认定为涉嫌掩饰、隐瞒犯罪所得、收益罪的从犯，判处一年十个月有期徒刑，林某认定为帮助信息网络犯罪活动罪。

从可能判处十年有期徒刑，到量刑建议三年，再到改为四年，最后到判处一年十个月，一路过山车时涤荡起伏，牵动着笔者的心，也牵系着徐某的命运。诚然，我们办的不是案件，而是别人的人生。

复　盘

刑法评价和调整行为的核心在于解决定罪和量刑两个基本问题。而这两个基本问题最终还是归结为证据裁判规则，要求证据确实、充分。笔者从证据辩护的视角，结合本案谈三点体会：

第一，我们既要运用常识和逻辑推理，还要通过逐一研判证据模块，力求推翻控方证据链条。本案中无论是资金来源，还是资金去向方面，均不能形成完整的证据链，也就不能实现控方“证据链闭合”。

第二，我们要善于对全案证据进行客观、全面的综合分析，建构对被告人有利且有科学依据来源的法律事实。本案中，菲律宾经营一家博彩公司是合法的，也可以获得菲律宾行政许可。我们提交了菲律宾法案的中英文证据，强调本案存在无法排除的合理怀疑，进而起到事半功倍的效果。

第三，我们要坚持客观归责论，也要恪守证据裁判原则。本案中吴某作为主犯也是关键被告人，在其尚未归案的情况下，如何解决本案的定性、如何评价徐某和林某的行为以及如何区分主从犯问题，既是控方的难点，也是我方的辩点。值得关注的是，在司法实践中，即便吴某尚未归案，也可以结合徐某的行为性质、作用大小、涉案金额等因素，进行从犯情节的辩护。

证据运用

证据运用是有效辩护的核心，亦具有重要的理论意义和实践价值。笔者认为，在证据辩护中有效运用刑法理论，能够发挥事半功倍的作用，据此总结以下三点认识：

第一，无罪推定原则的运用。无罪推定是现代法治国家刑事司法的通行原则。运用无罪推定原则，要注重审查证据组合能否得出唯一结论。在证据链无法达到闭合时，应当遵循“存疑有利于被告人”的原则进行裁判，因此，制造并论证“合理怀疑”，是辩护律师的重要工作。

第二，客观归责论的运用。实践中，运用三阶层犯罪构成理论，始终坚持客观判断优于主观判断、形式判断优先于实质判断的刑法方法论，还应当从犯罪构成该当性、违法性和有责性角度进行全面分析，要符合刑法的谦抑性精神。所以，辩护律师应当以行为为中心，坚持刑法客观主义立场，着重审查客观方面的证据。

第三，共同犯罪理论的运用。共同犯罪要求基于共同的意思联络而实行行为。对于辩护律师而言，首先，要重点审查有事前联络、事中通谋、事后确认的证据；其次，即使部分同案犯尚未归案，亦可以结合被告人的实行行为、作用大小、涉案金额等方面的证据区分主从犯，做到罪责刑相适应。

旁证弹劾：不会说谎的日期

陈松创[1]

突破思路

在无罪辩护案件中，找到证实无罪的直接证据，固然可以畅快达成出罪目的。但是，限于技术的局限性、侦查的侧重性以及事实的隐蔽性等原因，绝大多数刑事案件无法获取这类核心证据，期冀于利用直接证据证实无罪往往难以实现。相反，利用旁证弹劾言词证据，以此动摇、否定言词证据的可靠性，使言词证据所对应的核心事实处于真伪不明、难以认定的状态，在某些案件中同样可以达到无罪辩护的效果。

案情简介

2016 年 9 月，被害人阿荣因资金需求，通过被告人胡六介绍将其已经抵押给农商银行的房产二押给吉大 A 公司，借得 15 万元，胡六以平台费、手续费等名义收取 2 万元，阿荣实际到手 13 万元。2017 年 5 月，A 公司以产品下架为由要求阿荣提前还款。胡六遂介绍阿荣向个人 B 贷款，向 B 借得 20 万元偿还 A

1　盈科刑辩学院副秘书长、盈科珠海刑事法律事务部主任。

公司债务，阿荣实际到手 1 万余元。2017 年 10 月，胡六谎称 C 公司贷款利息比 B 低，介绍阿荣把房产抵押给 C 公司，向 C 公司借得 30 万元，以偿还 B 债务，期间被扣除了 3 万余元的佣金和手续费，阿荣实际到手 5 万余元。

2017 年 12 月，胡六告诉阿荣银行贷款的利息比 C 公司低，谎称可以帮阿荣向交通银行贷款，但必须先偿还其在农商银行的房产按揭。在胡六的安排下，阿荣向被告人周某借 84 万元作为过桥资金，偿还农商银行的房屋按揭款 36 万和在 C 公司的贷款 30.4 万元后，余款 17.6 万元被胡六以提前收取后续银行贷款费用、中介费等名义转走。17.6 万元转走后，胡六又谎称银行政策有变不能放款。因周某的过桥利息高，阿荣只得听从胡六的建议成立阿荣公司，以阿荣公司的名义向 C 公司贷款 100 万元。C 公司 100 万元放款后，除了还给周某 87.35 万元，胡六又以中介费等各种名义收取 3.4 万元，并支付给他人中介费、好处费共 7 万余元，阿荣实际到手仅 1.55 万元。通过多次的平账、转贷，阿荣的债务严重垒高，根本无力偿还债务。

2018 年 10 月，胡六、周某、叶某经密谋策划，以帮阿荣向银行贷款为由，诱使阿荣将房产过户到叶某的妻子谢某名下，并以谢某名义向邮政储蓄银行申请贷款，用于偿还 C 公司 100 万元贷款，房子仍由阿荣继续居住，由阿荣每月供楼。

2019 年 3 月，因阿荣无力支付邮政储蓄银行按揭和债务，胡六等人上门催债，称再不给钱供楼，就要将房产变卖偿还债务。3 月底，阿荣在家人陪同下向公安机关报案。

侦查机关认为，被告人胡六、周某、叶某等人纠集在一起，假借民间借贷，以低利息、借贷手续方便等为诱饵，诱使被害人阿荣签订抵押合同，利用转贷平账手段，变相虚增债务，与被害人签订“阴阳合同”等文件，以行规为名通过“层层加贷”方式骗取钱财。整个过程，阿荣通过多次借贷实际到手的款项不到 20 万元，造成的后果是价值 150 余万元的房产被过户到他人名下，还有 20 余万债务及10余万元的信用卡、网贷欠款未还清。犯罪嫌疑人胡六等人以非法占有为目的，虚构事实、隐瞒真相，骗取他人财物，犯罪事实清楚，证据确实、充分，应当以诈骗罪追究其刑事责任。

办案过程

2016年至2018年，是套路贷大范围爆发时期，许多人遭遇套路贷的荼毒，套路贷成了人人喊打的“过街老鼠”。2019年2月26日，公安部举办了通报全国公安机关打击“套路贷”新型黑恶势力情况的新闻发布会，针对套路贷开展的集中打击行动在全国范围内拉开序幕。

本案就是在严打套路贷的高压态势下立案调查的，笔者接受胡六的委托担任辩护人。2019年7月18日，在侦查程序尚未终结的情况下，某市公安局官方微信公众号发布文章对本案进行了公开报道；2020年1月7日，本案移送审查起诉当天，该微信公众号又发布文章，将本案列为扫黑除恶“套路贷”第二序位案件。两篇官方报道一出，注定了本案的辩护工作不可能一帆风顺。

本案的辩护之难，还远不止此。由于案件事实较多，从2016年9月至案发，共历经九次借款，涉及人员众多，且每一笔借款的经过、起因、收费等情形均有较大差异，单单理清事实脉络就已经非常困难。为此，笔者会见胡六近四十次，投入大量的精力制作了“借款经过”总图表一份、“争议环节借款过程”图表五份、“案情分析”PPT若干份。随着案件的进展和变化，上述文件大多历经五到六次的修改。

公诉人一直对笔者提出的辩护意见不予认可，在第一次庭审快结束时，甚至提出将诈骗犯罪金额从数额巨大变更为数额特别巨大的公诉意见，将基准量刑提升为有期徒刑十年以上。但历经四次庭审后，法庭采纳了辩护人提出的大部分意见，包括本案不属于“套路贷”；被告人胡六等人没有侵吞被害人房产的意图，过户至谢某名下只是为了便于被害人阿荣向银行贷款；被害人没有陷入错误认识等。然而，有一个关键情节始终难以说服法庭，该情节不仅是最后一次庭审调查的重点，也是被告人是否无罪的关键。

被害人一直稳定陈述，2017 年 12 月，胡六谎称可以帮其申请到交通银行的贷款，但必须先偿还之前在农商银行的房产按揭，其信以为真，同意借款提前还款，胡六遂介绍其向被告人周某借 84 万元过桥资金，到手后除了偿还银行房屋按揭款 36 万元和之前在 C 公司的贷款 30.4 万元外，余款 17.6 万元被胡六以提前收取后续申请银行贷款费用及中介费的名义转走。胡六收取 17.6 万元以后，又谎称银行政策有变不能放款，由于周某的 84 万元过桥资金利息很高，逾期还款还要罚高息，其只能听从胡六的意见成立阿荣公司，以阿荣公司的名义向 C 公司贷款 100 万元偿还周某过桥资金 84 万元，其债务一下子从 66.4 万元翻到 100 万元。

被告人胡六的辩解是，2017 年 12 月，胡六因为被害人向交通银行贷款一事找了专门办理银行贷款的中介金某，金某一开始说被害人可以申请到交通银行的贷款，但没过几天，金某又回复其被害人不符合向交通银行贷款的条件，其也及时地将这个消息告诉了被害人，可被害人还是决定向周某借 84 万元过桥资金提前还清银行按揭和 C 公司的贷款，胡六提前收取 17.6 万元也是被害人同意的，而且，该款项也已经按照约定的用途支出。在这个过程中，胡六并没有欺骗被害人。

就该关键情节，公诉人坚持认为：第一，金某的证言证实他不是帮人专门办理银行贷款的中介，也不记得胡六因为被害人贷款一事找过他，胡六的说法与证人金某的证言不符；第二，在被害人向周某借 84 万元过桥资金之前，胡六是否已经将交通银行不能放款一事告诉被害人的问题上，胡六的辩解与被害人的陈述不一致，且没有证据能够支持胡六的辩解；第三，按照正常人的思维，在得知银行无法贷款后，根本不可能向周某借84万元过桥资金；因为正是这个环节导致被害人损失惨重，如果没有胡六的欺骗，被害人绝对不可能选择这个方案。综上，公诉人认为，现有的证据可以证实胡六并没有因为被害人向银行贷款一事找过金某，即便找了，也没有证据可以证实在被害人向周某借84万元过桥资金之前，胡六就已经将交通银行不能放贷的事实告知了被害人，胡六明显具有虚构事实、隐瞒真相的行为。

辩护人首先向法庭提供了一份胡六与金某的微信聊天记录，虽然因为胡六换手机，无法找出之前的聊天记录以证实胡六确有因被害人贷款一事找过金某，但是从后期的微信聊天记录可以证实金某的身份就是帮人专门办理银行贷款的中介。该证据证实金某并没有如实作证，不排除金某为了自保而虚假作证的可能，也不能排除由于时间久远，金某回忆不起胡六曾经因被害人向银行贷款一事找过他的可能。

其次，胡六是在什么时候将交通银行不能放款一事告诉被害人的，是在被害人向周某借84万元过桥资金之前还是之后？如果是之前，就意味着被害人在说谎，同时也意味着向周某借84万元是被害人自己的处分意思，胡六没有欺骗被害人。遗憾的是，对于这个关键环节，确实没有证据支持胡六的辩解。而且从常理上讲，也似乎难以说服法庭。在这种情形下，辩护人的辩护思路只得从寻找证据印证胡六辩解，改为寻找证据弹劾被害人的不实陈述。终于，辩护人在大量证据中发现了一份看似普通却发挥关键作用的证据，从而拉开了最后一次庭审的序幕。

以下是辩护人对被害人阿荣的询问：

问：阿荣，你之前在回答公安机关提问时，多次提到，你成立阿荣公司的目的是向C公司贷款100万元，这是事实吗？

答:是的。

问:是因为胡六已经告诉你交通银行无法贷款,你才需要成立阿荣公司向C公司贷款100万元,对吗?

答:对。

问:那么,你在申请成立阿荣公司的时候,是否已经知道了交通银行无法贷款?

答:这个记不太清楚了。

问:提醒你一下,你刚才讲了,你成立阿荣公司的目的是向C公司贷款100万元,同时你也讲了,你向C公司贷款100万元的时候,已经知道了交通银行无法贷款的事情,按照这个逻辑,是不是意味着,你在申请成立阿荣公司准备向C公司贷款100万元的时候,就已经知道了交通银行无法贷款的事情?

答:嗯,可以这么理解。

此时,辩护人向法庭和被害人出示了一份证据——阿荣公司的工商登记信息,紧接着发问。

问:阿荣公司的章程、股东会决议上的签名是你签的吗?

答:是的。

问:这上面签署的日期是2018年2月7日,根据你刚才的说法,在2018年2月7日申请成立阿荣公司的时候,你就已经知道了交通银行无法贷款的事实了,是吗?

答:是的。

问:那你记不记得向周某借84万元过桥资金是在什么时候?

答:是在2018年2月28日。

问:你刚才说在2月7日申请成立阿荣公司的时候,就已经知道了交通银行无法贷款的事实,而你向周某借84万元过桥资金是在2月28日,也就是说,你在向周某借84万元过桥资金的时候，早就知道了交通银行无法贷款的事情，对吗？

（此时，被害人支支吾吾，没有正面回答这个问题）

问：请你确定一下？

答：从时间上看确实有点冲突，我也记不太清楚了。

至此，通过辅助证据的出示，配合对被害人的当庭询问，直接否定了被害人陈述的真实性，也动摇了法官对关键指控事实的内心确信，成为压垮指控的最后一根稻草。休庭后，审判长对着被害人摇摇头，欲言又止，起身离去。被害人像霜打的茄子，低着头，自言自语走出法庭。

最后一次庭审后第五天，全案被告人均被取保候审。2021年7月30日，检察院撤回对全案被告人的起诉，一场硬仗我们打赢了。

复　盘

该案的办理过程艰辛而漫长，期间发生了很多特别的事情，受篇幅所限，本文不再展开。总体来说，被告人始终如一坚定无罪信念，辩护人恪尽职守专业辩护，主审法官对案件高度负责，是该案得以实现成功辩护的重要原因。回头看，该案历经五次庭审，效果最好的是最后一次庭审。笔者认为，正是最后一次庭审，通过客观间接证据对被害人进行弹劾，使裁判者对被害人陈述的真实性产生质疑，进而使控方的指控失去证据支撑。需要注意的是，该案如果只是单纯地抛出“阿荣公司的工商登记信息”这份证据，在举证环节说明被害人陈述存在的问题，肯定没有直接对出庭被害人进行弹劾的效果好，因为被害人事后可能会找出合理的理由进行辩解，而当庭弹劾，被害人根本没有足够的时间反应，辩护目的则更容易实现。因此，对言词证据弹劾时，需要注意弹劾的方式。

新最高人民法院《关于适用〈中华人民共和国刑事诉讼法〉的解释》第242条第3款规定："根据案件情况，就证据问题对被告人的讯问、发问可以在举证、质证环节进行。"辩护人认为，在对言词证据进行弹劾时，不妨采取新最高人民法院《关于适用〈中华人民共和国刑事诉讼法〉的解释》允许的上述方式，将举证、质证和发问环节结合起来运用，效果一定会更好。

证据运用

对言词证据进行弹劾，在庭审中较为常见，但是，作为一项技能，尚缺乏体系性的思考与训练。笔者认为，以下五个方面值得重点注意：

第一，对言词证据的弹劾，不一定总能取得理想效果，有时甚至会适得其反，反而强化了言词证据的证明力，因此，首先应当评估弹劾的风险以及必要性。如果现有证据足以推翻核心指控，就没有必要选择交叉询问的弹劾方式，如果弹劾的内容不是案件重要事实，也不需要大费周章进行交叉询问式弹劾。

第二，对言词证据弹劾前，应对弹劾内容进行全方位预判。对于可能存在的问题制定不同的弹劾策略，扎实地做好庭前准备和防御工作是弹劾工作的基础和前提。

第三，应对案件证据进行全面、仔细审查。只有对案件人物关系、事件经过、发生原因等客观事实了然于胸，对案件细节把握准确，才能做到随机应变、应付自如。

第四，用于弹劾的证据应尽量选择客观真实的旁证。如果旁证的真实性都尚待检验，则容易遭致各方反对，难以达到弹劾效果。

第五，应加强交叉询问技能的培训。只有掌握了过硬的交叉询问技能，才能最大化发挥弹劾的功效，达到推翻控方指控的目的。

彼矛彼盾：用控方证据讲辩方故事

吴嘉欣[1]

突破思路

取证难，一直是刑辩工作的难题。实践中，取证难导致刑辩律师在法庭上论证观点时处于先天的劣势。辩护人往往很难取得证明力足够强的证据来直接证明辩方观点。即使偶尔取得了自认为关键的证据，也往往通常会被控方诟病真实性、合法性，进而导致证据能力被法庭质疑。在这种形势下，如何以子之矛，攻子之盾，利用控方搜集的证据，支撑辩方的观点，进而说服法官作出对当事人有利的处理结果，是更为可行的方式，往往也是辩护工作能否成功的关键。

案情简介

2019年8月至10月，被告人莫某使用扳手、剪刀等工具多次将正在通电使用的电缆拆下并剥去外皮，之后联系本案当事人夏七到指定的位置将剥好的电缆运至废品收购站。在此期间，当事人夏七驾驶电动车帮助被告人莫某销赃十多余次。

1 盈科刑辩学院副秘书长、盈科佛山经济和职务犯罪法律事务部主任。

检察院起诉书指控，当事人夏七明知是犯罪所得，仍帮助莫某转移赃物十余次，赃物价值 15 万余元，其犯罪情节严重，应当以掩饰、隐瞒犯罪所得罪处罚，量刑建议为有期徒刑三年至三年六个月。

这是一宗开庭前两周才临危受命的法律援助案件。辩护人笔者接受法律援助中心的指派后，克服了疫情期间的会见困难，立刻面对面会见了当事被告人夏七。当事人夏七一见到辩护人就嚎啕大哭起来："律师，我只是个搭客的，判我三年半太重了，我判了我的家人该怎么办？你一定要帮帮我！"夏七已年过半百，是一名建筑工人，妻子是环卫工人，二人收入微薄，为了帮补家用，其只能利用晚上的工余时间开电动车搭客。一次偶然的机会，其在凌晨搭了手提旅行袋的客人莫某到一个五金废品站，莫某将旅行袋的东西卖给废品站后，加了夏七微信，并说下次有需要会联系夏七再搭他一下。没过几天，莫某果真再次联系夏七搭他，时间同样是凌晨，莫某同样拿着手提旅行袋，目的地同样是那个废品站。夏七怀疑莫某手提袋的东西来路不明，但由于莫某一直没有正面承认，夏七基于侥幸心理也就没有拒绝。如此，莫某在随后的 2 个多月内，又多次联系夏七送其到废品站。经过初步会见和阅卷，辩护人认为，夏七运输盗窃电缆的莫某前往销赃地点的行为虽然构成掩饰、隐瞒犯罪所得罪，但其主观恶性浅，行为社会危害性较小，对其判处三年以上有期徒刑明显过重，违背了一般人的朴素价值观。

虽然夏七罪不至此，但司法解释也明确规定了掩饰、隐瞒犯罪所得及其收益十次以上属于"情节严重"，应当判处三年以上有期徒刑。若要争取三年以下的量刑，必须将犯罪次数辩护到十次以下。可在案的被告人供述、微信聊天记录和转账记录等证据，却只能证实夏七接送莫某十余次并收取运费的事实。要推翻相关证据，异常困难。但是，这也是本案唯一的出路。

办案过程

经初步分析，本案辩护的首要任务是推翻检察院对于夏七销赃十余次行为的认定，让量刑幅度降到三年以下有期徒刑。在此基础上，如果能进一步把犯罪数额减少，则能进一步缩短刑期。但由于受法援中心指派的时间紧迫，疫情期间的会见程序也比较烦琐，最终实际留给辩护人准备开庭的时间仅有一周。在这种情况下，已经没有时间要求侦查机关补充或者自行搜集证据来证明辩护观点，只能立足于现有的在案证据材料，从控方提交的证据之间寻找矛盾之处和有利于辩护观点的细节，重构辩方事实，从而打动、说服法官。

为了争取最佳的处理结果，辩护人笔者团队在仔细查阅、分析证据后，最终制定了包含事实认定、证据采信、法律适用的全方位辩护策略：

第一，在事实认定方面，要围绕盗窃次数和被盗电缆价值这两个关键问题组织证据以支持辩护观点。对于盗窃次数，被告人夏七供述其确实搭了莫某十几次，且相关微信转账记录也证实其收了莫某十几次运费。但供电局作为被害人所出具的情况说明却证实，被盗的电站仅有 4 个，再结合同案人莫某的供述分析，似乎也给辩护带来了一线生机：莫某称 2019 年 10 月 1 日至 3 日，其在某处电站一次性盗窃了 5 根电缆，每根 4 米，约 100 斤。其将电缆剥皮锯短，从电房搬出来，藏在草丛，后用 3 天分 3 次让夏七来帮运走。虽然莫某此前的供述也曾供认其盗窃了 24 次电缆，但从常理来看，这种在同一个地方频繁盗窃的作案方式不仅效率低风险也大，结合莫某上述对其具体行为方式的供述，辩护人大胆假设实际情况是莫某在每个地方都是一次盗窃得手，然后分多次销赃。如果这个作案方式能在法庭上通过发问莫某而得到证实，将会对夏七的辩护非常有利！因为从上述行为的性质来看，莫某将电缆从电站搬出来藏好后，盗窃电缆的行为已经既遂，应评价为一次破坏电力设施的行为。如果将后续针对一次盗窃电缆事实的销赃行为分别评价认定为多次，则会出现下游犯罪比上游犯罪评价更重的不公平结果。根据最高人民法院的裁判观点，在认定掩饰、隐瞒犯罪所得罪“十次”以上情节时应严格把握，防止出现罪责刑不相适应的情况。行为人基于同一故意、在同一时间、同一地点，同时或者连续对多起上游犯罪实施掩饰、隐瞒行为的，一般应认定为一次掩饰、隐瞒行为（详见《刑事审判参考》总集第 111 集第 1219 号《刘训山、严荣富掩饰、隐瞒犯罪所得案》）。据此，对于夏七这种非职业销赃人，对其掩饰、隐瞒行为认定应当严格把握掩饰、隐瞒行为的次数，其基于同一概括的掩饰、隐瞒故意，在非常紧密的时间段，连续对莫某多起上游犯罪实施掩饰、隐瞒行为，应当认定为一次掩饰、隐瞒行为，或至少不应认定超过莫某上游犯罪盗窃电缆的既遂次数。

至于被盗电缆价值的问题，由于被害人供电局出具的情况说明陈述其被盗的电缆长度为 1455 米，检察院采信据此作出的价格认定结论，认定被盗电缆价值 15 万余元。但辩护人经对比在案其他证据，发现该结论可能并非客观事实。首先，根据同案人废品站负责人黄某的微信转账记录，其共转账给莫某 42,228 元，按照其和莫某供述被盗电缆 19 元 / 斤的单价算，可算出被销赃的电缆大约为 2222.5 斤，按莫某的供述每米约重 5 斤算，大约仅为 444 米。并且，夏七和莫某的供述均证实莫某并未向黄某以外的人销赃。据此，供电局关于被盗 1455 米电缆的陈述与本案其他在案证据明显相互矛盾。同时，辩护人经过仔细审查供电局的该份情况说明，又发现其中关于某电站在一个月内被盗窃长达 1200 米电缆的说明不符合常理，更不符合被告人莫某所供述的作案效率。根据莫某的供述，其每次用旅行袋最多装 20 米的铜线，重约 100 斤。该供述与夏七和废品站黄某的供述相印证。按这个标准看 1200 米的铜线约重 6000 斤，每天不停地运走也需要 60 天才能运完。另外，结合常理推断，同一个电房是否有足够1200米的电缆可供盗窃也是值得商榷的问题。综合相关的证据分析，当事人夏七销赃的电缆长度肯定不是起诉书所认定的1455米，相对合理且有证据支持的长度应该为444米左右，对应的价格仅为起诉书认定价格的1/3。

第二，在证据采信方面，为对上述辩护意见提供有力支撑，辩护人进一步对本案的关键证据——《价格认定结论书》进行了仔细审查，还发现了以下问题：本案《价格认定结论书》没有鉴定人签名和盖章，无法确认鉴定人是否具有相应鉴定资质，也无法判断鉴定人是否存在需要回避的情形。故该鉴定意见不符合刑事证据的法定形式要求，没有证据能力。并且，《价格认定结论书》在没有实物的情况下直接依据被害方供电局提供的《价格认证协助书》的"案情摘要"内容认定涉案电缆的长度，有违鉴定中立原则，违反《价格认定行为规范》和《司法鉴定程序通则》的规定，强行在不具备鉴定条件的情况下违规作出鉴定。另外，作为价格认定依据的《价格认定标的明细表》中列明的电缆规格型号、购买日期等均是依据被害方供电局提供的《电缆买卖合同》得来，但所有相关的买卖合同均未有买卖双方的签名或盖章，真实性存疑，故依据买卖合同制作的《价格认定标的明细表》的真实性更无法确认。

第三，综合上述对事实认定和证据采信问题的分析，对于本案最关键的法律适用问题，辩护人提出了虽然夏七实施了十次以上的运输行为，但不等同于十次以上的掩饰、隐瞒犯罪所得行为，其销赃行为作为下游犯罪应当以上游犯罪盗窃电缆的次数为限，其上游盗窃犯罪不超过十次，销赃行为也不应认定超过十次。只有这样，才能既符合刑法及相关司法解释的规定，又能够达到宽严相济的处罚效果。

开庭前，为了达到最佳辩护效果，辩护人笔者再次论证了相关证据细节，精心设计了庭审发问。在庭审过程中，同案被告人莫某在接受辩护人发问时的回答“一次偷出来，再分几次卖”，有力地支持了辩护人笔者的辩护意见。最终，本案的辩护意见被法院采纳，法官最终没有采信《价格认定结论书》，认定销赃次数不足十次，没有采纳检察院的量刑建议，仅判处了夏七有期徒刑一年一个月。当事人夏七在判决宣告时即刑期届满，重获自由！

复　盘

当事人夏七被释放后，携妻子到律所向辩护人笔者表达示感谢，说到激动之处，两人热泪盈眶，他们没想到一位素未谋面的法律援助律师会如此专业尽责可以发挥如此关键的作用，救他们于危难之中。的确，本案只是一宗普通的法律援助案件，不属于具有社会重大影响的案件，或许也甚至可能仅是辩护人笔者职业生涯中办理刑事案件的千分之一。但作为一名刑辩律师，就仍应当认真对待每一起刑事案件，全力以赴，精益求精，努力让每一个当事人都能感受到法治的阳光。因为辩护人十分清楚，对于当事人而言，这可能是他们一生中唯一一次天塌下来的大事，辩护人必须尽其所能为当事人竭尽所能辩护，为自由和团圆而战！争取最好的判决结果。

回顾这个案件，虽然最初笔者认为证据对当事人非常不利，且由于介入时间较晚，调查取证不具备条件，非法证据排除也没有空间，但是笔者没有轻言放弃，更没有因为是法律援助案件而走走过场。笔者凭借对案件证据的敏锐判断和缜密分析，挖掘出指控证据的自相矛盾之处，借力打力重构辩方故事。

本案判决采纳了辩护人笔者的大部分的辩护意见，推翻了对起诉书指控的大部分指控内容未予认定，最终进行重要犯罪事实，并在检察院已给出明确量刑建议的情况下降档量刑，让当事人得以判决即当庭释放。可以说，这是一次成功的辩护，更是一个经得起历史检验的判决。在当前的司法环境下，算是非常成功的一次辩护。虽然初接触本案时，辩护人便发现案件证据对当事人非常不利，且由于介入时机较晚，无法进一步收集其他对当事人有利的证据，而对于当事人不利的证据，排除非法证据的空间也不大，但即便如此，辩护人仍隐约觉得起诉书指控犯罪事实和量刑建议违背了公平正义。在所有证据都不利于当事人的情形下，辩护人通过采取利用控方证据讲辩方故事的策略，最终取得了本案的成功。

证据运用

辩护人笔者认为，面对一场成功的辩护，律师也不可居功自傲，因为，这离不开当事人的信任，也往往是检察官的大意、法官的善意和律师控辩审的全心全意三方面共同作用努力的结果。辩护人常谦虚地说成功只是运气，那是因为无法总遇到大意的检察官和善意的法官。但辩护人也相信成功非侥幸，其不是来自愤世嫉俗的死磕，而是源于对法治的尊重和践行，源于对每个案件所作的恰如其分的辩护。用控方证据讲辩方故事，就是这恰如其分的辩护工作中，最常用的技能之一。

好风凭借力，送我上青云。如何用控方证据讲辩方故事？辩护人笔者总结了以下几点经验供探讨：

第一，要先分析起诉书和量刑建议书，了解控方的指控和量刑思路，寻找辩护的切入口，初步拟定要讲的辩方事实框架。

第二，带着辩护思路全面、细致地查阅所有证据，不放过任何一个细节，找出证据的不合法、不合理以及相互矛盾之处。

第三，对于不合理或者相互矛盾的证据，不必急于排除，而可从反面作为构建辩方事实的证据加以组织，通过常理和逻辑分析，进一步丰满充盈辩方要呈现的事实。

第四，对于被誉为“证据之王”的鉴定意见，辩护人若认为对其存在程序违法和鉴定逻辑问题的，可以进行大胆质疑。辩护人对鉴定意见有力的质疑，可以更好地促使法官接受辩方所构建的事实，从而作出对当事人有利的判决。

破除迷障：揭示间接证据定案的核心缺陷

张福杰[1]

突破思路

近几年，非法设立期货交易场所类犯罪处于高发态势，但该类行为的定性一直存在较大争议，实践中不乏认定为诈骗罪的案例。鉴于此，类犯罪的后台数据多在国外，证据提取不易，实践中常用大量的间接证据证明行为人存在诸多表象诈骗行为进行指控，辩护律师仅从法律适用角度进行辩护，效果往往并不理想。因此，破除迷障，直抵核心，通过论证证据链条的缺陷，才能达到突破诈骗罪指控的目的。

案情简介

2019年5月至2019年8月，蔡某与成某某、赵某某等人经事先预谋，由他人提供"英融国际投资平台"软件，蔡某到新加坡购买行情数据导入上述平台软件，赵某某、韩某某、曹某等人开设"天天赢"网上直播间。成某某出资，蔡某负责总体运营推广，赵某某负责招聘、管理讲师，韩某某为业务经理，曹某为业

1 盈科刑辩学院副秘书长、盈科常州刑事法律事务部主任。

务员小组长，刘某某等人为业务员，吸引客户至“英融国际投资平台”投资国际期货。

上述人员在明知收入来源为被害人头寸（高额手续费 + 亏损）的情况下，由赵某某及其招募的讲师在网上直播间内宣讲平台投资建议，韩某某、曹某等人在网上直播间内烘托气氛、夸赞老师建议精准，谎称跟着老师赚过钱，以此吸引客户。

待被害人与直播间业务员联系后，业务员谎称自己公司为某影视文化投资有限公司，具有经营国际期货业务的资质，并提供虚假的“英融国际投资平台”英文许可证书，以取得被害人的信任。随后，业务员将平台下载链接发送给被害人，被害人在业务员的指示下登录“英融国际投资平台”开设账户。完成开户后，业务员继续诱骗被害人在“英融国际投资平台”入金并进行所谓的原油、黄金等正规国际期货交易。实际上，“英融国际投资平台”系完全封闭的交易平台，被害人的入金也并未进入国际期货市场，而是转入蔡某、赵某某等人事先准备的私人账户。被害人转账完毕后，将转账凭证截图发给业务员，由业务员在被害人的平台账户上分（填写相应金额），业务员再通过夸大宣传老师建议好、频繁喊单、现场编单等方式诱骗被害人频繁操作，产生更多的手续费，增大亏钱的概率，并让被害人误以为是投资国际期货造成的正常亏损，涉案被告人按照约定的提成比例获得客户损失的分成。

被害人的所有买卖操作完全由客户在自己的平台账户上自行操作完成，业务员只是提供建议，并不提供任何代操作服务。部分被害人存在大量频繁出入金的行为，业务员并未有拒绝出金的情形，被害人可以正常出金。由于技术方面的原因，“英融国际投资平台”会经常出现卡顿、死机、延迟、强行平仓等情况，出现上述情况后，被害人投诉到平台的，业务员会商定客户的损失，由业务员在被害人平台账户上增加相应损失金额的分数，以弥补客户的损失。

经查，涉案人员并非某影视文化投资有限公司员工，该公司的经营范围也不包含国际期货业务，“英融国际投资平台”并非国家许可的国际期货交易平台。截至案发，能够查证属实的被害人有13名，在该平台投资后造成的损失金额为150余万元。

办案过程

本案公安机关以诈骗罪立案侦查，以非法经营罪移送审查起诉。2020年1月，笔者接受蔡某弟弟的委托，在审查起诉阶段正式介入本案，第一时间去检察院调阅卷宗，再去看守所会见了当事人蔡某。跟蔡某初次见面，他给笔者的印象是精明、沉稳，瘦瘦高高的个子，反应迅速。当笔者跟他提起已经去检察院调阅了卷宗时，他很紧张地问“公安是以什么罪名移送检察院的？”笔者告知是非法经营罪，这时他长吁了一口气，整个人放松了下来。这个反应让笔者有点意外，问他“看来你知道这两者的量刑差别呢？”他笑言道，在看守所里什么事都做不了，现在也没活干，只剩研究自己要坐几年牢这一件事了。笔者笑了笑，问他“对非法经营是怎么看的？”他坦诚交待，在做这件事之前就已经研究过，这个行为是非法经营，是犯罪行为，但因为利益大，自己又缺钱，于是就铤而走险了，所以对于指控他犯非法经营罪没有异议。笔者根据以往的办案经验告诉他，虽然公安机关以非法经营罪移送审查起诉，但案件定性可能存在变数，目前此类案件绝大部分地区的检察院都是以诈骗罪提起公诉，法院也基本是以诈骗罪判决，案发地亦是如此，所以现在还不可大意，要做好心理准备。他一下子表情严肃起来，声音也变得低沉，说“我知道了，谢谢你的提醒”。

会见完蔡某后，笔者与本案公诉人约了当面沟通意见，笔者提出蔡某愿意做认罪认罚，以争取最大的量刑幅度。但是，公诉人有些犹豫，并没有立即同意就量刑问题进行协商，而是表示“要等案件定性确定之后再进行量刑的协商”，笔者顿时内心一沉。为了使案件尽可能向好的方向发展，笔者赶紧写了一份法律意见书交给公诉人，论证这种行为不构成诈骗罪，希望公诉人在内部通案的时候，也将辩护律师的意见提出来讨论一下。

与公诉人沟通完毕，笔者马上预约了与蔡某的二次会见，告知了与公诉人沟通的结果，好让蔡某有所心理准备，并询问他对于诈骗罪的认罪认罚态度。这次会见明显没有第一次那样轻松，蔡某略显担忧，双嘴紧抿，但仍然坚定地表示非法经营可以认，诈骗不认。从看守所出来，天空阴沉，心情也难免沉重，此时，离除夕已经没几天，笔者尚不知还有更加沉重且悲痛的事情将要发生。

2020 年 1 月 23 日，除夕前一天，武汉因新冠肺炎疫情封城，随后疫情扩散至全国各地，谁也没有想到，2020 年的开年会是如此艰难。2020 年 2 月初，按照各地疫情防控措施要求，律所仍然不允许复工，笔者则志愿去法律援助热线做公益法律咨询。在值班时接到了公诉人的电话，告知检察院通案开会讨论后，决定以诈骗罪提起公诉，量刑建议十年以上，问我们是否还愿意做认罪认罚。笔者内心一凉，诚恳地跟公诉人表示以诈骗罪指控蔡某是错误的，而且诈骗罪与非法经营罪之间的量刑差距悬殊，蔡某做认罪认罚已经没有意义了，公诉人表示理解。由于疫情原因，笔者当时无法会见蔡某，请求公诉人在讯问蔡某时代为转达笔者的观点和安慰，公诉人表示同意，且确实在提审蔡某时给予了很多宽慰言语。不久后，案件如期提起公诉。

再一次见到蔡某已是 2020 年 3 月了，笔者尽了最大的努力争取到一次电话会见的机会。笔者全副武装去到看守所，戴着口罩、手套、鞋套、防护帽，两次消毒后，终于隔着一面玻璃见到蔡某，只有半个小时的时间，双方只能通过对话机交流。笔者简要告知了蔡某外面发生的疫情情况，家人的问候和关心，检察院提起公诉的情况以及量刑建议是十年至二十年。蔡某明显不能接受，拿着电话机的手都在发抖，很紧张地看着笔者，应该是希望笔者给他一点信心吧。笔者让他保持冷静，告诉他笔者认为指控诈骗是错误的，表示会尽最大努力去帮助他，他没再多说什么，后面只是不停地说谢谢。许是看笔者语气坚定，蔡某恢复了一丝信心。暮春三月，彼时仍有一丝凉意，笔者给自己鼓了鼓劲，虽千万人吾往矣。

笔者搜索了大量的判例，发现此种情形检察院基本都是以诈骗罪提起公诉，法院以诈骗罪判决。因此，笔者认为如果仅从法律适用角度去进行辩护，可能效果不会理想，甚至是死路一条，毕竟从表面形式来看，蔡某的行为太像诈骗了，因此，必须辅助以证据辩护。让笔者备受鼓舞的是，盈科珠海分所陈松创律师手中刚好也有一个非常类似的案件，且检察院同样以诈骗罪指控，但法院以非法经营罪判决，量刑大幅降低。笔者如获至宝，随即联系陈松创律师，希望他提供一份判决书给我，用以研究说理并作为判例使用，陈松创律师欣然答应，而且连同他的辩护意见一并发给了我，笔者真切感受到了盈科家人之间的无私分享。

考虑到此时疫情仍然严重，且控辩双方对于本案的定性存在巨大争议，笔者判断本案很有可能会中止审理并且最终提交审委会讨论，于是笔者决定主动出击。当时，防疫措施非常严格，没有特殊情况无法进入法院内部，笔者与承办法官电话沟通交换意见，承办法官很敏锐地抓到了笔者的核心诉求，她表示就案件定性问题，会深入研究关注，并希望笔者提供书面意见以及相关材料给她。笔者无意于庭审时“突袭”，表示会尽快将判例、法律依据、法律意见邮寄到法院，事后也证明，这种友好、信任的沟通是非常重要的。

笔者指出，起诉书指控的开设虚假平台、夸大盈利、烘托氛围、提供私人账户入金、资金未进入国际期货交易市场、频繁喊单等行为都不是认定本案性质的关键，这些行为不属于诈骗罪中的“虚构事实”行为。因为，上述行为并不是使得被害人陷入认识错误进而错误处分财产的行为，受业务员的蛊惑入金并不意味着被害人就丧失了财产，此时该财产仍处于被害人能够自由掌控的状态。真正导致被害人丧失财产的行为，是入金之后的买卖交易操作行为，要想认定蔡某构成诈骗罪，必须证明蔡某在该买卖交易操作上存在“虚构事实”行为，即提供虚假行情数据或者后台私自操纵控制行情走势的行为。而现有的证据体系中，公诉机关虽然提供了大量的证据能够证明案涉平台系虚假的，宣传是虚假的，身份是虚假的，没有资质，夸大盈利，但没有任何证据证明平台中的行情数据是虚假的，也没有证据证明蔡某等人有能力从后台操纵控制数据以及实施过上述行为，而后者才是认定本案定性的关键。

承办法官非常慎重地听取了辩护意见后，认可了笔者对于证据体系的分析，明确要求公诉机关提供案涉平台的行情数据、数据对比分析或蔡某等人存在篡改行情数据行为的证据，公诉机关始终未能补充证据。法院最终从证据不足的角度，认定指控诈骗罪不成立，以现有证据认定蔡某构成非法经营罪，量刑由十年以上有期徒刑变为四年。蔡某对判决结果表示非常满意，未提起上诉，笔者的欣慰也是溢于言表。

复　盘

本案是在疫情特殊时期完成辩护，当事人和律师都承受了巨大的考验。笔者凭借扎实的法学功底，精准判断了本案财产处分的具体环节以及与“虚构事实”部分的因果关系，使案件破除迷障、拨云见日。除此之外，本案之所以能够实现有效辩护，达到当事人的预期，还要归功于如下三点：

第一，蔡某本人坚持，始终对诈骗罪不认罪。非法占有的目的是诈骗罪的重要要件，一旦当事人本人承认，哪怕是只在一份笔录中认可，推翻的难度都会成倍增加，当事人本人的法律意识与明朗态度对辩护的成功至关重要。

第二，律师同行之间互助，提供了关键的案例参考。任何一个复杂刑事案件都是一场孤独而艰难的征程，律师能够借助的外力有限，同行的成功案例时常无法获悉，相互之间不熟悉也不易分享，盈科大平台的交流事半功倍。

第三，好法官认真负责，作出有担当的判决。在此类案件多被定为诈骗罪的情况下，承办法官没有形成思维惯性，而是具体问题具体分析，耐心听取辩护意见，审慎认定事实，最终实现定性的改变。

证据运用

司法实践中，对于直接证据不够充分的案件，需要综合运用间接证据进行定案。但是，运用间接证据证明犯罪事实不仅过程复杂，而且审查应该更为严格、慎重。笔者认为，应当围绕证明标准，从以下三个方面重点审查间接证据：

第一，每一个间接证据都是查证属实的，而且与案件事实具有关联性，能够证明待证事实的某一个侧面或者某一个环节。笔者认为，在审查间接证据的关联性时，辩护律师应当着重审查间接证据的证明对象是否为指控罪名的核心犯罪行为或者为核心犯罪行为的组成部分，若间接证据的证明对象属于一般违法行为或者并非指控罪名内涵及外延所包含的犯罪行为，则亦无法作为指控罪名的定案依据。

第二，所有间接证据之间不存在内在矛盾。间接证据能够定案的核心就在于间接证据之间能够形成完整的证据链条，通过内在的联系和相互结合、印证，共同指向一个完整的待证事实，若证据之间存在矛盾，就意味着存在两种以上的可能性，因此，间接证据之间必须协调一致、没有矛盾。

第三，综合全案证据，对所认定事实已排除合理怀疑。笔者认为，运用间接证据定案，最重要的证明标准就是排除合理怀疑这一内在要求，只要合理怀疑不能排除，就无法克服间接证据定罪的重大缺陷与风险，存在造成错案的可能性。

攻守之道：案卷中心主义下的言词证据博弈

唐 海[1]

突破思路

在依赖言词证据定案的案件中，言词证据的印证关系和证明力是突破证据链条的关键所在。虽然我国在推行“审判中心”，但是“卷宗中心”依然客观存在。犯罪嫌疑人、被告人的笔录与真实意思是否相符，被害人是否存在不实陈述，在犯罪嫌疑人、被告人与被害人之间的言词证据存在对立关系的情况下，如何对第三人证言进行剖析，都是刑事辩护的工作重点。攻守之道，尤为考验刑辩律师的智慧。

案情简介

起诉意见书指控：2018 年 4 月 13 日，佘某因涉嫌开设赌场罪被公安机关实施抓捕，但在抓捕过程中佘某等人逃离现场。后佘某为逃避公安机关打击，将赌场被查获一事告诉其好朋友刘某，向刘某求助，托刘某“找人”把其涉嫌开设赌场罪一事“摆平”。随后刘某将曹某（本案犯罪嫌疑人）介绍给佘某认识。佘

1 盈科刑辩学院副秘书长、盈科芜湖经济犯罪辩护法律事务部主任。

某与曹某见面后，表达了希望曹某能够通过其人际关系"打点"一下，从而了结自己的开设赌场刑事案件的想法。曹某告诉余某，自己在司法系统认识许多人、人脉很广，能够将余某开设赌场一事"摆平"，且当晚向余某索要 4 万元的打点费用。几日后，余某问曹某事情处理的进展，曹某在没有使用前期余某所给的 4 万元"打点"费用进行"打点"的情况下，再次收取余某 1 万元的"打点"费用。曹某将先后索取的 5 万元"打点"费用用于偿还自己的债务以及个人日常消费等。

2018 年 4 月 17 日，公安机关决定依法刑事拘留余某并网上追逃。随后，曹某向余某谎称自己已经和公安机关协调好，便在 5 月 8 日陪同余某到公安机关投案。当日，办案民警对余某进行审讯，并依法对涉嫌开设赌场罪的余某采取了刑事拘留强制措施，后提请检察机关批准逮捕。

2018 年 5 月 22 日，检察机关以事实不清、证据不足，作出不批准逮捕决定，公安机关变更刑事强制措施，对余某监视居住。余某被释放后找到曹某表达了不满情绪，但曹某仍然向余某保证在监视居住期间肯定能"摆平"此事。在此后几个月的时间里，余某多次联系曹某询问事情的办理情况，但曹某以"已与办案单位沟通好""已和上级领导沟通好""已与检察院领导协商好""省委巡视组在事情不好办"等理由欺骗余某。后余某感觉被骗，索要该 5 万元，但曹某以各种理由拒绝与余某联系，始终未退还款项。余某在监视居住期间脱逃，直至 2019 年 5 月 31 日被公安机关抓获归案。

公安机关认为，曹某超出自己能力范围向余某许诺，虚构"与办案单位、上级领导、检察院领导沟通安排好"等事实欺骗余某，并将骗取余某的钱财 5 万元，全部用于归还自己的欠款和个人消费，足以认定其具有非法占有的目的，应当以诈骗罪追究刑事责任。

办案过程

2019年5月17日，笔者在侦查阶段接受曹某的委托。当时，曹某系因其实际控制的公司向他人提供的测绘文件出现错误，涉嫌提供虚假证明文件罪被公安机关刑事拘留。通过会见曹某，结合其辩解的事实与理由，笔者认为其不具有犯罪故意，而且因错误文件被及时发现，没有造成任何严重后果，所以不应构成提供虚假证明文件罪，也不应构成出具证明文件重大失实罪。

一波未平，一波又起。佘某在2019年5月31日被抓获后，向公安机关举报曹某曾谎称能帮其“摆平”刑事案件，诈骗其人民币5万元，曹某再次因涉嫌诈骗罪被刑事立案。

笔者在会见曹某时，曹某坚称自己从未在收钱之前向佘某做出过任何承诺，因为自己是当地的政协委员，所以佘某相信其在当地的“能量”，才会提出花钱请他帮忙。曹某还称，在收钱之前和收钱之后，曹某都曾向公安机关办案人员及领导打听过佘某的案件情况，并且进行了说情。办案人员及领导的答复：让佘某过来投案，把笔录做了，剩下的后面再说。得到这样的答复后，曹某陪同佘某前往公安机关投案，佘某在做完笔录后即被采取刑事拘留措施。曹某坚持认为自己没有诈骗佘某，其承认收受5万元的事实，但自己确实给佘某“帮了忙”。

笔者详细了解了解曹某收取佘某5万元的过程和后续行为，分析了在案证据与犯罪构成，认为曹某应当不构成诈骗罪。本案中，双方对交付5万元的事实并无异议，争议主要在于曹某是否进行了虚假承诺，关于这一事实的证据审查至关重要。因此，笔者在会见时反复提醒曹某：在接受侦查人员讯问后，一定要仔细阅看讯问笔录再签字确认，一定不能出现自己的真实意思被曲解、被遗漏、被错误记录的情况。

按照曹某的辩解，其没有对佘某做出任何承诺，一直只是表达“尽力帮忙”的意思，即使曹某所做的事在客观上超出了其能力范围，但是其主观上并不认为其承诺“帮忙试试看”的行为超出了能力范围，主观上不具有欺诈的故意。并且，曹某的确帮助佘某与管辖派出所相关领导与办案人员做了沟通，并提出了具体请托的事项，佘某最终也由刑事拘留被变更强制措施为监视居住，尽管无法验证与曹某“帮忙”的关联性，但对其来说更强化了“帮了忙”的观念。

如果曹某所述为真，则其在收取佘某支付的“打点”费用时不具有非法占有的目的。考量非法占有目的，应当在“取得财物”的时间点，在取得财物后即使意图占有财产，也不能认定为具有诈骗罪的非法占有目的。按照诈骗罪的构成要件，要认定曹某构成诈骗罪，其做出虚假承诺的时间节点应当在佘某交付5万元之前，并且其虚假承诺应当使佘某陷入错误认识从而交付财物。本案中，佘某并非因曹某虚假承诺而支付5万元，曹某后期以虚假理由搪塞佘某拒绝退款的行为，并不构成刑法意义上的诈骗。

结合上述理解与分析，笔者于2019年6月17日前往检察机关与负责本案核捕工作的检察官当面交流，并提交了不予批准逮捕法律意见书。检察官表示认同辩护人意见，但是，第二天电话通知笔者，经汇报，检察院仍然作出了批准逮捕的决定。2019年7月9日，笔者向上级检察院分管副检察长和刑事检察二部主任分别邮寄了本案的法律意见书，并将制作的案情图示附后，表达了本案证据不足、逮捕不当的观点，请求上级检察院作出撤销逮捕决定。

2019年7月10日，侦查机关将本案移送检察机关审查起诉。辩护人经过阅卷，发现本案指控曹某构成诈骗罪的证据结构与之前分析基本一致，关键证据包括：曹某的供述与辩解、佘某的陈述、在场证人苏某的证言、佘某涉嫌开设赌场罪案件承办警官及分管领导的证言，均为言词证据。而曹某本人的供述与辩解内容与其在会见时向笔者所述内容完全一致。

经过详细的证据比对，笔者认为现有证据无法证明曹某在佘某交付 5 万元的时点或之前做出过虚假承诺，遂向承办检察官提交了审查起诉阶段的第一份辩护意见。后经两次退回补充侦查，补充了佘某涉嫌开设赌场罪案件承办警官及分管领导的证言、曹某与佘某的短信记录内容等证据。笔者在每次退侦完毕后均提交了补充辩护意见，认为退侦后本案依然无法达到证据确实、充分的证明标准，指出被害人佘某多次陈述之间以及与证人苏某的证言之间均存在矛盾，而曹某的供述与辩解从未认可其做出过“可以摆平”的承诺，现有证据无法证明曹某犯诈骗罪。为此，笔者具体进行了三组证据辨析：

首先，仅有被害人陈述证明曹某在第一次收取 4 万元前表达了“可以摆平”的承诺，没有其他证据予以印证。限于“司法掮客”行为的私密性，没有直接的证人证言证明曹某在佘某交付财物时做出过虚假承诺。而证人苏某的证言证明，曹某在收取 4 万元后说过“这个事情比较复杂，今天太晚了，明天白天我再找人帮你问问什么情况”的内容。

其次，仅有被害人陈述证明曹某在收取 1 万元前虚构了“钱不够，有个把人没有安排好”的事实，没有其他证据予以印证。曹某在供述与辩解中完全否认该事实，表示当时是佘某问其“费用可够”，其才说“你再拿一万块钱给我吧”，且明确告知佘某准备拿这个钱给派出所搬家买点空调、电器。

最后，被害人多次陈述之间、被害人陈述和证人证言之间均存在矛盾。一是关于曹某是否在佘某第一次交付 4 万元时做出虚假承诺。被害人佘某第三次陈述称“曹某当时说能搞得好，不过要 4 万块钱”；但第四次陈述称“先拿 4 万块钱出来，我去跟他们疏通一下，看这天把能不能把这个事情解决掉”。二是关于佘某交付的 4 万元现金来源。被害人佘某第三次陈述称“我当时就叫我的司机苏某到朋友那里拿了 4 万块钱现金给曹某”；第四次陈述称“我和苏某在县政府广场等曹某……我听曹某说了之后马上就回家凑了4万元，当时我一个人上楼拿钱，苏某开车在楼下等我”。证人苏某证言称“当天晚上7点左右，佘某打了电话给我，喊我开车去他家接他，我到他楼下的时候看到他手上拿着一摞钱下楼了”。三是关于佘某交付1万元的情况。被害人佘某第四次陈述称“过了两三天，曹某打电话给我说‘还缺1万元钱’……曹某说‘我比你还急，我正在帮你活动’，之后没说什么我就走了”。第五次陈述称“4万元给过之后几天，我打电话给曹某问他事情办的怎么样，他跟我说‘事情能搞好，不过还差1万块钱’，大意是钱不够，还有个把人没‘安排’好”。

综上所述，笔者再次重申：在案证据仅有被害人佘某的陈述，证明被害人系在曹某做出了虚假承诺后交付财物，其陈述没有其他证据予以印证，且陈述本身不稳定。反观曹某，其在供述中自始至终予以否认虚假承诺，证人苏某的证言又可以与曹某的供述相互印证。因此，认定“曹某在交付财物前或当时做出虚假承诺”证据不足，不能排除被害人做出不实陈述的合理怀疑。

2020年2月10日，检察机关对曹某作出了不起诉决定，曹某在被羁押8个多月后重获自由。

复　盘

本案案情并不复杂，证据种类和数量都很少，但是检察机关在已经决定逮捕的情况下，仍然审慎对待案件，作出了证据不足不起诉的决定，实属不易。之所以能获得如此结果，三大因素不可或缺：首先，曹某对案件事实有着强烈的坚持，始终表示自己没有做出虚假承诺，没有诈骗佘某；其次，笔者对案件证据与风险预判较为准确，本案赖以定案的只有言词证据，而被害人陈述必然对犯罪嫌疑人不利，一旦嫌疑人的笔录出现与其坚持的事实不一致的表述，将与被害人陈述相互印证，造成难以挽回的后果，笔者对曹某校对笔录的提示发挥了重要作用。最后，本案被害人系到案后举报曹某诈骗，被害人本人一直处于在押状态，与本案关键证人（被害人的朋友苏某）没有接触的机会，不会导致苏某的证言被污染。

除此之外，笔者在曹某被逮捕后采取的救济途径也起到了积极作用。本案中，笔者一直在向上级检察机关分管领导反映嫌疑人被错误逮捕的情况，要求撤销逮捕决定，即承办检察官在就本案向上级检察院进行汇报时，辩护人的观点已经在上级检察院产生了一定程度的影响。最终，检察机关对嫌疑人作出不起诉决定，可谓众望所归，各得其所。

证据运用

实践中，部分案件主要依赖言词证据定罪，一旦嫌疑人做过一次有罪供述，与被害人的陈述相互印证，就很难再找到合理解释去推翻有罪供述。从证据运用的角度，要区分几个层次：

第一，尽力阻却不实供述的产生。犯罪嫌疑人、被告人做出不利于自己的不实供述，往往源于受到压力或者误导，其根本在于不清楚自身该享有的诉讼权利，甚至未进行基本的笔录查看。因此，律师尽早介入，正确引导犯罪嫌疑人厘清思路、准确表述、认真校对，防止供述内容受到污染，保证供述应有的证明力。

第二，详细分析供述的不实程度。不少案件在律师介入时，不利的不实供述已经形成。这时不能被动接受，而要仔细分析该不实供述内容的表达方式，系事后评价，还是事前认知？是肯定供述，还是模糊猜测？进而考察犯罪嫌疑人、被告人供述与被害人陈述相互印证的部分，是否符合常理常情，是否与其他客观事实相左，为质证打下基础。

第三，寻找撬动不实供述的砝码。犯罪嫌疑人、被告人的供述作为言词证据，存在主观性和不稳定性的特点。这种情况下，可以运用客观性较强的物证、书证、视听资料、电子证据加以弹劾，进行“自我否定”，也可以从鉴定意见入手放大矛盾之处。当然，非法证据排除与核对同步录音录像，也是否定供述内容的有效方式，在此不再赘述。总之，在穷尽一些方法之前，不存在“既成事实”，辩护人要敢于质疑，善于辩析。

电子证据：击爆诈骗谜局的核武器

丁一元[1]

突破思路

刑事案件中纷繁复杂的言词证据与书证堆积在一摞摞的卷宗中，很难直击案件的要害。最考验刑辩律师基本功的，就是要从层层逻辑链中的基石——证据入手，取得"一招致敌"的硬核证据，从而使案件从证据本身找到突破口，瓦解看似"密不透风"的指控证据链。在互联网时代之下，律师在办理案件时更要注重电子证据的收集、审查和灵活运用。击爆本案诈骗谜局的核武器——电子证据，即隐藏沉积在手机里的微信聊天记录。

案情简介

2018年9月10日，宋五像往常一样加班至夜幕降临便驱车回家，但接下来迎接他的并非是温暖的港湾，而是停车场里白炽灯照耀下，刺眼的银色手铐。

此后，某市公安机关以涉嫌诈骗罪对宋五刑事拘留。作为某商会常务副会长的宋五，经营着东莞中某公司，拥有一定的人脉关系和经济实力。2016年8

1 盈科广州刑事法律事务部主任。

月，经海某实业有限公司的法人胡某介绍，宋五认识了杰某科技股份有限公司（简称科技公司）的事业部副总吴某。因另一借贷人肖某欠科技公司2600万元借款无力偿还，科技公司的吴某希望通过供应链金融的业务把肖某的欠款弥补回公司，故胡某及吴某向宋五咨询投资项目，洽谈开展供应链金融合作业务。

除上述背景外，侦查机关移送审查起诉时是这样认定的：宋五利用吴某通过供应链金融业务将科技公司的款项出借给肖某（另案处理）后无法回款。因事情陷入急于填补资金缺口的情况，遂谎称通过不良资产处理项目可以获取30%的利润。经吴某引荐，科技公司通过胡某控制的海某实业有限公司作为中介，在2017年1月至3月以供应链金融的方式，与胡某控制的海某实业有限公司签订9份采购合同，由胡某提现协助宋五获得科技公司资金人民币2100多万元。宋五根据合约，通过其实际控制的深圳八某有限公司（八某公司）与科技公司签订9份销售合同，用于采购科技公司的商品（实际用于归还科技公司资金及利息），并通过八某公司先后开出9张总值2700多万元的商业承兑汇票。但上述商承票到期后均无法兑换，随后吴某与科技公司资金主管曾某不断催促宋五还款，宋五于2017年12月15日和19日再开出2张总值2000万元的银行承兑汇票假票用于敷衍。其将骗取科技公司的款项中的1970万元，以宋五朋友账户收款，随后转移至宋五姐姐的交通银行账户内藏匿，由其姐姐购买3.5%~4.5%的低回报银行理财产品获利，该部分款项已经被追缴回。2018年7月，宋五开始逃匿，造成科技公司2300多万元的损失。

侦查机关认为，宋五以非法占有为目的，用虚构事实或隐瞒真相的方法，骗取数额较大的公私财物，其行为构成诈骗罪。可以说，处于经济转型社会，企业、公司涉嫌违法的事件不胜枚举。而供应链金融业务，实际上系一种变相的“资金拆借”行为，也是中小企业的常用融资渠道之一，但有利益的地方就会有纷争，一旦出现无法回款、资金断裂的情形，由于上下游购销企业的混乱引起的各类刑事案件，也会接踵而至。如今，诈骗罪就是中小企业稍不留神便会触及的“红线”。

办案过程

接受委托后，辩护人便马上前往会见当事人，直击案件经过。毫厘之差，或致弊于寰海。去往会见的路上，脑海里回顾着家属对案件的简单概要，捎带整理出会见的提纲。会见问题切中案件争议所在，不仅能让律师在阅卷中迅速找出有利辩点，还能让会见的有效值最大化。作为专业的刑辩律师，前期的准备功夫必不可少，在会见过程中如何与当事人达成共识显得尤为重要。

根据宋五本人的供述，不良资产项目切实存在，并非“谎称”。对于收款后放缓购买房地产项目存在以下因素：其一，不良资产项目中有近120位户主的房产未得到有关部门的验收，均未获得房产证，许多户主为此前往政府部门拉横幅、闹事；其二，项目公司对外担保了一笔7500万元的债务；其三，宋五之后前往项目所在地房产局求证房产证效力问题，发现虽然政府向项目公司发了数份房产证，但要求此房产不得质押、转让等，即并不具备实际流通的效力。再者，在全案发生过程中，宋五始终以本人的真实姓名及个人信息与胡某及科技公司的吴某、曾某等人沟通、联系，科技公司的相关人员对于项目合作、经营亦具备风险认知及经验。故科技公司不是基于错误认识支付巨款，而是商业收购行为未果所引起的纠纷。

整个供应链金融业务运营过程中，即便存在这样或那样的问题，定性上也要进行民事纠纷和刑事犯罪的区分。整个案件的焦点，即侦查机关认定的所谓“诈骗行为”，主要涉及三个问题：第一，如何区分核心欺骗行为和辅助欺骗行为；第二，欺骗行为与被害人认识错误之间的关系（本案中尤其应注意时间顺序)；第三，欺骗行为与被害人处分意识。能够解析以上三点，才能顺利厘清"隐瞒事实，虚构真相"与"基于错误意识交付财产"之间的逻辑关系。

对于如何处理这类案件，作为执业 30 年的律师，辩护人也是通过宋五案获得了新的经验。随着融资渠道的拓宽，诸多新型经济模式的充斥，在中小企业进行类似"资金拆借"行为的普遍现象下，供应链公司身处在这高风险的经济社会，无论是走货、第三方压货还是走单不走货的形式，一旦出现资金链断裂的情况，必然会出现分歧和顾此失彼的情况。倘若此时公安机关再"拔刀相助"，也就必然会出现定性失衡或者司法上矫枉过正的情况。

根据侦查机关指控的内容，粗看案发经过，似乎当事人宋五既有虚构事实——谎称通过不良资产处理项目可以获取 30% 的利润，又有隐瞒真相——利用控制的公司开出九张总值 2700 多万元的商业承兑汇票无法兑换，开出 2 张总值 2000 万元的银行承兑汇票假票用于敷衍的行为。加上相关涉案人员对于其藏匿去向的指证以及隐匿财产的表征，似乎能够充分得出其符合诈骗罪犯罪构成的结论。

针对指控，辩护人与经办检察官交流时及时指出在阅卷及会见中所发现的问题：

第一，《起诉意见书》所称宋五"利用"吴某"急于补缺"心态的主观认定有失偏颇，同时拟投资不良资产处理项目切实存在，并非"谎称"。吴某作为科技公司第一事业部的副总经理，对于项目合作、经营具备丰富的经验及风险认知，对于合作对象(宋五)也有基本的尽调工作。再者，直至 2018 年 5 月，科技公司相关工作人员都有前往当地对项目进行考察的记录。

第二，《起诉意见书》中指控"宋五用于敷衍"失实，9 张商业承兑汇票及 2 张银行承兑汇票系应吴某的要求开具，以应对科技公司年终资金回笼审计。根据在案证据，供应链金融业务并非首发于本案之中，供应链金融业务链条在胡某、曾某、吴某的供述中均有提及。而且，曾某供述，“早在2016年年底，就因为之前商承票没有回款，审计公司要来公司审计时，我就追问胡某怎样解决，最后由胡某制作一个假的中信银行业务章给我，由我通过截留账目单来达到不被发现账目问题的目的”。可见供应链金融业务中的商承票无法承兑，系科技公司早有预料且知晓，并试图用非法手段掩盖的情况。

第三，宋五并未藏匿所获款项，更无逃匿行为。根据宋五的供述，由于其当时另有债务纠纷，不便直接转账到其本人名下账户，所以让公司员工给一个账户用于收款（且后续款项均由该账户收取）。加之当时宋五与前妻正在进行协议离婚，其基于资金安全的考虑，便转至其姐姐宋双的账户，宋双见该部分资金一直闲置，又考虑到资金可能需要随时用于项目，便购买了活期理财产品，以适当的保值及增值。

然而，对于上述观点，检察官似乎“不动声色”，没有直接采纳，却是一而再，再而三地退回补充侦查。到底是单纯地针对辩护人的意见“查缺补漏”，还是说针对认定的罪名补充证据？对此，辩护人不做深究，但也不是被动等待。每一次重报，辩护人都抓紧时间阅卷，赶在检察官阅完之前“先入为主”地与其交流意见。对于有争议的案件，检察官要的并不是律师单纯对指控提出质疑，更不是对抗，而是替他发现问题，在发现问题的同时，能够同步地输出强化自己立场和观点的证据。

尽管，辩护律师经过前面几次与检察官的有效沟通，天平似乎已经逐渐向当事人宋五倾斜，但针对卷宗仍旧存在的负面证据，辩护律师仍需增加砝码。

综合与检察官的沟通情况，两次延长审查起诉时间似乎说明检察官也在谨慎定性。此时，作为辩护人更不能坐等检察官的答复，也正是因为延长审查起诉的时间给了辩护人加强证据搜集、加大证明力度的机会。

上述辩护人主张的关于虚开汇票系应付年终审计、宋五没有逃匿等观点，都仅是在卷宗中经过对比同案人的供述所得出的言词证据，沉浸于卷海之中探索，却忽视了书面、电子证据的客观性。如醍醐灌顶般，辩护人再次前往会见当事人寻找蛛丝马迹。即便宋五只是依稀记得与吴某、胡某等人有在微信中交流过开票、协商还款等事宜。所以，辩护人又孜孜不倦地投入到调取茫茫微信聊天记录、电子邮件记录之中。

在吴某、胡某与宋五的微信聊天记录中发现，吴某当时要求宋五开具银承票及商兑票，系为了应付杰某年终的财务审计工作，将账目做平，并向宋五表示票据会直接给到曾某来处理、归档，不会经由他人。实际上，曾某也确实亲自将票据从银行取回，并给宋五发送“票已经拿回来了，放心”的信息。

2018 年 7 月宋五曾更换过一次电话号码，但宋五本人于当年 7 月 12 日使用原微信发布朋友圈说明上述手机号被注销，只能通过微信联系，并在朋友圈附上新的联系方式。根据通讯记录，从 2018 年 4 月至宋五被抓，其都从未停用过上述微信，科技公司也能够通过上述微信及电话与宋五进行联系。从宋五与吴某等人的聊天记录来看，双方一直在就达成合议进行各种尝试。

作为肩负着维护正义与自由职责的刑辩律师，势必是矢志不渝，越挫越勇。本案不但历经检察院两次退回补充侦查，三次延长审查起诉，还经历了报案单位（被害人）、侦查机关对不起诉决定的复议、复核程序。最终，两级检察机关维持了对宋五的不起诉决定，整个案件过程的艰难程度不言而喻。

复 盘

《刑事诉讼法》第 48 条规定了八种证据种类，这是我国法律首次将“电子数据”单独规定为一种证据种类。2016 年 9 月最高人民法院、最高人民检察院、公安部联合发布的《关于办理刑事案件收集提取和审查判断电子数据若干问题的规定》(以下简称《电子数据规定》)第一次就电子数据的收集提取和审查判断等方面作出了全面、系统的规定，并概括出“电子数据是指案件发生过程中形成的，以数字化形式存储、处理、传输的，能够证明案件事实的数据”。

在日常生活中，电子数据随处可见，如网页、微博、朋友圈等网络平台发布的信息；手机短信、电子邮件、通讯群组等网络应用服务的通信信息；电子交易记录、通信记录等信息；文档、图片、音视频等电子文件……所以，随着信息技术的广泛应用，人与人之间的交往、交易等，已经习惯于使用电子设备进行，并实时产生相应的电子数据，留下电子痕迹，具有较强的客观性。

本案中，尽管言词证据难以证实宋五存在诈骗主观动机，但是否转移赃款和失联却成为辩方需要扳倒的一块“顽石”。经过积极取证，辩护人找到其旧手机的微信对话以及电脑中往来邮件等更为客观的电子数据，公证后提交给检察官，让同案人进行核对签认，成为扭转宋五不构成诈骗罪的“关键”。

证据运用

随着互联网技术的发展，无纸化办公的推进，电子证据已经成为案件调查审理中的重要证据类型，在立法上亦已明确电子证据法律地位。而本案中的电子证据——微信聊天记录和邮件正是击爆因吴某、胡某等虚假陈述而产生的诉讼谜局，强化律师辩护观点的“核武器”。结合本案，笔者对电子证据的关键运用总结以下几点体会：

1. 虽然依据《电子数据规定》要求，以拍照、打印方式固定电子数据，仅在无法扣押存储介质、无法提取电子数据情况下，才能使用。如果电子数据是认定犯罪的关键证据，更要按规定扣押存储介质、提取电子数据。但辩护人认为，对于电子数据的信息量不大，证明内容单一的场景，拍照、截屏是固定电子数据证据的最快捷、最有效的方法。

2. 微信、转账记录等电子证据，在具有极大的便利性的同时，亦具有易遭删除、病毒损坏、被修改等特点。在掌握到线索进行收集时，辩护人应先请公证机关对电脑邮件网页和手机微信聊天通过公证的形式固定，引导侦查机关或检察官再去核实收集，从而构建辩方的证据体系。

3. 电子数据，正逐步成为新时代刑事诉讼的"证据主力军"。因此，开展电子数据证据的研究运用，对于查明事实真相、取得辩护效果、维护当事人的合法权益有积极意义。

表里不一：同步录音录像推动案件反转

董有生[1]

突破思路

司法者的目光始终“在事实与规范之间往返穿梭”，证据辩护就是事实与规范之间的逻辑辩护，既要关注证据本身的证据能力，也要关注证明力。言词证据的审查，不能仅停留在内容审查上，要分析其形成的原因，考察其形成的背景以及证明内容的合理性。实践中，讯问被告人随案移送录音录像已经愈加常见，但询问证人的录音录像相对较少，以至于容易被忽略。但是，问题往往就隐藏在角落中，认真审查录音录像往往会有惊喜。

案情简介

本案因家庭纠纷而起，被告人与被害人是连襟关系。2017年6月4日，被告人刘某陪同妻子陈某、妹妹于某来到被害人姜某（于某丈夫）家中，与姜某商讨离婚后孩子的抚养问题。交谈过程中，姜某与于某在客厅里发生争吵，刘某为尽快解决问题，提出与姜某单独谈谈，于是两人一起到卧室内。交谈中，刘某

1 盈科大连刑事诉讼法律事务部主任。

与姜某也话不投机，两人发生口角，进而在床上厮打起来。姜某从床下拿出一把长约30厘米的金黄色工艺刀朝刘某比划，刘某上前抓住姜某持刀的右手，同时击打姜某左脸，把刀夺下后递给了闻声进屋的于某。姜某仍不停手，又从床上的枕头下拿出一把长约10厘米的黑色尖刀朝刘某挥舞。刘某再次与其发生撕扯并将刀夺下，将姜某面部朝下拖拽到地上，致姜某鼻部血流不止，双方见状停止厮打。随后，姜某接邻居电话，并请邻居报警。经公安机关司法鉴定，姜某因钝性外力作用致双侧鼻骨骨折，损伤程度达轻伤二级。

某市公安局某分局以刘某涉嫌故意伤害罪向某区人民检察院移送审查起诉。检察机关经审查，以刘某涉嫌故意伤害罪，向某区人民法院提起公诉。某区人民法院对本案公开审理，并作出刑事判决。一审判决认为，被告人刘某在被害人姜某所持刀具被夺下后，仍击打姜某面部致其轻伤（二级），显然具有伤害故意，其行为已构成故意伤害罪。依照《刑法》第234条第1款、第64条之规定，判决被告人刘某犯故意伤害罪，判处有期徒刑十个月。被告人刘某不服，认为自己不构成犯罪，向某市中级人民法院提出上诉。

经过辩护人的不懈争取和努力推进，某市中级人民法院依法组成合议庭对本案开庭审理，为案件赢得了转机。二审法院经审理认为，原审判决部分事实不清、证据不足，依照《刑事诉讼法》第236条第1款第3项之规定，裁定撤销一审刑事判决，发回重审。重审过程中，案件实现最终反转，某区人民检察院以案件证据发生变化，不符合起诉条件为由，请求撤回起诉。2020年3月23日，某区人民法院作出刑事裁定书，准许撤回起诉。至此，刘某曾经的有罪判决被纠正，正义虽然迟到，但并未缺席。

办案过程

2019年4月，笔者接受刘某委托担任二审辩护人。众所周知，二审改判比例较低，开庭审理机会也较小，要想实现突破，必须言之有理、有物。笔者深入研究了在案证据与一审庭审笔录，发现全案认定被告人犯罪事实的主要证据是言词证据，但该证据在逻辑上却漏洞百出，不符常理，比如被害人陈述的三次笔录自相矛盾，相互否定，难以指向同一事实；证人于某对被告人击打被害人鼻子的事实，前两次笔录虽然能够证明，但最后一次笔录却没有记录。笔者注意到，证人笔录附有同步录音录像光盘，而在一审开庭中，控辩双方均没有向法庭出示。为此，笔者来到二审法院，当着法官的面打开装有光盘的材料袋，与法官共同观看同步录音录像，发现录音录像内容与证人于某的第三次笔录不一致。

这一重大发现，让笔者建立起信心，将辩护重点放在认定“被害人鼻骨骨折的时间和原因”上。基于此，笔者构筑了“事实不清、证据不足”“被告人行为系正当防卫”两条辩护主线，在二审庭审中展开辩护，针对证据问题据理力争，具体阐述两大方面内容。

一、一审判决认定故意伤害罪明显事实不清、证据不足

案发现场有四人，分别为被告人刘某、被害人姜某、证人于某和陈某，四个人的笔录所证明的内容不能指向同一事实。

1. 本案关键证人于某曾在前两次询问笔录中证实“被告人刘某用拳头击打被害人鼻子”，但第三次询问同步录音录像显示，其坚决否认目击刘某用拳头击打过姜某面部，笔录却未以文字形式记录，直接导致一审法院证据审查和判断出现错误。

笔者为论证这一主张，援引了本案另一位证人陈某的证言，该证言证实：看见姜某鼻子出血了，但怎么造成的没有看见，其问过刘某，刘某说可能是夺刀的时候碰的。陈某还证实，被告人刘某夺刀后，让证人于某把两把刀放到楼下车上去，于某相关证言与之印证。鉴于本案中姜某第一把刀被拿走到第二把刀被拿出间隔很短，刘某在撕扯中夺下第二把刀也是在短时间内完成，既然于某确实到楼下放刀，其就不可能目击刘某与姜某厮打的全过程，被害人鼻骨骨折的时间和原因无法准确判断，其在录音录像中表示未目击刘某用拳头击打过姜某面部显然更符合客观事实与常理。

2. 被害人陈述不稳定，且自相矛盾，不能指向同一事实，具有失真风险，导致被害人陈述真实性存疑，不能作为定案依据。

被害人第一次笔录中说鼻部受伤是刘某用脚踹的；第二次笔录中说他被扔地上后，刘某打了他好几下，其鼻子在这个过程中受的伤，具体哪一下记不清楚，同时承认第一次笔录中说了谎；第三次笔录中又说，在他还没有拿刀前，鼻子就已经被拳头打伤，并称侧身着地，后又改称背面着地，其前后描述自相矛盾，存在严重的逻辑错误。

笔者认为，被害人姜某第二次笔录所作时间距案发不到半年，其记不住鼻子是如何受伤的，第三次笔录距案发时间超过了 8 个月，他却清晰记得鼻子如何被拳头打伤，显然不符合记忆规律，不排除“杜撰”或者被引导的可能。第三次笔录与此前笔录相比，有三处明显不实之处，一是称被打时还没有拿刀；二是说只拿出过那把金色的刀；三是先说侧身先着地，后又说背部先着地。总而言之，关于鼻子受伤的事实，被害人自始至终未形成稳定的陈述，这直接导致其陈述的真实性无法认定。

3. 被告人供述相对稳定统一，没有反复和矛盾之处，能够还原案发过程，具有较强的可信度，应当予以采信。

被告人九次供述中，前四次笔录均证实被害人鼻子受伤是在夺刀过程中形成的。第五次笔录证实，在夺刀过程中，两人从床上滚到地板上。第六次笔录证实了第四次笔录内容，在佐证了第五次笔录的基础上，增补了夺刀时除了厮打外，被害人还被脸朝下拽倒在床上，接着面部朝下拽到地上。第七次、第八次、第九次笔录与第五次、第六次笔录相互印证。被告人全部笔录都指向其没有在被害人姜某所持刀具被夺下后，仍击打姜某面部，无罪辩解非常稳定。

综合上述证据分析，笔者提出刘某与姜某在厮打过程中，刘某始终处在夺刀的紧急状态之下，被告人击打被害人，在极短的时间内连续发生，与夺刀行为属于同一个连贯的、继续的、无停顿的动作。姜某在刘某夺刀时，脸朝下被拽倒在床上，接着也是面部朝下被拽到地上，鼻子是否碰到床角或者地面造成伤害，本案并未查明。现场床有多高，地面是什么构造，均没有进行现场勘验，属于事实不清。一审判决认定被告人刘某用手击打被害人姜某面部的时间节点，系在被害人丧失反击能力，刀被夺下之后，这既不符合惯常逻辑，也没有充分证据支撑，是错误的。因此，一审判决认定被告人刘某构成故意伤害罪事实不清、证据不足。

二、即使认定伤害行为，也应构成正当防卫

退而言之，即使刘某用拳头击打姜某面部的事实能够成立，也应根据《刑法》第 20 条第 1 款规定，认定刘某构成正当防卫。

第一，刘某面临的是正在进行的不法侵害。当姜某拿刀向刘某挥舞时，刘某的生命和健康权利均受到了现实的、紧迫的不法侵害，其左腹部、右小臂因此受伤是事实。姜某先后拿出的两把刀，均属于管制刀具，一旦刺中，有可能出人命。姜某之前有暴力前科，除殴打妻子于某外，在案发前曾用仿真枪击打他人致其住院，人身危险性较大，刘某的反击具有必要性。

第二，夺刀反击是制止不法侵害的正当行为。任何人面对正在进行的不法侵害，都有予以制止、依法实施防卫的权利。当第一把刀被打掉后，姜某又拿出了第二把刀，其行为呈现升级趋势，具有很大的危险性，不法行为具有一定的紧迫性。在此情形之下，刘某反击夺刀制止姜某的不法侵害，系以“正”制止“不正”，具有防卫的正当性。

第三，刘某击打行为系连贯的防卫行为。第二把刀被打掉与击打鼻子，是紧密连贯的。此时第二把刀掉在地上，刘某用手击打姜某面部，也是为了防止姜某在地上将第二把刀捡起，明显属于在夺刀过程中制服姜某的行为，属于在同一时空制止不法侵害行为的延续。这个击打面部的行为，刘某无法预见到能否将姜某打成轻伤二级，虽然造成了轻伤二级的客观后果，但是防卫措施并未明显超过必要限度的，不属于防卫过当，依法不负刑事责任。

值得欣慰的是，二审出庭检察员当庭发表了“建议二审法院将本案发回重审”的意见，并被合议庭采纳。笔者的辩护意见得到认可，不仅达成了二审发回重审的目标，还形成连锁反应，将有效辩护的成果进一步扩大，最终实现重审中检察院撤回起诉，让刘某的权益得到维护，正义得以伸张。

复　盘

本案经历三次庭审终获无罪结果，回顾办案过程，三个维度的思考发挥了关键作用：

一是细节决定成败。逆转本案的致命一击在于同步录音录像。证人于某第三次笔录的同步录音录像光盘，这么重要的证据，直到原审一审结束也没有被拆开阅览过。笔者通过查阅同步录音录像，推翻了对被告人最不利的证人证言，也赢得了法官的认可与尊重。

二是重视庭前辩护。刑事审判如同战场，绝不能打无准备之仗，建立“庭前 + 庭审”双保险，才能逐步瓦解控方证据体系，达到有效辩护效果。本案开庭前，律师多次与检察员积极沟通案情，厘清主要争议焦点和法律适用问题，与“对手”达成共识，结果自然水到渠成。

三是逻辑与经验同等重要。美国联邦最高法院大法官霍姆斯提出的“法律的生命不在于逻辑，而在于经验”，其实，霍姆斯的原话包括“对时代需要的感知，流行的道德和政治理论，对公共政策的直觉，无论你承认与否，甚至法官和他的同胞所共有的偏见对人们决定是否遵守规则所起的作用都远远大于三段论”。这段话强调了大法官经验的重要，但是，对于刑事辩护来说，不能用自身的经验等同于裁判者的经验，不能用整体的经验惯性代替对个案的逻辑思考，本案中对证据的分析，就体现了逻辑的力量。

证据运用

在刑事诉讼中，关于同步录音录像的性质界定存在争议，主流观点认为同步录音录像不是一种独立的证据。但是，当讯问 / 询问笔录的真实性与自愿性存疑时，同步录音录像的作用不言而喻。笔者总结以下三点经验，谨供参考：

第一，争取辩护人查看同步录音录像的权利。实践中，在审查起诉阶段，如果未申请非法证据排除，辩护人要求查看同步录音录像，检察机关往往会依据最高人民检察院法律政策研究室《关于辩护人要求查阅、复制讯问录音、录像如何处理的答复》予以回绝。但是，这一答复的效力并不及于人民法院，在审判阶段查看要求更容易获得许可，但一般仅允许当场查看而非复制。

第二，争取当事人查看同步录音录像的权利。当事人是讯问 / 讯问过程的亲历者，对场景与细节记忆更加清楚，查看同步录音录像更有针对性，也更有效率。实践中，经过争取，法院可以准许当事人自行查看，要让当事人成为律师的帮手。如果同步录音录像显示的内容与笔录一致，也能让当事人心服口服。

第三，争取当庭播放录音录像的权利。在同步录音录像没有问题的情况下，公诉人有时会提请法庭当庭播放相关时段，以强化取证合法性与供述真实性。相应地，在同步录音录像显示笔录不实的情况下，辩护人也可以申请当庭播放，尤其在公开开庭案件中，会起到非常好的效果。

釜底抽薪：质疑《价格证明》以推翻价格认定

● 吴凤姣[1]

突破思路

在侵犯商标权刑事案件中，商标所有人通常会出具一份《价格证明》，列明侵权产品对应的被侵权产品的市场价格，该证明是价格认证机构出具鉴定意见即《价格认定结论书》的主要依据。由于被侵权产品多为知名品牌，真品的市场价格往往几倍甚至几十倍于侵权产品销售价格，这就直接影响到犯罪数额的认定与被告人的量刑。尽管被告人会积极主张实际的销售价格，但是不破不立，如果不能推翻《价格认定结论书》的核心基础《价格证明》，则难有招架之功和还手之力。釜底抽薪，拔本塞源，才能扭转被动局面。

案情简介

被告人刘五因涉嫌假冒注册商标罪被立案侦查，2019 年 2 月 26 日，被告人刘五在其公司内被抓获归案。公诉机关指控的主要事实如下：2015 年 8 月，被告人刘五成立某服饰有限公司，开始生产服装。2018 年 11 月，刘五明知未得到

1　盈科佛山刑事法律事务部主任。

注册商标所有人许可，接受外国人“阿里”的订单，安排工人生产假冒FENDI、FILA、Champion等注册商标的童装T恤，并予以销售。2018年12月27日，民警查获上述公司工厂，现场起获假冒FILA注册商标服装4842件、假冒FENDI注册商标服装900件、假冒Champion注册商标服装700件。经鉴定，现场起获的假冒FILA、FENDI注册商标服装5742件，共计价值11,234,160元（注：其中假冒FILA的服装鉴定单价为每件480元，假冒FENDI的服装鉴定单价高达每件9900元）；起获的假冒Champion注册商标服装700件，无法核价。公诉机关据此认定，被告人刘五的行为构成假冒注册商标罪，且属“情节特别严重”。

刘五承认有假冒注册商标的行为，但辩称其实际销售涉案侵权服装的价格平均每件不到20元，现场起获的服装总价不到10万元，其对高达上千万元的鉴定价格表示无法接受。在生产、销售服装过程中，刘五自知可能涉嫌犯罪，其不敢在侵权服装上标价，也不敢向交易对方出具收据、发票等正规单据，但其一直有手写记录产品报价的习惯，记录内容包括每款服装的吊牌编号及该款服装不同年龄段的报价（童装通常按年龄段确定尺码，进而区分定价）。其记录的吊牌编号与现场查获的部分服装上的吊牌编号能够相互对应，其记录的报价即为实际销售价格。在审查起诉阶段，律师曾向检察官提交过报价记录本的复印件，但检察官以该书证并非侦查机关提取、有事后伪造之嫌为由未予采信，仍然坚持按鉴定价格提起公诉。刘五没有自首、立功、从犯、未遂等可以从轻、减轻处罚的情节，如公诉机关的指控成立，按照当时的刑法规定，其依法应被判处三年以上七年以下有期徒刑。

刘五与其妻育有两个孩子、均未成年，在刘五被抓时，其妻已怀有第三胎。如果判处三年以上有期徒刑，意味着刘五将没有获得缓刑的机会，意味着其短时间内都无法恢复自由，这对刘五个人、家庭及其经营的公司而言，无疑将是一个巨大的打击。

办案过程

笔者接受委托时，本案已进入一审审理阶段。通过会见，笔者了解到刘五的实际销售价格与鉴定价格相差甚远，如果按照 10 万元实际销售价格计算，量刑也就在一年左右，而能够证实实际销售价格的书证，即报价记录本，是可以向其家属调取的。笔者认为，这个案件非常值得争取，有很大的辩护空间。

2004 年最高人民法院、最高人民检察院《关于办理侵犯知识产权刑事案件具体应用法律若干问题的解释》(以下简称《解释》)明确规定："已销售的侵权产品的价格，按照实际销售的价格计算。制造、储存、运输和未销售的侵权产品的价值，按照标价或者已经查清的侵权产品的实际销售平均价格计算。侵权产品没有标价或者无法查清其实际销售价格的，按照被侵权产品的市场中间价格计算。"也就是说，实际销售价格才是司法机关认定侵权产品价格的首选，只有在实际销售价格无法查清的情况下，才适用"被侵权产品的市场中间价格"即鉴定价格的标准。但是，本案恰恰在有实际销售价格证据的情况下，以鉴定价格作为犯罪数额的认定依据。

辩护思路很清晰，提交证明实际销售价格的书证，说服法官弃用《价格认定结论书》，以实际销售价格而非鉴定价格作为定案依据。问题是，如何做到?

一、釜底抽薪，质疑《价格证明》以推翻《价格认定结论书》

本案之所以鉴定价格过千万，主要是因为被侵权的商标 FENDI 是世界著名奢侈品牌，真品价格昂贵。刘五假冒 FENDI 的长袖 T 恤鉴定价格每件高达 9900 元，900 件总价即 891 万元！这一鉴定价格恰恰源自 FENDI 商标所有人出具的《价格证明》。该《价格证明》清楚列明，刘五的假冒服装对应真品型号为"FENDI FS7034A43CF12Q2"，国内市场销售价每件 9900 元。

以往办理同类案件时，笔者发现商标所有人及其委托的商业维权机构在判定和选取对应真品时存在不严谨甚至相对随意的情况，主要表现为选取的对应真品的外形、款式与侵权产品相似度不高，或是存在多款相似真品时，选取的对应真品不是相似度更高且价格更低的。

鉴于此，笔者认为有必要了解本案对应真品的情况，首当其冲的自然是最昂贵的“FENDI FS7034A43CF12Q2”。笔者先查询了 FENDI 官网，但官网展示的商品数量有限，没有发现这款服装；之后又查询国内较为知名的售卖奢侈品的网站“京东”“寺库”，意外发现该款商品为成人女装，并非涉案童装款式，并且两个网站的标价分别为 4999 元、4377 元，几乎只有鉴定价格的一半。同时，笔者在京东网查询“FENDI 童装”，发现一件与涉案侵权服装、上述“FENDI FS7034A43CF12Q2”成人女装都比较相似的童装真品，售价仅为 1966 元。

有了上述发现之后，笔者继续核实 FILA 商标所有人提供的《价格证明》列明的对应真品的情况，结果发现存在同样的问题：《价格证明》列明的对应真品型号为“FILA F11M818106F”，国内市场销售价每件 480 元；该品牌官网显示，“FILA F11M818106F”为成人男装，吊牌价格 480 元、网站销售价格 419 元；天猫网“FILA 斐乐童装旗舰店”显示，有一件与涉案侵权服装、上述“FILA F11M818106F”成人男装都高度相似的童装真品，售价仅 224 元。

显然，FENDI、FILA 的商标所有人都没有注意到涉案侵权服装为童装，仅凭侦查机关拍摄的图片就草率匹配了所谓的对应真品，并出具了相关的《价格证明》。笔者下载了前述网站查询资料提交给法庭，并据此指出：本案被告人刘五公司生产的是童装，侦查机关在现场查获的所有侵权服装也都是童装。童装与成人服装的消费对象不同，两者涉及的工艺、材质、时尚元素、设计含量等均有显著差别。即便同一品牌、类似款式，两者的定价也有相当差距，童装价格通常低于成人服装，奢侈品牌服饰更是如此。本案中，FENDI、FILA 的商标所有人都有生产、销售童装，并且存在与涉案侵权童装高度相似的童装真品，当然应该提供相应的童装真品供侦查机关、价格认证机构参考。因此，他们出具的以成人服装为对应真品的《价格证明》与本案不具有关联性，不应作为本案的证据使用，而以这些《价格证明》为依据的《价格认定结论书》，同样不应作为本案的证据使用，更不能作为认定犯罪数额的依据。

二、层层深入，促使法庭以辩方证据作为定案依据

通过以上工作，笔者已经否定了《价格证明》的效力，推翻了《价格认定结论书》，但仅仅这样还不够：如果法庭决定重新鉴定，由于对应的童装真品售价还是较为昂贵且仍然高于侵权服装的实际售价，重新鉴定的价格总计亦将超过15 万元，被告人刘五面临三年以上有期徒刑的困境仍未发生实质性改变。因此，当务之急，还需尽快完善辩方的证据锁链，增强辩方证据（主要是报价记录本）的可信度、可采性，最终说服法庭以辩方证据作为定案依据，按实际销售价格来认定本案的犯罪数额。

在会见刘五之后，笔者又向刘五家属、公司员工了解情况，询问是否有其他证据可以印证报价记录本的真实性。在此过程中，笔者得知：刘五公司内部为组织生产会向工人出具《生产工艺单》，《生产工艺单》列明的服装“款号”与报价记录本上的吊牌编号相对应，并且《生产工艺单》还写有每款服装的成本价，可以据此推断实际销售价格。同时，刘五公司向客户发货时有《送货单》，该单据上虽然没有价格信息，但也有与报价记录本相对应的吊牌编号，在一定程度上印证了报价记录本的真实性。

虽然有了《生产工艺单》《送货单》的印证，报价记录本的可信度得以大大提升，但还需进一步打消法庭的疑虑——该报价记录本是否事后伪造？事实上，这也是笔者所担心的。笔者对家属提交的报价记录本进行了仔细审查。这是一本厚约2厘米的笔记本，据刘五所述其自2015年设立公司时便开始使用，截至案发已3年有余。笔者发现，该记录本纸页已发黄、有卷边，可见确实已使用较长时间；里面有记录每次报价的日期，在时间上具有连续性；刘五被抓前最近一次的报价记录，所记载的吊牌编码包含了部分被查获的侵权服装上的吊牌编码而非全部，这与刘五解释的"案发前部分侵权服装还未报价"的情况相符，同时也能从侧面证实刘五家属没有事后伪造，否则伪造全部侵权服装的报价记录岂非对刘五更有利？综合以上几点，笔者判断该报价记录本应当是真实的。

笔者向法庭提交了报价记录本、《生产工艺单》《送货单》，并进行充分论证，提出根据《解释》的规定及"疑点利益归于被告人"的原则，应当按实际销售价格认定本案的犯罪数额。与此同时，笔者还积极促成刘五家属代为向本案商标所有人退赔，相关材料也提交给法庭，并据此请求对刘五从轻处罚。

最终，法庭采纳了笔者的辩护意见，判决"根据辩护人提交的报价记录本……本院认定本案假冒FILA、Champion、FENDI注册商标的服装的实际销售平均价格分别为每件12元、20.25元、18元。根据相关法律规定，应按查清的实际销售平均价格计算侵权产品的非法经营数额，按照起获的数量，经计算，本案的非法经营数额88,479元，采纳刘五的相关辩解及辩护人的相关辩护意见……被告人刘五犯假冒注册商标罪，判处有期徒刑七个月，并处罚金人民币五万元……"。

2019年9月25日，刘五刑满释放，如愿见到了其出生刚2个月的小女儿。

复　盘

本案案发地制假售假案件相对高发，其中不乏假冒奢侈品牌的案件，但凡按真品鉴定价格，案值动辄上千万甚至过亿元。此类案件中，一方面，被告人多数如刘五一样，为逃避打击选择不标价、不留下价格单据，导致案发后缺乏反映实际销售价格的书证；另一方面，侦查人员为节约时间、保证证据的可信度，往往也怠于收集相关书证，宁愿径行委托鉴定。

笔者办理及检索的此类案件，无一例外都有真品的《价格认定结论书》，而反映实际销售价格的书证基本上是缺失的。部分被告人自行提交的书证，法庭也不会轻易采纳。本案亦如此。在笔者提交相关书证之前，仅有刘五自己的供述反映实际销售价格情况，若非《价格证明》《价格认定结论书》出现重大错误，法庭未必考虑采信辩方证据。

实践中，基于经验法则，法官也清楚真品与侵权产品售价悬殊，如果条件具备，人性司法的法官也乐于按实际销售价格认定犯罪数额，给被告人一个公正的处罚。因此，要想给法官提供动力，就必须“双管齐下”，既要完善己方的证据链条，又要动摇控方的证据体系，从而提高己方证据的采纳率。

证据运用

在刑事诉讼中，价格认定结论是常见的证据类型，实践中争议也非常大。就价格认定结论的质证，笔者认为有三个问题需要重视：

1. 价格认定标的的真伪是否已查明。在侵犯知识产权案件、生产、销售伪劣商品案件中，以及在涉及奢侈品、金银珠宝、文物、字画、钟表、烟酒等物品的刑事案件中，对涉案财物进行价格鉴定之前首先应进行真伪鉴别（包括由鉴定机构鉴定、由商标所有人辨别等）；如果确定为“伪”，还要查明对应真品是哪一个。这是我们审查价格认定结论的前提。

2. 用于价格认定标的的图文资料与案件是否具有关联性。在涉案财物灭失、或虽未灭失但由于各种原因没有提供实物的情况下，侦查机关委托价格认定时必然会移送反映标的名称、类别、品牌、型号、新旧程度、销售价格等各项特征的图文资料，此时就需要结合本案其他证据（包括被告人供述、被害人陈述、现场勘查记录、扣押物品清单等），严格审查这些图文资料与价格认定标的是否同一、相符或是具备其他关联性。

3. 价格认定过程是否符合规定。正所谓“失之毫厘，缪以千里”。如果在具体价格认定中，使用了错误的价格认定规范，则可以针对其合法性和科学性提出相应的质疑意见。如果在常见的市场法中，价格认定人员所作相应的市场调查未依据当时当地标准进行，或者出现房产交易的基准日选取错误，以及对一级市场、二级市场选取错误等情形，价格认定结论较客观事实就会相去甚远。

蛛丝马迹：案件的真相源于生活的真实

陈启明[1]

突破思路

近年来，男女一方在婚姻、恋爱期间，通过虚构部分事实的方式向对方借款，离婚或分手后仍没有返还的情况屡见不鲜，究竟是借贷纠纷还是诈骗犯罪，司法机关处理结果因案而异。笔者认为，对于婚恋类诈骗犯罪指控，应当着重审查财产交付人交付财物时的主观认识，是基于对方虚构事实而陷入了错误认识，还是基于感情自愿交付财产，不能仅看案发后的言词证据，还要关注日常交流的信息留痕，用原始证据反驳具有主观倾向性的证据。

案情简介

2016年3月，被告人刘某（男）通过网上交友软件结识被害人胡某，两人于一个月后确定男女朋友关系。刘某在深圳某工程公司担任公司高管，胡某在武汉某企业工作，因两人工作异地，故大多时间通过网络沟通联系，一个月才能见一次面。后因聚少离多，双方均厌倦了因生活琐事而无休止争吵的生活，2017

1 盈科武汉刑事法律事务部主任。

年年底，两人近两年的恋爱关系终以分手而宣告结束。2018 年 1 月，刘某与他人登记结婚。

2018 年 5 月胡某向其所在地公安机关报案，称刘某涉嫌诈骗，要求公安机关立案侦查。公安机关于 2018 年 8 月刑事立案。由于身体原因，刘某被采取了取保候审的强制措施。

经侦查，公安机关认定：2016 年 5 月至 2018 年 3 月，刘某在与胡某谈恋爱期间，以承接工程、开办公司需要资金等名义，多次诈骗胡某钱款累计 79 万元（货币名称为人民币，下同）：

1.2016 年 4 月，刘某向胡某谎称，其已将自己所任职的某工程公司承包的某装修工程中部分施工项目自行承接下来，以需要垫付资金购买装修材料为由，向胡某借款 20 万元用于投资该项目。胡某信以为真，通过手机银行向刘某银行卡转账 20 万元。

2.2016 年 11 月，刘某向胡某谎称，其要跟其所在公司总裁李某一以及该总裁好友李某二合伙成立一个新的公司，并以需要资金入股为由向胡某借款 25 万元。胡某信以为真，向刘某银行卡转账 25 万元。

3.2017 年 2 月，刘某又以新公司需要补充投资款为由向胡某借款 15 万元。胡某信以为真，通过手机银行向刘某银行卡转账 15 万元。

4.2018 年 1 月，刘某与他人登记结婚。3 月，刘某隐瞒其结婚的事实，继续与胡某保持恋爱关系，还向胡某谎称其承接了某宾馆改造工程，并以需要资金交纳工程保证金为由向胡某借款 19 万元。胡某信以为真，通过手机银行分 3 次向刘某银行卡转账 19 万元。

基于上述事实，公安机关指控刘某具有非法占有为目的，采取虚构事实、隐瞒真相的方法，骗取他人财物，数额特别巨大，以刘某涉嫌诈骗罪移送检察院审查起诉。

该案移送审查起诉后，分别于2020年6月、8月两次因事实不清、证据不足被退回公安机关进行补充侦查，同时三次延长审查起诉期限。经审查，检察院最终认定该案事实不清、证据不足，不符合起诉条件，对刘某作出存疑不起诉决定。

办案过程

预约来所面谈的刘某，神情紧张，满面愁容。刘某在交谈过程中陈述了案件经过，坚称自己与胡某交往过程中，虽然有接收胡某钱款的事实，但该钱款不是诈骗所得，而是借款；两人之间的纠纷，属于情人之间基于情感纽带而发生的借贷纠纷，公安机关不能作为刑事案件立案侦查。前期被取保候审后，刘某就以为没什么事了，直到接到检察院通知后，才知道其因涉嫌诈骗罪，公安机关侦查终结，已经将案件移送至检察院审查起诉。此时，刘某才意识到问题比自己想象的要严重得多。

通过刘某简要描述，笔者脑海中闪现出曾经办理的通过恋爱、结婚等方式诈取钱财的案件，不禁产生各种联想：公安机关指控中，刘某是否存在利用PUA方式骗钱骗色行为？是否利用婚恋关系骗取他人财物？但同时，作为辩护人，本着质疑求真的态度，笔者不禁又产生疑问：刘某是否真的具有非法占有的目的？胡某是否是以诈骗为借口而索要分手费？胡某是否在刘某婚后，因爱生恨，愤而控告对方诈骗？

笔者初步阅卷后，颇有沮丧之感。从表面上看，公安机关指控刘某犯诈骗罪思路清晰、证据环环相扣，基本事实充分，已经形成较为完整的证据链，刘某行为涉嫌诈骗似无悬念。具体表现：

第一，证人证言与受害人陈述相互印证。本案的言词证据中，被害人供述和证人证言基本一致，唯有刘某供述与之相差甚远，公安机关认为刘某在狡辩。

第二，刘某确实存在部分虚构事实、隐瞒真相行为。刘某虚构其承包工程需要资金等事实，隐瞒了其已结婚等真相；结婚后还继续与胡某保持恋爱关系并继续向胡某借款。

第三，刘某确实收到胡某79万元转款。刘某银行账号上收取了胡某79万元的事实，有书证予以证明。

种种不利事实摆在面前，如果诈骗罪指控成立，刘某将被判处十年以上有期徒刑。如此“事实清楚、证据确实充分”，辩护律师应该如何破局？

通过再次深入阅卷及研判，笔者发现，在案证据材料看似逻辑上严密，但就诈骗罪的构成要件而言，刘某主观上是否具有非法占有目的，以及被害人胡某交付财物时是否基于错误认识，这两个关键事实，现有证据并不能充分证明。基于此，在公诉机关两次退回补充侦查期间，重点开展两项工作：

首先，反驳公安机关的指控逻辑。

一方面，指出在案证据不能证明刘某具有非法占有的目的。实践中，“非法占有目的”的判断主观性相当强，但根据主客观相一致的原则，“非法占有目的”的认定，既要避免单纯根据损害后果进行客观归罪，也不能仅凭行为人自己的供述证明，而必须坚持客观基础上的主观判断。即在查明客观事实的前提下，根据一定的经验法则或者逻辑规则，认定行为人的主观目的。同时，“赃款”的去向也是认定行为人主观目的的关键。本案中，胡某转给刘某的79万元，到底去向如何？现有证据表明，刘某不能准确说明79万元资金流向，公安机关据此推定，刘某具有非法占有目的。本人认为，公安机关的推定站不住脚。

最高人民法院《关于审理非法集资刑事案件具体应用法律若干问题的解释》规定：“使用诈骗方法非法集资，具有下列情形之一的，可以认定为‘以非法占有为目的’：……（七）拒不交代资金去向，逃避返还资金的。”参照该规定，拒不交代资金去向，还必须以“逃避返还资金”为前提。那么，刘某是否具有“逃避返还资金”的意图呢？从证据上看，没有任何证据证明刘某具有“逃避返还资金”的目的，相反，有部分证据证明，刘某一直在从事经营，部分款项也进入了相应项目投资。一个从事投资经营的企业高管，在正常运营期间，资金没有及时回笼，虽不能说出 79 万元的去向，但绝没有逃避返还的目的，如此来看，刘某的行为怎么能被视为具有非法占有目的的呢？

另一方面，指出胡某向刘某转款并非基于错误认识。向刘某转账时，胡某是否具有错误认识？按照公安机关逻辑，胡某正是基于刘某虚构了工程项目需要、入股需要等不存在的理由，让胡某产生了错误认识，自愿地向刘某转款。笔者认为，这种推论不能成立。胡某向刘某转账，不是因为具有错误认识，而是因为两人之间存在恋爱关系，基于双方情感，胡某才自愿交付财物。2018 年 3 月份，刘某虽然登记结婚，但仍然与胡某保持同居关系，对刘某投资项目经营的实际状况也应该有一定的了解，在此情形下，仍难以说明胡某转款的行为具有错误认识。

其次，收集辩方的有利证据。

二次退查后，案件重新审查起诉。笔者认为，仅凭在案证据论证，很难实现推翻指控的目的，必须挖掘有利于刘某的证据，相对于言词证据，实物、电子证据等可能更有说服力。经与刘某多次沟通，反复帮助其回忆，笔者获取了有价值的证据线索，并且调取到了改变案件走向的两套关键证据。

一是关于 79 万元用途的证据。银行流水显示，胡某转入的资金，刘某部分用于发放工人工资，部分用于两人同居共同生活期间的生活花销，刘某向胡某转款用于生活开销的明细仍有留存。这说明，刘某与胡某共同生活期间，两人的财产形成了部分混同，刘某用于发放工人工资和日常生活消费的行为，也属于正常的生产生活开支。刘某的支出明细尽管不能完全与 79 万元一一对应，但大体能真实反映刘某没有将该款用于挥霍。

二是关于胡某转款时并没有陷入错误认识的证据。刘某提供的一份电子邮件中记载：胡某首先称呼刘某为“臭蛋”，同时坦陈知道刘某一直在“欺骗”她，但“不直接点穿”，觉得刘某“也可怜的”，“看重的不是钱，而是感情”，所以，“愿意无条件地尽本人所能，帮助你实现你的梦想”。该邮件中还要求刘某归还欠款，同时还附上《欠款明细表》。据此可知，之前刘某通过部分的“虚构事实”向胡某借款，胡某是知情的，只是“不直接点穿”，并愿意无条件地尽力帮助。由此可见，胡某的转款不是基于错误认识，而是感情。

基于以上证据，笔者再次向检察院提交辩护意见，明确指出刘某提交的证据能够证明刘某没有非法占有目的，也能够证明胡某向刘某转款时没有认识错误。据此，刘某行为不构成诈骗罪。经过积极有效沟通，检察院反复斟酌、集体讨论后，最终作出了不起诉决定。

复　盘

男女双方在婚恋期间，会经常有一些金钱往来。情投意合时，可能不仅借钱，给钱对方都愿意；一旦分手，不乏逼迫还钱甚至控告诈骗的情况发生。遇到此类情形，到底认定刑事诈骗，还是民事纠纷？笔者办理本案时，注重从以下几点出发：

第一，详细向与当事人了解交往过程，从细节挖掘合理怀疑。本案中，笔者重点关注两人在一起的时间，共同生活时金钱是否混合使用，以及分开时打电话或微信聊天的频率、双方是否经常为对方购买礼物、赠送礼品等细节。双方在一起时感情浓厚，这让笔者对刘某涉嫌诈骗胡某产生合理怀疑。

第二，找准切入点，论证胡某交付财产时并未陷入错误认识。本案中，笔者从大量邮件往来中抽丝剥茧，找到本案的关键证据。双方的对话记录，能够证实胡某交付财产并非基于刘某的借款理由，而是无论什么理由需要，胡某都基于感情自愿支持刘某。这足以说明胡某并未陷入错误认识，刘某并不构成诈骗罪。

第三，在审查起诉阶段与承办检察官真诚沟通，引起检察官的重视。本案中，笔者与检察官沟通中，站在中立角度审视案情，帮助其分析案件存在的不足，指出控方证据明显存在漏洞。在调取到关键证据后，又进一步做无罪论证，检察官感受到笔者的真诚，"内心确信"产生了动摇，最终两次退回补充侦查，作出不起诉决定。

证据运用

证据为定案之根本。刘某案件中的"电子邮件"证据，是成功破局的关键。在日常办理案件中，电子证据的审查与运用，值得刑事辩护律师的高度关注。

第一，提升电子证据审查的专业性。最高人民法院、最高人民检察院、公安部《关于办理刑事案件收集提取和审查判断电子数据若干问题的规定》对电子证据的收集、提取、移送、展示、审查与判断作了详细的规定，辩护人应当熟练运用电子证据规定，就存储介质、完整性校验值、网络远程勘验、数字签名等问题提出专业审查意见。虽然电子证据审查的专业性较强，但是认真查看和比对原始载体仍是最为重要的，尤其涉及语音的部分，必须亲自播放和对比，可能会有意外收获。

第二，重点关注电子数据收集的完整性。一般而言，证据的完整性是相对的。比如，侦查机关只调取几个月（乃至几年）之前的聊天记录，而忽视后期的聊天内容；或者当事人有两个以上的微信号码，都存在与案件相关的内容，但只调取了其中一个微信聊天记录。除此之外，还存在往来电子邮件、电话短信、支付宝转款时的留言等，都多少与案件存在关联。辩护人在梳理侦查机关提供的证据时，应当重点审查有无遗漏的部分。实践中，如果经辩护人申请，公安机关仍然未完整调取的，辩护人可以依职权调取证据，但仍要符合电子证据提取和存储的相应规范。

创造条件：从认识和控制能力角度降低主观恶性

胡　瑾[1]

突破思路

刑法中对精神病人和醉酒的人的刑事责任能力有特殊规定，辩护律师在办案过程中，应关注到这类特殊情形，根据案情适时、大胆向司法机关提出建议，推动司法机关经法定程序鉴定当事人的刑事责任能力。即使司法机关不启动鉴定程序，或者经鉴定当事人的刑事责任能力没有问题，辩护律师也可以通过这一过程，从当事人的认识和控制能力有所削弱的角度来主张主观恶性较低，并结合案件的客观危害结果使当事人能罚当其罪，实现有效辩护。

案情简介

2020年6月的一天，J市一位老律师经过多方打听找到笔者，希望聘请笔者为自己的弟弟进行辩护。这位J市律师，已执业多年，是什么原因让身为律师的他都犯了难？

原来就在6月，J市某派出所接到某实验中学教师带着学生来报警，声

1　盈科合肥刑事法律事务部主任。

称该校多名同学在学校附近，被一名 40 多岁男子多次在上学和放学路上言语侮辱。该男子的行为引起了部分学生和家长的恐慌，也引起了公安机关的重视。通过办案民警的调查走访和学校附近的监控录像，最终确定刘某就是该行为的实施者，然而让人出乎意料的是，刘某竟然是本地乡镇小学的一名教师。身为人师，行为却大相径庭，个中缘由如何，才会有如此反常行为?

刘某归案后，自称多年以来每天都有大量饮酒的习惯，并且经常酒后失忆，并不记得自己是否实施过滋扰和言语侮辱别人的违法行为，这样的辩解出乎办案人员的意料。办案民警在之后的调查中发现，当时受滋扰的学生已有十多人，案情披露后，随即在当地引起一阵轩然大波，受扰学生家长和学校都强烈要求公安机关严惩刘某。办案民警对刘某家属称，由于刘某行为性质恶劣且没有认罪悔罪的态度，公安机关将以此案作为侵犯未成年人权益的典型案件处理，遂以刘某涉嫌“寻衅滋事罪”立案侦查，并将刘某刑事拘留，羁押在当地看守所。

刘某妻子也是一名教师，她深知该案在学校周边已经造成的影响，面对民声难平的舆论和办案民警透露出来的刘某“不认罪”的态度，刘某妻子和刘某哥哥都认为案件难度大，甚至担忧案件办理过程中可能会受到干扰，经过仔细考虑，希望能委托专业律师进行辩护，争取让刘某罚当其罪。

笔者接受委托后，安排团队钟磊律师配合办理该案件。经过两位律师专业的辩护，在促成检察院对刘某作出不批准逮捕的决定后，在公安机关移送检察院审查起诉期间，律师又根据阅卷情况，提出了刘某的行为不构成犯罪的辩护意见，诸多努力后，检察院将案件退回公安机关补充侦查，虽几经波折，但最终J市公安机关还是作出了撤销案件的决定。

办案过程

接受委托之后，笔者与钟磊律师第一时间前往J市看守所会见刘某。刘某称，“我每天早上一起床，只要不去上课就得喝酒。每天只有把自己喝多了，往那里一躺，什么都不用想了才‘得劲’（方言，舒坦、舒服的意思）”。长期酗酒？酒后失忆？面对这一番陈述，笔者脑海中呈现各种画面。

会见结束后，笔者与钟磊律师立马会诊，发现犯罪嫌疑人陈述与其家人对刘某的介绍都基本相同。笔者根据办案经验和精神病学知识，初步认为刘某已经形成酒精依赖，其有可能是一种“酒精中毒性精神障碍”。决策似鹰扬，腹中藏韬略，大胆假设之后，笔者让钟磊律师立即撰写《取保候审申请书》提交给侦查机关，提出刘某的刑事责任能力有待确认的辩护观点。

本以为有利于推进案件，可办案民警却认为，如果刘某的刑事责任能力存在问题，反而更应该将其先羁押起来，以避免产生新的社会危害。刑事案件当事人身陷囹圄，自己和家人均陷入极度无助的状态，都说刑辩律师办的不只是案子，更是别人的人生，因此，我们绝不轻易放弃任何一个能够让当事人重获自由的机会。在取保候审申请不被公安机关准许后，两位律师立即联系并指导刘某家属，把刘某曾住院治疗的病案资料和日常生活表现形成书面材料，并撰写《关于犯罪嫌疑人刘某涉嫌寻衅滋事罪一案建议检察机关作出不批准逮捕决定的法律意见书》提交给检察机关。

法律意见书详细论证了检察机关应作出不批准逮捕决定的理由：(1)刘某涉嫌寻衅滋事的行为没有达到入罪的标准，尚不够刑事处罚，予以治安处罚即可；(2)刘某虽为教师，并没有利用职业便利，不能因他的身份而认为是情节恶劣；(3)刘某长期每天大量饮酒，有过多次酒后丢失物品、迷路、摔伤、酒后失忆的情况发生，极有可能是患有“酒精中毒性精神障碍”的精神病人，刑事责任能力有待确认；(4)若检察机关对刘某不批捕逮捕，采取取保候审的强制措施，家属会将刘某送往专业的精神病医院进行封闭戒酒治疗，以避免产生新的社会危害，不碍案件侦查；(5)从实现惩罚与教育相结合的社会效果来说，对刘某不批准逮捕更有利于案件的后续处理，即使后期查证刘某的刑事责任能力没有问题，其行为也应当用刑法来定罪处罚，待法院作出有罪判决后再收押执行更符合打击犯罪和保障人权并重的理念。

为了计出万全，钟磊律师在公安机关提请逮捕前，再次前往看守所会见刘某，与刘某交流辩护思路，并叮嘱其审查批准逮捕期间提审的注意事项。为了充分表达对这起案件的辩护意见，钟磊律师向检察院提交书面法律意见后，又在连续暴雨的恶劣天气下，驱车几百公里与检察官当面沟通。

笔者为什么对精神病学如此了解？怎么会想到刘某可能是精神病人？律师独出机杼的观点和另辟蹊径的做法，引起了检察官的关注。因为，笔者曾在自己承办的一起央视报道的重大案件中专门研究过法医精神病学方面的专业知识。大胆假设，小心求证，这是科学研究思维方式。在刑事案件办理中，这种思维方式对律师也有一定的借鉴意义。大胆假设当事人刑事责任能力可能存在问题，审时度势给出对策。对案情擘肌分理、全力以赴，两位律师的专业和细致得到了检察官的高度认可，最终促成检察机关作出不批准逮捕的决定，刘某也在被羁押看守所30余天后重获自由！

刘某被取保候审后，其家属立即将刘某送去治疗，可由于侦查机关启动对刘某精神病鉴定程序时，刘某在精神病院已经治疗两个多月，鉴定意见认定刘某具有完全的刑事责任能力。公安机关遂再次传唤刘某，以涉嫌“寻衅滋事罪”移送审查起诉。得知结果的刘某和家人害怕被定罪处罚，笔者耐心进行劝解，并积极准备下一步辩护方案。

公安机关侦查认定刘某实施了六起寻衅滋事的行为，认为刘某的行为已触犯《刑法》第293条之规定，涉嫌寻衅滋事罪，并且刘某到案后拒不供述自己的犯罪事实。检察官在阅卷后认为，鉴定意见显示刘某的刑事责任能力没有问题，既然有证据证明刘某实施了寻衅滋事的行为，结合刘某身为教师，受害人都是在校的未成年人的特殊案情，检察机关需要对这起案件严肃处理。

为此，辩护律师反复多次到案发现场考察，结合证据材料，向检察机关提出《刘某涉嫌寻衅滋事罪一案审查起诉阶段辩护意见》，辩护意见认为：(1)涉嫌的六起寻衅滋事行为中，有四起在时间上有不间断性，案发地点相距不远，明显是嫌疑人基于同一个犯罪故意，采取同一犯罪方法，针对不特定犯罪对象的一次寻衅滋事行为，应当认定为一起事实；(2)侦查机关认定的另一起事实，仅有被害人一人的证言证明，没有嫌疑人供述或其他任何证据材料相互印证，依法不能认定；(3)案发当时没有受害人或者他人报警，说明犯罪嫌疑人实施的寻衅滋事行为危害性小，没有造成严重后果；(4)证明犯罪嫌疑人实施的寻衅滋事行为造成其他恶劣社会影响或具有其他情节恶劣情形的证据不足；(5)刘某涉嫌寻衅滋事罪的行为均系在醉酒后所实施，虽然经鉴定其具有完全刑事责任能力，不能因此否认嫌疑人认识能力和控制能力都显著削弱的事实，主观上没有无事生非、借故生非的动机，不是寻求精神上的刺激，其主观恶性显然和一般的寻衅滋事犯罪不同。

笔者向检察官说明，刘某虽然酗酒，但都不是在教学期间，并没有影响工作。律师也指导家属提交了刘某在沾染上酗酒恶习之前在教学工作上取得成绩的证明材料。如今，刘某已被羁押三十余天，已经充分认识到沉溺酒精产生的危害；刘某家人已经对其进行戒酒治疗，避免了再犯的危险，并且愿意积极寻求本案被害人的谅解。因此，如果本案在事实不清，证据不足的情况下，仅是因为受害人是未成年人就给刘某定罪处罚，并不能达成法律效果和社会效果的统一。

与检察官沟通后不久，办案民警突然主动联系律师称，他们希望能与辩护人当面沟通。于是，钟磊律师又马不停蹄驱车前往J市，再度与承办警官坦诚交换意见。除了阐述向检察机关提出的辩护意见外，钟磊律师从人之常情常理角度和承办警官进行沟通：刘某因生活方面原因，不当地选择了借酒浇愁，形成了酒精依赖，并经常因喝酒"断片"，如果因此被定罪处罚，他不仅再度失去人身自由，还将会被单位开除公职，这个代价对他来说太过惨重。根据本案情况和受害人后期陈述，没有人再坚决要追究一个"酒晕子"的刑事责任，希望司法机关给刘某重塑自我的机会。

通过这次零距离沟通，最终本案在经检察机关退回公安机关补充侦查期间，刘某被通知前往派出所签署《行政处罚决定书》，决定对其作出治安拘留的行政处罚，因为刘某已被执行刑事拘留，所以治安拘留的处罚不再执行，公安机关撤销案件，本案得以圆满解决！

复　盘

回顾本案办理过程，辩护律师在侦查阶段无法阅卷的情况下，通过会见当事人、与家属沟通等方式详尽了解与案件有关的情况。在当事人罪与非罪不甚明朗时，从定罪事实、量刑情节以及犯罪嫌疑人的刑事责任能力等方面寻找突破口。笔者认为，本案的辩护主要得益于三个方面的积极争取：

第一，对犯罪嫌疑人的刑事责任能力提出质疑。基于对犯罪嫌疑人酗酒经历的了解，以及长期酗酒对认识能力和控制能力的影响，本案通过对犯罪嫌疑人的刑事责任能力提出质疑，为检方作出不批捕决定创造了条件，为案件的后续处理奠定下良好的基础。

第二，对在案证据与法律适用的专业分析。本案中，两辩护人正是基于对公安机关认定的“多起”犯罪事实的梳理，并且频繁与司法机关办案人员沟通，在鉴定意见认为当事人刑事责任能力不存在问题的情况下，促使一个看起来是有多起寻衅滋事事实并造成了恶劣社会影响的案件回归到理性认识。

第三，对办案人员晓之以理，动之以情。本案中，两辩护人以法理动摇了司法人员对当事人定罪处罚决心的同时，另以常情常理说服办案人员，从案件处理的法律效果和社会效果统一的角度，使司法机关认识到了适用行政处罚符合刑法谦抑性原则，更能体现司法善意和温度。

证据运用

刑法中规定了特殊人员的刑事责任能力问题，刑事诉讼法中也规定了辩护人收集的有关犯罪嫌疑人属于依法不负刑事责任的精神病人的证据，应当及时告知公安机关、人民检察院。但实践中，辩护律师往往不能发现当事人刑事责任能力方面存在问题的迹象，即使发现问题也不敢提出鉴定申请，担心司法机关不启动鉴定程序或者鉴定意见达不到预期。

笔者认为，律师的专业权威就是在不确定的结果中体现出来的。申请法定程序鉴定当事人的刑事责任能力，就是为了促进司法机关收集有利于当事人的证据，辩护律师不应有太多疑虑。以笔者的经验，律师在办案的过程中，发现当事人的言行举止和生活习惯有显著异于常人的情形时，就可以大胆向司法机关提出对当事人辨认能力和控制能力所产生的怀疑，要求进行刑事责任能力鉴定，同时提供必要的线索。即使最终未能推动司法机关启动刑事责任能力鉴定程序，至少也能让司法人员关注到当事人故意犯罪的主观恶性相对较低，从而为当事人争取到一个从轻处罚的量刑情节，以达到有效辩护的目的。

兵贵神速：真相蕴含在客观证据中

侯志远[1]

突破思路

当事人在侦查阶段被批捕前的37天往往被业界称为“黄金救援期”。在这寸阴是竞的37天里，客观证据更能还原事实，更有说服力，但也更需要律师调取。而在此阶段，证据的调取往往被认为存在重大风险。其实，看似风险，更是机遇。时不我待，兵贵神速，律师在此期间依法合规、精准高效地收集调取证据，才能实现突破，为最终案件逆转奠定基础。

案情简介

2019年年初，以“权健事件”为导火索，国家市场监管总局对保健品整治力度不断加大。春节期间，全国各级市场监管部门对保健品市场监管加大清查，“百日行动”如火如荼。本案即发生在这个大背景下。

2019年4月，赵某某与手下6名员工因向老年人销售某品牌核酸产品，被其中一名客户以诈骗报案。公安机关随即组织大量民警，突击检查，当场将赵某

1 盈科济南刑事法律事务部二部主任。

某及员工抓获，并当场扣押了公司内保健品、相关赠品及办公电脑等物品。除1名员工被取保候审外，赵某某及其余5名员工均以涉嫌诈骗罪被刑事拘留。

赵某某作为市一级代理商，如果被检察院批捕，下一步则很有可能被定罪判刑，其上级——省级代理商将不可避免地被牵扯进来，进而辐射全省各县市（部分地市甚至已经发展到县一级代理）代理商。甚至还会出现“蝴蝶效应”，引发全省数万名老年人纷纷退货、报案，整个省内关于该保健品的经营很有可能被取缔，上千名经营者可能面临刑事追诉风险。

经该保健品省总代理商介绍，赵某某家人委托笔者为赵某某辩护。在了解基本案情后，笔者认为赵某某等人在当地经营该保健品多年，有注册的经营场所，且产品真实、服务周到，如果确有虚假宣传、误导消费者、价格过高等情况，也最多依据《食品安全法》《消费者权益保护法》等行政处罚即可，而不能违反谦抑性原则，直接刑法打击。并且，本案也仅有一名老年客户报案，公安机关据此认定嫌疑人涉嫌诈骗，并兴师动众将大量人员刑拘、大量保健品扣押，未免操之过急。

在充分认识到本案的形势后，笔者与其他辩护人通过向办案人员提交《取保候审申请书》，并向分管副局长、局长写信反映等形式，为在押人员申请取保候审。5名员工陆续被取保候审，但公安机关仍然认为赵某某作为公司负责人，坚持不同意为其办理取保候审，坚持要提请批准逮捕。笔者分析，本案没有犯罪事实，一旦赵某某被批捕，其他员工虽然暂时被取保候审，但将来也很可能会被追究刑事责任。因此，必须在赵某某被提请批捕时进行强力阻击。为尽快取得突破，笔者调取了大量无罪证据。2019年5月17日，在被刑拘的第37天，赵某某未被批捕，18时许，赵某某走出看守所大门。2020年5月17日，赵某某被解除取保候审。2021年8月2日，赵某某收到《撤销案件决定书》，赵某某等7人无罪。

办案过程

一、主动出击，敢于调查取证，有力夯实辩护根基

辩护人在有限的37天时间里，去公司实地查看现场多次，积极联系生产厂家、员工、客户、网络商家，收集调取大量无罪证据，共计9项100余页。具体证据如下：

1. 涉案保健品相关资质（证明涉案产品均为正规、合法生产的产品）；

2. 涉案保健品集团荣誉证书、授权书（证明涉案保健品是大品牌，且授权赵某某注册的公司经营）；

3. 经营场所商品房买卖合同、相关许可证、工商登记（证明经营场所固定、经营资质合法、经营范围一致且从事保健品行业多年）；

4. 退款银行流水、报案人配偶书写的退货清单（证明案发前已经正常退回部分钱款，报案数额不实）；

5. 经营场所"30天无理由退货""保健食品不得替代药品"的提示牌、大幅宣传展板（证明赵某某等人充分履行了告知义务，没有虚假宣传）；

6. 赵某某各种证书、社会职务聘书（证明赵某某从事保健品行业具有远高于他人的专业技能）；

7. 赵某某工作日志一本（证明赵某某平时工作中不仅没有虚假宣传，而且多次强调员工帮助客户宣传教育防骗知识）；

8. 京东涉案保健品在售价格截图（证明赵某某销售价格低于京东销售同种商品价格，赵某某等人销售价格不存在畸高情形）；

9. 大量客户回访视频光盘数张（证明大量客户对赵某某等人销售的保健品及服务高度赞扬）。

二、先破后立，结合调取证据，着力构建无罪体系

在明确反对侦查人员的有罪认定后，辩护人结合以上大量证据，从诈骗罪客观要件着手，深入分析研究。

（一）赵某某的公司合规合法

收集调取的证据显示，赵某某在当地从事保健品行业十余年，在工商管理部门均能查注册登记信息及经营范围。另外，经营场所摆放有《食品经营许可证》《营业执照》，其经营项目也为“保健食品销售”，其销售的涉案保健品，属于公司的经营范围。另外，通过保健品集团股份有限公司还能查询到特许授权证书。赵某某具有非常完善的许可资质和授权，且实际经营产品与许可经营范围相符。

（二）赵某某销售的产品资质齐全

笔者收集调取的证据显示，赵某某等人销售的产品均为合格、高端产品，包装完整，进货渠道正规。不仅如此，涉案产品还属于大品牌。笔者通过正规网站查询，涉案保健品所属集团荣誉显著，曾支持国家体育总局近20年、支持过中国航天事业，其产品还被指定为国家运动员服用保健品、国际举重联合会指定产品。

（三）赵某某的销售产品价格合理

侦查人员认为赵某某等人涉嫌诈骗的另一重要原因是利用了老年人辨识力不高的弱点，出售的保健品价格畸高，从而非法占有了他人财产。苦于言语辩解苍白无力，辩护人发散思维，尝试在京东这种大平台上查询是否有同种商品销售，进而进行价格比较。果不其然，所有涉案保健品均能在京东官网查到在售状态，且在售价格均高于赵某某等人所售同类产品价格。至此，事实胜于雄辩。

（四）赵某某的公司运营、宣传合法合理

涉案保健品均由正规生产厂家供货，其产品包装、宣传信息等足以让购买

者在购买前详细了解产品的性质、功效等，不会令购买者对产品产生错误认识而处分自己财产。公司门口赫然摆放着“30天无理由退货”、“保健食品不得替代药品”的提示牌以及宣传保健品与药品的区别的大幅宣传展板。赵某某等人履行了告知、注意义务，体现了市场经济要求的诚实信用原则。

赵某某多次召开专门会议强调全力做好售后服务和规范管理，坚决杜绝一切形式的虚假宣传。赵某某工作日志本和员工专门拍摄的视频可以证明这一点。赵某某提到，公司有关于产品的PPT宣传片，但其内容是产品“适宜”某些疾病的人群，而不是“治疗”某些疾病甚至包治百病。这两者具有本质的差别，应当区别对待，不能据此认定赵某某通过该PPT宣传片实施诈骗犯罪。

事实上，对产品的功能进行适当的夸大是常用的广告手段，这种一定程度上的夸张并不属于虚构事实、隐瞒真相。这就好比卖瓜的都会说自己瓜甜一样。适当地夸张，仅仅是促成交易，充其量是民事欺诈，不应定性为刑事诈骗。如果在一般商业惯例许可或者社会容忍范围内对商品作夸张性介绍，而交易本身还有讨价还价余地的，则不是诈骗罪中的欺诈，不需要动用刑法来进行打击。

综上，客观上，涉案合法企业既有保健食品销售许可证，所销售的保健品又是厂家生产的合格产品，即便在广告上或销售手段上有部分夸大宣传行为，那也是为促成交易、以营利为目的的民事欺诈行为，是民事纠纷，完全可以通过请求撤销合同、返还货款、行政处罚等民事、行政手段解决，无须刑事打击。

三、由表及里，深度剖析研究，强力排除诈骗主观故意

赵某某与员工投资购买了涉案经营场所，办理了完备的营业手续，全部聘用当地员工等事实说明，赵某某已经并且准备继续长期深耕本地市场，而不是为了实施诈骗犯罪。赵某某多次要求员工不得虚假宣传销售保健品，并且明令禁止欺骗客户，在主观上没有诈骗的故意。赵某某的日志本多次记录了对客户服务满意度的严格要求、及时退调货的工作强调、向客户宣传、教育避免上当受骗的服务内容以及预防消费陷阱的工作要求。员工录制的赵某某强调不得虚假宣传的会议视频录像，再次证明赵某某没有诈骗的主观故意。

复　盘

一、敏锐的洞察力

在片面、有限的有罪证据下，检察官在 7 日（期间还包括 2 日的周末时间）如此短暂的时间内作出是否批捕准定，压力及风险都很大。根据检察官员额机制及案件终身负责制要求，检察官一旦批捕错误，将会被追责。因此，检察官会非常愿意听取辩护人意见。笔者敏锐地察觉并迅速把握住了这个机会，率先找到大量当事人无罪的证据并尽快提供给检察官，最终将本案成功拦截在了侦查阶段。

二、坚决的执行力

鉴于案件的紧迫性，笔者主动出击，采取进攻式辩护策略，全方位落实调查取证和证据组建工作。在有限的 37 天时间里，5 次去经营场所实地查看现场，频繁联系生产厂家、员工，收集调取大量无罪证据，书写建议不批捕法律意见书近万字，提供附件 100 余页，为成功阻止检察官批捕抢占了先机。

三、全面的分析力

本案的焦点是犯罪嫌疑人是否构成犯罪，而辩护人的职责就是帮助分析案情，引导检察官的思考和思路。本案得益于调查取证，更得益于在大量证据上的充分论证，正是笔者提纲挈领、抽丝剥茧地分析，有效纠正了侦查偏见，最终使检察官认为本案事实不清、证据不足，不批准逮捕。

证据运用

读书须用意，一字值千金。辩护应多思，妙笔方生花。每个案件的解决，都是基于找准了切入点。一把钥匙开一把锁，每把锁不一样，钥匙也自然不同。这就需要刑辩律师发散思维，极力寻找那把对的钥匙。当前，保健品诈骗的案件在实践中较为多发，罪与非罪争议较大。不放纵一个坏人，更不能冤枉一个好人，必须在维护社会秩序和保障公民基本人权之间寻求平衡。笔者认为，保健品诈骗案件的证据审查，应当注意以下几个方面：

第一，公司假。重点审查公司是否真实存在，是否合规合法经营；

第二，产品假。重点审查销售产品资质是否齐全，来源是否正规，质量是否合格；

第三，症状假。重点审查有无虚构保健品功能，有无虚构客户症状；

第四，身份假。重点审查业务员身份是否真实，是否冒充医生、主任、院长、专家、教授等身份；

第五，承诺假。重点审查是否依约交付产品，是否存在故意躲避、失联、拒绝换货、退款等情况；

第六，模式假。重点审查经营模式是否存在套路，是否存在固定员工和客户等。

纸上得来终觉浅，绝知此事要躬行。主动调查取证，胜于一切滔滔不绝，而善于运用证据，更是有效辩护的不二法门。

精准预判：突破捕前证据的“盲点”

王长利 [1]

突破思路

“捕诉合一”改革实施以来，审查逮捕阶段的重要性更加凸显，而这一阶段律师尚无阅卷权。如果辩护人能对“看不见的证据”作出“精准预判”，有的放矢地提出辩护意见，将会对“捕与不捕”甚至案件走向起到非常关键的作用。实践中，“精准预判”既要建立在与当事人充分沟通基础之上，也要依托律师基于丰富办案经验所培养的敏锐度，但更为重要的，是要循序渐进、由表及里，耐心细致的工作是“精准预判”的前提。

案情简介

李某某是某市 A 有限公司的股东，任公司董事长；徐某某是公司总经理，系法定代表人；陈某某是该公司会计兼出纳。李某某和徐某某本是非常要好的朋友，公司的很多要职和重要事情都交给徐某某，后双方产生纠纷，徐某某离职，陈某某也随后离职。李某某怀疑徐某某和陈某某串通侵占公司财产，遂以

1 盈科长春刑事法律事务部主任。

徐某某和陈某某涉嫌职务侵占罪为由向某市某区公安分局报案。公安机关将李某某提交的A公司财务资料委托一家财务审计机构审计，审计报告显示，账面缺少现金180万元。公安机关遂将徐某某和陈某某刑事拘留。

笔者接受陈某某亲属的委托，担任陈某某侦查阶段的辩护人。据陈某某亲属介绍，陈某某并不是会计专业，只是通过徐某某介绍，李某某便安排陈某某担任公司会计兼出纳。A公司每天的现金收支都比较频繁，但很多现金收支公司董事长李某某竟然要求不记账，而且事后也不补办任何手续，公司财务管理比较混乱。陈某某人品正直，家境宽裕，是不可能拿公司一分钱的。公安机关据以认定陈某某涉嫌职务侵占罪的关键证据就是审计机构的审计报告，而陈某某辞职后因李某某并没有找来新的会计和陈某某交接，账本和记账凭证一部分放在公司办公室，一部分还在陈某某手里，故李某某提供给审计机构的财务账目有多少是和陈某某有关的尚不清楚，并且账目的来源不清。

该案看似简单，实则内情复杂。案件起因是李某某和徐某某的个人矛盾，李某某报案是否意图用刑事手段打击报复？公司的会计和出纳为什么由陈某某一人兼任？公司每天都有频繁的现金收支，为什么李某某对很多现金收支不让会计记账？公司财务管理混乱是财务人员无能还是公司有意为之？公司现金到底少没少？如果少了是在哪个环节发生的？这一个个问题在侦查、审查起诉、审判的过程中也许会逐步厘清，但对犯罪嫌疑人人身自由的保护，无疑是越早越好，救援嫌疑人的“黄金”时间一旦错过，则会陷入漫长的诉讼程序。

就在最焦虑的时期，陈某某的家属联系到笔者，希望笔者能够帮陈某某洗清嫌疑，让她早日回家。

办案过程

接受委托后，笔者马上安排时间会见了陈某某，了解到两点重要信息：第一，陈某某保证没有侵占单位一分钱；第二，审计机构审计的账目与陈某某记录的账目不符，陈某某认为是伪造的。这坚定了笔者的无罪辩护信心。

任何一场成功的无罪辩护，都离不开当事人自身的坚持与配合。笔者与陈某某进行了深入交流，给她“普及”了职务侵占罪的相关法律知识，并进行了简要分析：根据《刑法》第 271 条的规定，职务侵占罪是指公司、企业或者其他单位的人员，利用职务上的便利，将本单位财物非法占为己有，数额较大的行为。即构成职务侵占罪必须有侵占的行为，有证据证明陈某某采用侵吞、窃取、骗取等各种手段将本单位财物据为己有。换句话说，只要存在将单位的财物据为己有的行为，即使账目是平的，也可能构成职务侵占罪；如果没有将单位的财物据为己有的行为，即使账目不平，也不应构成该罪。陈某某听完，坚定地表示自己不构成职务侵占罪，请求笔者一定要帮她。

笔者感受得到陈某某的真诚，也愿意相信她。但是，按照《刑事诉讼法》的规定，侦查阶段律师不享有阅卷权，笔者如何在“神秘”的《审计报告》尚未公开之前，找出它的漏洞呢？面对这个强大的“敌人”，笔者认为不能坐以待毙，首先就《审计报告》的证明力问题与公安机关展开交涉，意在促使公安机关认识到《审计报告》依据不充分，况且只是间接证据，无法直接证明陈某某有罪。笔者重点提出三点意见：第一，应当调查核实审计机构审计的账目是否由陈某某经手，如果不是陈某某经手的账目，则与陈某某无关；第二，应当调查核实陈某某经手的账目是否与事实相符，与事实不符的账目是假账，不能作为审定事实依据的账目使用；第三，如果有证据证明单位的财物确实丢失，应查证这些财物是否为陈某某占为己有。笔者反复与侦查机关沟通，提出《审计报告》显示的公司财产损失真实性存疑，亦不能证明与陈某某的关联性，在财产是否存在损失以及损失由谁造成均未查清的情况下，不能对陈某某采取羁押措施，要求为陈某某办理取保候审。侦查机关收到笔者的法律意见后，没有作出明确回应，第二天便向检察机关提请批准逮捕。

笔者认为，侦查机关并未就法律意见书中提出的有关证据质疑进一步调查，遂继续向检察机关提交《不予批准逮捕法律意见书》。笔者结合会见陈某某了解到的情况，主要就侦查机关可能搜集的证据提出如下分析意见：

1. 本案主要证据《财务审计报告》存在重大瑕疵，不能证明陈某某构成职务侵占罪。

第一，审计依据的账目、记账凭证来源不清，未经陈某某一一核实和签字确认，不能证明与陈某某有关，不能排除他人伪造账目陷害陈某某的可能。

第二，公司管理不规范，很多现金收支李某某均要求不入账，公司账目本身不能真实反映财务状况，如果假账与实际不符，则不能作为审计材料使用。

第三，陈某某不是专业财务人员，其经手的账目、记账凭证不排除错记漏记的情况，错记漏记的内容必须在纠正后才能作为审计材料使用，否则，必将造成审计结果不真实。

2. 本案并未查明报案单位交给陈某某管理的现金数额，并未核对现有结余金额，不能认定陈某某据为己有的金额。

第一，侦查人员在讯问时，并未提及账目和现金不符问题，未调查陈某某保管现金数额问题，未让陈某某确认银行流水。

第二，侦查人员未向陈某某核实资金流向问题，经由陈某某的资金，究竟是公务支出，还是据为己有，没有形成结论。

综上，笔者重申了向公安机关提出的三点意见，即《审计报告》未经陈某某签字确认，与陈某某无关，或存在错记、漏记内容，或以存在虚假账内容的财务账目、记账凭证等用作审计材料；报案单位交给陈某某管理的资金数额以及现金流向都没有调查核实；陈某某如何采取侵吞、窃取、骗取手段非法侵占公司财产没有调查核实。在此基础上，笔者强调指出，根据《刑事诉讼法》相关规定，逮捕的前提是“有证据证明有犯罪事实”，本案中，证明陈某某构成职务侵占罪的“证据”不足以证明有犯罪事实。当前，捕诉合一制度要求检察机关内部同一个职能部门依法承担批捕和审查起诉工作，因此，审查逮捕阶段应当综合考量证据的确实充分程度以及后续补充完善的可能性。本案中，A公司管理破绽百出、积重难返，根本无法厘清公司财务状况，通俗地讲，就是自己都不知道财产“少没少”“少多少”“哪去了”，这样的案件如果坚持追诉，不仅对犯罪嫌疑人不公平，也容易让检察院承担错案风险。因此，本案不仅不应当批准逮捕，还应当向办案单位发司法建议，要求对公司规范管理问题进行整改，以预防公司犯罪行为的发生。

检察机关认真听取了辩护人的意见，作出了对陈某某不批准逮捕的决定，陈某某与家人在短暂离别后重聚。侦查机关随后经过调查核实，作出撤销案件的决定。诚如陈瑞华教授在《刑事辩护的艺术》中所言，“在侦查机关作出刑事拘留决定与检察机关作出批捕决定之间的这一期间，假如辩护律师展开积极有效的诉讼救援行动，成功地说服检察机关作出不批准逮捕的决定，或者成功地劝阻侦查机关实施进一步刑事追诉行动，那么，案件就可以撤销案件而结束，辩护律师也就成功地协助委托人实现了‘出罪’的目标”。

复　盘

陈某某重获自由后，和她的丈夫来到律所当面致谢。笔者对陈某某说：“当得知检察院对你作出不批捕决定的那一刻，我内心的快乐恐怕不比你和你的家人少。”这是一句发自内心的实话，作为一名刑辩律师，能通过自己的专业技能和不懈努力，帮助当事人洗清嫌疑，重新呼吸到自由的空气，这种快乐的滋味确实是无以言表的。

回顾这次办案过程，笔者认为这次捕前辩护取得成功的重要条件是陈某某能如实向笔者讲述案件事实。从笔者的经验看，有些当事人向律师陈述的案件情况不真实或者不完全真实，很多关键情节都被“整编”掉了，是导致辩护“跑偏”的重要原因。

笔者记得，在去看守所会见陈某某之前，陈某某的丈夫介绍说“我们家经济条件挺好的，从来没缺过我老婆钱花。说我老婆拿了单位的钱，这是不可能的。”会见陈某某时，有一个场景令笔者至今记忆犹新，陈某某边哭边说“王律师啊，你救救我！我向你发誓我真的没有拿过单位一分钱啊！”通过反复沟通，核实各种细节，笔者更加相信也更愿意帮助他们。因此，当事人与律师之间的充分信任和通力配合非常重要。

证据运用

顾名思义，“黄金救援期”是为当事人提供有效辩护的最宝贵的时间段，作为辩护人，我们应有强烈的“救援意识”和出色的预判能力。那么，如何展开“救援”呢？这就涉及“救援方法”的问题。笔者从“三个主体”和“三个方法”展开分享。

一、三个主体

（一）犯罪嫌疑人

案件的事实是什么？犯罪嫌疑人的供述内容是什么？有无其他证据与供述内容相左？嫌疑人能否提供对其有利的证据或证据线索？这一系列问题都需要辩护人在会见时尽可能了解。

（二）犯罪嫌疑人的家属和朋友

除了案件情况，家属和朋友提供的其他信息也很重要，比如嫌疑人的习惯、平时表现、性格特点、社交圈子等，这些可以帮助辩护律师对嫌疑人的人品、阅历、有无犯罪动机、供述的真伪等方面的预判提供较为直接的依据。

（三）侦查机关

侦查机关是不大可能向辩护律师“透露”多少案情的，但我们在和办案人员交流过程中，是可以“嗅”到一些有价值的信息的，通过这些信息可以对犯罪嫌疑人供述内容的真实性及侦查机关对案件的态度作出预判。

二、三大方法

（一）甄别真伪

综合各方信息判断犯罪嫌疑人向律师反馈信息的真实性与可信度，引导当事人精准回忆和表达，对其“不实”陈述进行纠偏，最大限度还原案件事实，厘清争议焦点。

（二）补充不足

综合各方信息，初步判断侦查机关目前掌握的主要证据，针对犯罪嫌疑人自己保存的证据以及其他未调取证据，积极进行调查取证或者向侦查机关提供证据线索，以期对案件侦查方向产生影响。

（三）有力说服

在信息不对称的情况下，律师的预判能力越强，越能赢得检察官对专业的认可，也就越能在对话中获取更多的信息。通过“质疑、假设”投石问路，再通过“分析、论证”以理服人，最终达成不符合逮捕条件或者不具备逮捕必要性的共识。

反弹琵琶：逆用刑事印证规则推翻诈骗指控

黄　敬[1]

突破思路

在我国刑事司法实践中，证据之间相互印证是入罪的前提，而出罪没有明确的规定。与此相应，辩护律师往往较为注重印证规则在“拆房子”中的应用。但显然，刑事辩护的“破”与“立”是相辅相成的，“立”得稳也有利于“破”得准。如果辩护律师能主动承担更重的证明责任，加强对证据之间关联关系的分析，使其辩护观点得到相互印证的证据支撑，就能够有效提升辩护实效。“反弹琵琶”，即刑事印证规则在辩护工作中的逆用。

案情简介

河北B大型商品交易市场服务有限公司（以下简称B公司）于2009年成立，经营范围主要是为工艺收藏品的现货交易（含网上交易）提供场所及相关配套服务。从2015年开始，B公司违反国务院的相关规定，在其平台上将邮票、纪念币、电话卡等商品电子化，采用证券交易模式进行标准化合约交易，通过平

1　盈科深圳刑事法律事务中心主任。

台上的会员单位以中间商的身份向社会招揽客户进行所谓的“邮币卡”交易业务。2015 年 11 月，当事人张三与李某、丁某和朱某等人成立深圳市 X 贸易有限公司（以下简称 X 公司），X 公司通过缴费成为 B 公司平台的会员单位。

2017 年 9 月，某区公安机关对张三、李某等人立案侦查，案件经过两次退回补充侦查后，于 2018 年 7 月，由某区检察院以诈骗罪对张三等人提起公诉。检察院指控事实如下：X 公司将张三等人包装成资深分析师推荐给投资人，鼓动投资人开户投资邮币卡，并指导客户进行投资交易。张三、李某、丁某、朱某向 B 公司交易平台购买了“ZGM”这只邮票，开盘时，张三团伙的操盘手掌握的数个账户总计持有总票面 97% 以上的票量。X 公司的业务员在淘宝上购买多个 QQ 号后，以虚构的身份在网络上大量的入群加好友，在与对方聊天过程中获取对方信任后，以介绍股票老师为名，引诱被害人进入事先准备好的投资交流群，并将讲师张三等人包装成“资深分析师”“股票老师”推荐给投资人，待时机成熟后，诱骗被害人开户入金，业务员将投资人拉入直播间听课，讲师通过循序渐进的手法，让投资者转战邮票大盘，然后由业务员当“托”，与讲师相互配合，诱骗投资人购买 X 公司掌握的邮票。投资者此时只能看到市面上的票量，却不知道总票量的 97% 实际掌控于公司操盘手手中。在此后的过程中，操盘手配合讲师的预测，利用手中掌握的邮票数量的绝对优势操纵目标邮票价格的上涨与下跌，由此帮助讲师骗取大部分被害人的信任。后期，在投资人对讲师预言深信不疑后，操盘手便参照讲师的预言对邮票上涨或者下跌进行反向操作，操盘手先拉动邮票价格上涨，待投资者高位买进后操盘手便高价抛售，邮票价格下跌后，业务员又鼓动投资者加大入金，操盘手等待时机再抄底回收邮票。讲师、业务员、操盘手三者相互勾结配合，通过这种高抛低买的模式，循环性、周期性地骗取被害人的投资款。

本案检察院指控的诈骗数额高达 4000 万元，如指控成立，张三很有可能会被判处无期徒刑。

办案过程

笔者接受张三的委托，担任其辩护人。本案邮币卡的交易金额超过1亿元，检察院指控张三等人诈骗数额近4000万元，如进行罪轻辩护，无论是从犯罪数额还是犯罪地位等量刑情节进行深挖，张三等人最终被判处的刑罚均不可能低于有期徒刑十五年。笔者经过全方位评估并和张三本人商量以后，最终决定以定性辩护作为本案的辩护方向，如果能成功将检察院指控的诈骗罪改为非法经营罪，就能取得案件辩护的胜利。

辩护方向确定以后，接下来就需要实施具体的辩护行动说服法院采纳辩护意见。本案笔者主要从刑法因果关系理论和刑事印证规则两个方面寻找突破点，最终成功推翻检察院关于诈骗罪的指控，说服法院认定张三构成非法经营罪。

在刑法范畴，刑法因果关系是构建行为与结果之间联系的桥梁，也是刑事归责的基础。本案从因果关系角度切入，笔者经过分析发现投资人亏损系多因一果，于是对造成投资人亏损的原因进行全方位分析，共计拆分出五种原因，然后把与张三等人无关的原因一一进行剔除。第一，投资人在起诉书指控的“操盘”期间以外的时间段发生的亏损，与张三等人的行为没有因果关系；第二，投资人在起诉书指控的“操盘”期间自愿投资邮币卡所发生的损失，与张三等人的行为没有因果关系；第三，张三等人仅引导被害人投资“ZGM”邮币卡，投资人投资其他邮币卡所发生的损失与张三等人的“操盘”行为没有因果关系；第四，投资“ZGM”邮币卡发生亏损的投资人，如果亏损发生在起诉书指控“操盘”期间以外，则该部分损失与张三等人的行为没有因果关系；第五，即使投资人在指控“操盘”期间发生亏损，亏损的原因也不必然是由张三等人的行为引起，需要排除其他正常原因，比如邮币卡整体大盘下跌、邮币卡市场转冷、因交易平台停盘导致无法继续交易、平台无法兑换实体邮票等因素。为了向办案人员更加清晰地呈现本案因果关系推导过程，笔者绘制了《刑法上因果关系示意图例》作为辩护意见的附件提交。经过以上环环相扣的推导，辩护人提出投资人的亏损仅有部分原因是张三等人的“操盘”行为引起。所以，接下来就瞄准这仅存的用于归(诈骗)罪的因果关系进行反驳，即张三等人究竟能否对邮币卡交易价格进行所谓的“操盘”。

众所周知，我国的刑事司法实践在定罪时较为注重审查证据之间的印证情况，要求据以定罪的证据之间必须能够相互印证。如果辩护人能够反其道而行之，使自己的辩护观点以能够获得相互印证的证据群的稳固支撑，进而对指控进行体系性反驳，往往就能说服办案人员采纳我方辩护观点，这是刑事辩护体系思维的展现。尤其是当这些相互印证的证据中含有客观性更强的实物证据时，辩护观点对推翻指控的杀伤力就变得更为强大。

本案正是借助对两类实物证据的审查，挖掘实物证据之间的印证关系以及实物证据与言词证据之间的印证关系，证明张三客观上无法操纵“ZGM”邮币卡市场交易价格，主观上不具有非法占有的故意，成功推翻诈骗罪的指控，取得了定性辩护的成功。

笔者挖掘的第一类实物证据是银行流水审计报告。诈骗罪作为一种侵犯财产权的犯罪，司法实践中办案人员往往会依据涉案资金最终流向的对象及数额比例确定具有非法占有故意的行为主体及其犯罪地位。需要指出的是，审计机构一般无法做到像辩护人那样仔细查阅案卷，所以他们制作的审计报告无法对账户流入和流出的资金性质进行准确判断，而公安机关可能直接根据审计报告计算行为人的犯罪所得。本案中，笔者经过对涉案审计报告仔细查阅和统计，发现交易平台的资金缺口系因平台工作人员以“零（低）入金、高出金”的方式直接侵占造成。为了向办案人员简洁明了地传递这一辩护观点，辩护人特意绘制《涉案资金流向图》，实现了“一图胜千言”的辩护效果。虽然这在一定程度上能够洗清张三的部分嫌疑，但还是不足以推翻检察院对其诈骗罪的指控。笔者继续对张三等人账户的资金流水进行统计，经计算发现其账户流入的资金系正常的居间费用、平台返还保证金及“ZGM”邮币卡的转让费用，无其他异常资金流入，这从侧面说明张三并未与平台勾结侵占投资者的资金。

笔者挖掘的第二类实物证据是邮币卡交易平台的后台数据。笔者对近年来的邮币卡犯罪进行类案分析发现，邮币卡交易行为被判处诈骗罪系因行为人能够控制邮币卡交易价格的涨跌，所以本案的另一关键点就是查明张三能否控制交易价格的涨跌，这与上述的因果关系分析一致。笔者经过仔细查阅案卷发现，侦查机关并未调取交易平台的后台数据，便及时向办案机关提出调取证据申请，办案机关最终也根据申请调取了交易平台的后台数据。拿到交易平台后台数据以后，笔者立即对“ZGM”邮币卡涨跌时间及幅度与邮币卡大盘涨跌时间及幅度进行比对，发现该只邮币卡的涨跌与大盘涨跌基本一致，充分说明张三并未控制“ZGM”邮币卡交易价格的涨跌。

综上所述，笔者首先利用刑法因果关系理论进行分析，然后对证据进行精细化分析，指出交易平台后台数据能够证明张三无法控制“ZGM”邮币卡交易价格涨跌，银行流水审计报告能够证明账户未流入异常资金，且未与平台串通勾结。两种电子证据之间不仅能够相互印证，而且均与张三的言词证据相互印证，二者共同印证张三客观上并未操纵“ZGM”邮币卡市场交易价格的涨跌，主观上也没有非法占有的故意。最终，辩护人推翻了检察院对张三诈骗罪的指控，但鉴于张三等人未经国家主管部门批准，将现货交易异化为类证券交易和期货交易，法院最后认定张三等人的行为构成非法经营罪，对张三判处有期徒刑五年，并处罚金 30 万元人民币。

从可能被判处无期徒刑，到实际被判处有期徒刑五年的辩护实效，一路惊险让张三像经历了过山车，其也充分认识到自己的行为触犯了法律，愿意认罪悔罪接受处罚。

复　盘

笔者认为，本案之所以取得有效辩护效果，主要归功于三点：

首先，得益于制定了正确的辩护策略。对于如何有效提升制定辩护策略的能力，笔者认为需要平日里多读刑法条文，对刑法各罪名进行体系思考。这种体系思考能够为刑辩律师提供更宏观的视野，更敏锐地觉察到不同罪名之间的关联与差异，笔者在本案将定性辩护作为辩护方向的思路正是来源于此。

其次，得益于刑法理论功底的支撑。在简单案件中，有无理论积累或许都不影响办案效果，但一旦遇到疑难复杂案件，就往往需要借助理论来指导具体办案了。而且"能人所不能，方能得人所不能得"，疑难复杂案件是优质案源，这是对能坐冷板凳进行理论学习的馈赠。本案从因果关系理论角度做排除法，并利用刑事印证规则集中火力对仅存的因果关系进行攻击，刑法理论和证据法学的综合运用，构建起了让控方无法回避的强逻辑。

最后，可视化的表达方式大大提高了辩护观点传递的效率。毕竟说服对方以被对方理解为前提，以通俗易懂的方式表达出晦涩的理论，能够放大论证的力度，提高说服对方的可能性。刑辩律师肩担当事人的生命与自由，更应与时俱进，学习并借助工具将辩护观点以可视化的方式表达出来。

证据运用

刑事阅卷的本质是处理信息，然后通过辩护意见的形式将这些信息重新组合输出，最终呈现在司法机关工作人员面前。众所周知，我国司法机关工作人员面临案多人少的压力，个案分配时间十分有限，辩护意见如何在短时间内不被异化地完整传递，是值得重视和思考的问题。

近些年来，“诉讼可视化”一直甚嚣尘上，这与人脑接受信息的喜恶有关——与处理文字信息相比，人的大脑更喜欢处理图表信息。笔者一直非常重视“可视化”的探索和运用，正所谓“一表胜千言”。比如在本案中，依据案卷中的银行流水和审计报告等材料，绘制了涉案资金流向图，清晰呈现了全案资金的流向情况和资金缺口产生的原因，说服办案人员接受“张三主观上没有非法占有目的”这一意见。

对于疑难复杂的经济犯罪案件，笔者在完成阅卷以后，经常会借助亿图图示、Excel 表格等工具来制作人物关系图、资金流向图、时间轴、流程图、言词证据比对表等图表，还原对当事人有利的案件事实，一般都能收到良好的办案效果。当然，在绘制可视化图表时，图表中的每一处细节务必要以案卷证据材料为依据，不可凭空捏造。可视化作为一门技艺，在办案中经常刻意练习就能逐步精进。

步步深入：破解控方核心证据的虚假印证

魏俊卿[1]

突破思路

控方证据特别是言词证据时常存在失真情况，有的案件看似证据之间相互印证，其实是虚假印证。作为辩护人，发现控方证据存在疑点后，如果只是提出疑点，很难达到辩护效果。关乎定罪量刑的核心证据若存在疑点，辩护人不仅要大胆质疑，更要通过深入调查取证，来验证这些疑点。对于能用客观证据验证的疑点，还要想方设法进一步去寻找强有力的客观证据，方能破解控方核心证据的虚假印证，击破控方指控的核心事实，起到釜底抽薪的效果。

案情简介

公诉机关指控：某日晚，被告人李某某等四人（案发时，被告人李某某已满 18 周岁，其余三名被告人均已满 16 周岁不满 18 周岁）经预谋后携带压钳、菜刀等工具，到 A 县 B 镇 C 村初中东边麦地，将 A 县网通公司正在使用的 HYA200 × 2 × 0.4 架空通信电缆盗割 20 余米，经物价部门鉴定，价值 652 元。

1　盈科洛阳刑事法律事务部主任。

同时造成A县县城至B镇间的主杆传输光缆纤芯折断，致使A县县城至B镇网间通信全部中断，4000余用户通信中断8小时。

涉案四被告人对盗割A县网通公司正在使用的HYA200×2×0.4架空通信电缆20余米这一事实没有异议，但对指控同时造成A县县城至B镇间的主杆传输光缆纤芯折断均有异议，辩称他们只是盗割了粗的电缆，没有盗割细的光缆，也没有注意到细的光缆有没有折断。

电缆和光缆是两种不同的通信线路。电缆内部一般是铜芯线，通常是由几根或几组导线绞合而成的类似绳索的线缆，较粗，一般只用作近距离通信传输；而光缆内部是由一定数量的光导纤维（简称光纤，质地透明、纤细、易断，无回收价值）按照一定方式组成纤芯作为传输媒质，外包有护套，可用作长途通信传输。当时，A县网通公司在A县县城至B镇间主杆使用的是通信光缆，沿途通往各村的线路使用的是通信电缆，通信电缆通过分线器从主杆通信光缆上分出，A县县城至B镇间有4500余户固定电话用户，案发地C村位于A县县城至B镇区间内。

本案控方的关键证据有四类：第一，证人A县网通公司职工李某杰、伊某某的证言均称："当天同时被盗割的同段传输光缆被剪断一个口，当时系统也报警了，当时就造成A县县城至B镇间的通信全部中断，造成4544户电话用户通信中断。"第二，A县网通公司出具的证明称："我公司位于B镇C村段的400对通信电缆被盗割，同时被截断的还有同杆架设的A县县城至B镇的主杆传输光缆。此次事故造成A县县城至B镇网间通信全部中断6小时以上，造成4544户电话用户中断6小时以上。"第三，A县网通公司的工作日志中，有"光缆断"的记载。第四，D县长线维护中心的两名工作人员出具的证明称，他们收到A县网通公司光缆修复费3040元。

A县人民检察院以被告人李某某等四人犯破坏公用电信设施罪，向A县人民法院提起公诉，提请人民法院依法判处。

办案过程

一、三遍阅卷，疑点出现

接受被告人李某某家属委托后，笔者先是将本案的全部卷宗材料看了一遍，发现本案的焦点是四被告人在盗割通信电缆时，有无盗割同杆架设的主杆传输光缆或者导致主杆传输光缆纤芯折断。如果他们同时盗割了 A 县县城至 B 镇间的主杆传输光缆或者导致主杆传输光缆纤芯折断，必将造成这区间的 4500 余户电话用户的通信全部中断。按照公诉机关提交的证据，根据《刑法》第 124 条和最高人民法院《关于审理破坏公用电信设施刑事案件具体应用法律若干问题的解释》第 1 条的规定，李某某等四被告人毫无疑问构成破坏公用电信设施罪，起点刑也是三年有期徒刑。

第二遍阅卷，笔者围绕焦点，将重点内容全部摘录了下来。经仔细审阅，笔者发现卷宗中证人 A 县网通公司职工李某杰共有两份笔录，他在第一份笔录中并没有说光缆也被剪断，还称这次电缆被盗的直接损失是 1000 多元，在第二份笔录中才说光缆也断了。A 县网通公司的工作日志中记载的“光缆断”这三个字，笔体的粗细和颜色与其他内容明显不同，像是事后添加的。更为重要的是，A 县网通公司书写的报案材料中也只是说电缆被盗，并没有说光缆被损，只是说影响了 400 户电话用户，直接损失 900 多元。A 县公安局的《现场勘查笔录》中也没有记载光缆折断，提供的照片也显示不出光缆折断。

第三遍阅卷，笔者针对第二遍阅卷时摘录的内容，进行了对比分析，制作了《控方证据矛盾点对比表》。通过对比分析，很明显能看到，控方用于证明 A 县县城至 B 镇间主杆传输光缆纤芯折断的证据不仅不充分，而且存在多处矛盾。

这时，笔者有了一个大胆的猜测，A县县城至B镇间的主杆传输光缆是不是就没有断？被害单位和有关证人提供的证据是不是存在不实问题？

二、多方取证，疑点验证

为了验证这一猜测，笔者来到案发现场，沿着田地里的通信线路主线步行了3公里。发现通信光缆上有的地方有黑色长方形器材，有的地方没有，而且这种黑色长方形器材并不多，分布也没有规律。当时，笔者不知道这种黑色长方形器材是什么，猜想是不是用于接续折断的通信光缆的？如果是，就能推定光缆没有折断。因为电缆和光缆当时是同杆架设的，每50米就有一根杆子固定，在电缆被剪断位置两侧至少各有三档的光缆上，笔者都没有看到有这种黑色长方形器材。于是，笔者对电缆被剪断位置的周边光缆以及有这种黑色长方形器材的位置分别拍摄了照片。回到办公室后，笔者通过上网搜索，得知这种黑色长方形器材名叫“光缆接续盒”，就是用于接续折断的光缆的。笔者将网页下载下来，打算连同拍摄的照片一并作为证据提交。

接下来，笔者又想到，假若A县县城至B镇间的主杆传输光缆纤芯没有折断，那么这个区间的那么多电话用户在公诉机关指控的通信中断的8小时之内一定是有通话的。如果能取得该通信区间电话用户在该时间段内通话的证据，就直接证明了主杆传输光缆纤芯没有折断。当时，对公诉机关指控的通信中断的这8小时之内，A县县城至B镇间的电话用户是否有通话记录，笔者本想申请法院到A县网通公司查询，转念一想，要求被害单位提供对他们不利的证据，不具有可行性，于是又否定了这个想法。

笔者是一个不轻易放弃的人，随后又想到可以通过走访，去找寻A县县城至B镇间的固定电话用户在这8个小时之内谁家有过通话。笔者知道，要取得这样的证据，如同大海捞针。只要有百分之一的希望，就要付出百分之百的努力，这是笔者做律师这么多年来一直坚持的信念。笔者通过多日的走访，终于在这个区间内找到了自称在这个时间段内有过通话的电话用户。尽管只有一户，笔者也如获至宝。因为，只要这一户的通话能够确定，就足以表明 A 县网通公司证明和有关证人所称的“造成 A 县县城至 B 镇网间通信全部中断 6 小时以上”是不真实的，就足以否定公诉机关对被告人李某某等四人构成破坏公用电信设施罪的指控！于是，笔者让这家人自行书写了一份证言材料，并陪同他到 A 县网通公司打印通话记录。遗憾的是，到 A 县网通公司营业大厅后，笔者被告知，通话记录只保留 3 个月，要查的这个通话时间是在 11 个月前，系统上已经没有了。

取证到这程度，笔者已经竭尽全力。临近开庭，笔者只好先向法院提交了自己制作的《控方证据矛盾点对比表》，还提交了查看现场时拍摄的照片、取得的证人证言、下载的有关光缆纤芯折断接续方法等专业资料，与主审法官交换了意见，为庭审做好充分准备。

三、一点键盘，真相惊现

庭审时，笔者一一指出了控方核心证据中存在的矛盾和疑点，结合笔者提交的证据，提出公诉机关指控被告人李某某等四人的行为造成 A 县县城至 B 镇间的主杆传输光缆纤芯折断，致使 A 县县城至 B 镇网间通信全部中断，影响 4000 余用户通信中断 8 小时，证据严重不足，该事实不应予以认定，不能认定四被告人的行为危害公共安全，不应以破坏公用电信设施罪追究被告人李某某等四人的刑事责任。

庭审结束几天后，笔者又找主审法官进行了沟通，重申了自己的观点。笔者说，都说办理刑事案件办的不是案件，而是别人的人生。本案四个被告人一个刚满 18 周岁，其他三个都不满 18 周岁，他们的行为毫无疑问应当受到惩罚，但应实事求是，罚当其罪，让他们感受到公平和正义，不至于怨恨社会。主审法官对本案 A 县县城至 B 镇间的主杆传输光缆纤芯是否折断也产生了质疑，但认为仅凭现有证据也不足以否认这一事实。此时，笔者提议到A县网通公司查看一下事发当天A县县城至B镇网间到底有无通话记录，主审法官当即同意了笔者的提议。

前往A县网通公司调取通话记录时，主审法官邀请笔者、公诉人、同案其他被告人的律师到场。当时，A县网通公司的部门负责人仍表示他们的电脑只能查询最近3个月的通话记录，本案事发当天的通话记录已经无法查询。当时笔者向主审法官申请，亲自登录A县网通公司工作人员的电脑查询。得到准许后，笔者选定事发当天公诉机关指控的通信中断的时间段，输入B镇卫生院120急救电话，点击查询后，B镇卫生院120急救电话的多次通话记录跃然眼前！笔者难掩兴奋，欣喜若狂，A县网通公司工作人员面红耳赤、不知所措，主审法官当场表示他们出具虚假证明要受到制裁，在场的公诉人也无话可说。

A县人民法院判决认为，被告人李某某等四人没有损坏通讯光缆纤芯，其行为尚未危及公共安全，不构成破坏公用电信设施罪，公诉机关此指控不能成立，不予支持。辩护人关于四被告人不构成破坏公用电信设施罪的辩护意见，证据充分，理由正当，予以采信。最终，以四被告人采用破坏性手段盗窃且数额接近较大起点（当时案发地所在省份盗窃罪“数额较大”的起点为800元）为由，以盗窃罪判处李某某单处罚金1000元，其他三名被告人均免予刑事处罚。

被告人李某某及其家人对该判决结果十分满意，专程到律师事务所向笔者表达谢意。

复　盘

本案几经曲折，最终峰回路转、柳暗花明，从公诉的破坏公用电信设施罪这一重罪到判决认定的盗窃罪这一轻罪，实现了有效辩护。笔者认为，本案辩护成功的关键有三点：

第一，深入阅卷并对比分析，发现了控方核心证据存在的矛盾和疑点。本案若没有认真阅卷和对证据的对比分析，就发现不了控方证据存在的矛盾和疑点，就不会对指控的事实产生怀疑，也不会去查看现场和多方取证，控方核心证据的虚假印证就无法揭开，本案也许就糊里糊涂处理了。

第二，敢于怀疑并多方取证，验证了控方核心证据的虚假。发现疑点后若不敢怀疑，不去调查取证，势必会前功尽弃。笔者基于证据疑点，对光缆纤芯是否折断产生怀疑，通过现场查看，发现光缆上没有接续痕迹，结合该区间电话用户当时有过通话的事实，推断光缆纤芯没有折断，验证了控方证据的虚假。

第三，准备充分并说服法官调取证据，击破了控方核心证据的虚假印证。说服法官去调取证据，前提是要让法官产生共鸣。控方证据存在的矛盾点、现场照片、光缆接续专业资料和证人证言，几个方面综合起来，让法官对控方证据也产生怀疑。调取的120急救通话记录这一客观证据，击破了控方核心证据的虚假印证。

上述三个方面，环环相扣，步步深入，才实现了有效辩护。

证据运用

刑事诉讼法要求司法机关不仅要对单个证据进行审查判断，还要对全案证据进行综合审查判断，并将“排除合理怀疑”作为“证据确实、充分”证明标准的条件之一。辩护律师亦如此，既要及时发现控方证据体系的缺陷和不足，还要警惕控方核心证据的虚假印证，即缺乏客观证据基础、似是而非的印证。笔者认为，可以从下述三个方面入手：

第一，对作为印证前提的单个证据自身的可靠性进行审查，特别要注意审查言词证据，从形成过程、动态变化、完整度等方面发现不真实、不可靠的证据。印证关系能增强证据的可信度，但不能确保证据的真实性，因此，基础审查仍是重中之重。

第二，对全案主要证据进行对比，通过制作证据对比图表，发现全案主要证据之间的关键细节差异，分析是否存在遗漏的证据或者裁剪的证据，审查是否达到有效印证，是否能排除实质性矛盾。

第三，发现控方核心证据存在虚假印证后，要提出合理怀疑并充分论证，在具备条件的情况下，辩护律师还要通过调查取证来验证怀疑、证明真相。如果找到了关键证据，特别是客观证据，就能直接击破控方核心证据的虚假印证，指控自然也就无法成立。

高手过招：打破看似牢固的因果关系证据链

田宏伟[1]

突破思路

本案为一起涉嫌故意伤害致死案件，律师在侦查阶段无法查阅案卷证据材料、不能了解案件全貌的情况下，根据当事人对案情的陈述以及从办案机关得知的鉴定意见等有限案情信息，经过请教法医学专家，对嫌疑人的客观行为和被害人的死亡结果之间的因果关系大胆提出质疑，并提出本案存在其他致伤致死原因的合理怀疑。通过多次沟通、适时补充意见，依靠法律专业知识和医学知识，最终取得当事人未被追诉的良好效果。

案情简介

2001 年盛夏的某日，在某市近郊某村，屁股上长了两个大脓包的郗某某趴在家门口的凉席上与几个朋友聊天。

不远处突然传来嘈杂的打斗声，循声望去，只见朱某 1 和朱某 2 把朱某踹倒在地，并且还在继续对朱某进行攻击，朱某躺在地上，浑身是土，哀求声不断。

1　盈科西安刑事法律事务部主任。

郗某某觉得事态严重，欲过去劝架，但因其有恙在身，便让一起聊天的朋友刘少某先过去看看情况。没想到，刘少某过去后不仅未能劝住朱某1，反而招来朱某1的恐吓和威胁，朱某1恶狠狠地说“谁管闲事把谁弄死”！郗某某看到朋友不但未能制止朱某1的暴力，反而矛盾更为激化，顿时义愤填膺，于是忍着疼痛走过去试图再次劝架。此时朱某1带着助跑欲第三次用脚踹朱某，郗某某便出手拦了一下朱某1，朱某1用力过猛失去平衡摔倒在地。看到朱某1半天未起身，郗某某发觉情况不对，赶紧让朋友刘少某和刘康某把朱某1扶了起来，发现朱某1口吐白沫，神志不清。众人惊慌，立即让刘康某就近去找医生前来救治，但等乡医来到现场时，朱某1已无生命体征。看到朱某1死亡后，郗某某因害怕而出逃外地。

接到报案后某市公安局某某分局对该案立案侦查，但因郗某某外逃未果。直到案发10年后的2011年10月19日，才以涉嫌故意伤害罪（致死）将郗某某刑事拘留，2011年12月15日郗某某被取保候审，2012年12月14日取保期限届满变更为监视居住，2017年10月18日郗某某再次被刑事拘留。

办案过程

2017年10月24日，笔者接受郗某某之妻冯某某的委托，担任郗某某的辩护律师。作为一名资深刑辩律师，笔者深刻理解刑事辩护“37天黄金救援期”的意义和价值，接受委托后，就火速投入到辩护工作中。接受委托的当天，笔者就立即赶赴某市某区看守所会见了郗某某，郗某某表明自己是无辜的，迫切请求律师赶紧把自己“捞出去”。笔者首先安抚了他的情绪，让他对律师业务能力和司法公平正义充满信心，这样做的目的就是在短暂的会见时间里获取更多的案件信息。在郗某某情绪稳定之后，笔者听取了他对所涉案件事实的陈述，并就案件一些具体情节向其进行了针对性的询问。在与郗某某的交流中得知，此案发生于16年前，当时郗某某与死者朱某1素不相识，事发当天，当他看到朱某1和朱某2把朱某打得奄奄一息的情况下，先是让刘少某过去劝架，刘少某根本劝不住朱某1，反而招来朱某1的恐吓和威胁，正义感和同情心让郗某某拖着伤病的身体，忍着剧烈的疼痛走过去劝架。他过去的目的是劝阻朱某1继续施暴，而不是故意伤害朱某1。但朱某1气焰嚣张，非但不听劝告，还欲第三次用脚踹朱某，当朱某1再次跑过去准备踢踹朱某时，郗某某才出手拦住了朱某1，但没有想到仅一个阻拦动作，却出了人命。

会见完郗某某后，笔者试图向侦查机关了解郗某某案件的基本事实，承办人员遮遮掩掩、欲言又止，未能获取太多有效信息。2017年10月25日，笔者向某市公安局某某分局递交了《关于郗某某故意伤害一案的辩护意见》和《变更强制措施申请》，认为郗某某无伤害他人的主观动机和故意，其与死者朱某1素不相识，无冤无仇，没有任何原因促使他主动去伤害朱某1。而朱某1在郗某某过去劝阻时欲再次伤害朱某，其不法侵害正在进行，在这样的危急时刻，郗某某才出手拦住了朱某1，避免了朱某再次遭受不法侵害。在意识到朱某1可能受伤后，郗某某与身边的人马上进行了施救。郗某某的上述行为足以反映其不希望、不追求也不放任朱某1死亡结果的发生。

郗某某在整个事件中赤手空拳，从行为表现上来看，其并没有实施打击行为或其他伤害行为，其行为表现仅仅是阻挡，在当时的客观环境下，其力度和手段都符合普通人正常劝阻行为和人的本能反应。依照常理，郗某某一个简单的阻挡动作根本不可能导致正常人死亡的结果，朱某1的死亡出乎正常人的判断，是正常人所不能控制的，朱某1的死亡原因值得进一步探究。

因为某市公安局某某分局未按照最高人民法院、最高人民检察院、公安部、国家安全部、司法部《关于依法保障律师执业权利的规定》第22条“辩护律师书面申请变更或者解除强制措施的，办案机关应当在三日以内作出处理决定”的规定答复笔者，笔者只能着手进行下一步的辩护工作。2017年11月1日，笔者向某市某某区人民检察院提交了申诉代理意见，陈述了案情以及郗某某无罪的法律意见，依法代理郗某某向区检察院提出申诉，希望检察机关能够履行对诉讼活动依法监督的职责，及早介入，及时依法纠正侦查违法行为。在接下来十多天的时间里，笔者多次前往看守所、公安局、检察院，随着时间的推移，笔者的压力越来越大，郗某某及家属越来越焦虑，感觉希望越来越渺茫了。

2017年11月17日，得知案件已报送检察院审查逮捕，笔者依法向某市某某区人民检察院提交了《关于郗某某涉嫌故意伤害一案不予批准逮捕的法律意见》。对本案的核心证据——鉴定意见提出以下合理疑问：（1）本案人命关天，时间跨度16年之久，鉴定意见为什么不能及时做出？（2）时隔16年之久进行鉴定，那么鉴定意见的检材来源是否客观真实？检材是否被污染？鉴定程序、鉴定依据是否合法、科学？（3）鉴定意见的结论是否具有唯一性？笔者认为本案指控郗某某故意伤害致死的证据不足，且郗某某的行为具有正当性、合法性、适当性等，对于正当行为、合法行为不应做刑法评价，郗某某依法不构成犯罪，并且本案不能排除朱某1因交通事故受伤致死的可能，故郗某某没有逮捕必要。并且本案不能排除朱某1因交通事故受伤致死的可能，因为笔者通过走访获悉朱某1在案发的前一天，因为与他人飙车，发生两人死亡的重大交通事故，其本人被摩托车抛出后重重摔在地上。事故发生后，其并没有及时到医院进行检查，不能排除其当时发生严重体内脏器损伤。其死亡原因完全有可能是事故造成的内脏损伤，伤情恶化所致，笔者对死亡原因提出了合理的怀疑，并对本案刑法上的因果关系提出疑问。

在递交上述意见时，笔者与承办检察官进行了充分的交流，并获悉了本案朱某1死亡原因的鉴定意见的结论——钝器外力所致肺部损伤。

法医病理学鉴定知识是律师的短板，但是“他山之石，可以攻玉”。对于本次辩护所面临的困难，必须寻找外力，才能使得辩护更有说服力。笔者联系国内某著名法医学专家，听取了专家就鉴定结论的专业意见，对本案的各个疑点进行了分析与整理。2017 年 11 月 20 日，笔者再次向某市某某区人民检察院递交了《关于对郗某某不予批准逮捕的补充法律意见》，主要针对鉴定意见以及案件基本事实提出了如下辩护意见：(1)本案的鉴定意见并没有说明死者肺部损伤形成时间这个关键问题，如果死者的肺部损伤早于案发时间，就完全可以排除郗某某故意伤害的可能，在朱某 1 肺部损伤时间未作出科学鉴定的情况下，不宜对郗某某进行逮捕；(2)本案的鉴定意见并没有说明死者肺部损伤机制的另一个关键问题，只笼统给出死者因钝器外力所致肺部损伤，并没有考虑到死者在案发前一天因为飙车摔伤的因素，因为钝器外力也包括碰撞、摔落、震荡伤，本案不排除死者因车祸的碰撞、摔落、震荡导致的肺部出血以致死亡的可能性；(3)死者的肺部损伤不可能来自本案案发现场。因为根据医学知识可知，人体肺脏由多片肺叶组成，即使一侧肺叶受损，其他肺叶仍具有生理代偿功能，不可能发生立即毙命的结果。

根据我国刑法的犯罪构成，没有因果关系就没有刑事责任。笔者依法对朱某 1 的死亡与郗某某的行为之间的因果关系大胆提出合理、科学的怀疑，控方因果关系的证据链条难以支撑、无力维系。

最终，检察机关采纳了笔者的辩护意见，郗某某未被批准逮捕。2017 年 11 月 23 日深夜，某市某某区看守所对郗某某予以释放，郗某某从此未再受到刑事追诉。

复 盘

本案接受委托后，辩护人面临重重困难。第一，委托人冯某某虽为嫌疑人郗某某之妻，但案发时，冯某某与郗某某还不认识，委托人对案件情况一概不知，但期望值很高，对于委托人的殷切期望，笔者能够充分理解，但深感责任重大；第二，本案涉及命案，案发后被害人亲属多次上访，引发社会高度关注，处理不好极可能会引发缠访闹访的社会问题；第三，郗某某多次被采取强制措施，犯罪嫌疑人之名背负16年之久，律师负有维护当事人合法权益的责任，如何使16年的案件画上句号并非容易之事；第四，本案尚属侦查阶段，辩护律师不能阅卷，侦查机关又三缄其口，在信息不对称的情况下，非常考验辩护律师的方法和策略；第五，律师虽为法律方面专业人士，但并非百科全书，本案涉及死亡原因的探究，需要专业的医学知识，仅凭律师一己之力很难圆满地完成辩护任务。

"山重水复疑无路，柳暗花明又一村！"当笔者了解到案发前被害人飙车摔倒的事实后，借助专家的智力支持，就本案鉴定意见的内容进行充分质证，对于朱某1死亡原因提出了有力质疑。笔者抓住本案因果关系不清、事实不清、证据不足，不能排除合理怀疑，开辟出一条辩护通道，最终达到有效辩护的良好结果。

证据运用

虽然《刑事诉讼法》将鉴定意见规定为一种证据种类，但鉴定意见是鉴定人员依据自己所掌握的专业知识进行逻辑推理而得出的一种主观结论，其本质与言词证据具有高度的相似性，容易受到检材来源、检验设备等客观方面限制，也容易受到鉴定人的鉴定方法、鉴定程序、鉴定依据、鉴定人专业知识等主观方面的影响，鉴定意见虽然是法定的检验机构作出的，但并不是所有的鉴定意见都是客观的、科学的、无懈可击的。笔者认为，专业的人办专业的事，对于专业性较强的鉴定意见，要善于向该领域其他专业人士寻求帮助。

第一，在审前阶段，要积极向有关专家请教，发现鉴定意见存在的问题，开阔辩护人的思路，进而通过会见和阅卷深入核实，为鉴定意见质证做好准备。

第二，在审判阶段，要善于利用专家辅助人出庭的诉讼制度，争取专家辅助人出庭对鉴定意见当庭发表意见，以增强质证的力度与实效；如果遇到障碍，要反复向办案机关争取。

当然，专家的选定非常重要，一定要选择在该领域具有重大影响力，且技术职称高于鉴定人的专家辅助人，其专业水平能够保证一针见血精准识别问题，其影响力也能引起办案机关的重视，从而充分发挥外脑在辩护中的作用。

交叉询问：捕获细节漏洞瓦解指控证据体系

艾 静[1]

突破思路

在指控被告人犯诈骗罪的案件中，被害人支付财产的原因是否系陷入错误认识而为，进一步说，被告人取得财产的理由是否真实，是判定被告人是否构成诈骗罪的关键。当被害人与被告人取得财产的理由陈述不一时，作为辩护人，一方面应积极寻找客观证据，另一方面要力争让法庭通知被害人、证人出庭，通过交叉询问在法庭上展示真实的事实经过，从而攻破指控证据体系，以证据不足、无法排除合理怀疑为由争取无罪结果。

案情简介

2018 年 6 月 6 日，被告人赵某被 SC 省某市公安分局以“在逃人员”身份抓获，后被移送至 HB 省某市公安机关。经侦查，警方以其涉嫌犯诈骗罪为由决定对其刑事拘留、执行逮捕，案件侦查终结后移送至检察机关。起诉书指控，被告人赵某于 2010 年 5 月，虚构其有能力帮助某房地产公司办理贷款 30 亿元（人

1 盈科北京刑事实务研究中心主任。

民币，以下币种同）的事实，以需要缴纳办理贷款手续费的名义骗取被害人王某（系上述某房地产公司实际控制人）2810 万元。后其未能成功办理该 30 亿贷款，并将所得的 2810 万元手续费予以挥霍。被告人赵某犯诈骗罪，请法院判处。

被害人王某称，2010 年四五月，其结识被告人赵某，赵某虚构有能力给其房地产公司承揽某 BT 工程，因王某资金不足，赵某又虚构有能力帮助办理贷款 30 亿元，并以办理贷款需要手续费为由诈骗 2810 万元。当年 6 月，王某通过数次银行转账向赵某支付上述钱款。但是，王某房地产公司未签订前述 BT 项目合同，赵某也未能给王某办理 30 亿元贷款。赵某已将钱款挥霍。王某同时提供了其公司财务人员、法律顾问等人的证言、电话录音、银行转账等证据予以印证。

被告人赵某被抓获后，始终否认指控，其称从未与王某洽谈过任何贷款的合作。当时其帮助王某的房地产公司确实签订了 BT 合同，合同标额 5 亿元人民币，双方商议按照 6 个点收取中介费，王某至今尚欠一部分没有支付。同时其家属提供了 BT 合同的复印件、有关证人证言等。

起初，被害人王某否认该合同的真实性。但是后来又承认了该合同存在，并提出新的主张，称正是因为当时没有 5 亿元的垫付资金，才被赵某以帮助贷款为由诈骗，且对于贷款 30 亿元双方签订过合同。不过，王某始终未出示贷款合同。

对于本案，控辩双方各执一词，事实出入巨大，抗辩激烈。本案蹊跷之处还在于，被害人王某时隔 8 年才报案，8 年间从未与被告人赵某联系过，只是在报案前一两个月才给赵某打过电话让其还钱，并进行了电话录音提交办案机关。

本案在案证据材料并不多，证据中的言词证据基本能够印证，但是电话录音无法反映资金性质，部分证人证言也提到了被告人赵某主张的合同中介费一事，但不具体。被告人赵某坚持无罪辩解，作为赵某的辩护人，笔者认为，本案存在无罪可能，应当坚持无罪辩护。

本案历经三次开庭，全部证人出庭，最终在审限最后一天检察院撤回起诉，并作出不起诉决定。目前被告人赵某的国家赔偿案件也已审结，顺利拿到了国家赔偿款。

办案过程

笔者在侦查环节接受委托，开始介入本案。在会见赵某的基础上，结合家属提供的信息，初步还原真实情况，向侦查机关递交BT合同复印件等辩方证据，同时提出无罪意见，为赵某申请取保候审。被驳回后，两次提出羁押必要性审查申请，又全部被驳回。

原本，案件到审查起诉环节后，笔者查阅了卷宗，坚定本案作无罪辩护的信心。但是，由于过早地暴露了无罪辩护的意图，检察院虽未退回补充侦查，但是公安机关却不断提供新的补查材料多达九次，以至于笔者又从法院阅卷九次。每增加一些新证据，笔者对无罪辩护的信心就减弱一些，特别是拷贝到录音证据之后，笔者也曾产生过动摇。虽然录音中赵某没有认可过贷款的事实，但其暧昧的语气和答应还钱的态度，还是让笔者心生疑窦。

在全面阅卷的基础上，辩护人展开了进一步研判，发现本案在案证据存在两大特点：

其一，在案证据多数为言词证据，即被害人陈述和证人证言。言词证据稳定性较差，存在失真风险，多数冤假错案的发生都与虚假的言词证据密切相关。

其二，在案证人证言证明力较低。控方证人多数为被害人的亲属或其公司的员工，与本案存在一定利害关系。并且，在亲历本案案发过程的证人中，有两人的陈述与被告人的辩解具有相当程度的一致性，使本案存在“合理怀疑”。

基于上述原因，辩护人确定了辩护工作的重点：

首先，向办案单位提交了两份经某单位盖章的项目合同。公安机关对此展开了调查，但经该单位及相关人员辨认，否定了合同的真实性，一度使案件出现了较大障碍。但辩护人立即提出对合同上所加盖的公章进行司法鉴定的申请，面对申请，该单位及相关人员又对两份合同重新给予了认可，并说明合同并未实际履行，体现出证人作证的随意性。项目合同以其客观性，在一定程度上印证了被告人“中介费”的辩解，是本案重要的无罪证据之一。

其次，申请证人出庭。面对大量的言词证据大多指向被告人有罪，如不找出破绽、寻求突破，本案根本无法逆转。面对控方孜孜不倦地调证用以对原有证据进行补强，特别是对一些录音证据的调取，辩护人越来越感到为本案做无罪辩护的难度之大。同时，辩护人也越来越意识到，本案若没有证人出庭，庭审仅就卷宗来审理，恐怕难以还原这间隔 8 年之久的真相。唯有让被害人、证人全部出庭，通过庭审中的交叉询问，才有可能拨云见日。

说服法官同意证人出庭是很难的，最初，法官并未准许证人出庭。不过，在第一次预定的庭审时间，发生了戏剧化的一幕。笔者还记得，当天一大早等在法院门口时，被害人王某的几个朋友，均为彪形大汉、手臂刺青，在我面前晃来晃去，还用方言朝我嘟囔着什么。好不容易走进法庭，却被告知由于附近工地施工挖断了电线，法院停电了，庭开不了了。虽然开不了庭，但不能千里迢迢白来一次，我借机与法官深入交流了一个多小时，陈述了证据间的矛盾和案件的疑点，并再次提出证人出庭的强烈要求。这位法官是本院刑庭的庭长，还是非常负责任的，他一一做了记录，也许是意识到本案问题较多，表示会充分考虑证人出庭的问题。离开法院时，笔者又和那几个彪形大汉擦肩而过，这次看他们忽然顺眼了许多。

这次法院停电，正是我们案件迎来转机的机会。一方面，应该是法院和检察院交换了我的辩护意见，侦查机关又开始补充提交证据材料。另一方面，我得知法院准备通知证人出庭。这让我们既兴奋又担忧。因为从数量上来看，无疑控方证人占多数。且控方证人多数是和被害人有些关联的人，有他房地产公司的工作人员，有他长期聘用的法律顾问，还有他的亲属。而辩方证人则相对薄弱，不仅人数少，从关系上来讲也都相对疏远。不过，我还是坚信，证人不可能每一个问题都能提前预判，也许在交叉询问中，可以抓住他们的漏洞。

到了再次通知的开庭时间，控方安排了强大的阵容，除两名优秀公诉人外，还有被害人王某本人以及其聘请的两位代理律师，这让笔者严阵以待，也更加激发了斗志。法院通知本案的全部证人（近十名）先后出庭。尽管出庭的被害人和证人都气势汹汹、不听从法庭的指挥、擅自拒绝回答辩护人的提问，甚至不断地恶语相向，但辩护人并未受丝毫影响，不断调整思路。在对于案发期间双方具体沟通过程的发问中，被害人王某提出一个关键性的事实——“当时赵某的律师挺着大肚子，都快生了，还和我的律师大声吵架。这一情节我记得很清楚”。这一细节立刻被我捕获，成为控方百密一疏的关键漏洞。我们当庭询问了作为证人出庭的该律师孩子的出生日期，并于庭后调取了出生证明，从而证明被害人王某主张双方洽谈贷款事宜的时间在“2010年四五月”是不可能成立的，因为该律师的孩子是2011年7月出生，在“2011年四五月”才有可能大着肚子。那如果是2011年四五月见面洽谈过的话，2810万元打款时间又是在2010年6月，从时间轴上来怎么可能还没有洽谈就提前一年先付手续费？而恰好能印证的是，辩方提供的BT合同的签订日期刚好为2010年6月初，和2810万元打款时间吻合，这就使得该笔资金系BT合同中介费的可能性极大。

本案此次休庭后又两次开庭，共经三次庭审，历经几番唇枪舌剑，斗智斗勇，一波三折，却是一堂非常经典的刑辩公开课。被害人采用“移花接木”式控诉被告人诈骗的套路被辩护人一语道破，使扑朔迷离的案情最终大白于法庭之上，“该笔巨款系 BT 合同项目劳务费”的事实，成为本案无法定罪的“合理怀疑”。

本案庭审展现了刑辩律师对全案证据的审查能力、与检法机关积极有效的沟通方法、庭上对证人进行交叉询问的技巧；凸显了刑辩律师在面对困难时的勇敢与坚持；实现了“刑辩老大难”之一的证人出庭；同时，更彰显了司法改革进程中“庭审实质化”改革的重要意义，系展现“以庭审为中心”的庭审实质化改革成效的生动案例。

复 盘

本案中，制胜关键在于通过交叉询问捕获被害人陈述：“当时赵某的律师挺着大肚子，都快生了，还和我的律师大声吵架”这一细节。那么，从这个细节的描述中，我们要学会挖掘有价值的信息。这一回答有哪几点重要信息呢？第一，律师挺着大肚子快生了，这是一个可以有客观证据佐证的事实；第二，两名律师大声吵架，这也是一个客观事实，但在没有监控录像的情形下只有言词证据能够印证。这两点中，显然只有第一点可能被辩方利用。于是，休庭后笔者随即向这名律师进行询问，了解其生孩子的时间并调取了出生证明。该出生证明所记载的时间恰恰比被害人主张双方见面谈贷款和 2810 万元打款的时间晚了一年，这样就和指控这笔巨额资金转账的时间发生了巨大冲突，因为正常情况下不可能还没见面商谈就提前一年支付手续费。

鉴于“排除合理怀疑”的证明标准在司法实践中运用起来仍然具有较大难度，在交叉询问基础上，我们又重新以时间轴为序，把 2010 年 6 月被害人如何签署“BT 合同”并同时支付中介费，到次年也就是 2011 年四五月被害人还在以洽谈蔬菜项目的名义邀约过被告人见面等事实梳理清晰并展示给法庭，帮助法官做出正确判断。时隔 8 年，王某以移花接木式的虚假陈述指控赵某诈骗的逻辑最终溃败给交叉询问中自己的陈述。

证据运用

交叉询问一直是刑事辩护的难点。一方面，由于刑事庭审证人出庭率低，辩护律师在庭审交叉询问上能够实践的机会不多，经验不足；另一方面，在我国，虽然要求证人的庭审陈述应当具有真实性，但是由于缺乏相应的保障机制，不同证人的可信度差异较大。因此，想要在庭审交叉询问中有所收获就更加困难。对此，笔者分享如下心得体会：

第一，努力争取法庭通知证人出庭。本案中，控辩双方证人近 10 名全部被允许出庭，这体现了在庭前辩护人与法庭沟通的有效性，取得证人出庭的机会系最终取得辩护成功迈出的关键一步。

第二，选择合适证人重点交叉询问。值得一提的是，该两名律师证人，一名为控方证人，另一名为辩方证人，分别对事实做出了截然相反的陈述，都自成体系，没有漏洞，一度令法庭陷入僵局。对这样的证人，笔者认为突破可能性较小。而被害人王某系当事人，无论是情绪还是思维，都受限于自己的身份，且开口讲话的意愿较高，突破可能性反而更大，本案印证了这一思路。

第三，抓住漏洞进行证据反击。笔者当庭捕获被害人陈述的上述细节后，立即进行核实并进行新的书证调取，最终扭转了整个案件的局面。这种对证据运用的敏感也是需要长期执业经验积累和训练的。

断其一臂：成功与失败交织的辩护体验

潘立波[1]

突破思路

证据能力是指“作为认定事实依据的资格”，就此而言，适用非法证据排除规则的“非法证据”，就是不能作为定案依据的证据，即不具备证据能力的证据。在办理刑事案件过程中，着力审查并有效排除不具有证据能力的证据，是辩护的应有之义。辩护人申请非法证据排除，要从证据来源合法、过程合法、结果合法三个角度寻求突破，促使办案人进行证据能力的审查，依法应当排除的证据不能作为定案依据。

案情简介

2018 年 7 月 26 日，大学生黄某（男）与朋友梁某（女）来到案发酒店，二人开了一间房间居住（房间号 1518），凌晨时分，黄某在居住的酒店捡到他人散布的含有卖淫信息的小卡片，遂产生了嫖娼的念头。凌晨 1 时 5 分，黄某拨打了小卡片上的卖淫电话，同一男子简短通话后添加了对方微信进一步交涉嫖娼事

1 盈科哈尔滨刑事法律事务部主任。

宜。微信交涉过程中，黄某与对方商定好嫖娼价格为800元，随后黄某来到酒店电梯口等候卖淫女到来。大约20分钟后，卖淫女即本案被害人安某某来到案发宾馆同黄某见面，其后二人新开了一间房间（房间号1504）并一同进入。进入房间后，二人发生了性关系。

根据本案无争议的在案证据显示：黄某与安某某进入1504房间后，凌晨3时33分，黄某收到安某某微信转账747元；4时25分，黄某与安某某走出1504号房间来到1518号房间门前，黄某独自一人将装有水果刀和电棍的背包送入朋友梁某居住的1518号房间，安某某在门外等候；4时27分，黄某与安某某返回房间，二人再次发生性关系；5时58分，黄某在送安某某离开时，拿走安某某戒指一枚；6时25分，黄某向安某某转账300元；8时许，安某某向某派出所报案称被黄某强奸、抢劫，9时许，派出所民警在宾馆楼下将黄某抓获。

黄某到案后，在出警派出所接受第一次讯问时辩称，其没有实施抢劫、强奸的行为，其背包中电棍是防身用的，自己没有使用背包中的电棍和水果刀威胁安某某给其转账钱以及强迫发生性关系，安某某微信转给他的钱是自己用现金换的，进屋后二人发生了两次性关系，安某某向其索要嫖资5500元，后黄某给了安某某3000余元现金作为嫖资。

其后黄某在出警派出所接受了第二次讯问，承认自己对被害人安某某实施了抢劫、强奸的行为，称在进入1504号房间后二人发生了两次性关系，在安某某向其索要嫖资3000元后，自己用电棍电了安某某，安某某出于害怕将自己微信里的钱转给了黄某，其后安某某陪同黄某将装有电棍和水果刀的被告送回梁某居住的1518号房间，二人回到1504号房间又发生了一次性关系，凌晨6时左右黄某送梁某某离开酒店，并留下了安某某的钻戒。

之后黄某被羁押到看守所，在看守所接受了第三次讯问，其回答内容与接受第二次讯问时基本一致，但在其后的几次讯问中以及庭审时翻供，否认自己实施了抢劫、强奸的行为。

后本案公诉机关以黄某涉嫌抢劫、强奸罪向人民法院提起公诉，一审法院经过两次开庭审理后宣判。

办案过程

2019 年 5 月 17 日本所与当事人家属签订委托合同，当时该案已经进入了一审阶段，在与黄某父亲简单了解情况后，笔者于 2019 年 5 月 24 日第一次在看守所会见黄某，2019 年 5 月 26 日又与黄某的父亲在律所内谈话，了解该案件客观证据，至收到一审判决书止，一共会见被告人黄某七次。

本案中，黄某在公安机关的供述存在前后多次反复的情况。黄某在第一次讯问时，全面否认自己对被害人实施过暴力、威胁、抢劫钱款等行为。但同日黄某在接受第二次讯问时，推翻了自己之前的无罪供述，承认自己对被害人安某某实施过电击并抢劫了其财物，其后黄某在看守所做的第三次供述与第二次供述内容大致相同。但黄某在之后的几次供述中，又全面翻供，否认自己实施过犯罪行为。

抱着仔细推敲在案证据，以期最大化还原案件事实的想法，笔者多次会见了黄某并详尽审查了案件卷宗，发现本案存在如下几处重大疑点：

第一，被害人称曾受到黄某两次使用电棍电击，但验伤报告却显示被害人无任何外伤；

第二，被害人称同黄某进入房屋后黄某旋即实施了抢劫行为，但二人进入房间的时间是凌晨 1 时 40 分左右，被害人向黄某转账时间却是 3 时 33 分，黄某的抢劫行为不可能持续近两小时；

第三，被害人称黄某拿出电棍后自己第一时间跑到房门处，因房间门被黄某反锁所以无法脱逃，但众所周知，宾馆房门都不具备在内部自行反锁无法打开的功能。

为查明以上几处疑点，笔者在会见黄某时进行了有针对性的发问。随后，笔者从被告人家属处取得了案发时的宾馆监控录像，并从一审法院处调取了黄某的审讯录像。在仔细观看完全部录像内容后，笔者发现了本案的重大突破口。

首先，黄某的审讯录像中，在办案人员对黄某审讯结束后打印笔录让黄某签字前，竟然有一名警务人员来到审讯室向黄某索要 2 万元称能“平事”，该行为严重违纪甚至可能构成犯罪，据此可以推断黄某所做的有罪供述系受到警务人员误导、诱供而做出，依法可以申请排除非法证据。

其次，宾馆监控录像显示，黄某在被抓捕后被带离案发酒店前，公安人员多次对黄某进行了威胁、恐吓与殴打。录像中一名警员对黄某声称：“给你机会你不要，你没有机会了”，“你遭罪了……”其后黄某质疑抓捕人员身份，另一名警员对黄某大吼，并随后对其掐脖、数次殴打面部，勒令黄某不许说话。据此可以推定黄某受到了刑讯，其违背自身意愿与客观事实所作出的有罪供述依法应予排除。

再次，宾馆监控视频显示，黄某与被害人一起被监控拍到的画面中，二人举止亲昵有说有笑，被害人均处于可以自由行动且不被黄某控制的状态。凌晨 4 时左右二人从 1504 号房间去往 1518 号房间时，可以清晰地看到被害人一手拿香烟，一手挽着被告人，神情自然，二人有说有笑。黄某穿着拖鞋，将背包连同包内的水果刀与电棍一同放回了 1518 号房间，在黄某单独进入 1518 号房间及返回 1504 号房间回的过程中，被害人均处于可以自由行动且不被黄某控制的状态，当时黄某穿着拖鞋行动不便又与危险器物脱离，如果被害人人身安全受到了抢劫、强奸的巨大威胁，不可能如此泰然自若，不呼救不逃跑，完全不符合被害人报案所称的刚刚发生抢劫、强奸行为后的状态。

最后，本案案发后，侦查机关声称案发现场监控损坏不具有回放功能无法调取，但黄某家属却联系案发宾馆自行取得了监控视频，这更加使得笔者确信本案的在案证据可能存在违法的情形。

基于以上证据材料，笔者详尽梳理了全案证据，认为作为本案定罪关键的被告人有罪供述可以依法予以排除，如果排除黄某的有罪供述后，本案其他证据不能形成完整的证据链条，本案完全可以也应当进行无罪辩护。据此，笔者向一审法院提出了非法证据排除的申请，并为黄某做无罪辩护。

在整个办案过程中，笔者运用证据能力三要件方法对在案证据逐一进行分析。

第一步，审查证据来源是否合法。在查阅调取的案件笔录、卷宗资料时，笔者着重研究了本案证人证言，即黄某的朋友梁某的证言、孙某的证言是否由两名以上侦查人员提取，梁某、孙某是否具有作证资格，案件中的书证是否由侦查人员提取、来自何处，有无调取证据通知书，经过一层层细细的推敲，筛选出有证据能力的证据，以便对案件进一步分析整理，梳理案件的证据链条。

第二步，审查证据取得过程是否合法。笔者反复观看检察院提供的监控视频，研究言词证据取得中有无刑讯逼供、暴力、威胁等行为，依据本案被告人黄某家属提交的案发酒店监控录像及公安机关提交的审讯视频，可以清晰地看到公安机关在抓捕黄某时便对其进行了殴打与恐吓、威胁，上述行为足以判定证据取得过程非法，黄某的有罪供述可能是在受到威胁与诱导后作出的不真实的供述，黄某的供述为非法证据，应予以排除。

第三步，审查证据呈现结果是否合法，即审查取得的证据所依附的装入卷宗中的载体本身是否合法。比如，言词证据所形成的证言笔录，记载内容是否规范全面、签名是否遗漏、有无核对确认等。在本案的办案过程中，笔者对证据一一核对，如果出现漏洞则无法认定该份证据的合法性与真实性，可以对案件最终定性起到最终审判作用，但此种情形在本案中并不存在。

本案在笔者提出非法证据排除的申请并提交了相关证据后，一审法院予以了高度重视，多次召开庭前会议。最终，一审法院虽采纳了笔者排除非法证据的申请，对于黄某的两次有罪供述予以了排除，且相关部门追究了违法办案人员的责任，笔者在非法证据排除层面的辩护取得了实效。但是，案件判决结果并不理想，一审法院仍然判决认定被告人黄某构成强奸罪、抢劫罪，数罪并罚决定对黄某执行有期徒刑五年。判决的理由主要在于两点：(1)证人梁某证明黄某在案发时没有现金，故不采纳黄某关于微信转账是用现金串钱的供述，采信了被害人关于抢劫的陈述；(2)黄某曾在网上询问迷幻药和电棍的使用效果，并在案发时随身携带水果刀和电棍，符合被害人关于被强奸的陈述。但是，在法院开庭时，被害人安某某已经失联，不能出庭接受询问，前文所述被害人安某某所作笔录中的不合理疑点之处无法得到验证。笔者认为，本案在案证据并不能形成完整闭合的证据链条，不能达到排除合理怀疑的程度，未按照存疑有利于被告人的原则进行处理。因此，笔者对判决结果持保留意见。

复　盘

目前，在我国司法实践中，律师往往是采取“结果—过程—来源”倒置的方法对证据能力进行审查的。比如，一份证言，先从结果的角度，从装入卷宗中的这份证言笔录开始审查，看笔录本身有无问题，核实证人有无核对笔录、有无签字确认、询问时间及地点记录是否准确、笔录记载的内容与证人陈述内容是否一致等；接着从过程的角度进行审查，审查调取证言过程中有无暴力、威胁取证等情况；再从来源的角度进行审查，审查提供证言的证人有无作证能力、询问人员是否具有办案资格等。笔者认为，证据能力三要件标准不仅能从理论上丰富证据能力的内涵，而且在实践中有利于促使律师加强对证据能力的审查，从而有利于进一步提高办案效率以及办案质量。

回归到黄某涉嫌强奸一案，之所以能够排除非法取得的证据，正是从证据能力的角度进行了专业的审查判断，关注了证据的取得过程，发现了黄某受到了工作人员暴力威胁。笔者据理力争，才使法院多次召开庭前会议，最终采纳了笔者的建议，达到了申请排非成功的效果。

证据运用

在实践中，非法证据排除的成功案例还非常有限，需要刑辩律师不断去摸索和争取。关于非法证据排除，笔者分享以下几点经验：

第一，应该熟悉与排非有关法条、司法解释及规程，准确区分非法证据的范围、理由和依据。

第二，要把握非法证据与瑕疵证据的不同处理方式，非法证据是申请排除的对象，瑕疵证据则可以采用有效质证的方式来进行评判。

第三，申请排非同样需要尽可能挖掘证据，而不是仅局限于提出线索或者材料，要善于运用举证技巧，以便启动排非程序。

第四，排非案件中，被告人的配合非常重要，要深度挖掘被告人提供的线索，并寻求证据与之印证，这是非法证据的排除的关键所在。

第五，排非难度大，成功率低，刑辩律师应该有坚持不懈的执着精神，用自己的专业与责任去撼动控方的证据体系。

击中痛点：毒品犯罪中“特情引诱”情节的运用

王伟刚[1]

突破思路

由于毒品犯罪的高度隐蔽性，侦查机关经常使用特情侦查毒品犯罪活动。所谓“特情引诱”，是侦查机关参与或雇佣原犯罪人员、其他人员通过一定的行为、机会和方式，使他人产生毒品犯罪意图或者加深毒品犯罪程度，从而在毒品交易时人赃并获。但是，根据罪刑相适应原则，应当依法从轻处罚。基于侦查需要和特情保护等原因，侦查机关通常不会在文书资料里载明特情引诱，如何识别和发现特情引诱情形，是毒品犯罪有效辩护的重要方面。

案情简介

老刘是湖北人，经常到云南的边境游玩，多次在云南昆明、普洱、西双版纳等地登记住宿。后经他人介绍认识了“大姐”和“三妹”。老刘对毒品非常感兴趣，在与“大姐”和“三妹”的交谈过程中，“大姐”说起她曾经到过缅北几次，认识一些境外当官的，也曾经见过境外人员贩毒的情形。老刘一来二

1 盈科昆明毒品与走私法律事务部主任。

去就明白“大姐”和“三妹”有毒品方面的路子，她们可以搞到毒品，运输通道很安全。既然有这么好的条件，老刘说，想买点麻古（甲基苯丙胺片剂），老家那边很流行，但只有15万元，大姐说钱不是问题，只要价格谈好，她们会送到湖北去交给老刘和老刘的合伙人老李。最后，老刘和老李向“大姐”和“三妹”购买14包甲基苯丙胺（片剂），“大姐”和“三妹”负责运输到湖北交付给他们。

老刘和老李在边境城市向“大姐”和“三妹”支付了购买毒品的预付款30万元，约定“大姐”和“三妹”将毒品成功送到湖北后再支付尾款40万元。2018年8月10日18时许，老刘和老李在湖北某地用手提袋拎着40万元现金进入酒店，过了一会儿，两人从酒店大厅出来，老李之前拎着的手提袋已经不见了，当两人走到酒店停车场从一越野车上取走毒品的时候，被埋伏的公安局禁毒队民警抓获，并当场从三菱越野车后备箱一花格子旅行包内查获外用黄色蜡纸包装的毒品甲基苯丙胺14包，共计净重7280克，司法鉴定中心出具了理化鉴定意见，送检的颗粒状毒品可疑物中均检出甲基苯丙胺成分，平均含量为12.6%。

经尿检，老刘未检测出近期吸毒，老李检测出吗啡呈阴性，甲基安非他明呈阳性。老刘在办案区吃早点时趁民警不注意，将两根筷子吞服进体内，民警及时将老刘带到医院进行检查、治疗。检查过程中，老刘又趁民警不备，用头撞向一楼墙面瓷砖棱角意图自杀，经过治疗，老刘胃内的筷子被取出，后带回看守所继续羁押，看守所队医对其继续治疗。老刘事后说，当时查获的毒品数量实在太大了，想着反正都是一死，不想活了，一时想不开，就想到了吞筷子自杀。

据悉，律师会见前，老刘、老李已对犯罪事实供认不讳，并积极配合公安机关查明案情事实。在侦查期间，两人均没有受到刑讯逼供。

办案过程

一、拨开云雾，找出案件关键

案件发生后，老刘的家属及时帮他请了律师进行会见，了解到案件的基本情况，知悉老刘承认了贩卖毒品甲基苯丙胺片剂7280克。对于这样大的数量，每一位承办律师都有不小的压力。最初委托的律师比较年轻、缺乏经验，家属与其沟通后，不是很踏实、放心。

经朋友介绍，笔者在老刘被逮捕以后接受了老刘家属的委托。得知7280克毒品人赃并获，并且是老刘邀约老李贩卖毒品，作为一名有毒品辩护经验的老律师，笔者当时也感觉压力极大。根据《刑法》第347条规定，走私、贩卖、运输、制造鸦片1000克以上、海洛因或者甲基苯丙胺50克以上或者其他毒品数量大的处十五年有期徒刑、无期徒刑或者死刑，并处没收财产。7280克的甲基苯丙胺片剂（坊间又称冰毒片剂、麻古、马古、小麻、大红袍），即使不是晶体状的纯冰（有效成分含量最高可以达90%以上），由于毒品数量太大，已经超过实际掌握的死刑数量标准，如果找不到案件的有效辩点，犯罪嫌疑人极有可能被判处死刑。

笔者接受委托后，首先整理出了会见提纲，紧密围绕以下内容进行会见：（1）案发经过是怎样的？（2）毒品犯罪现场的细节，时间、地点、人物，涉案人员电话如何打的、谁叫到的现场、怎么到的现场、到现场后发生了什么、毒品如何交易、具体有哪些人在现场？（3）如何被抓的？（4）现场的人都被抓了吗，如果没有被抓，是什么原因？（5）现场的交通工具有哪些？具体明确买方、送货方、侦查机关的交通工具和摆放位置和其他情况。（6）在案件办理过程中，是否感觉到有什么奇怪的地方？（7）“大姐”和“三妹”与买方的关系究竟是什么？

（8）银行卡、电话记录、现金的具体情况。（9）之前是否验货、多次交易，之前是否付过钱、见过面？（10）自己一方的案件参与人员究竟几人？（11）是否被刑讯逼供？（12）身体是否有重大疾病等以致不能羁押？（13）是否有自首、立功等量刑从轻、减轻情节？

通过会见初步确定，该案毒品是甲基苯丙胺片剂7280克，老刘和老李在交易现场被抓获。这些是基本的案情，随着会见的深入，笔者逐渐发现了一些问题:（1）案件中提到的“大姐”和“三妹”承诺把毒品运输到湖北某地，交易现场警方张网已待，“大姐”和“三妹”配合警方抓捕购买毒品人员。（2）涉案毒品的购买价格是70万元，分二次支付，预付30万元，现场交易支付尾款40万元（待查证警方扣押清单涉案资金是30万元还是70万元）。（3）“大姐”和“三妹”在交易现场，警方未抓获二人。（4）在现场交易过程中，装有40万元现金的手提袋已经交付警方。（5）警方已经在交易现场布控等待毒品交易。（6）购买人刚要拿到毒品就被警方立即抓捕。

笔者在会见中发现问题、核实问题、深挖问题再核实问题，终于弄清了来龙去脉。老刘、老李与“大姐”和“三妹”的认识源于一场朋友聚会，大姐经常到缅北去，认识很多大人物，能轻易搞到毒品，所以老刘、老李就非常感兴趣，想通过“大姐”弄一些毒品到老家贩卖。大家谈妥了价格，大姐说要多少有多少，可以帮运输到外省，价格可以谈。老刘和老李想要14包麻古（每包6000粒），先预付了30万元。等到湖北交货的时候，再付40万元。交付毒品的时候，老刘、老李与大姐约定在湖北某地酒店见面，并支付了尾款40万元。二人在酒店大堂中见到“大姐”和“三妹”，随后老刘和老李去酒店停车场从三菱越野车上拿毒品的时候被五六名警察抓获，侦查机关在越野车上发现了毒品。

二、按图索骥，发现特情引诱的蛛丝马迹，一击中的

随着笔者在多次会见中提问，老刘也慢慢发现问题，与“大姐”和“三妹”交往几次以后，“大姐”总是有意无意向自己提起毒品的事，承诺送到哪里都可以。十分巧合的是，自己和老李刚打开三菱越野车的后备箱，准备要拿毒品的时候，就有许多人扑过来把自己和老李抓了，感觉禁毒队提前就知道毒品要交易。

经过细致交流，笔者问了老刘一个问题：假如禁毒队提前就知道了犯罪线索，你们又与“大姐”和“三妹”通过电话，那你们在酒店的聊天，禁毒队是否知道？老刘回答“那一定是知道的”。那么，禁毒队为何不抓捕“大姐”和“三妹”呢？

至此，笔者基本可以判断：该案是在特情参与下的毒品犯罪案件，所以才有了抓捕的精准性、及时性。“大姐”和“三妹”是警方的特情，引诱老刘和老李参与毒品犯罪，属于犯意引诱。由于购买毒品的资金是分两次进行支付，阅卷的时候，一定着重查看案件扣押的资金是40万元还是70万元，假如扣押的资金是70万元，那就证明本案“大姐”和“三妹”之前收的30万元预付款也在其中，收款人、送货人都在毒品交易现场，警方却不抓获，那这些人必定是特情了。

笔者在阅卷时发现两个重要问题：第一，抓捕时间和立案时间不一致，立案时间早于抓捕时间1月有余，证明侦查机关对案件其实早已掌握。按理来说，侦察机关应对“大姐”和“三妹”同步部署了监控，有条件将其抓捕归案，但至今在材料中没有任何地方出现“大姐”和“三妹”的相关信息。笔者向检查机关、人民法院申请调取本案线索来源时，均以案件涉密为由未予调取。第二，扣押清单显示扣押的资金是70万元，既然侦查机关并未抓捕“大姐”和“三妹”，为何她们之前收的毒品预付款却赫然在列？这让笔者更加坚定怀疑特情引诱的存在！

遗憾的是，笔者多次询问本案是否有内卷，至今不得而知。不管是否有内卷，通过笔者的多次会见与分析，笔者逐步确信案件中存在特情引诱的情形。

本案实际情况应当是，警方安排“大姐”和“三妹”作为特情出售毒品，引诱老刘和老李购买毒品，最后抓获老刘和老李。在目前我国法律体系下，无法认定老刘和老李的行为无罪。本案的核心辩点是警方策划下的特情引诱，且存在犯意引诱，毒品购买人根本无法实现犯罪目的（未遂）。老刘和老李对于毒品没有强烈的购买意愿，如果不是“大姐”和“三妹”的引诱、撮合，甚至不会参与毒品犯罪。至于老刘为何受伤，毒品的管辖、封存、称量、提取、检测等辩点相对次之。办理本案过程中，笔者多次提示公诉机关和法庭，“大姐”和“三妹”是本案的特情，存在犯意引诱，“大姐”和“三妹”收取了预付款，在毒品交易现场配合警方抓获毒品购买人。在卷特情引诱线索无懈可击，公诉人、人民法院均认可了笔者的观点，最终，老刘被判处八年有期徒刑，成功保住了性命，笔者的辩护取得了较好效果。

复　盘

我国新修订的《刑事诉讼法》第 153 条明确，把“特情引诱”的情形规定为“控制下交付”。2008 年最高人民法院《全国部分法院审理毒品犯罪案件工作座谈会纪要》（大连会议纪要）规定，对因“犯意引诱”实施毒品犯罪的被告人，根据罪刑相适应原则，应当依法从轻处罚，无论涉案毒品数量多大，都不应判处死刑立即执行。本案中，涉案毒品甲基苯丙胺片剂高达 7280 克，就本案而言，只有紧紧抓住“特情引诱”才能实现有效辩护。

由于很多特情引诱线索藏得深，不易发现，必须认真再认真研究案件，发现特情引诱线索。笔者凭借多年毒品辩护经验，成功找到特情引诱突破点。一方面，笔者提出涉案人员抓获的及时性、“大姐”和“三妹”在现场却没有抓获以及虽未抓获但收取的30万元预付款却出现在扣押清单中三大辩点，使办案人员不能合理解释本案的特殊情节。另一方面，笔者明确指出本案有特情引诱存在，早期被告人无涉毒的故意，是受特情犯意引诱的影响，利欲熏心而参与毒品犯罪，毒品根本不会流入社会，犯罪目的无法实现，其行为属于犯罪未遂，结合“大连会议纪要”关于特情引诱的观点，根据罪刑相适应原则，应当依法从轻处罚。该意见最终得到认可和采纳，老刘对被判处八年有期徒刑的结果也非常认可。

证据运用

由于毒品交易隐蔽性强、取证难度大、线索单一，特情介入成为破获毒品案件的有效手段。在司法实务中，特情引诱主要包括犯意引诱、数量引诱、间接引诱、提供机会型引诱四种情形。在具体案件中，不易发现特情引诱的线索，“大胆质疑、小心求证”是突破这类案件的辩护关键。如何发现毒品案件特情引诱的线索呢？笔者结合多年经验总结如下：

第一，重视会见：提前准备会见提纲避免遗漏要点，通过会见让被告人还原案发现场，了解案件全貌，以此发现特情引诱的线索。

第二，审查立案登记材料：着重审查报案人员信息和线索来源是否真实客观，是否系托词，线索和报案人员是否真实。

第三，审查办案说明、抓获经过：从中发现是否有先到案人员、遗漏不抓捕人员，是否有帮助侦查机关合作、立功人员。了解案件从交易到抓捕时间是否紧迫以及审查案件是否存在侦查机关提前布控等情况。

第四，审查扣押清单：着重审查交易前的毒资是否在扣押清单之内；如果毒资收款人不在现场也没有被抓获，其收到的钱是否被扣押。

第五，审查毒资、毒品来源与批复：有的案件毒资与毒品源于侦查机关，实施特情引诱有公安局领导的批复和相关文书资料。

第六，审查抓捕时间：着重审查处于夜深人静时的案件、案发地较为偏僻的案件以及一般案件中抓获的精准性，由此发现案件侦破是否合理。

规则制胜：综合运用两大规则摆脱被动局面

谭已晓[1]

突破思路

近年来，非法捕捞水产品案件呈上升趋势，部分地区因案件猖獗，已经原则上不适用缓刑加以震慑。2018年3月1日，最高人民法院、最高人民检察院通过《关于检察公益诉讼案件适用法律若干问题的解释》，规定对该类案件检察机关可以向法院一并提起附带民事公益诉讼。因此，办理这类案件，不仅要熟练掌握刑事证据规则，因附带民事公益诉讼，对应的民事民事法律关系中的相应责任承担规则证据规则对定罪量刑同样重要。实践中，巧妙运用罪责刑相适应的刑事排除合理怀疑的基本证据规则量刑基本原则和民事法律关系中的连带责任连带责任、调解等民事案件规则，会得到意想不到的有利效果。

案情简介

2018年5月中旬开始，被告人郭某阳与船主王某军、唐某伟共谋，在国家规定的禁渔期内由唐某伟、王某军安排捕捞船出海捕捞水产品，与苗某勇、赵

1 盈科威海刑事法律事务部主任。

某、刘某璐、苏某成商定，由苗某勇负责提供码头停靠运输船，由赵某安排运输船从海上捕捞，将渔获物运输至该码头，由刘某璐负责组织工人到码头卸货、装运，由苏某成联系个体货车将渔获物运输至水产冷藏公司予以销售获利。

2018 年 5 月中旬至 6 月中旬禁渔期内，被告人郭某阳多次组织上述被告人在某省南部黄海海域捕捞玉筋鱼，于夜间 23 时许至次日凌晨 3 时许运输至某码头停靠、装卸，由郭某阳通过某市兴某农产有限公司经理王某斌、收购员孟某松，多次向该公司销售玉筋鱼价值人民币共 360,618.95 元；通过王某斌、孟某宋介绍，某市明某水产有限公司经理宋某素多次从某市兴某农产有限公司转运购进玉筋鱼价值人民币共 588,894.25 元；通过海某海洋食品有限公司副经理张某龙多次向该公司销售玉筋鱼价值人民币共 481,861 元；通过蓝某海洋食品有限公司经理董某海、收购员王某剑多次向该公司销售玉筋鱼价值人民币 692,190 元；向王某经营的飞某冷藏厂销售玉筋鱼价值人民币共 122,800 元。

综上，被告人郭某阳非法捕捞玉筋鱼价值人民币共 2,246,464.2 元。其间，被告人唐某伟多次出海非法捕捞、运输玉筋鱼价值人民币共 632,879.7 元；被告人王某军、赵某、杨某家等人多次运输非法捕捞的玉筋鱼；某市兴某农产有限公司、某市明某水产有限公司、山东海某海洋食品有限公司等明知系郭某阳非法捕捞的玉筋鱼，仍购入大量玉筋鱼。

该案公诉机关指控被告人郭某阳、唐某伟、赵某等人违反保护水产资源法规，在禁渔期捕捞水产品，情节严重，触犯了《刑法》第 340 条之规定，应当以非法捕捞水产品罪追究刑事责任。被告人王某伟等人明知是犯罪所得仍予以收购，情节严重，其行为触犯了《刑法》第 312 条之规定，应当以掩饰、隐瞒犯罪所得罪追究刑事责任。同时，公诉机关还以郭某阳、苏某成、苗某勇、唐某伟、王某军等人为被告，提起了刑事附带民事公益诉讼，要求上述被告恢复被破坏的海洋环境。

办案过程

涉案非法捕捞的渔获物俗称“沙里钻”，学名玉筋鱼。玉筋鱼作为一种小型鱼种，在生态系统中处于食物链的底层，它既是人类无法利用的一些环境生物资源的收集者，又是诸多大型、中型经济生物的重要饵料，对缓解多种大型、中型经济鱼、虾类的资源衰退进程，减轻对上述经济品种的捕捞压力有重要的生态学意义。因此，本案在当地产生了重大影响。

该案系被告人郭某阳的国内几个大客户联合介绍给笔者的。郭某阳系某地区最大的给韩国供应八爪鱼的供货商，垄断了整个当地市场。国内大量客户都在急迫地盼着他出来，否则给客户会造成巨额损失。他们对笔者仅提出一个要求：希望在最短时间内为郭某阳争取到缓刑，否则整个捕捞、出口韩国的产业链就会破产。

该案还系 2018 年 3 月 1 日最高人民法院、最高人民检察院《关于检察公益诉讼案件适用法律若干问题的解释》生效后当地首起刑事附带民事公益诉讼案件。检察院派出了公诉部门和民事行政检察部门组成的豪华团队将该案向法院提起刑事附带民事公益诉讼。

笔者接受委托后，压力非常大，该案要做缓刑的前提必须是恢复公益诉讼里被损坏的海洋环境，但这需要巨额费用，而郭某阳根本无力交齐相关款项。如何让郭某阳以能够交得起的款项恢复被损坏的环境资源是笔者面临的一个巨大难题。随后的辩护工作中，笔者综合运用了刑事证据规则和民事证据规则民事法律关系中的相应规则，圆满完成了预期目标。

笔者了解到非法捕捞水产品的行为在山东沿海（包括威海、烟台、青岛等地）十分普遍，又由于跨境非法捕捞频繁发生，极易在中朝、中韩、中日间发生国际纠纷，造成十分恶劣的国际影响。为了进一步了解国内法院对于非法捕捞水产品罪的认定和量刑标准，笔者首先利用大数据研究威海、烟台、青岛及山东省范围内所有同类案件的判决。笔者在裁判文书网中查询了本案案发之日起前溯 5 年内，威海、烟台、青岛、山东及全国法院判决非法捕捞水产品罪的相关数据。经过判例检索发现，主犯缓刑率达到 80% 以上。因此，笔者内心首先对本案主犯的量刑有了一定的预判，并将量刑的数据进行了完整统计分析，形成了书面材料并附大量判决实例。后期作为关键量刑证据提交给了公诉机关及法院，为争取被告人缓刑奠定了基础。笔者的检索判例思维如今看来于法有据，2020 年 7 月 31 日的最高人民法院《关于统一法律适用加强类案检索的指导意见（试行）》规定，即法院在案件汇报或者裁判前进行类案检索，通过对其裁判理由的遵循确保同类案件裁判的统一性，进一步提高司法公信力。事实上在当时没有该规定的情况下，笔者作为辩护人提交的前 5 年量刑判例，为法官对郭某阳判处缓刑提供了一个巨大的心理支持。

笔者发现本案所有涉嫌掩饰、隐瞒犯罪所得罪的被告人（购鱼人都是当地有名的生产型企业，侦查机关当时也是不得已采取了取保候审强制措施）都被采取了取保候审的强制措施，但所有涉嫌非法捕捞水产品罪的被告人都被采取了逮捕的强制措施。我国刑法对非法捕捞水产品罪的量刑标准最高是三年有期徒刑，而掩饰、隐瞒犯罪所得罪的量刑标准最高是七年有期徒刑。在本案中，所有涉嫌重罪的犯罪嫌疑人被取保候审，而涉嫌轻罪的犯罪嫌疑人被逮捕，显然于理于法均不符。笔者抓住侦查机关这一瑕疵向检察机关提出羁押必要性审查和侦查违法审查，有效动摇了公诉机关的量刑思路，造成公诉机关在量刑建议时有所顾忌，逐步接受了郭某阳最终被判缓刑的结果。

根据我国非法捕捞水产品罪的认定标准，如果被告人在非我国管辖海域没有使用禁用工具捕鱼是不构成犯罪的（法释〔2016〕16 号司法解释规定我国管辖海域是指我国内水、领海、毗连区、专属经济区、大陆架以及我国管辖的其他海域）。本案郭某阳和他的船长、船员多人均供述其在东经 123.4 度北纬 38.4 度附近过驳渔获物。该经纬度已经超出 12 海里领海范围，公诉机关针对该海域没有举出任何证据证实其系我国毗连区、专属经济区、大陆架以及我国管辖的其他海域。在中日韩等各渔业协定对上述认定标准存在冲突的情况下，笔者在法庭上提出认为只要存疑就可以作出有利于当事人的认定为非我国管辖海域公海的认定。禁渔期在公海非我国管辖海域捕鱼构成犯罪的前提是使用禁用的工具且造成重大影响，本案不符合这一认定标准。因此，笔者在庭审提出让公诉人出具非法捕捞的地点是否是中国管辖的水域抑或是公海的证明，导致公诉人无所适从，为后续从轻量刑奠定了坚实的基础。

笔者进一步发现本案中公诉机关提起刑事附带民事公益诉讼时，作为认定被告人的行为严重破坏了海洋环境的证据所提交给法庭的鉴定意见存在明显的不合理之处。首先，本案中鉴定机构仅根据极小部分在现场测量的玉筋鱼尺寸，便由此推定涉案全部玉筋鱼的规格，不符合抽样鉴定规则。其次，鉴定意见所采用的计算方法系计算环境污染造成海洋损失的方法，与本案破坏环境资源的损失计算没有任何联系，计算方法依据有严重瑕疵。鉴定意见对海洋环境损失的认定并没有确凿的证据来佐证，鉴定机构仅依据部分数据和计算公式计算出了环境损失，说服力与说理均太弱。最后，鉴定意见中选用了增殖放流对虾苗的方式作为恢复海洋环境的方式，如果要达到恢复海洋环境的效果，考虑到对虾的成活率，被告人需要增殖放流的对虾数量多达 1.004 × 109 尾。如果依据现有鉴定意见书的逻辑，由于几名被告人实施了 170 万斤玉筋鱼的非法捕捞，需要支付几倍代价来保证大约 170 余万斤中国对虾存活（需要支付人民币 1706.8 万元），这显然是有失公平的。这种让责任者支付几倍代价来填补实际损失的责任承担方式，是一种惩罚性赔偿责任，与我国《民法总则》第 179 条

（当时民法典尚未颁布）规定明显相悖。针对笔者提出的对鱼的规格大小的鉴定和采用的计算方法系计算环境污染造成海洋损失的方法的鉴定不合法、不合理的异议，公诉人最终无法作出合理说明，为动摇法官的量刑思路起到了关键作用。笔者又专门找到中国海洋大学的鉴定人，经过多轮严谨细致的沟通，我们和鉴定人共同得出为了恢复本案中被告人破坏的海洋环境，除了增殖放流对虾外，还可以选择增殖放流许氏由平鱼苗及褐牙平鱼的专业结论，并说服检察机关认可了中国海洋大学专家的意见，同意被告人增殖放流许氏由平鱼苗及褐牙平鱼。这样，被告人仅需支付增殖放流对虾苗的一半价钱（853.4 万元），便能够达到恢复海洋环境的目的。此举既避免被告人赔偿巨额资金，又达到了恢复环境的终极目的，实现了结果最优。

此时，却出现了新的问题。在刑事附带民事公益诉讼过程中，检察机关要求本案的第一主犯，即笔者的辩护对象郭某阳承担绝大部分的赔偿责任。但郭某阳所有家当均用于购鱼且被没收，家境困难，无固定资产，无力承担如此巨额的赔偿费用。若无法交纳赔偿金，郭某阳面临的必定是实刑，并且恢复海洋生态环境的资金也迟迟无法到位。笔者经过详尽调查，提供给检察机关其他几名主犯均有大量房产的证据，建议检察机关运用民事连带责任的规定，由几名主犯共同连带承担 853.4 万元的增殖放流保证金，并建议检察机关利用民事诉讼中调解的方式，与被告人调解结案。经过不懈努力，检察机关将相关情况层报到省人民检察院批准后，最终同意调解，并同意根据各被告人的经济情况，由各被告人连带承担增殖放流保证金。之后，检察机关向法庭提出各非法捕捞的被告人要承担连带增殖放流保证金的意见并得到法院的判决支持。此举既使检察机关以最快的速度收齐全额的增殖放流保证金，也为郭某阳免除了无法承担的巨额赔偿责任。

经过一系列努力，郭某阳最终被判处有期徒刑二年，缓刑二年六个月。并且，郭某阳最终只交纳了30万元增殖放流保证金，其余的823.4万元增殖放流保证金基本由家境富裕的第二、第三被告承担。

复　盘

笔者认为本案最终获得了最佳效果，既避免了被告人被判处实刑，又避免了被告人需举债承担巨额的赔偿金；既达到了惩处犯罪的目的，又以最快的速度着手恢复了被破坏的海洋环境。郭某阳缓刑出来后，当地中韩八爪鱼产业链迅速得以恢复，有效避免了国内多家大型生产商及供货商的破产倒闭。

笔者认为，能够达到这种结果，离不开的是对刑事、民事两类证据规则和民事责任承担规则的巧妙熟练运用。在刑事案件中，注重细节，掌握上下游犯罪的内在联系与区别，准确识别出侦查机关及公诉机关作出的不符合我国刑事诉讼法规定的行为，即该案下游犯罪是重罪但不被羁押适用取保候审措施，而上游轻罪被逮捕，及时提出羁押必要性审查和侦查违法审查。在刑事附带民事公益诉讼中，敢于提出鉴定意见中违法及不合理之处，积极与鉴定人沟通，争取获得鉴定人的支持，采用替换方式解决实际困难，切实维护当事人的合法利益。同时运用调解制度与连带赔偿责任，有效降低郭某阳分配赔偿的责任，既达到赔偿目的，又充分考虑被告人的实际情况，为被告人争得了最大的利益。

证据运用

刑事附带民事公益诉讼在实践中存在鉴定难、损失赔偿标准难以确定等诸多问题。此类诉讼中，应当通过对刑事和民事证据规则和民事责任承担规则两大规则的同时综合适用，最大限度为当事人争取利益。

第一，将附带民事公益诉讼部分的证据标准提升到刑事证据排除合理怀疑的认定标准，有效推翻不利的鉴定意见。

附带民事公益诉讼依附于刑事诉讼，判决依据刑事诉讼认定的事实和证据。现有法律对环境损害鉴定规定较为笼统，当辩护人对鉴定意见的专业性、客观性与全面性存在质疑时，要竭力说服法官，采用刑事证据的排除合理怀疑而否定民事证据的高度盖然性认定标准，适当修正鉴定意见。本案成功使法官将鉴定意见变更为增殖放流许氏由平鱼苗及褐牙平鱼，就节省了一半的费用。

第二，充分利用民事连带责任，为赔偿能力有限的当事人争得利益。

检察机关提起公益诉讼，最让检察官关注的问题之一是及时追回赔偿款项来恢复环境损害。辩护人要根据检察官的特有诉求，鉴于此点，辩护人不仅要推动当事人积极赔偿退赃，更要在当事人退赃赔偿能力有限时，综合考察同案被告人的财产情况，充分说服其检察官、法官只有各被告人承担连带赔偿责任，才能有效追回赔偿款项，还要积极协助检察官调查、查封各其他被告人的财产为其执行提供保障。和检察官一起建议法官判决各被告人承担连带赔偿责任。本案在庭审中，正是连带赔偿责任的运用，使当事人未因不能足额赔偿而影响赔偿退赃从轻情节的认定，检察官书面建议法官判决各被告人承担连带赔偿责任，辩护获得圆满成功。

循序渐进：找准违法性的源头

翁鸿权[1]

突破思路

行政犯是指严重违反行政管理秩序而为刑法所禁止的行为。行政犯的行政违法是刑事违法的逻辑前提，行政违法不必然得出刑事违法的结论，但有刑事违法则必然推出行政违法。也就是说，如果一个行为未违反行政法，就谈不上构成行政犯。为此，在办理此类型刑事案件时，要建立行政法律关系和刑事法律关系独立的思维方式，并在此基础上，对案件进行层层梳理，构建阻断行政不法向犯罪转化的路径，从而实现案件的有效辩护。

案情简介

2017年7月26日4时10分许，在G80广昆高速玉林某县路段，广州往南宁方向316KM + 800M处发生一起相反方向行驶的两辆大货车相碰撞起火燃烧的较大交通事故，造成4人死亡、两车报废，直接经济损失460万元。事故发生后，玉林市人民政府专门成立“2017·7·26”较大交通事故调查组，由市人民

1 盈科南宁刑事法律事务部主任。

政府、市检察院、市安监局、市公安局交警支队、市总工会、市社会保险事业管理局、市道路运输管理局派员参加，全面负责事故调查工作。

事故调查组认定，本起事故是一场生产性道路交通安全事故：陆某驾驶的货车行驶经过事故发生地附近掉落汽车备胎。其后，曹某（搭乘杨某1）驾驶的装载有大量货物（含百货、木板、油漆等可燃易燃物品）的货车在行驶过程中，与掉落在道路上的汽车备胎发生碰撞，导致曹某所驾驶的车辆失控，又与道路中央隔离护栏发生碰撞，碰撞后车辆继续冲向对向车道与对向行驶的杨某2（搭乘杨某3）驾驶的货车发生碰撞。两车碰撞后起火并迅速蔓延，引燃车上的货物，两车上曹某、杨某1、杨某2、杨某3四人遭火烧致死，车上货物及道路设施损坏。对于本起事故，调查组建议司法机关依法追究各相关责任人违反有关安全管理规定，未能安全作业的法律责任。

此后，某县公安局对本次事故进行立案侦查，以涉嫌重大责任事故罪，对与事故有关联的汽车运输公司、物流公司（货物承运人）、托运公司（某化工公司）有关负责人和员工共八人采取刑事拘留措施，后经某县人民检察院批准，对其中三人执行逮捕，笔者的当事人即某化工公司负责人黄某，属于被逮捕的人员之一。某县公安局侦查后认为，黄某明知自己托运的货物油漆属于危险化学物品，而没有告知承运人，造成他人死亡，其行为触犯《刑法》第134条规定，涉嫌重大责任事故罪，将黄某移送某县人民检察院审查起诉。

黄某因涉嫌重大责任事故罪在被羁押后，黄某的家属委托笔者担任其辩护人。接受委托后，笔者立刻为黄某开展辩护工作，在阅卷后结合在案证据向某县人民检察院提出黄某不构成犯罪的辩护意见。某县人民检察院在听取笔者的辩护意见后，遂对黄某作出不予起诉的决定。

办案过程

笔者在侦查阶段在接受黄某家属的委托后，第一时间赶往看守所会见黄某，通过多次会见详细向其了解了案件有关情况。黄某所在单位是一家生产油漆的化工有限公司，黄某在该公司负责日常管理、产品生产与发货等工作。事故发生前，黄某通过涉案物流公司托运了14件油漆，装载于曹某所驾驶的货车中。在货物运输过程中，因发生交通事故，车辆激烈碰撞起火，车辆所载的包括油漆在内的可燃易燃物品迅速被引燃，造成两车四人被火烧身亡。事故发生后，黄某因被认为托运了危险化学物品，而危险化学物品在交通事故中被快速引燃，导致他人死亡，涉嫌重大责任事故罪。

笔者初步分析认为，本案中黄某托运少量油漆的行为不具有违法性，也不符合重大责任事故罪的构成要件，不构成犯罪。据此，笔者向某县公安局、某县人民检察院相继提出黄某不构成犯罪的法律意见，但由于还无法阅卷，未能结合在案证据提出更有针对性的法律意见，因此未取得预想的效果。

本案取得突破性的进展是在案件移送审查起诉之后。

案件到了审查起诉阶段，笔者第一时间审查了案件全部证据材料，发现有多份有利于黄某的证据，通过充分论证分析，得出了黄某不构成犯罪的结论：

根据我国交通运输行业标准《危险货物道路运输规则》《危险货物道路运输规则第1部分：通则》等危险货物道路运输规范的规定，小量危险货物运输在符合特定的条件下可豁免相关运输标准，可通过普通货物运输车辆进行运输。具体联系到本案来说，只要黄某所托运的油漆属于危险货物中危险性较小的一类，且托运容量不超过500L，则符合危险货物道路运输行业豁免规定，可通过普通货车道路运输。换言之，只要黄某的托运行为符合前述条件，则黄某的托运行为不具有行政违法性。因此，笔者需要通过在案证据论证黄某所托运的油漆种类、数量以及油漆的危险程度均符合危险货物道路运输行业的豁免规定。

关于黄某所托运的油漆数量和种类，根据在案证据物流公司承运货物时形成的运单、装载油漆的同类容器、黄某供述及相关证人的证言等证据，能够证实本案中黄某所托运的油漆共 14 件，分别为：（1）面漆（S08）1 件，规格容量：4L/罐、4 罐 / 件，计 16L；（2）稀释剂（通用 A2）10 件，规格容量：5L/ 罐、4 罐 / 件，计 200L；（3）固化剂（H505）3 件，规格容量：2L/ 罐、12 罐 / 件，计 72L，14 件油漆共计 288L。

关于黄某所托运的油漆的危险程度，或者说这些油漆属于哪一类危险品。本案的检测报告结论虽然认定黄某托运的 14 件油漆均具有易燃危险性，属于易燃液体，但该报告同样也列明了黄某所托运的面漆（S08）、稀释剂（通用 A2）、固化剂（H505）三类油漆，闭杯闪点（闪点是可燃性液体贮存、运输和使用的一个安全指标）分别为 26.5℃、29.5℃、29.5℃，均处于 23℃≤ T 闪≤ 60℃区间，根据危险货物道路运输相关规范的规定，属于危险性较小的一类危险货物。

至此，笔者已通过在案证据证实黄某所托运的 14 件油漆均属于危险性较小的危险货物，在容量不超过 500L（黄某托运的全部油漆容量 288L）的范围内可通过普通货物运输车辆进行运输，即黄某在本案中的托运行为不具有违法性。

本案中能证明黄某无罪的证据还不限于此，笔者也全部一一挖掘了出来：

根据现场勘查笔录所载，“此次事故的起火原因认定为两辆大货车在高速行驶中相撞后起火，最先起火部位无法认定。由于碰撞瞬间产生巨大的冲击力，致使两车起火并迅速蔓延，引燃车上的货物。不排除为撞击后发动机部位起火，也不排除撞击后油箱及油路损毁后燃油外泄起火”。根据该证据，笔者认为既然不能排除车辆撞击后最先起火的部位是车辆发动机部位，考虑到车辆发动机位于驾驶位置的下方，离驾驶位置和副驾位置很近，当然也不能排除交通事故发生后本案死者（驾驶室内）已先被车辆撞击后引发的位于发动机部位的火势所烧致死，与此后货物被引燃产生的火势无关。换言之，有可能本案四名死者的死亡与黄某所托运油漆是否被引燃无关，两者没有事实上的因果关系。

根据涉案物流公司的货物清单，我们发现当天和黄某所托运的油漆一起运输的还有 1500kg 编织袋、8600kg 巴马油（沥青）、210kg 管、30kg 衣服、80kg 数据线、125kg 电源线、800kg 家具、288kg 白酒等可燃易燃物品，这些货物一样可以快速被引燃。特别是白酒，与油漆同属于易燃物品，一旦遭遇明火也容易快速被引燃。据此笔者认为，涉案车辆装有大量可燃易燃货物，如果遭遇明火，黄某所托运的 14 件油漆固然容易被引燃，但其他货物也同样很容易被引燃，在引燃货物车厢的作用力上与其他货物没有大小之分，或者说无法区分。换言之，如果四位死者的死亡与车上货物的引燃有事实上的关联，那么侦查机关和公诉机关是如何剥离其他托运人单独追究黄某的刑事责任的？

在整理出上述有利于黄某的证据后，笔者结合这些证据形成了系统的书面意见：（1）黄某托运油漆的行为符合危险货物有限运输的规定，不具有行政违法性，进而不具有刑事违法性；（2）黄某托运油漆的行为本身也不符合重大责任事故罪的客观要件；（3）黄某托运油漆的行为与本案的危害后果没有事实上的因果关系。

带着上述法律意见，笔者及时赶往某县人民检察院与承办检察官当面沟通案情。笔者结合在案证据阐述法律意见的方式得到了承办检察官的重视，在提出法律意见后第三天，某县人民检察院就对黄某变更强制措施为取保候审。

经笔者的积极争取，某县人民检察院最终决定对黄某不起诉，黄某得以在春节之前被解除羁押，回家与家属一起团聚过节。黄某及其家属对笔者的辩护效果十分满意。

复 盘

本案是一起道路交通事故引发的行政犯案件，接受当事人家属委托后，笔者认真研究分析案情，积极寻找案件突破口，不断修正辩护思路，最终让当事人避免了“蒙冤入狱”。本案最终能取得不起诉的辩护效果，经过复盘总结，笔者认为，主要得益于以下几个方面：

1. 运用行业豁免规定，否定行为的行政违法性，进而否定行为的刑事违法性。在行政犯案件中，行为具有行政违法性，是构成犯罪的前提，本案中，黄某托运的“涂料”从数量、闪点上来看，均符合危险货物道路运输行业豁免规定，黄某的行为不具有行政违法性，亦不具有刑事违法性。

2. 厘清因果关系，破解办案机关的构罪逻辑。刑法因果关系是定罪、量刑的客观基础。本案中，公安机关的构罪逻辑是，黄某托运的危化品迅速燃烧、爆炸，导致四人死亡，两车及车上的货物烧毁。但是，车上人员死亡、财物毁损和黄某的行为有直接因果关系吗？在案证据显然不能证明，办案机关对黄某的构罪指控明显不能成立。

3. 充分准备，积极沟通，争取承办人认同。实践中，无罪辩护谈何容易，要想拿到不起诉决定，说服检察官是必要的环节，辩护人的切入角度与论证方式非常重要。本案中，承办人采纳笔者的辩护意见，也得益于双方的充分沟通。

证据运用

行政犯案件以行政违法性为前提，在司法机关介入前，往往由行政机关进行查办，而行政机关收集的行政证据能否直接作为刑事证据使用，需要注意以下几个问题：

第一，行政证据转化为刑事证据的条件。行政证据转化为刑事证据的关键在于行政证据是否具备刑事证据能力。判断行政证据是否具有刑事证据能力，主要看是否符合刑事证据的客观性、关联性和合法性，只有三者同时具备时，行政证据才能作为刑事证据使用。

第二，行政证据可以作为刑事证据使用的范围。行政机关在行政执法和查办案件过程中收集的物证、书证、视听资料、电子数据等，符合法定要求的，均属实物证据，客观性较强，可直接作为刑事证据使用。但是，行政机关委托作出的鉴定意见应当归类为言词证据，鉴于委托机关与委托要求不同，不宜直接作为刑事证据使用。

第三，行政证据中言词证据的重新收集。行政法律法规关于取证的程序、证明对象、法律后果、保护力度等规定，不如刑事诉讼法严格，而且，言词证据具有较强的主观性，容易发生变化。因此，对于行政机关在行政执法和查办案件过程中收集的言词证据，应当依照刑事诉讼法规定的程序和方法重新收集，才能转化为刑事证据使用。

见仁见智：透过现象看本质的证据辨析

雷启如[1]

突破思路

法律不能脱离理性，理性应当先于法律。检察官、法官、律师由于在刑事诉讼中职责的不同，对同一案件的相关证据或者事实，在认识上也可能存在差异。见仁见智，在同一证据的前提下，律师根据常理、常识乃至案件的性质提出不同的观点，就证据呈现的相关事实进行挖掘，透过现象看本质，“就证论证”一样可以解决问题，取得较好的辩护效果。

案情简介

2019 年 3 月以来，被告人邓某、刘某甲、李某、刘某乙四人共谋实施地下六合彩诈骗。李某负责通过微信、探探等网络聊天工具寻找地下六合彩庄家，邓某负责与地下六合彩庄家商定投注事宜，并向庄家投注，笔者的当事人刘某甲负责编造虚假的地下六合彩大额投注码单等，刘某乙负责与庄家相互作为人质担保（俗称押人）。四被告人商定，赢则向庄家收钱，输则伺机逃跑，并切断与

1 盈科重庆刑事法律事务部主任。

庄家的联系（俗称飞单）。

2019年4月，被告人李某以化名“李玲”联系到被害人林某，随后伙同邓某向林某谎称掌握有大量“地下六合彩”赌客资源，有财力经营地下“六合彩”，诱骗林某寻找地下“六合彩”庄家接受投注，共同赚取提成。林某信以为真，同意寻找地下“六合彩”庄家。经林某游说，被害人王某同意接受林某联系的邓某等人投注，并邀约被害人张某、陈某共同坐庄参与地下“六合彩”赌博。林某分别与邓某、王某沟通并商定，林某到A区接收邓某等人投注、押人、兑现赌资，邓某等人在A区接收当地地下“六合彩”赌客投注，汇总后将投注单报给林某，再由林某报给张某，投注时不支付投注金，以香港“六合彩”开奖结果特码的投注金额40倍赔付，结算时支付投注金。

2019年5月22日下午，被告人邓某、刘某甲、李某、刘某乙及林某先后到达A区。同年5月23日21时、5月25日21时、5月28日21时，邓某等人按预定分工，先后通过住在本区某宾馆的林某向王某等人投注三次，投注金额共计941,950元。邓某等人前两次通过林某向王某等人投注金额共计54万元，邓某等人获利174,395元，王某等人将所输钱款通过林某的妻子汇款给林某，林某从银行取款后经刘某转交给了邓某，邓某等人两次收到赃款后均立即分赃。邓某等人第三次向王某等人投注401,950元，经开奖后结算，邓某等人应支付给王某等人345,760元。刘某乙按预谋，趁林某到浴室洗澡之机逃出宾馆房间，与邓某等人逃离A区，并切断与林某的一切联系。

2019年6月，侦查机关先后对邓某、刘某甲、刘某乙决定刑事拘留，后经检察院批准采取逮捕措施，对李某刑事拘留后又变更为取保候审。2019年9月，该区公安局侦查终结，以被告四人涉嫌诈骗罪向检察院移送审查起诉。

办案过程

2019 年 12 月 10 日，本案已经进入审查起诉阶段，在委托笔者之前刘某甲已经更换了两个辩护人，笔者接受刘某甲妻子的委托后，第一时间前往检察院阅卷，并将案卷材料全部打印成册，逐页研读。第二天，笔者提前拟定好会见提纲，带着疑问赶去看守所会见刘某甲，制作了详细的会见笔录。通过一整天的会见，结合刘某甲本人供述和在案证据，笔者对整个案件发生的事实和背景有了全面的了解。

由于接受委托时间较晚，本案在检察院审查起诉阶段已经是第二次退回补充侦查，且审查起诉期限即将届满。在笔者欲前往检察院与办案人员交流案情时，被告知本案的定性以及量刑已经由 A 区人民检察院检委会讨论确定，且该案的指控罪名为诈骗罪，如果认罪认罚，量刑建议可以降到有期徒刑三年四个月，让笔者与刘某甲协商。这意味着律师在审查起诉阶段几乎已经失去最佳的辩护机会，办案难度成倍的增加。

时间紧迫，笔者当天下午再次赶到看守所，向刘某甲转达检察院的意见，并提出自己对本案的一些看法。笔者认为应当跳出本案的证据范畴（主要是刘某甲等人的供述与辩解），根据一般人的理解，通俗来讲，本案的事实就是几个人相约以六合彩开奖结果为评判标准进行的对赌行为，对开奖结果无法控制，这是典型的射幸行为，没有虚构事实和隐瞒真相。刘某甲等人开奖后逃跑，应当认定为单纯的逃避非法债务行为，不构成诈骗，最多是聚众赌博行为。刘某甲虽然没有学习过法律知识，但是通过一般人的认知判断，认为自己没有诈骗他人的故意，只是想通过赌博赢钱，所以不构成诈骗罪，并表示同意辩护人的意见，不认可检察院的指控罪名以及量刑建议，遂决定不签署《认罪认罚具结书》，由笔者为其进行定性方面的辩护。初步的辩护意见得到刘某甲的同意后，笔者回到律所立即召集本所刑辩律师团队研究、分析本案，同时咨询公检法资深办案人员，最终确定本案以运用“常理、常识”为辩护切入点，并制定了详细具体的辩护方案。

2019年12月19日，A区人民检察院指控被告人邓某、刘某甲、李某、刘某乙四人犯诈骗罪，向法院提起公诉，建议判处刘某甲有期徒刑三年六个月。除了笔者代理的刘某甲之外，其余三名被告人及其辩护人均已签署《认罪认罚具结书》，认可检察机关指控的罪名以及量刑建议，该情形对笔者的辩护工作极为不利，因为法院一般会根据检察机关的指控罪名及量刑建议判处刑罚。同时，本案的证据均是有罪证据，很难从证据本身进行突破，这使笔者昼夜难眠。

2020年1月17日，法院开庭审理本案。庭审中，笔者对公诉机关出示的证据均表示认可，使公诉人倍感诧异，既然认可为何不认罪？笔者对证据表示认可的主要原因是，本案的核心证据为言词证据，均是有罪证据，大部分是在案被告人的供述与辩解，承认自己的目的就是骗人钱财。众所周知，口供具有易变性，不稳定性，只能代表供述犯罪事实，不能自证其罪名。本案从客观事实转换为法律事实的过程中，不同的人会有法律认知上的偏差，有人认为是诈骗，有人认为是赌博，存在较大争议。被告人的言词证据均显示他们设局就是假投注，目的就是骗取庄家或赌客的钱财，不是为赌而赌，在这样的情况下，笔者就像走进死胡同，想要改变罪名，无异于比登天还难。

鉴于事实和证据的认定不需要过多的法律知识介入，笔者认为要想改变检察院、法院对本案定性的看法，就需要摒弃口供表象，单纯地看客观事实。同时，通过基本的“常理、常识”就能够认定本案的客观事实，本案的事实即几名被告人聚在一起赌输赌赢，其中一方输钱后要赖，逃避非法债务，与生活中的赌博并无两样。庭审过程中，笔者在辩论环节明确表示本案定性错误，不应认定为诈骗罪，并提出以下辩护意见。

1. 本案系罪名定性错误，不构成诈骗罪。刘某甲等人邀约林某等人一起玩地下“六合彩”，经林某联系后找到一个玩地下“六合彩”的庄家王某。在之后的地下“六合彩”活动中，刘某甲等四人为一整体，参与投注，王某接受投注，无论各被告人讯问笔录中是否供述其行为是诈骗，均不影响本案各被告人（包括庄家）相互之间有聚赌合意的实质。刘某等人主观上没有占有他人财物的目的，仅仅是想通过赌博赢钱，四人赚钱后平均分成，无论是庄家还是闲家都没有出资，大家按照约定的规则进行博弈，也没有开设赌场等行为，也就是一般人所理解的几个人之间不对外的小范围赌博，往小说是属于触犯《治安管理处罚法》的赌博行为，往大说是违反《刑法》，涉嫌聚众赌博。虽然前两次赌博刘某甲等人赢了钱，但是可以认为是双方按照既定的游戏规则进行的输赢。而最后一次地下“六合彩”开奖，刘某甲等人输钱后的逃跑行为，应当认定为单纯的逃避非法债务行为，不应该认为是以非法占有他人财物为目的的诈骗行为。现实生活中，赢钱就收，输钱就赖的赌客比比皆是。刘某甲等人设置的圈套，看似包赚不赔，输钱伺机逃跑而不结账的行为，和被害人自愿交出钱财的诈骗行为有本质的区别。

2. 本案系聚众赌博行为，或构成赌博罪。本案中庄家王某与林某直接联系，刘某等四人不与其对接，不知其存在，林某起到牵线搭桥的作用。刘某甲等人的行为即使涉嫌犯罪，也属于其以营利为目的的聚众赌博，触犯赌博罪，而不是被指控的以非法占有为目的，骗取他人财物的诈骗罪。本案中，刘某等四人通过林某与庄家王某对赌博弈，其输和赢本身是凭偶然的概率来决定，并非事先设下圈套就一定包赢。刘某等人抱有通过赌博达到营利的目的，与诈骗罪的非法占有为目的有本质区别。

当庭表达完上述定性意见，检察官表示罪名的认定经过检委会的讨论，辩护人的观点系法律认识错误。但是笔者仍然坚持本案系赌博罪的观点，结合生活中的案例说理论证，并在庭后多次和检察院、法院沟通。最终，笔者提出的辩护意见得到检察院、法院的采纳，检察院在第一次庭审后主动变更起诉罪名，由诈骗罪变更为赌博罪，刘某甲被判处有期徒刑一年八个月，相较于上一次检察院的量刑建议减少将近二年，其他认罪认罚的被告人也减少刑期一年半左右，所有被告人和家属对笔者的辩护工作大加称赞，并反复表达感谢。至此，本案的辩护取得了有效的结果。

复　盘

本案此罪与彼罪的争议焦点，是刘某甲等被告人是否具有非法占有他人财物的主观意图。由于笔者介入时间较晚，此时侦查早已终结，证据也收集固定，简单来说就是支撑定罪量刑的事实和证据已经成型，这为律师辩护工作带来极大的挑战。如果仅仅是在控方的有罪证据中寻找漏洞往往作用不大。只能另辟蹊径，才可能使案件峰回路转，得到突破。

本案中，检察机关指控的罪名、举示的证据均指向被告人实施了诈骗行为，可是倒推客观事实却无法呈现诈骗行为。站在普通人的角度，只会认为本案系多人聚赌，且有人赖账的情况，此结论符合常人的判断，不需要过多法律论证。

刑事案件中对案件定性进行否认，犯罪嫌疑人或被告人大多会采用翻供的方式，但这种方式也意味着极大的风险。本案中被告人不做无谓翻供，笔者接受现有证据，在证明案件性质及事实的过程中利用已知的证据证明被告人主观上的犯罪目的以及客观上实行的犯罪行为，根据已有证据之间的组合，结合“常理、常识”呈现不同法律事实，最终实现了轻罪辩护的目的。

证据运用

本案中证据运用主要集中在结合证据“三性”对证据本身进行分析，认定客观事实不需要大量的专业知识。证据是否合法需要法律介入进行形式判断；而证据是否真实是一个客观存在的事实；同理，证据的关联性，用基本的“常理、常识”即可判断。笔者认为在实务过程中，分析认定案件事实的证据的证明能力与证明力，是办理刑事案件的突破口，要能够做到透过证据现象渗透案件本质。

在证据运用方面，笔者有三点体会：第一，通过“常理、常识”尽可能还原案件客观事实，以此完成对案件情况的初步了解；第二，充分运用证据能力认定法律事实，分析证据所支撑的法律事实是否符合客观事实，便于运用律师专业知识解决问题；第三，对于案件主观事实的认定仍然需要结合犯罪嫌疑人或被告人供述等偏主观的证据证明力，在保证证据真实性以及任意性的前提下对此类证据的证明力进行全面分析，从而选择出有利的辩护要点。通过以上三点，对犯罪构成中的主观方面以及客观行为进行认定，真正做到透过现象看本质。

跨越鸿沟：行政执法证据转化探究

马晓胜[1]

突破思路

现代社会中，行政权的主动性、专业性等使行政执法中很容易发现各种犯罪证据。根据《刑事诉讼法》的规定，行政机关收集的实物证据可不经转化直接作为刑事证据使用，而言词证据则需重新提取才具备证据能力。但司法实践中存在一种倾向，即在行政执法证据与犯罪认定间鲜设实质性的法律界限。如何在证据转化过程中抽丝剥茧，探究二者在证明对象、证明标准、取证方式、排除规则中存在的鸿沟，是作为律师开展辩护的核心切入点。

案情简介

2005年5月10日，陈某与其妻子朱某共同成立A公司，主要从事生产加工铜管等业务。2006年6月，甲省某设计公司出具建设项目环境影响报告书，同月A公司年加工150t标准铜管项目经区环境保护局审批通过。该报告书中，对主要污染物排放达标及总量控制有着详细规定：A公司在生产铜管清洗过程

1　盈科杭州刑事重案法律事务部主任。

中会产生酸性废水，按照环评要求应用石灰石二次中和沉淀后达到《污水综合排放标准》（GB8978—1996）中一级标准后排放。

后陈某在厂区东南角用红砖、混凝土砌成废水收集砖池，但未作防渗漏处理，在砖池内放入一只 1.5×2×2（米）塑料槽作为清洗废水收集池，分为两格。该项目落成后，陈某一直按规定操作，将生石灰及铁粉加入废水池中进行中和，但自 2013 年 6 月起，因无法购买生石灰原料，陈某实际未按照要求对铜管生产过程中的清洗废水进行处理，废水通过收集管道流到废水收集塑料池内，但因年久老化等因素，收集塑料池渗漏，导致废水外溢到塑料池与水泥砖墙间隙中。

2017 年 4 月 21 日（系周五）下午 15 时许，乙市某区环保局执法人员俞某、徐某对 A 公司进行执法工作检查中发现废水收集塑料池与砖池空隙中有废水存在，随后执法人员用随车携带的金属采样器具对废水收集池 1、废水收集池 2 等六个采样点进行采样。在对车间外三个点位采样时，陈某未在场，其妻朱某及员工在场，经朱某电话告知陈某，陈某赶回 A 公司。后执法人员在对车间内三个点位采样时，陈某在场。执法采样瓶为由乙市某区环保局集中采购的一次性聚乙烯塑料瓶，以瓶盖拧紧方式予以密封。采样后送样人员为徐某，将所取水样送至乙市某区环境监测站时，因周五下班无人交接，故徐某将采样瓶送入该站专门用于非工作期间样品暂存的接收箱内。2017 年 4 月 24 日，涉案样品经乙市某区环境监测站工作人员接样并检测。监测报告显示，收集池渗排水总铜浓度为 302mg/L，总锌浓度为 461mg/L，超出排放标准 10 倍以上，涉嫌污染环境罪。

2017 年 5 月 10 日，乙市某区环保局将该案移送乙市公安局某区分局。同月 17 日，乙市公安局某区分局立案侦查。

2017 年 5 月 22 日，陈某被刑事拘留，同月 25 日被取保候审。2018 年 6 月 1 日乙市某区人民检察院以陈某构成污染环境罪，向乙市某区人民法院提起公诉。

办案过程

《刑法修正案（八）》出台后，大幅降低了污染环境犯罪的入罪标准，坚持最严格的环保司法制度，加大对环境污染犯罪的惩治力度得以在各机关深入贯彻。乙市某区有大量“家庭作坊式”的有污染隐患企业，在甲省人民政府关于重金属污染综合防治规划中，对乙市提出了较多要求，在部分章节，亦指明了部分企业需严格把控，故本地司法部门鲜有类似案件轻缓判例。

2017年6月，笔者接受陈某委托。在打击环境污染犯罪的高压态势下，如何开展辩护，寻找哪些角度说服办案机关值得仔细研判。笔者会同团队对案情进行了详细分析，数次进行实地考察、走访，并申请了政府信息公开，成功获取了相关政策性文件。

当然，本案的辩护难度并不仅限于此，更是体现在各类环评报告、环境污染评价标准、技术规范错综复杂，且相关规范性文件条目繁多。通过翻阅大量资料，数次会见嫌疑人，并与办案机关多次沟通后，笔者内心笃定，确立了如下无罪辩护方案。

一、犯罪嫌疑人陈某缺乏犯罪主观故意

首先，陈某公司于2005年创办，次年，甲省某设计公司出具了建设项目环境影响报告，并经区环保局审批通过。该报告书对主要污染物排放达标及总量控制有详细规定。笔者仔细阅读后，并未发现其中有对本案铜、锌浓度的规定。同时，鉴于乙市系省政府重点关注地区，据笔者走访调查，在相关环保法律法规及政策颁行后，有关单位并未组织宣传培训，而陈某系农民企业家，文化程度较低，且十余年来未发生任何事故。

其次，本案中的废水渗漏，仅存在于塑料槽与水泥砖墙间缝隙，这与刑法规

定的排放、倾倒、处置在主观心态上有本质区别。且笔者发现涉案废水池旁，有一大块菜田，种植着可供食用的玉米等作物。按常理，若犯罪嫌疑人主观明知，断不会在此种植果蔬，也绝不会食用。

二、本案证据存在诸多疑点，无法排除合理怀疑

首先，行政执法过程中调取的实物证据并不当然具备刑事证据能力，其仅有进入刑事诉讼的资格，但最终能否成为定案依据，仍需进行分解验证，以确定其来源、过程、结果的客观性、关联性和合法性。

1. 环保部门调查取证时犯罪嫌疑人未在场。

根据《环境行政处罚办法》，环保部门调查取证时，犯罪嫌疑人应当到场。本案中陈某并未见证关键证据的提取过程，也并无其他在案证据证实该行为的合法性，陈某仅是提取完后，在采样通知单上签字，故环保部门提取的证据不宜作为定案依据。

2. 采样器具违法。

根据《地表水和污水监测技术规范》，对采样器的要求中分为四种：(1) 聚乙烯塑料桶；(2) 单层采水瓶；(3) 直立式采水器；(4) 自动采样器。以上四种均为专业性器具，本案所使用的金属质容器，并不符合采样器的技术要求。另从取样视频中可明显看出，器具早已生锈，根据基础化学原理，铁、氧化铁、氧化亚铁或者氧化铜，与本案的酸性溶液（pH 为 2）进行反应，是对案涉水样的严重污染，且该采样器具经常被工作人员使用，不排除受到了另案影响。

3. 检测用水采样方式违法。

根据《地表水和污水监测技术规范》规定，实际采样位置应在采样断面中心。当水深大于 1m 时，应在表层下 1/4 深度采样；水深小于或等于 1m 时，在 1/2 深度采样。用容器直接采样时，必须用水样冲洗三次后再行采样，并应认真填写污水采样记录表。取样视频中显而易见，执法人员多次选择性取水，甚至有将水样提取后，倒入边上废水池中的情况，进行了交叉污染。污水采样规则十分复杂，工作人员专业性明显不足，另本案也没有《污水采样记录表》，其作出的鉴定意见，不宜作为本案的定案依据。

4. 采样容器的合法性存疑。

根据《工业污染源现场检查技术规范》(HJ606-2011)，采样后，现场采样人员应立即填制样品标签及样品封条。样品标签应贴在样品盛装容器封口，封条的样式应便于检测单位确认接收前样品容器是否曾被开封。本案中采用的取样容器，无法确定其密封性，即便打开过，也可重新无痕封装，取样污水唯一性存疑。

5. 本案的取样单、检测报告存疑。

本案采样通知单上，见证人、接样人处均未签字，样品如何转交到检测机构，笔者不得而知。污水样品的组成往往相当复杂，其稳定性通常比地表水样更差，应设法尽快检测，下班并不是延迟的理由，故检测报告只能说明送检样品当时的状态。同时取样时程序违法，即便鉴定结果为真，也无法作为本案的定案依据，这点也并非一份情况说明就可以合理解释的。

行政执法中收集的言词证据，应在进入刑事诉讼程序后，由侦查机关重新取证。

(1)本案中的询问笔录不宜作为刑事证据使用。

言词证据又被称为“主观证据”，其客观性会受取证主体与案件的利害关系、取证主体的讯问(询问)方式等因素影响而呈现不稳定的状态。同时，行政法和刑事诉讼法对于言词证据的取证程序提出了差异较大的法律要求：侦查人员在讯问过程中被禁止采取刑讯逼供、威胁、引诱等非法取证手段，被禁止接受意见证据，且非法证据排除规则主要针对的就是言词证据；而反观行政法律法规，对此缺乏明确规定与程序制约。本案中的询问笔录未经《刑事诉讼法》检验，不宜作为定罪依据。

（2）本案中的监测报告不宜作为刑事证据使用。

笔者认为，行政监测报告只能作为证明行政不法事实成立的材料，而不能被采纳为刑事证据。根据《关于规范环境损害司法鉴定管理工作的通知》等文件精神，本案中的监测机构并不具备刑事诉讼要求的鉴定资质。同时，其仅是受环保部门委托，当时也只是出具了监测报告而非鉴定意见，故应委托有资质机构重新对废水作出司法鉴定。

秉承以上辩护策略，笔者向公安机关、检察机关提交了数次法律意见书，一一列明了辩护意见，也多次驱车几小时同办案人员会面、交流意见。被告知开庭时间后，笔者进行了充分准备，详细梳理证据，撰写了翔实的辩护词、质证意见。

由于本案专业性较强，经笔者申请，法院决定由简易程序转为普通程序审理，且组织了庭前会议，对非法证据排除等问题了解情况，听取各方意见，在正式开庭前明确了本案的争议焦点。

2018 年 11 月 9 日，乙市某区人民法院开庭审理了此案，虽陈某本人对基本事实供认不讳，但笔者基于独立辩护地位，认为本案事实不清，适用法律错误，证据严重不足，不构成犯罪，提出了无罪辩护的意见，而后在庭审中与公诉方展开激烈交锋，同时申请鉴定、侦查人员作为证人出庭，以求最大限度还原事实真相，并当庭提出对环保局工作人员采样瓶密封性的质疑（后经过法庭演示，确实无法确定其密封性）。本案也成功引起了当地环保局的重视，庭审时指派了多名工作人员前来旁听。

尽管律师作无罪辩护，一旦判决认定有罪，不排除会增加判处实刑的可能性。但法庭最终采纳了笔者的部分意见，一审判决被告人陈某犯环境污染罪，判处有期徒刑六个月，缓刑一年，并处罚金人民币 1 万元。

本案前后历时一年六个月，毋庸置疑，年过半百的陈某将免去牢狱之灾。笔者辩护策略的成功，争取到了控辩双方都满意的结果，同时该案也成为该地同类环境污染案件中的首例缓刑判例。

复盘

时至今日，陈某送的锦旗仍悬挂在笔者办公室，“正义之卫士，律师之楷模”几个烫金字样也颇能表达其彼时激动之情。

毫无疑问，重获自由的他是幸运的。案件宣判后几个月，最高人民法院、最高人民检察院、公安部、司法部、生态环境部联合发布了《关于办理环境污染刑事案件有关问题座谈会纪要》，其中明确规定，环境污染案件应严格适用不起诉、缓刑、免予刑事处罚。

面对如火如荼的生态文明建设，环境污染如同眼中钉、肉中刺，极不合拍且终会消亡，但行政证据转化规则及适用实操在秉承法治化的今天则会一直焕发生命力且不断精进。究其背后，可观其层次分明，即行政不法与刑事犯罪二者处于不同的法律位阶，而这一理论的主要价值，在于对行政不法证据的运用做出合理限制，确保司法机关对犯罪事实的认定遵循更为严格的法律要求。

本案中，通过细致研判在卷证据以及大量实操调查，笔者重新描画出本应存在的证据鸿沟，正当捍卫了刑事证据的神圣雷池，充分论证了如要合法剥夺公民权益，定应事实清楚，证据确实充分，并排除合理怀疑。“行政刑事证据交叉适用”问题一直层出不穷，存在于我国刑事司法实践中，故笔者希望，通过此案经办历程，可启发读者深挖理论前沿，探索更为广达实践之道，镇守法治底线。

证据运用

在法定犯案件处理中，因前置违反行政法律法规，并同时符合刑法构成要件的犯罪通常涉及行政证据向刑事证据转化的问题。作为律师在办理此类“行政刑事证据交叉适用”案件时，应抓住这一证据转化鸿沟，从以下几个方面探寻突破口：

1. 从二者证明对象的差异入手。行政不法向犯罪的跨越，需同时具备“特定犯罪构成要件事实”，这些事实可以是造成特定后果、针对特定对象、达到较高数额，也可以是“违反国家规定”的行为。如在案证据仅能证实存在行政不法，而不能印证犯罪构成要件事实，则应切断其向刑事证据的转化，从前提层面否决刑事违法性。

2. 从实物证据证明力入手。诚然，行政实物证据可不经转化直接作为刑事证据使用，但这并不代表其无须接受客观性、关联性及合法性的分解验证，对于经不起证明力推敲的实物证据，如提取容器、方式、程序不合法等，依然要秉承严正态度，坚决同办案机关交涉，以期排除。

3. 从言词证据主体资格入手。讯问笔录、证人证言等系在取证时临时生成，其内容受程序影响较大，故应由侦查机关重新收集。同时，对于不符合主体标准的鉴定意见，因缺少刑事诉讼认证机构的加持，不得轻易采信定罪。反之，如未重新收集或主体不适格，应大胆提出质疑，并可申请言词人出庭做出合理解释。

无源之水：鉴定意见不可承受之重

张继先[1]

突破思路

司法鉴定因其专业性和权威性，曾被誉为“证据之王”，却因黄静案、躲猫猫案等，被戏称为“是非之王”。实践中，控辩双方发生争议的，不仅是鉴定机构、鉴定人员的资质与能力，还有鉴定对象的真实性与同一性。在鉴定对象与送检材料、样本不一致或者送检材料确实被污染且不具备重新鉴定条件等情况下，再专业的鉴定人作出的鉴定意见，也不具有证据能力，也不能作为定案依据，这是鉴定意见不可承受之重。

案情简介

2004 年 8 月 20 日，某市某五金制品公司（以下简称 A 公司）在该市某工业园成立，经营范围包括生产各类五金塑胶制品，并从事热处理加工业务、电镀加工业务。2005 年 1 月 17 日，某市环境保护局批复同意 A 公司项目环评报告书并向其发放相关排污许可证件。其后，A 公司在某工业园区共设六条电镀车

1 盈科惠州刑事法律事务部主任。

间生产线，其中在A公司1楼设立两条生产线、2楼一条生产线、3楼三条生产线。电镀车间产生的废水成分含氰化物、总铬、六价铬、总铜、总镍、总磷等，并引流至废水处理站处理后再行排放。该工业园区内共有企业八家，除A公司外，其余企业的生产过程均不涉及生产工业废水，也未使用氰化物、镍、铜等重金属原料。犯罪嫌疑人熊五自2015年6月起担任A公司管理部经理，负责公司六条电镀生产线的检查、督导工作以及某工业园区的消防、安全等其他日常管理工作。2020年1月至5月，某市第八污水处理有限公司多次检测到进水中含有氰化物、六价铬、总镍等重金属污染物，导致该污水处理公司产生应急处置费用的直接经济损失达436.1万元，并被环保部门行政处罚。同时，该污水处理公司将进水含重金属污染物的情形向某市生态环境局举报。2020年5月28日，某市生态环境局某分局执法人员对A公司进行现场检查，发现存在违反国家关于危险废物管理规定——非法排放电镀废水的情况。在执法过程中，某市生态环境局某分局认为熊五作为A公司管理部经理，未履行监管、监督公司六条电镀生产线所产生的工业废水排放的职责，致使相关工业废水未经处理即对外排放，造成严重的环境污染问题。经某市生态环境局某分局委托，某检测技术有限公司对A公司所在某工业园区相关排污口进行检测，并出具检测报告：污水井（厂区）水样所测总铜超标33.6倍、总磷超标4.7倍、总氰化物超40.9倍。2020年6月10日，某市生态环境局某分局按照“两法衔接”规定，将上述案件移交公安机关处理，公安机关于2020年6月10日对A公司污染环境案立案侦查，并于同月19日以污染环境罪对熊五刑事拘留。2020年9月17日，某市公安分局将上述案件移送检察院审查起诉。

办案过程

“既要金山银山，也要绿水青山”，近年来，环保呼声越来越强烈，法律法规与时俱进，污染环境案件也越来越多。《刑法》第338条规定，违反国家规定，排放、倾倒或者处置有放射性的废物、含传染病病原体的废物、有毒物质或者其他有害物质，严重污染环境的，处三年以下有期徒刑或者拘役，并处或者单处罚金；后果特别严重的，处三年以上七年以下有期徒刑，并处罚金。虽然污染环境罪的刑期并不是特别重，但是司法实务中处罚的弹性很小，按照近年的司法实践来看，对涉嫌污染环境罪的犯罪嫌疑人大多起诉判刑，作不起诉或者判处缓刑、免刑的案例不多。

笔者与部门执行主任曾宇鹏律师共同接受委托，担任熊五的辩护人。本案移送检察院后，两位辩护人立即调阅、复制卷宗材料，初步阅卷后发现该污染环境案证据较为清晰，污染环境行政案件材料、案件移送书、证人证言、检测报告、现场检查（勘查）笔录、犯罪嫌疑人供述及辩解等一系列证据，初步形成了完整的刑事证据链条。

案件看似已盖棺定论，但笔者并没有轻易放弃，而是继续认真、仔细地反复研究相关卷宗材料。功夫不负有心人，终于从卷宗中的检测报告、现场勘查笔录中所附的取样照片找到突破口。上述照片中载明了某市环境生态局某分局、某检测有限公司相关工作人员对本案工业废水的取样点和取样方式。辩护人发现了取证程序瑕疵，并决定亲自进行实地调查取证，验证某市生态环境局某分局在对污水的取样过程中对取样点的选择以及具体取样方式存在不规范的问题。依据《污水综合排放标准》(GB 8978—1996)4.2.1.1以及《地表水和污水监测技术规范》(HJ/T 91—2002)5.1.1.1的要求，含第一类污染物的污水，不分行业和污染排放方式，也不分受纳水体的功能类别，一律在车间或车间处理设施排放口采样，而本案对涉案污水没有在相关车间的排放口进行取样，取样地点存在错误。另据《地表水和污水监测技术规范》(HJ/T 91—2002)5.2.2.4规定："实际的采样位置应在采样断面的中心。当水深大于1m时，应在表层下1/4深度处采样；水深小于或等于 1m 时，在水深的 1/2 处采样。”以及 5.2.2.5 规定：“注意事项 a. 用样品容器直接采样时，必须用水样冲洗三次后再行采样。”但在上述现场取样照片中，辩护人看到某市环境生态局某分局、某检测有限公司相关工作人员在取样过程中将取水的容器直接放在水深 1m 的雨水排污口的底部舀水，且检测结果发现污染物的金属含量里面，其中有一项总铜的含量超标 33.6 倍。因此，结合现场取证的过程，辩护人提出合理怀疑：环保人员取水过程中没有做到在水深的 1/2 处取样，存在将下面的残渣取入样品中的一种可能（铜含量极高）。此外，辩护人在相关照片中看到环保工作人员循环使用一个容器在涉案不同的污水排放口取水，但未见相关工作人员按照规定用水样冲洗该容器三次后再行采样，存在样本交叉污染的情形。

通过发现上述对污水不规范取样的种种情况，笔者与曾宇鹏律师找到了突破本案最重要的抓手——排除鉴定意见的证据能力。根据当时最高人民法院《关于适用〈中华人民共和国刑事诉讼法〉的解释》第 85 条第 3 项规定，“鉴定意见具有下列情形之一的，不得作为定案的根据：送检材料、样本来源不明，或者因污染不具备鉴定条件的”。本案中，被排放的污水含有氰化物、总铜、总磷等一类污染物，而环保工作人员没有在车间或车间处理设施排放口采样，也没有在水深的 1/2 处取样，且未用水样冲洗循环使用的容器三次后再行采样。这说明办案单位在对涉案污水的取样过程中违反了污水取样的程序性规定，属严重程序违法。而取样程序违法直接影响到鉴定意见的客观性和合法性，对涉案污水中氰化物、总铜、总磷等一类污染物的含量鉴定结果的真实性造成重大影响——鉴定材料来源很可能已被污染，且客观上也无法予以补正。因此，本案鉴定意见应当作为非法证据予以排除。

笔者在脑海中形成了上述核心辩护思路后，对本案走向已有所把握，但为确保还原鉴定过程的取样情形，辩护人认为还需落实三件事。第一，让熊五家属联系A公司工作人员调取、查看某工业区所有监控视频，并对当时拍摄到环保工作人员取样的监控视频予以封存，同时对封存过程进行摄像。这一做法主要是考虑到一旦事后倒查污水取样流程时，某市生态环境局某分局辩解没有对取样过程进行摄像。第二，向犯罪嫌疑人熊五再三确认，某市生态环境局某分局在对污水取样的整个过程中是否使用了现场执法录像设备进行了完整摄录，也得到了熊五肯定性的答复。第三，协助犯罪嫌疑人熊五的家属联系电镀行业的专家，通过专家对氰化物、总铜、总磷产生及含量数据进行论证，出具专家意见。

至此，所有准备工作就绪。辩护人正式向检察机关提交书面法律意见（包括专家意见），提出由于污水取样的程序违法，检材很可能已经被污染，应当对作为本案定罪核心证据的鉴定意见予以排除，不得将该鉴定意见作为定罪的根据，并请求检察机关要求某市生态环境局某分局提供现场执法视音频以及现场检测发现超标位置的说明。同时，建议检察机关将本案退查后作存疑不起诉或建议公安机关撤销案件。

上述法律意见提交后，得到了检察机关的重视，该案退回公安机关补充侦查两次。当案件补充侦查完毕后，某市生态环境局某分局并未提供现场执法视音频以及现场检测发现超标位置的说明，辩护人再次向承办检察官重申污水取样的程序违法性，承办检察官回复会充分考虑法律意见，集体讨论后作出处理决定。最终，检察机关决定以无羁押必要性为由对熊五变更强制措施为取保候审。某市看守所《释放证明》载明“因逮捕后原认定的事实不存在，予以释放”。熊五在被羁押的第二百多天后重获自由，又回到了工作岗位。

复　盘

本案一开始看似证据确实充分，证据链条完整，一度使辩护陷入僵局。是否要做当事人的思想工作，使其接受有罪的事实，争取认罪认罚的从宽处理？笔者也曾经犹豫过。正是坚持，再坚持一下，在反复推敲和探索中，寻求到突破证据的方式。可谓“山重水复疑无路，柳暗花明又一村”。

尽管法庭是律师最好的舞台，但是无罪判决率低之又低，是当前的司法现状。正视这个现状，将无罪辩护的主战场定位于审判前，更符合当事人利益最大化的价值追求。在本案中，辩护人在审前阶段做了大量工作，先后 11 次会见，向公安机关和检察机关共递交了 7 份书面法律意见，多次面见办案民警和检察官，将辩护策略一步步实现。

审查起诉环节，辩护人通过阅卷有针对性地提出案件中存在的问题，制定辩护的整体方案。在司法责任制改革的大背景下，办案人员将对自己所办案件终身负责，因此，公诉人将认为无罪的案件予以拦截的内在动力与压力，并不弱于辩护人，只要律师提出的意见说理透彻、证据充分，公诉人必然会对此加以注意，共同防范冤假错案的发生。

证据运用

证据是证明案件事实最重要的内容，利用取证程序存在的问题进行辩护，往往会有意想不到的效果。如何有效利用取证程序突破证据链条，笔者总结了以下三点经验：

第一，阅卷时优先关注案卷中关于取证的相关材料。在阅卷过程中，优先关注勘验笔录、现场照片、取样笔录和清单等证据。对上述证据应从全局把握取证程序的合法性，再分开进行比对，寻找各取证材料之间的矛盾点和瑕疵，从而发现取证过程中存在的问题。

第二，结合专业知识对取证程序进行审查。取证本身就是专业的行为，要结合相关行业或专业的技术规范、行业标准等知识，对取证程序进行综合的评判。如本案涉及污水取样问题，对于污水取样，国家有发布相关的技术规范，由于很多办案人员并不是专业人士，不一定能够严格进行取样操作，那这些技术规范就能很好地成为我们击破办案单位取证程序的武器。

第三，善于放大取证程序的瑕疵。在办案过程中，我们会发现很多证据存在瑕疵，有些瑕疵根据法律和司法解释是可以补正的，我们不必纠结于此。我们需要着重笔墨在法律没有规定或规定模糊的瑕疵，并将该瑕疵与其他证据（如言词证据、鉴定意见等书证）结合，放大该瑕疵对案件事实的影响，最终实现维护当事人合法权益的辩护策略。

峰回路转：行业法律法规的超级证明力

张　丽[1]

突破思路

刑辩律师的职责是辩护。辩，是申辩，是驳论；护，是维护，是立论。辩与护都离不开证据。可以被用于刑事诉讼证明案件事实的证据，除了《刑事诉讼法》明确列出的八大类证据外，还有一类易被忽视的证据，那就是行业法律法规及行业常识。这类自带光环的证据，具有不易被反驳的超级证明力，能够以专业的角度挖掘罪与非罪的底层逻辑，在指控事实涉及特定领域的案件中运用，能够起到逆境突破，进而峰回路转还原事实真相的作用。

案情简介

《刑法修正案（六）》将《刑法》第134条修改后，在生产、作业中违反有关安全管理的规定，发生重大伤亡事故或者造成其他严重后果的，构成本罪。建设工程领域，因其行业特殊性及人员关系的复杂性，是重大责任事故犯罪的高发领域。起诉书指控：2019年5月，D某通过L介绍认识了正准备在自有厂区

1　盈科蚌埠刑事及企业合规事务部主任。

内建设厂房的Y某，D某表示有资质和愿意承接Y公司的厂房工程施工。之后，D某和Y某通过微信、见面等方式商谈该工程项目。Y某在未认真审核D某资质的情况下，同意将厂房工程交由D某承接。D某在明知Z某不具备相应资质的情况下，违规又将该工程项目转包给Z某。2019年7月，经D某联系，取得Y某的同意后，Z某带领工人三名进入Y某的厂区。入住第十日的清晨7时，一名工人在从事Z某安排的高空作业时自高处跌落，后经抢救无效死亡。公诉机关认为，D某、Z某、Y某均应以重大责任事故罪追究刑事责任。一审判决完全采纳了公诉机关指控意见。

笔者是在一审判决后接手案件。Y某陈述，自己之所以同意与D某商谈工程，是基于在先事实。当时D某正在介绍人L所在公司的工程中以SZ公司施工负责人身份负责施工，D某不仅代表SZ公司与L所在的公司签订了施工合同，在现场负责施工，且在该项目竣工验收文件上作为施工负责人签字，SZ公司加盖公章。Y某在与D某微信联系之初，首先询问了D某的单位，提出建筑施工资质不低于二级。D某通过微信将SZ公司营业执照、建筑业资质等级证书、开户行等证书拍照件发给了Y某。双方谈妥合同条款后，D某带Z某到公司时，对Z某身份介绍是SZ公司的施工队队长。Y某之所以在施工合同未签订时同意Z某带人进厂，是因为项目场地闲置数年，遍布杂草杂树，需要清理。在本案案发前几天，Y某公司的工作人员已将Y某公司盖过章的合同交由D某，由D某回SZ公司盖章。但因本案案发，D某否认已收到合同的事实并否认自己与SZ公司有关系。

Y某认为起诉书及一审判决曲解他的意思表达，且因对建筑行业不了解造成认定并非事实。Y某觉得满心委屈，寄希望于我们辩护团队能帮助二审司法机关弄清楚事实。

办案过程

笔者至今仍记得Y某抱怨一审司法机关因不了解建筑行业规定及常识而片面采信事实的无奈，以及言谈中对二审即寄予满心期望又处处难掩的忐忑迷茫。笔者听完Y某的陈述，初步判定一审认定事实有误，Y某作为发包人，如果没有将工程发包给个人的故意，显然达不到认定重大责任事故罪的构成要件。

本起刑事案件因建设工程施工而起。简单的事实背后，存在基于工程承发包的建设工程施工合同关系的认定及因转包或挂靠而产生的法律关系的交织。这不仅是建设工程施工纠纷的重点难点，也是本案刑事指控及辩护的重点难点。

笔者立即亲往二审法院，深入开展阅卷工作，旨在从卷宗内找出还原事实真相的证据。附卷的证据表明，Y某所述介绍人对D某身份的认知及介绍，D某以SZ公司授权代表施工工程均系事实。介绍人L的证言及Y某与D某的微信聊天记录证实了Y某在第一次与D某联系时，即提出承包人的建筑资质不低于二级。显然，Y某要求承包人是具有专业资质的建筑工程公司证据较为充分。Y某没有去过SZ公司现场，也没有联系过SZ公司的其他人。仅是在该前提事实下审查了D某通过微信发送的SZ公司的营业执照、建筑业资质证书等。虽Y某一直辩称其认为的施工方是SZ公司，其不存在将工程施工交由D某个人，但因本案事发时并没有SZ公司与Y某均签章的施工合同，故起诉书及一审判决均不采纳Y的辩解。

笔者阅卷注意到，D某不否认与Y某商谈施工合同，但否认其是代表SZ公司的，亦否认其是以自己名义承接，而是辩解自己是中间人，是替Z某接的工程。而Z某否认D某辩称其只是中间人的说法，辩称自己完全是听D某安排干活的，并且与D某合作多年了。但Z某对D某与SZ公司之间是何关系矢口不提。笔录内容显示，Z某与D某在接受第一次讯问前，均销毁手机记录。而事发当日二人的通话时间及次数表明，二人频繁通话，结合接受询问前销毁手机记录的事实，显然二人存在串供及虚假供述。

因本案是责任事故，案发后应急管理局首先进行了前期调查，并形成了书面的调查报告。在将案件移交公安机关时，书面建议公安机关对D某与SZ公司的关系进行深入侦查，包括调取银行转款记录，D某与SZ公司营销经理之间的通话记录等，以查明D某与SZ公司之间的关系，进而确定作为发包方的Y某是否符合入罪要件。

但公安机关对此未做侦查。仅有一份与事发时间相隔1年的补充侦查回复函，称因时间长记录被覆盖而无法调取。

侦查走向及在案证据显然没有还原全部事实，且存在在Y某不能自证无罪下即推定其将工程发包给个人而认定其违规。

怎么办？如何在完全被动的境地下突破既定事实？

按照本罪名的构成要件，依照《建筑法》的规定，发包单位负有的义务是将建筑工程发包给具有相应资质条件的承包单位。即Y某只有故意将工程发包给无资质的个人才符合本罪名的基本构成要件。因此，Y某选择承包人时主观故意的认定；基于任何善意相对方的角度，D某的行为应认定为代表SZ公司还是D某个人；经D某要求Y某同意Z某进场是否能认定为Y某在明知合同未签订时同意施工。该三处对于认定Y某是否成立重大责任事故罪是具有决定作用的情节，必须有能形成完整逻辑的闭环证据链条，才能证实一审指控及判决确有错误。

笔者立即动手整理辩方证据。在案件已进入二审，而公安机关已明确表示不会再进行侦查取证的情况下，辩方想在上述三个环节上形成具有完整逻辑的闭环证据链条，不在战略上寻求突破，显然没有完成举证的可能。

Y 某提供了涉案厂房土地使用权证、规划审批，图纸设计等证据，证实厂房施工前依法进行了各项审批。笔者找出建设部颁布的《城市房地产权属登记管理办法》，证实新建的房屋，要申请房屋所有权登记，房屋竣工验收资料必不可少；而建设部颁布的《房屋建筑工程和市政基础设施工程竣工验收备案管理暂行办法》证实，建设单位办理工程竣工验收备案必须提交勘察、设计、施工、工程监理等单位分别签署的质量合格文件等；《建设工程质量管理条例》同时有上述规定，且明确施工单位应当依法取得相应等级的资质证书。

笔者将上述规定作为证据，与 Y 某的建房审批手续结合，阐明如 Y 某将工程交由无资质施工单位，会造成达不到竣工验收条件而不能办理产权证。这将直接损害 Y 某的切身利益，违背其建房目的。

法律法规的出示，既填补了辩方主张的 Y 某不可能将工程发包给 D 某个人这一抗辩事实的证据链条缺口，也在直接证据缺乏的情况下，传递出应基于法律法规对行为的规范及预测，应从符合普遍认知及常识的角度推定行为人的故意，直指一审判决中 Y 某对承包人选择的认定错误。在法律法规的助力下，二审检查员认可笔者的意见，认定 Y 某主观上没有将工程发包给个人的故意。

笔者再将指控证据编辑进辩方的证据链条，阐明 Y 某基于 D 某代表 SZ 公司施工的先期事实及 D 某向 Y 某出示的 SZ 公司的营业执照、资质证书的行为，有理由信任 D 某是代表 SZ 公司。指控证据中 SZ 公司营销经理的证言陈述过 SZ 公司与介绍人 L 公司建立施工合同关系时，就是该营销经理通过微信将 SZ 公司资质拍照件发送给 D 某，由 D 某向 L 所在公司出示。网络时代微信出示资质显然是建筑行业常见的资质审核方式，也是 SZ 公司认可并使用的方式。不应以高于常识性的做法要求 Y 某，尤其是刑事指控。结合侦查机关前期存在对于SZ公司与D某关系侦查的遗漏，D某与Z某有销毁证据虚假陈述的事实，故事实上Y某发包的工程相对方就是SZ公司，SZ公司不仅出借资质给D某使用用于承揽工程，并在本案事发后与D某订立攻守同盟否认事实逃脱责任。因笔者所述有形成逻辑闭环的证据，且多为附卷证据，故再次得到二审检察员认可。

但是，二审检察员指出，一审认定Y某明知未签订合同而同意Z某进场施工，还是存在违反有关安全管理规定的行为。

但Y某究竟应否明知应知，笔者这次用行业常识来说话。

施工前场地必须达到"三通一平"，这不仅是施工企业众所周知的常识，而且在《建设工程施工合同（示范文本）》通用条款中有明确规定。笔者结合在案证据中事发时Y某公司现场视频及截取的照片，事发时厂房现场杂草杂树丛生，杂树都有一人多高，根本无法正常进入。基于施工前应具备的"三通一平"的要求及Z某带进厂区的人员（共四人），足以证实Y某及其员工所述属实，即同意工人进厂区，是因为施工前必须进行场地平整，当时场地的状况，清理工作至少半个月。因工期问题是施工合同履行中频率最为高发的争议点，故实际施工中，开工日期是由建设、施工、监理三方签字签章确定后，再由建设单位发出书面的开工令。

为加强检察员对上述事实的判断，笔者提议检察员到建筑行业主管部门核实上述情况。幸运的是，二审检察员非常敬业，实地到主管部门进行了调查，最终综合本案证据采纳了上述意见。

二审开庭时间到了，笔者粮草充足信心满满出庭迎战。二审检察员发表意见：一审判决确有错误，应予撤销，不支持公诉。

惊喜！感动！夜以继日的查找，口干舌燥的论证，都在这一刻化作欢快的翅膀。这是法律的庄严，这是法律职业的魅力！

复　盘

本案之所以取得逆转性的辩护效果，主要是辩护战略正确的结果。

第一，建立了从源头解决问题的辩护思路。本案既然是因对建筑施工领域法律法规及行业常识不了解而导致的错误指控，只有让二审检察员了解上述规定，才能事半功倍。从源头上解决问题，才能从根本上获得认同。

第二，善于运用建筑行业法律法规与行业常识的证明力。通过案涉行业法律法规的展示和解读，以公诉证据中显示出的建筑行业常识性做法为依据，将法律法规、行业常识及指控证据中能证明辩护观点的部分，与辩方证据结合，形成逻辑严密完整的辩方证据链条，有力增加了辩护意见的说服力。

第三，站在检察官的视角思考问题。一审的错误就在于办案人员对建筑行业缺乏必要的了解。笔者站在二审检察官依法履行法律监督的角度，通过提交行业法律法规、介绍行业常识，并辅之以现场视频照片等材料，首先激发检察官深入了解案件事实的意愿，再帮助检察官全面了解行业基本规定、常识及事发时现状，在此前提下再指出一审指控的错误之处，从而达到了让检察官既愿意听，又听得进去的效果，主动表态一审指控及判决有误、应予撤销，缓解了笔者说服法官的压力。

证据运用

笔者通过本案的办理，总结出将行业常识用作证据有以下经验：

1. 行业常识作为证据，适用于解决特定领域的问题。特定行业领域中涉及主观故意认定的指控，易因不熟悉行业规定而走入主观推定、客观归罪的误区。“法律的生命不在于逻辑而在于经验。”将行业法律法规及行业常识作为证据，对推翻错误的主观推定及客观归罪指控，揭示事实真相，具有不容辩驳的证明效力。

2. 行业常识作为证据的范围及依据。最高人民法院《关于民事诉讼证据的若干规定》中明确，自然规律以及定理、定律；众所周知的事实；根据法律规定推定的事实，当事人无须举证证明。处于举证弱势的辩护一方，大可借鉴该规定的做法，适时适当地运用常识，运用法律规定来推定事实，既安全又高效。

3. 运用行业常识的方式方法。比起行业法律法规，行业常识这一特殊证据在实践中更易被忽略。场地达到“三通一平”才能施工，就是建筑行业常识。常识本身的证明力显然低于行业法律法规。增强其证明力的有效方法是，深入了解行业管理对应的机构、部门及专业人员，将具体的行业常识作为征询问题提出，推动办案人员前去调查核实，行业常识被了解确信后，才能发挥其证明效力。

有效剥离：以有罪之证解无罪之局

邢　波[1]

突破思路

刑事案件的证据体系，并非无懈可击，许多案件的出罪点往往就隐藏在浩如烟海的案卷里。共同犯罪案件中，有的被告人往往还单独犯有他罪，在他罪的侦查、审查和审理中，某些事实和关系往往纠缠不清，极易造成同案人员的牵连，此类案件往往存在案卷厚、案情乱、阅卷难的特点。处理类似牵连案件时，在把握全案的基础上，可以考虑重点审查同案犯的有罪证据，力争在这部分有罪证据中取得突破，排除牵连，以实现无罪、罪轻的辩护目的。

案情简介

融资难是近年来民营企业所面临的普遍难题。许多民营企业向银行融资过程中，因条件严苛，普遍存在不得已而提供虚假材料的问题。此外，因银行监管力度不够，融资款项也时常存在被挪用或侵占的问题。笔者的当事人袁某因涉嫌贷款诈骗等四个罪名被追诉，就是在这样的背景下发生的。

1　盈科济南刑事法律事务部一部主任。

2010年年初，袁某和李某在山东J县共同创办了甲化工企业，袁某登记为企业的法定代表人。因资金周转困难，2011年3月，袁某和李某通过虚构交易对象、伪造贸易合同和编造虚假财务报表等方式从中国银行J县支行获取了1.296亿元项目贷款，贷款所附发票多由袁某签字入账；2012年6月，其二人又操纵该公司通过上述方式从J县某银行骗取了1000万元贷款，袁某作为担保人签字确认；2012年9月，该公司又通过提供虚假材料附以关联公司担保的方式从J县农商银行贷款两笔，金额分别为780万元和720万元，袁某作为担保人签字确认；2012年10月，因经营理念不和渐生矛盾，袁某离开了企业。上述骗取贷款的行为和过程为袁某日后站上被告席埋下了种子。

2019年3月，J县公安局对本案立案侦查，同月，以涉嫌贷款诈骗罪、骗取贷款、票据承兑、金融票证罪、职务侵占罪和挪用资金罪为由，对袁某采取刑事强制措施。袁某傻了眼，对于骗取贷款的行为，袁某早有心理准备；但是对贷款诈骗、职务侵占以及挪用资金三项指控，袁某怎么也想不明白。原来，企业经营之初，袁某的私人银行账户是作为甲公司的公用账户使用的，其离开该公司后，在资金往复流转的过程中，袁某将其中的少量资金转移使用，但据其描述早已印象全无。除上述几起骗贷行为之外，在2012年9月至2018年10月，甲公司的实际控制人李某还安排员工宋某和薛某以甲、乙、丙公司及多家关联公司的名义，通过虚构交易对象、伪造购销合同及财务报表等手段从J县和R市各大银行骗取贷款累计33.5亿元；同时，李某还骗取了2.73亿元贷款用于经营其他生意和购买别墅、楼房、豪车等进行挥霍。

2019年3月21日，J县公安局宣布对袁某等人刑事拘留；2019年4月15日，经检察院批准，对袁某执行逮捕；2020年1月20日，J县检察院对包括李某、袁某、宋某、薛某在内的四个自然人和甲、乙、丙三家企业依法提起公诉。

案件进入审查起诉阶段后，袁某家属几经推荐找到笔者，经沟通，袁某家属决定委托笔者介入案件为袁某辩护。数十亿元巨额贷款诈骗案的辩护工作就此拉开了序幕。

办案过程

接受委托后，笔者及时联系到承办检察官并复制到卷宗。拿到卷宗后了解到，全案共有 48 本案卷，4000 余页的材料，证人证言有 200 多份，此外还有大量的银行流水、会计账簿、贷款合同等资料；此时笔者真正意识到了本案阅卷、分析案情、撰写辩护材料的等辩护方面的工作量将会十分巨大。

因被告人李某还涉嫌虚假诉讼罪和非法持有枪支罪，被告人薛某还涉嫌虚假诉讼罪和洗钱罪，彼时全国司法机关正如火如荼地开展“扫黑除恶”专项斗争，故公安机关在起诉意见书中将本案定性为了“恶势力”犯罪。笔者在向律协报备承办了“恶势力犯罪”案件的同时，及时向 J 县检察院提交法律意见书进行辩驳，详细论证本案不属于“恶势力”的理由。J 县检察院在退回公安补充侦查时，表达了本案不属于“恶势力”案件的意见，辩护工作取得了阶段性胜利。

数次前往 J 县看守所会见袁某的同时，笔者开始了艰难的阅卷工作。首先着重对涉及袁某的证据进行了逐一审查，侦查机关对于袁某骗取贷款和职务侵占的事实进行了大量的举证，包括贷款资料、银行流水和指控的被侵占的奥迪、宝马和路虎等多辆豪车，但对于贷款诈骗和挪用资金的指控，证据却比较牵强，主要是袁某签字下款和提供担保的贷款材料，以及袁某担任法定代表人期间与其他企业间的转账流水。经多次阅卷，反复分析和比较，笔者得出案卷材料无法证明袁某构成贷款诈骗和挪用资金罪的结论。

因为本案涉及的证据材料繁杂，笔者一度想放弃对与袁某无关的证据材料进行审查的工作，但是考虑到李某在本案中是第一嫌疑人，侦查机关对于李某贷款诈骗的指控必然充分，加之袁某和李某曾经共事，故笔者决定将重点转移到审查李某的罪证上来，以求在只言片语中寻得突破。功夫不负有心人，在指控李某涉嫌贷款诈骗的百余份证人证言中，笔者发现了有利线索，甲公司的于某、李某辉、王某民、李某珍、于某芬等员工的证言均对袁某早已离开公司有所体现。

在贷款诈骗行为发生时，袁某早已离开甲公司，不再参与公司的决策和管理，同时也不再担任管理职务，亦没有为涉案贷款提供担保，侦查机关的指控较为牵强。为此，笔者将上述意见整理成40余页的辩护意见，递交给检察院，但是这次J县检察院却没有采纳笔者的观点，在起诉的时候，仍然指控被告人袁某犯贷款诈骗罪，骗取贷款、票据承兑、金融票证罪，职务侵占罪，挪用资金罪四个罪名。

本案中，侦查机关未仔细核实袁某是否参与后期贷款的事实便将案件移交到了检察院，而检察官未加仔细审查，便将侦查机关的材料和起诉意见全盘照搬给了法院，从而导致对袁某贷款诈骗和挪用资金的指控出现事实不清、证据不足的情况。开庭时，笔者对于贷款诈骗和挪用资金采取了无罪辩护的思路，对骗取贷款和职务侵占的数额也提出了不同意见。辩护的基本思路如下：

1. 袁某不构成贷款诈骗罪。指控的贷款行为发生时，袁某已经离开甲公司，不再参与甲公司及其关联公司的贷款、融资、生产和经营事宜。指控的贷款诈骗行为均发生在2016年5月27日至2017年1月20日，这段时间内，袁某没有为这些贷款出具任何材料，其不知情、未参与，检方指控的事实不清、证据不足，其不构成贷款诈骗罪。以上情况由甲公司会计李某辉、员工王某民、李某珍、于某芬、于某芹的证言，《山东 ×× 化工有限公司章程》，市场监督管理局出具的《企业信息》，《山东 ×× 化工有限公司及其关联公司汇总审计报告》以及相关的贷款材料可以证明。

2. 除最初的1.296亿元的项目贷款外，指控袁某在中国银行的另外五笔贷款构成骗取贷款罪不成立。因为此时袁某已经离开甲公司，检方提供的甲公司员工证言和股东会记录、贷款材料等均可以证明。

3. 袁某不构成职务侵占罪，指控该罪事实不清、证据不足。其离开甲公司后，不在公司有任何职位和权力，不是公司职员，无从构成该罪。首先，涉案的宝马汽车不构成职务侵占，该车虽登记在袁某女儿名下，但袁某在甲公司时，车辆的使用权一直归该公司；刑法上的非法占有，不应完全看登记状况，而应看实际占有和使用情况；在袁某离开甲公司后，车辆仍在李某和甲公司控制之下，该车辆不应定为职务侵占。其次，涉案的奥迪汽车是经股东协商后，登记在袁某名下，由公司实际使用的；该车最初由经理郭某使用，后由融资部负责人宋某实际使用，直到案发，这辆车都没有真正由袁某使用过，更没有占有。此外，指控的路虎车系李某赠送给袁某，以报答袁某对成立和经营公司所作的贡献，并且赠车时袁某已离开甲公司多年，不参与甲公司经营管理，也没有职务，无从谈起职务侵占。最后，指控构成职务侵占罪的1000多万元资金，性质上不属于职务侵占行为。因为袁某的个人银行卡一直作为公司的公用卡使用，其中相当大的金额和款项用于公司的生产和经营，并且指控时没有完全查明该金额是多少，属于事实不清；同时在指控的金额中，根本没有查清哪些回流到了甲公司及关联公司，哪些确实是被袁某侵占，所以需要委托专业机构进行专项审计；另外，这1000多万元中，有数百万元用于购买了涉案的数辆宝马、奥迪、路虎汽车的金额，属于重复指控。

4. 指控袁某挪用资金3770万元，事实不清，证据不足，其不构成该罪。首先，2015年年初，袁某接手丙公司并实际控制。当时丙公司偿还中国银行和中信银行贷款的压力巨大，袁某经与甲公司的实际控制人李某协商，由甲公司借给丙公司2000万元偿还中国银行贷款。李某同意后，该2000万元经由甲公司转到丁公司账户，然后又转到袁某个人账户，偿还了丙公司在中国银行的贷款。

1个月后，袁某又代表丁公司向李某的甲公司借款1770万元偿还中信银行的贷款，该借款由A公司直接转到了丁公司的账户，偿还了中信银行的贷款。因中国银行和中信银行收回以上两笔贷款后，未按还贷之前的承诺及时再发放给丙公司和丁公司，导致这两家公司未及时偿还甲公司。由此来看，这两笔巨款是袁某代表丙、丁两家公司向甲公司的借款，其性质是企业之间的拆借，而不是袁某个人利用职务便利对甲公司款项的侵占或挪用。

其次，《刑法》第272条规定，挪用资金罪在客观方面是行为人利用职务上的便利，挪用本单位资金归个人使用或者借贷给他人。根据上文所述，袁某早已于2012年年底离开甲公司，已不是甲公司股东，也不在公司拥有职务；另外，宋某和甲公司的员工段某等，均曾在笔录中提到，“2013年，李某在公司会议上强调，甲公司只有一个老板，就是李某”。可见此时袁某在甲公司根本没有任何职务，无法利用职务上的便利，更无从谈起挪用资金。以上事实，相关公司的银行帐户转帐交易记录和袁某个人的银行流水完全可以证实，其在性质上根本不属于挪用的范畴，所以公诉机关对这两笔款项定性错误。

历经9个月三次开庭审理，J县人民法院最终采纳了辩护人的观点，认为袁某不构成贷款诈骗罪和挪用资金罪，仅认定袁某构成骗取贷款罪和职务侵占罪。其中，骗取贷款罪量刑一年半，职务侵占罪量刑八年，数罪并罚合并执行八年六个月。而同案犯李某则被认定构成贷款诈骗罪，仅此一个罪名便获刑十一年，与骗取贷款罪、职务侵占罪、虚假诉讼罪、非法持有枪支罪等其他四罪数罪并罚，合并执行有期徒刑十九年。

复　盘

全案经历了艰辛漫长的辩护过程。审查起诉阶段退查一次，用时4个月；

因案情复杂、疫情严峻，审判阶段三次开庭，用时 9 个月。全案走到最后，笔者为袁某拿掉了两个重罪，一是刑期最重的贷款诈骗罪，二是金额特别巨大的挪用资金罪。如果这两个罪名不拿掉，四罪并罚，其最终的刑期可能在 15 年至 20 年之间。但经过笔者的辩护，其仅获刑八年半。

本案之所以能取得较好的辩护效果，笔者认为原因有二：

对刑期最重的贷款诈骗罪和挪用资金罪，坚定了无罪辩护的思路；确定了两罪不符合构成要件的辩护方案，即“主观无非法占有（挪用）目的”和“客观无犯罪行为”。

从时间轴上对全案进行仔细梳理，对袁某参与贷款过程中纷繁复杂的事实及证据进行了全面审查，特别是重点审查了同案犯李某的有罪证据，在指控李某有罪的海量证言中提取到了袁某无罪的线索，找到了本案无罪辩护的突破口，进而通过同案犯供述和证人证言，印证袁某在贷款诈骗发生时早已离开公司，从而最终否掉了贷款诈骗罪和挪用资金罪，降低了骗取贷款罪和职务侵占罪的数额。

袁某家属知道判决结果后对笔者再三表达谢意，满意之情溢于言表。能取得如此辩护效果，笔者亦倍感欣慰。笔者认为，在尊重事实和法律的基础上，否掉一切不实指控，实现罪责刑相适应，辩护就是成功的。

证据运用

每件刑事案件都像一个“茧”，案件细节就像是茧上的“丝”，真相就是茧中的“蛹”；纷杂的案件细节包裹着真相，就像是交错缠绕的“丝”包裹着“蛹”，把握全案、洞察真相的过程其实就是一个“抽丝剥茧”的过程。在共同犯罪案件中，审查证据更要做到抽丝剥茧、层层推进、有效剥离，案卷中的每一份证据都有可能是突破案情、打破僵局的关键。关于这方面，笔者在办案中有两方面感悟：第一，共同犯罪案件中，证据一定要全案核查，没有所谓的“无关部分”或“无关案卷”，越是厚重的案卷，越值得耐心细致地去研究；证据材料越多，辩护人获取的信息就越多，往往就越容易发现指控中的纰漏，越容易发现案件的突破点，越容易接近真相、直击辩护核心。

第二，对于共同犯罪案件，一定要重点审查同案人员的所有罪证，充分利用于我方有利的一切材料，目的就是力求排除牵连，摆脱有罪或罪重的指控。不实指控就像是束缚在当事人身上的一把枷锁，同案犯的有罪证据有时候就像一把利剑，辩护人可以借助利剑的锋芒，击破当事人身上的枷锁，帮助当事人挣脱束缚，重获自由。

以退为进：利用现有证据实现突破

梅亚宝[1]

突破思路

如何最大限度维护当事人的合法权益，为当事人争取最有利的裁判结果，是刑事辩护的出发点与落脚点。在司法实践中，并非所有案件都具备无罪辩护的条件，准确运用证据分析犯罪构成，“以退为进”，从重罪向轻罪辩护，也是有效辩护的重要方式。因此，在制定辩护策略时，既要充分尊重当事人的合法诉求，更要结合客观事实与在案证据，以实现当事人利益最大化。

案情简介

吴某系A银行的工作人员。2018年6月，B公司老板肖某称拥有网络支付技术可与银行展开合作，与正想拓展新业务的A银行搭上线后双方一拍即合，决定展开合作。A银行向商户提供二维码支付结算服务，B公司提供系统日常维护等服务。B公司为方便行事，还在A银行所在地设立了新公司。

在合作过程中，A银行工作人员将银行开展条码支付系统最高权限的管理

1　盈科丽水刑事法律事务部主任。

员账号及密码告知了B公司，将本应由A银行开展并且不得外包的特约商户资质审核、受理协议签订、收单业务交易处理、资金结算、风险监测以及差错和争议处理等核心业务也都交由B公司处理，导致银行条码支付业务的收款、对账、出款等资金结算核心业务都被B公司掌控。

之后，B公司及其在A银行所在地设立的新公司通过网络购买以及下游渠道商提供的方式获取了大量企业、个体工商户的信息，并将获取的企业、个体工商户信息注册成为A银行的线上聚合商户，通过"轮询"的方式，帮助非法平台收款，同时规避支付宝等相关部门的风险监测。

其间，吴某收到A银行发放的涉案支付结算业务提成18,000元，收受B公司赠予的LV手提包一个、人民币10,000元、苹果手机1台。

2019年2月25日，侦查机关依法对A银行的待划转款二维码专用账户内的涉案资金共计62,673,132.71元进行冻结。据统计：2019年2月22日至2019年2月26日，长沙分行二维码收单业务的交易额就达62,152,329.1元，经侦查机关抽样取证，107名充值人员都证实其充值的是赌博资金。

2019年5月15日，经中国人民银行深圳市中心支行支付结算处认定，B公司上述行为属于未经中国人民银行批准，无证经营支付业务的行为。侦查机关根据《刑法》第225条之规定，将吴某在内的9名犯罪嫌疑人以涉嫌非法经营罪移送检察院审查起诉。

在审查起诉阶段，笔者详细查阅案卷资料后，利用现有的证据材料并从事实和法律适用的角度进行分析，就吴某是否构成共同犯罪以及罪名是否适当等问题多次与检察机关进行沟通，最终，检察机关承办人接受笔者的辩护观点，将吴某涉嫌的罪名由非法经营罪变更为帮助信息网络犯罪活动罪，并以虽然构成犯罪但情节轻微为由作不起诉处理。

办案过程

笔者接手案件时，犯罪嫌疑人吴某已经在看守所被羁押了20天左右，对于一个涉世未深、娇生惯养的独生子来说，这段时间无疑是他人生中最黑暗的时光。笔者第一次会见吴某时，其强烈要求取保候审，表示自己在里面一天也不想呆了。笔者经多次会见，详细了解了案件情况，认为吴某主观上没有犯罪故意，且工作都是经由领导安排，又是初犯，具备取保候审的可行性。据此，笔者与侦查机关反复沟通，终于在接手案件的一周后成功帮吴某办理了取保候审手续。

其实在侦查阶段，笔者就认为吴某涉嫌的罪名可能存在问题，并多次与侦查机关进行沟通，但因为此类案件尚属全国首例，中国人民银行对该案件又相当重视，侦查机关认为把本案定性为非法经营罪也是经过局里慎重讨论所决定，不愿轻易变更罪名。且在侦查阶段笔者无法查阅具体的案卷材料，无法根据吴某的单方陈述作出一个翔实的、有针对性的辩护意见。

在案件移送到检察院审查起诉后，笔者第一时间进行充分阅卷，认为吴某在本案主要有以下行为：

1. 吴某同学在B公司上班，A银行和B公司是通过吴某搭上线的。

2. 吴某原是A银行的行长助理，每天晚上对银行的支付结算业务进行统计不是其工作职责，吴某是在领导的安排下在案件后期才接手该项工作。而在此之前，B公司就已经取得了A银行开展条码支付系统最高权限的管理员账号及密码。

3. 吴某确有接受B公司赠予的LV手提包、现金、苹果手机的行为。

4. 吴某收取的18,000元现金是A银行给其的业务提成，银行其他工作人员也都有收取。

根据吴某的上述涉案行为，笔者认为本案的辩护重点在于：吴某的行为是否构成犯罪？如果构成犯罪应当适用何种罪名？本案争取无罪辩护的可能性有多少？

因本案是共同犯罪案件，如果做无罪辩护，势必涉及B公司的人员，那么笔者的辩护对象就不仅是吴某一个人，这无疑会加大辩护难度。前期，笔者与检察机关沟通不是特别顺畅，承办人员认为本案涉及金额如此巨大，情节如此严重，社会影响如此恶劣，而且又是新型类刑事案件，如果不遏制，造成后续案件频发，后果不堪设想。另外，从证据角度来看，A银行工作人员确实在工作过程中将开展条码支付系统最高权限的管理员账号及密码告知了B公司，导致B公司和新设立的公司利用掌握的账号和密码进行非法活动，并在短时间内非法获利将近1700万元。

结合上述情况，笔者翻阅大量的法律法规、司法案例、文献资料，并征询了诸多法律同行的意见，最后就本案制定了“以退为进”的辩护策略，以争取达到殊途同归之效果。

提出吴某不构成非法经营罪，即吴某的行为不符合非法经营罪的犯罪构成要件。具体理由如下：

首先，吴某没有犯罪故意。根据证据材料显示，吴某系A银行行长助理，其主要业务范围是协助行长对银行进行日常管理，对于涉案业务支付统计的工作原本不是其工作范围。在工作过程中，吴某听从领导安排，额外承担了该项业务统计工作，本质上是一个职务行为，主观上不存在犯罪故意。

其次，银行是具有支付结算资质的，不存在非法经营问题，那作为银行职员的吴某从事本应由银行承担的支付数据统计工作，其主体就不符合非法经营罪的犯罪构成。

最后，本案涉及一个关键问题，即如果检察机关认定B公司及其新设的公司构成非法经营罪，那么吴某是否构成共犯？笔者针对吴某的身份主体以及在本案中的行为，提出应将吴某与B公司法定代表人肖某等人的行为予以区别，不能因为吴某有收受B公司财物的行为就推定他们构成共同犯罪，从证据材料中也无法看出吴某和B公司人员存在共同犯罪的故意，双方亦无通谋的行为。

如果吴某不构成非法经营罪，那其行为是不构成犯罪还是构成其他罪名？

笔者经过仔细分析认为，根据当前的形势，全案要争取无罪的可能性比较小，在此种情况下，如何为当事人争取利益最大化是我们的辩护目标。笔者首先和吴某进行了细致的沟通，和他一起分析了整个案件情况及目前吴某的处境，最后吴某表示他的要求只有一个，就是人不能被羁押，他再也不想失去自由了，至于法律方面他不懂，表示专业的事情他无条件地相信律师。

其次，笔者在检察机关表示不接受无罪辩护意见之后，及时向其提出了变更罪名的建议，认为吴某在本案中的行为更加符合帮助信息网络犯罪活动罪的犯罪构成。我们都知道，帮助信息网络犯罪活动罪的最高刑期为三年，且吴某系初犯，如果加上认罪认罚，为吴某争取缓刑甚至不起诉处理的可能性还是比较大的。其实检察机关在详细阅卷后，对于吴某等银行员工是否和B公司共同构成非法经营者罪也有点动摇，但是因为本案是新型类犯罪，他们慎之又慎。为此，检察机关特意将本案所有辩护律师都召集一起开了一个座谈会，辩护前移，详细听取了每个辩护律师的观点，这也是检察机关这么多年来首次在审查起诉阶段采取的举措，笔者认为在当前认罪认罚的制度下，这样的举措非常有借鉴意义，增加了诉辩双方的沟通，对于案件的事实也是越辩越明。

最后，笔者和吴某及其家属积极沟通商议退赃事宜，最大幅度争取从轻量刑情节，并多次和检察机关阐明立场，即我们对于吴某在本案中的行为没有异议，只是对罪名的适用有不同的看法，努力争取认罪认罚。后检察机关最终接受了笔者的辩护意见，将吴某的罪名由非法经营罪变更为帮助信息网络犯罪活动罪，并认为吴某犯罪情节轻微，作不起诉决定。

复　盘

吴某及其家属都对本案的结果表示非常满意，认为超出了他们的预期效果。尽管作为辩护人来讲，未能取得"无罪判决"，还是略感遗憾。但是，无论如何，不起诉决定终究来之不易。笔者认为，检察机关能够变更罪名并作不起诉决定，主要在于两个方面：

第一，制定了有效的辩护策略。本案中，笔者明知无罪辩护的可能性很小，但还是要提是因为辩护人如果作无罪辩护，无形中会增加司法机关的压力，然后在双方陷入僵持时，我们退一步提变更罪名的观点就变得容易接受。从表面上来看，是我们退了一步作出了让步，但实际上我们一开始的目的就是要提出吴某构成帮助信息网络犯罪活动罪而不是非法经营罪，从结果来看也达到了我们的预期效果。

第二，与办案机关的有效沟通。笔者认为，无论案件处于哪个阶段，加强与承办人员的有效沟通都是非常必要的。本案中，我们详细整理了证据材料，并将整理后的证据资料作了思维导图上交给了办案机关，让办案机关对案件情况及吴某的行为能够一目了然。在找不到案例的情况下，笔者将网上一些法律专家的理论观点作为参考一并交给办案机关，这些材料在强化承办人员对于案件看法的同时，也悄无声息地传递着我们的辩护思路。

证据运用

在刑事案件办理过程中，梳理分析卷宗材料是我们工作的重中之重，相信每个律师都有自己的一套方法。笔者的方法是“过三遍，做三遍”：

第一遍是通篇快速阅读，对于整个案件有个大概全面的了解。第二遍是针对起诉意见书或是起诉书认定的事实，与案卷材料进行一一比对，这个时候就要动手做笔记，记下有矛盾的、遗漏的或是材料里没有显示的等不一致的地方。第三遍是针对当事人个人的行为做一个系统的整理，这个是针对存在共同犯罪行为的案件。

过完三遍后，基本上我们对于证据材料已经烂熟于心了。鉴于刑事案件办理过程较长，期间可能会有遗忘，除了做阅卷笔录外，还要利用现代技术做PPT、可视化数据图表等，将案件脉络做清晰的展示，这样方便随时查看。如果将上述资料提交给司法机关，除了留下比较专业的形象外，也能取得润物细无声的效果。

梳理案卷材料是一个非常枯燥无味的过程，但每每找到有利于支撑辩护观点的证据材料时，那种幸福感也是无可比拟的，这也是笔者坚持做刑事辩护的唯一原因。

合理怀疑：案外证据构建怀疑的依据

刘　鹏[1]

突破思路

笔者认为，面对主要证据为言词证据且“一对一”的涉嫌强奸、猥亵类案件，辩护人要审视在案证据并收集案外旁证，向前、向后延伸案件事实，发现、运用被忽视和遮蔽的证据，并把证据细节放在“显微镜”下，借助于案内证据与案外证据之间的印证性判断，运用经验法则，论证案件并不能排除某种合理怀疑，进而达到“事实不清、证据不足”认定为无罪的结果。

案情简介

2019年3月6日凌晨，侯某在某酒吧邂逅并多次共饮过的任某，打电话让侯某速去一趟。原来，任某非酒吧员工，却跟随闺蜜郑某居住在员工宿舍，被人举报遭致罚款。顾虑自己出狱仅月余，侯某未按任某要求殴打举报人，只是再请任某共饮。接近凌晨2时，任某称无处可去，侯某许诺可在自己居住的某宾馆增订房屋一间，到店后不巧客满，遂建议任某跟自己暂住一晚。

1　盈科济宁刑事与经济法律事务部主任。

侯某称，任某入住后一直微信聊天，期间得知一位白某也住在该宾馆，并邀任某去他房间。任某称，借去卫生间之机，微信告知郑某，刚才说与白某在一起是假的，实际与张某（侯某化名）在一起，郑某不认可侯某，要求任某尽快离开。任某称，凌晨4时左右，看到自己收拾东西要走，侯某顿时火起，对自己连连扯头发、扇嘴巴，自己下跪相求侯某才停止。侯某则称，任某一再嘲笑自己“打人都不敢”“算什么监狱出来的”，自己请她吃喝，她却和白某等其他男人在微信上热聊，“露味”（嘚瑟、摆谱）的厉害。自己有点生气，扬手打了任某一巴掌，其实打的并不严重，嘴角和牙齿出血，是因为戒指刮到了。提及任某哭着说自己的前两位男朋友都从未舍得打过自己，侯某称自己感觉任某是撒娇的意思。看到任某嘴角流血，自己顺着任某的意思，赶紧给她擦拭并赔礼道歉，说了很多类似“哄女友”的话，称以后肯定养着她，不让她吃苦、受累等。任某问天亮后能陪自己逛街购物、求医看病否，自己一一允诺，之后熄灯躺下，凌晨五六点时，也没有谁提议，两人自然而然宽衣解带发生了一次性关系。任某则称，发生性关系不是自愿，是因为侯某威胁是自己脱衣服还是等着他把衣服撕烂，无奈从了侯某。

任某称，第二天上午9时，自己趁侯某还在熟睡时离开了房间，找到郑某哭诉过程，郑某又叫来自己表哥黄某商议。黄某电话联系侯某，问如何处理任某被欺负一事。因侯某拖延不决，黄某电话报警。朋友分析说对方属于敲诈勒索，侯某亦报警。派出所人员出警并在侯某指认下提取了卫生纸和避孕套，安排双方先行就侯某殴打任某一事自行调解。待双方准备签署协议时，办案人员验看身份证发现任某不满17周岁，遂让其通知近亲属前来协商、签字。亲属一到，任某崩溃大哭，说是因挨打报的案，实是被强奸，是朋友力主协商要钱。警方遂拘留了侯某。

办案过程

一、“三顾茅庐”，恳请侦查机关全面、及时取证

侯某被捕后，笔者受托介入。笔者了解到，宾馆走廊视频即将覆盖，办案机关尚未调取，笔者反复催促，赶在覆盖前一天终于调取到位。担心其他证据缺失，笔者向刑警队、协办派出所和法制科另行提交书面申请，要求收集双方之间以及同各自友人手机及微信的通话记录、聊天记录，双方和他人银行卡转账记录，以及知情人证言。在申请中，笔者一再阐明，在双方说辞针锋相对的情形下，仅靠现有主观证据定案，易出现冤错情形，请求全面客观收集证据，给予侯某自证清白的机会。办案人员最终承诺，一定会按照笔者申请的清单全面、客观、及时取证。

二、提出怀疑，依据是案内证据细节

案件移送审查起诉后，案管部门仅披露了一位检察官助理联系方式，笔者和她讨论案件，始终不能“同频共振”。直至案件即将移送法院，笔者只好设法直接联系到承办案件的职务为副检察长的检察官。检察官从会议室出来接听电话，当笔者提到看守所肯定留有照片证明侯某脖子上有“草莓印”、任某曾离开房间再次返回房间、任某报警记录记载是被殴打这三大疑点后，检察官放弃参会赶回与笔者见面沟通。笔者得以继续转述侯某辩解中已证真、能证真部分。案发前，两人一前一后步履如常进入房间，没有强迫亦无酒醉；案发后任某没有第一时间报警被强奸，而是索要经济赔偿3万元，侯某与杨某商议借3万元给自己备用；侯某建了一个微信群，出狱40余天时间，侯某与群内不同女性发生性关系并自拍视频20余段，保存于手机中，其一般会在发生性关系后给对方转款“520”“1314”元不等；任某第一次离开房间后，侯某给任某发信息“你

东西忘在房间了”，任某确实于半小时后再次返回到房间一次；侯某在酒吧一直使用化名张某，其原来刑事判决书上也载明曾用名张某，并不只是针对任某使用。

同时，笔者也转述了既不能证真也不能证伪，但具有一定合理性，有助于形成内心确信的内容。侯某称，殴打任某后，任某抱着自己哭诉说，前两任男友从未舍得打过自己，人家长这么大只被你欺负过，侯某承诺以后会对任某好，承诺第二天陪着买首饰和衣服等；关于任某第二次回到房间的原因，侯某称任某质问自己到底能否起床陪她逛街购物，再给侯某最后一次机会，侯某指着前女友留下的包对任某说“这是你忘拿的东西”，但任某嫌弃未要。

在陈述上述两部分内容的基础上，笔者提出怀疑。侯某因为看不惯殴打了任某，之后又许诺第二天陪逛街购物哄好了任某，两人自愿发生性关系；其实侯某“常在花丛过”，不是太在乎任某，故第二天拖延起床不兑现承诺，任某白白挨了打还被侯某骗奸，愤而报警导致本案案发。因此，发生性关系那一刻，侯某是骗奸的故意，任某是卖淫的心态，仅掺杂了少许恋爱之情愫。

三、犹疑不决，检察官赴看守所察言观色

听了笔者的怀疑，检察官下意识向助理嘟囔了一句，“这是谁批捕的案件”，内心似有触动。但检察官仍然坚持，案发时细节隐于房间内，故无人亲见，即便存在吻痕，也可能是侯某逼迫任某这样做，自古“奸出妇人口”，案件现有证据已能证明侯某构罪。侯某之前“二进宫”，反侦查经验丰富，供述极不可信，甚至不排除笔者助导、助演。相比而言，任某却是受害女性且为涉事不深的未成年人，所言可信一些。

面对质疑，笔者强调，侯某虽然性情暴烈、两次入狱，却也生性痛快，敢做敢当，之前两次涉寻衅滋事案，均坦陈案情，认罪悔罪，有刑事判决书可查。这次否认犯罪，未必是检察官分析的畏罪、侥幸心理。任某虽系未成年人，但毕竟混迹于娱乐场所，所言未必可信。不能想当然认为任某言词证据真实性就强。眼睛是心灵的窗户，侯某会见时眼中的愤怒、无奈，表明他没有说谎，笔者把律师职业作为一辈子的事业，不会踩踏红线去教唆侯某，笔者确实是因为自己首先相信之后才援引侯某辩解。建议检察官亲审侯某、亲问证人，亲自核实案件事实。

次日，检察官用了接近一整天时间去提审侯某，除了讯问笔者陈述的大量细节问题，为了察言观色还运用古老的“五听”技术，故意和侯某争辩，让侯某赌咒发誓证明供述的真实性，以致激动之处双方还互拍了桌子。检察官讯问结束时，笔者一直在等候会见，被安排继续使用刚才的讯问室，笔者并未拒绝，“一切都是最好的安排！”

四、反客为主，大量案外旁证得以发掘运用

检察官询问过被害人后，感觉她的陈述也同样并无破绽，质疑之处均做了较好解释。笔者分析，“仙人跳”案件的表现之一就是被害人证言逻辑严密，本案不能排除“仙人跳”的可能性。于是，案件第一次退回公安机关补充侦查。

本案先后历经“两退一延”，顺利调取到看守所留存的侯某脖子上带有“草莓印”的照片。通过检察官拷贝给笔者的海量且琐碎的微信聊天证据，笔者整理出如下信息：任某有几笔微信收费记录，结合分析聊天记录中的隐晦对话，疑似在卖淫；任某想要花钱找“鸭子”（男妓）、找男模买春，缺乏强奸罪所保护的妇女性羞耻心理；任某称自己最近特别缺钱，任某一老乡提到，“你那都是交的什么朋友哎，还搞‘仙人跳’啥的”；任某在某宾馆干前台，宾馆提供员工宿舍。

笔者分析，任某可能出于经济利益考量跟随侯某去住宿，白某出手应当更阔绰，任某确实一度想离开侯某另行去找白某居住，被侯某殴打后，任某不再去找白某，不排除是侯某承诺第二天陪任某逛街、买黄金首饰打动了任某。任某应预见到双方会发生性关系，最终发生性关系是出于继续被打的恐惧，还是出于侯某承诺的较多的经济利益，此间存疑，应作有利于侯某的推断。笔者拿出两本自己承办的介绍卖淫案案卷，对比出任某出台价格偏低，结合任某对涉嫌介绍卖淫者的询价，可印证任某颜值不高。侯某专门设立一个微信群，广为拉进一些疑似外围女，几乎夜夜与人约会、共眠，侯某没有必要冒险强奸颜值不高的任某。可见，任某当晚并不是自愿与侯某还是白某发生性关系的问题，实质上是向谁卖淫的问题，双方发生性关系的对价是金钱利益，而非性羞耻心理的保护或性的自愿处置问题，甚至不能排除任某实施“仙人跳”，本案不符合强奸罪的保护法益。

但是，检方又提出，鉴于侯某案发之前两晚均和其他女性住在一起也认可发生了性关系，照片上吻痕颜色较为陈旧，应该是之前女性留下的。口述不便，笔者书写了第三份代理意见，指出任某个头偏矮、身体壮实，吻痕位置偏下而痕迹明显，对比侯某、任某身高，符合任某所留。而之前两位女性则身材纤细、柔弱无力，不可能在脖子与胸膛结合处留下一圈深深吻痕。

五、形成心证，检察官在检委会上成为“辩护人”

检察官称他在检委会上成为“辩护人”，依据笔者提交给他的三篇书面辩护意见，在检委会上展开了侯某“无罪”之“辩护”，辩论过程较为火爆、激烈，仅此一案耗时整整一上午。就本案起诉与否，投票结果显示，主张追诉者和主张不诉者势均力敌、平分秋色，检察长没有投出最后关键的一票。为慎重起见，案件报请上级检察院确定。最终，检察院以“事实不清、证据不足”为由，决定对侯某不予起诉，羁押9个半月之后侯某重获人身自由。

复　盘

回顾本案办理过程，笔者着重思考三个问题：

第一，嫌疑人主摆事实，辩解要可信。办案机关对嫌疑人的供述真实性，往往持怀疑态度，本案检察官就曾断定嫌疑人巧言令色、避重就轻，或笔者受人之托，予以“指导加工”。笔者告知嫌疑人，如果供述有技巧，这类案件最好的技巧就是实事求是，毕竟一句谎言需要十句谎言来掩盖，假做真时真亦假。在本案中，嫌疑人对于发生性关系坦白承认，甚至，嫌疑人打破了被害人的嘴角这样的细节，也并无抵赖，只是对起因要加以辩白。

第二，辩护人主讲道理，观点要客观。这类案件接案后，先评估无罪、罪轻证据有无灭失可能，辩护人的首要任务是提请办案机关全面、客观、及时取证，对于客观证据，辩护人不排除可以自行收集。最大限度地发掘和保全证据并统筹分析对比这些证据，对于案件不利之处，辩护人要主动解释回应，而不能避而不谈，对于案件有利之处，要善于挖掘运用，加以导引。持之有故，言之有据，方显客观。

第三，近亲属主搞协商，策略有选择。这类案件为了让嫌疑人和辩护人更超脱一些，由家属出面与被害人协商谈判更为妥当，利于弱化嫌疑人的存在感，但协商内容不应包括案件事实认定和案件定性，避免办案机关以赔偿、补偿了对方反推嫌疑人涉罪，也避免近亲属自身涉嫌妨害作证犯罪。但并非任何情形下必然谋求被害人谅解。本案因为争议太大，有罪、无罪“一对一”犹如针尖对麦芒，为表明着实无罪的态度，后期干脆放弃了协商。

证据运用

实践中，合理怀疑不是幽灵抗辩，应有一定可检验性，需要运用证据加以支撑，并符合常识、常情、常理。笔者认为应具备以下三点：

第一，合理指的是一种可能性，提出这种可能性的目的正是否定另一种必然性。从逻辑学的角度，“事实清楚，证据确实、充分”解释为“唯一性”“排他性”。综合全案来看，要考察是不是已经不能按照控方的逻辑得出“唯一”“排他”的结论，控方的逻辑足以被动摇，辩方逻辑则成为可能性。

第二，合理的怀疑应该概然性比较大，可能性程度比较高，通常来看比较符合常识、常情、常理，在逻辑上也能自洽，能够从整体上抗辩控方的证据结论。然后，由控方承担推翻辩方结论的义务，基于矛盾律、同一律、排中律，控方如不能加以推翻，辩方所讲述的另一版本的故事，则为合理的怀疑。

第三，合理的怀疑要有证据支持，单个证据可证是真实的，案内证据与案外证据之间形成印证，使每一项证据所包含的事实信息得到其他证据验证，证据之间矛盾得以排除，证明体系达到完整。这也是主观见之于客观、最终实现主客观相统一的过程。

以战促和：协商辩护中证据的运用

周国平[1]

突破思路

当下，认罪认罚从宽制度被广泛适用。刑事辩护从对抗式辩护向协商式辩护转变的趋势越来越明显。但是，刑事辩护是一个博弈的过程，若没有协商之“筹码”，又怎能取得协商之“效果”？故而，“证据突破”仍是最好的“协商筹码”。如果辩护律师能收集有利于被告人的突破性证据，构建被告人轻罪、罪轻的可能性，便能避免在“协商”中处于被动地位，为当事人争取更多的量刑减让。

案情简介

俗话说“君子爱财，取之有道”。不然，可能钱没赚到还有牢狱之灾，本案的被告人 L 就是典型的例子。

被告人 L、被告人 X 和被告人 Z 系同村村民，三个人是从小玩到大的发小。被告人 L 长期在 A 市某公司上班，被告人 Z 在 B 市从事外贸工作。被告

1 盈科衢州刑事法律事务部主任。

人X与他人合伙在某地大酒店一楼开设SPA馆，该SPA馆从设立开始就有卖淫女向嫖客提供中式、泰式、美式、欧式、包夜等种类的性服务，收费在600元至2000元不等。

2015年5月，被告人X因与合伙人发生争执，遂多次邀请被告人L和Z收购原合伙人的股权股份。最终在被告人X的撮合下，被告人Z和L以股权转让的方式，分别受让了该SPA馆30%和10%的股权，成为该SPA馆新的股东。股权转让后，被告人X、Z和L以6∶3∶1的比例分别持有SPA馆的股权。转让当时，三方签署书面协议，约定该SPA馆交由被告人X负责具体运营管理，被告人Z和L均不参与SPA馆的经营活动。

同年6月，为提高卖淫女服务水平，增加SPA馆的收入，被告人X找到了来自广东东莞的被告人G，由被告人G负责组建和管理卖淫女团队。根据被告人X和G的约定：由被告人G自行组建并管理卖淫女团队，具体负责SPA馆卖淫服务的经营和管理。协议签收后，被告人G陆续招募卖淫女，并对卖淫女进行集中管理培训。同时通过微信朋友圈、微信群、出租车司机等手段招揽嫖客。嫖资除现金外，以被告人G的微信或支付宝收取。卖淫所得被告人G占13%，卖淫女占50%，剩余37%归SPA馆所有。其间，被告人X负责SPA馆整体运营管理及对外关系协调。后经举报案发，警方通过查询微信和支付宝交易记录，共查实该SPA馆组织15余名卖淫女，提供卖淫服务1400次以上。

从受让SPA馆股权开始至案发，被告人L一直在A市工作，没有参与到SPA馆的经营事项。其偶尔通过被告人Z了解SPA馆的经营情况。公诉机关认为，该SPA馆组织他人卖淫且卖淫人员累计达10人以上，属于情节严重。被告人L明知道SPA馆有提供卖淫服务，仍然受让股权股份成为SPA馆的股东。被告人L应当对其持股期间SPA馆组织卖淫的犯罪行为承担责任，且被告人L属于主犯，依法应判处十年以上有期徒刑。

办案过程

被告人L的母亲在本案法院审判阶段找到了笔者。接待中得知，被告人L的父亲已经90岁高龄，母亲也86岁高龄，被告人L系家中独子又未婚，家境贫寒。其母亲只知道儿子犯了大罪，天天以泪洗面，还想拿出所剩不多的养老钱来救儿子。看到一个穷苦又救子心切的老母亲，笔者决定免收律师费，为其提供法律援助。

接到指派通知书后，笔者第一时间前往看守所会见被告人L。一见到律师，被告人L就流下了悔恨的眼泪，其向笔者陈述自己一直在A市工作，在同村发小被告人X软磨硬泡下才投了14万元，至今他都没有去过该SPA馆，也未得到任何分红。被告人L觉得自己很冤，就是投了一点钱，现在却面临十年以上的有期徒刑，家里又有两个老人要赡养，苦苦哀求律师，一定要给与他最大的帮助。

带着被告人和家属的殷切期望，笔者将相关手续提交给了主审法官，阅卷的同时也进行了初步交流。主审法官的意见比较明确，他认为被告人L作为SPA馆的股东应当对持股期间SPA馆的组织卖淫行为承担责任，按照司法惯例，基本上就是认定为主犯，基准刑为十年。

第一次沟通，主审法官的意见给了笔者当头一棒。如何帮助被告人L获得与其罪责相一致的刑罚？笔者和团队成员经过反复论证，重点做了以下工作。

一、“以战促和”，打击控方指控逻辑

笔者团队探讨后认为，要想改变主审法官对被告人L犯罪行为的认定，如果按照一般的辩护思路，是很难实现的。唯有采取“以战促和”的辩护策略，直接主张被告人不构成公诉机关指控的罪名而可能无罪或构成其他轻罪，才能击破公诉机关指控逻辑，动摇甚至改变主审法官对被告人的看法，以此来换取对

被告人有利的处理结果。据此，笔者就本案提出以下几点辩护意见。

（一）被告人L的行为不构成组织卖淫罪

根据最高人民法院、最高人民检察院《关于办理组织、强迫、引诱、容留、介绍卖淫刑事案件适用法律若干问题的解释》规定，组织卖淫罪是指以招募、雇佣、强迫、引诱、容留等手段，控制多人从事卖淫的行为。根据此条解释，组织卖淫行为，有手段行为和目的行为，“招募、雇佣、强迫、引诱、容留”是手段行为，“控制多人从事卖淫活动”是目的行为。两者必须同时具备，缺一不可。

按照《现代汉语词典》解释，“控制”是指“掌握住，使其不流动、不超出一定范围”。人都有追求向往自由的本性，为了使特定的对象受到控制，通常需要采取一定的措施，要么是身体上的强制，要么是精神上的约束。

笔者认为被告人L只有投资行为，没有参与卖淫窝点具体经营，虽为股东也不应当认定为组织卖淫罪，否则就违反了《刑法》第5条规定的原则：“刑罚的轻重，应当与犯罪分子所犯罪行和承担的刑事责任相适应。”

（二）被告人的行为构成容留卖淫罪

被告人L作为SPA馆的股东之一，在民事法律层面对SPA馆有管理的义务。其主观上明知他人在自己负有管理义务的场所内从事卖淫活动，仍然持有希望或者放任的心态，客观上又提供了卖淫的场所，被告人L的行为符合容留卖淫罪的犯罪构成要件，应当以容留卖淫罪定罪处罚。

二、让证据汇集，建构新的故事

辩点的提出并非空穴来风，必须建立在证据基础之上，没有证据支撑的辩点犹如“无根之木、无源之水”，根本无法立足。只有让证据汇集，才能支撑辩护观点。

（一）展现在案证据，证明被告人L不具有组织卖淫的手段

笔者通过梳理控方证据，整理出同案人员的供述笔录，证明被告人L不具

有招募、雇佣、强迫、引诱等组织卖淫的手段。

被告人L在公安侦查阶段8次的讯问笔录，均供述其一直在A市上班，没有参与到SPA馆的经营，也没有过问SPA馆的经营情况。

被告人X证实，SPA馆由其负责经营，被告人L没有参与经营活动。SPA馆未召开过股东会，至今也没有分红。

被告人G证实平时在店里管理的主要是被告人X，店里面的大小事情，包括女技师的上下班时间都是X向其发出指令的。

被告人Z也证实L不参与具体的经营管理，只是偶尔向其打听SPA管经营情况。

被告人付某某系SPA的打手，其证实SPA馆老板他只知道被告人X。

（二）律师自行取证，证明被告人L一直在A市上班

为证明被告人L一直在A市上班，笔者调取了被告人L的社会保险缴纳证明，案发期间被告人L的银行工资流水和在A市的租房合同。被告人L所在的公司也出具书面证词，证明案发期间被告人L一直在公司正常上班。

（三）申请调查取证，证明被告人L未过问SPA馆经营情况

为查清被告人L是否过问SPA馆的经营情况，笔者向法庭申请调取被告人L与被告人X、被告人G以及被告人Z之间的通话和微信聊天记录。

通过法院调取的证据可以证实，被告人L在案发期间除了向Z打听SPA馆的经营情况外，与被告人X和G之间无通话或微信聊天记录。被告人L陈述属实，其没有过问SPA馆的经营情况。

通过上述多维度证据的支撑，被告人不构成组织卖淫罪而构成容留卖淫罪的辩方故事已经展现在法官的面前。同时，笔者也加强了和主审法官的交流，法官认为笔者的观点具有一定的合理性，但改变罪名的可能性仍然不大。

三、以和为贵，争取认定被告人从犯

意料之中，主审法官有所动摇，但想要直接认定被告人L构成容留卖淫罪可能性不大。据此，笔者立即抛出橄榄枝，向法庭提了交新的辩护意见，即若法院仍然认定被告人L构成组织卖淫罪，不能因为其股东身份就按照主犯来定罪量刑，要综合考虑被告人L的投资数额、持股比例，还有是否参与到日常经营活动中，对经营活动是否起到了指挥、领导作用。综合本案情况，笔者提出应认定被告人L系从犯并在五年左右量刑。

（一）被告人L系SPA馆的小股东

被告人L从他人处受让了股权，在涉案的SPA馆持股比例为10%。被告人L是小股东，持股比例远没有达到控股地位，也无力左右该SPA馆的经营事项。因此，他在涉案SPA馆的作用明显低于其他股东，也明显低于其他实际参与经营的涉案人员。

（二）被告人L未参与到日常经营活动

在案证据可以充分证明被告人L没有参与窝点的任何经营事项，所有的事项都是由其他股东和实际经营者处理的，与被告人L无关。

（三）被告人L未指挥、领导SPA馆的组织卖淫工作

在案证据显示，被告人L既没有通过电话、微信等通讯方式对涉案SPA馆卖淫活动进行指挥或领导，SPA馆股东也没有召开股东会。甚至SPA馆在经营期间因卖淫被公安机关查封停业整顿，被告人X也未曾告知被告人L。

被告人L既没有实施任何具体的犯罪行为，对犯罪结果的发生也没有起到任何的重要作用，更没有对其他共犯人起到支配作用，其应当认定为从犯。

在向法官提交从犯的辩护意见时，笔者看到法官在阅读时露出了笑容，看来法官已经认可笔者的辩护观点。不出所料，1个月后本案宣判，一审判决采纳了笔者的辩护意见，判决被告人L系组织卖淫罪从犯，判处有期徒刑五年。至

此，针对被告人 L 所涉组织卖淫罪的辩护达到预期目标。

复　盘

笔者认为，本案之所以取得有效辩护效果，主要归功于两点：

首先，是辩护策略的选择。本案当中，面对主审法官先入为主的意见。笔者很好地采取了“先战后和，以战促和”的辩护策略。根据在案证据，展现出被告人不构成控方指控的组织卖淫罪，而构成容留卖淫罪的辩护意见，不断打击控方的指控逻辑，以此来影响甚至动摇主审法官的内心确信。在法官无法全面认可辩方观点时，适时提出退让的辩护方案，最终在量刑上为被告人争取到了减让。

其次，是关键证据的构建。要想突破主犯的认定，必须证明本案被告人 L 在本案当中起次要或辅助作用。为此，笔者不仅在控方证据中梳理出“合伙人协议”、同案犯供述等有利于被告人的证据；还申请法院调取被告人与其他同案犯之间的通话和微信聊天记录；更依法向相关单位收集了被告人 L 案发期间在 A 市的社保缴纳凭证、工资单、租房合同等证据。

上述证据充分证明了被告人 L 虽为涉案 SPA 馆的股东，但其持股比例较小，且没有参与到 SPA 馆的任何经营活动的案件事实。这也成为法院最终认定被告人 L 系从犯的关键所在。

证据运用

“证据之所在，胜败之所系”，收集证据是辩护最基础、最重要的工作。在投资经营类犯罪中，如何通过证据的运用为投资者争取从犯的认定？笔者认为以下几个方面值得重点注意：

第一，核实被告人的持股比例。在经营活动中主要投资者的地位和作用明显要高于其他投资者。辩护律师可以从工商登记信息、被告人签署的书面投资协议以及同案犯的供述等证据中查证各被告人的持股比例，以确定我们的当事人是否为主要投资者。

第二，核实被告人是否直接参与经营。被告人虽然有投资但不直接参与经营、管理，其地位和作用明显要次于实际经营者和管理者。如当事人明确表示案发期间从事其他工作的，辩护律师可以向相关单位收集被告人在案发期间的银行工资流水、社保缴纳证明、劳动合同、考勤表、租房合同等证据，以证实被告人没有直接参与经营活动。

第三，核实被告人是否干预经营活动。即使不直接参与经营，也存在指挥、部署或者接受汇报的情况。辩护律师可以通过梳理同案犯的供述、证人证言，以及被告人与同案犯之间的通话或微信聊天记录等证据，证明被告人不仅没有直接参与经营活动，更不存在通过电话或微信向同案犯发出指令、了解经营情况等行为。

步步为营：犯罪金额认定的连续降级

朱利锋[1]

突破思路

任何一个案件，都存在严密的因果关系，并有严格的法律逻辑。任何一种因果关系，从行为的实施到后果的产生，均应体现高度的主客观相一致的原则。这一原则，又与犯意产生时间、行为实行时间紧密联系在一起。基于此，在团伙犯罪案件中，我们需要通过识别证据，厘清不同层级人员对于事务的认知的关联与区别，正是这些关联与区别直接影响着当事人的定罪量刑。

案情简介

2015年9月至2016年12月，史某1等人成立ZD公司及安徽XS公司，后以安徽XS公司的名义成为湖南AX商品交易有限公司的会员单位，从事所谓的“现货投资业务”，实际公司并无现货，而主要以交易过程中客户的亏损及让客户多交易所得的手续费作为公司的盈利，公司与客户之间系对赌关系，即客户亏则公司盈利。

1 盈科慈溪刑事法律事务部主任。

史某 1 以“ZD 公司”名义招募史某 2 负责对接客户开户及投诉；招募被告人史某 3 及高某等先后担任业务总监，兼任指导老师；招募被告人汪某等担任业务员，部分人员兼任指导老师，并设立各业务中心，开展业务活动，获取客损、手续费等。公司运营费用、各被告人的工资薪酬等均从投资者交易产生的手续费和亏损中开支。

史某 1 及各业务总监将大量包含投资者手机号码等信息的个人信息下发给各业务中心，由业务经理和业务员通过电话营销、主动加 QQ 或微信搭讪招募投资者，虚构公司投资盈利好、有资深分析指导老师等事实，诱骗投资者到湖南 AX 商品交易平台进行现货交易投资，并将各业务总监和部分业务经理包装成“资深分析指导老师”介绍给投资者，促使投资者频繁交易以获取高额手续费，又让投资者持重仓增加爆仓概率等手段，致使投资者产生严重亏损。

2015 年 9 月至 2016 年 12 月，史某 1 伙同被告人史某 3 及高某等人与被害人郭某等 740 余人进行现货交易投资，致使被害人郭某等人损失总计人民币 11,466 万余元。在此期间，被告人汪某于 2016 年 5 月入职 ZD 公司，当年 11 月离职。

2017 年 4 月 18 日，被害人郭某报案至 C 市公安局。2017 年 5 月 5 日，C 市公安局以涉嫌诈骗罪立案侦查。2018 年 4 月 19 日，汪某因涉嫌犯诈骗罪被 C 市公安局刑事拘留，同年 5 月 18 日被依法逮捕。2018 年 6 月 26 日，侦查机关的起诉意见书认定汪某的涉案金额为 47 万余元。上述金额涉及 4 名被害人，分别是杜某 9.1 万余元、李某 32.3 万余元、梁某 0.16 万余元、任某 5.7 万余元；2018 年 12 月 24 日，公诉机关在起诉书认定汪某的诈骗金额为 5.7 万余元；2019 年 5 月 30 日，慈溪市人民法院最终认被告人汪某犯诈骗罪，诈骗金额为 5000 元，判处有期徒刑一年二个月，并处罚金人民币 1000 元。

办案过程

2018年4月28日，笔者接受委托，随即开展辩护工作。

在侦查阶段，笔者通过会见从汪某处获得如下信息：（1）其本人是通过网络招聘信息这种正常的应聘程序进入该单位六中心工作，岗位是业务员。具体工作为联系客户并将有意向的客户转给具体业务操作人员。（2）六中心经理曾经向他提及若业绩达标可以升任中心副经理，但业务未达标未被任命。（3）2016年10月，其本人得知因客户投诉才知道公司业务存在问题，有业务员在吃客户亏损。（4）侦查机关向其核实被害人的金额有40多万元。（5）同事李某离职之后将客户任某的业务挂在他名下。（6）ZD公司在案发前已经解散，并获悉湖南AX商品交易有限公司也因涉案犯罪被追究责任。

根据从汪某得到的相关信息，笔者从基于业绩产生的时间、汪某明知时间及从犯角度先后向侦查机关提出取保候审申请书及不予批准逮捕法律意见书，但均未获得同意。

2018年6月25日，本案被移送至检察机关。笔者阅卷后发现侦查机关将汪某认定为中心副经理身份，诈骗金额47万余元。笔者通过对证据的梳理得出如下结果：（1）关于副经理的身份，汪某自己陈述过，但辩解自己因业绩未达标而未被任命；（2）汪某的涉案金额如何组成没有明确证据，也未见被害人的相关笔录。显然，侦查机关的事实认定与证据无法对应。对此，笔者判断侦查机关尚未将本案的全部证据移交检察机关。基于此，笔者申请检察机关补充汪某被任命为副经理的证据以及47万余元涉案金额的详细信息。

本案经补充侦查，被害人相关信息逐渐清晰：杜某的开户时间是2016年6月15日，损失金额为9.1万余元；李某的开户时间是6月30日，损失金额为32.3万余元；梁某的开户时间是8月29日，损失金额为0.1万余元；任某的开户时间是 9 月 27 日，损失金额为 5.7 万余元，并于 10 月 19 日挂至汪某名下。结合汪某“明知”的时间点，笔者认为杜某、李某、梁某的金额不应计入涉案金额；而要将任某的亏损金额计入涉案金额，则需要明确任某亏损的具体时间。基于此，笔者再次向检察机关提出补充证据申请，要求补充汪某被任命为副经理的证据以及任某损失的具体时间。

另外，随着时间推移，本案的关联案件逐渐浮出水面。笔者通过网络搜索获得以下案件相关信息：（1）长沙市开福区人民法院在其网站上文章显示：10 月 16 日，开福区人民法院审理了该起特大非法经营案。AX 公司董事长黄某、副总裁王某等 7 人受审。起诉书显示：2015 年 12 月 11 日，AX 公司从深圳某技术有限公司购买了 TAS 交易系统软件，在未经国务院期货监督管理机构批准的情况下，开设大宗商品电子交易平台，在既无现货又不确定是否有现货交易的情况下，发展运营中心和招收会员单位。通过会员单位以大宗商品合约的方式吸引客户投资，采取集合竞价、交易系统自动撮合成交、匿名交易、T+0 等集中交易方式进行湘银、沥青、镇、天然气等共 6 个种类 11 品种产品类期货的标准化合约交易。根据不同的种类提供 10 倍 ~50 倍的交易杠杆，收取 2%~5% 的保证金，并可在风险率破位后强行平仓，实行当日无负债结算制度，上述交易品种最终以对手平仓的方式完成交易，基本无实物交割。该公司通过收取客户在平台上进行的标准化合约交易金额万分之十至万分之二十的手续费盈利，再与会员单位就手续费进行分成。其中，AX 公司获得 10%~30% 的手续费。（2）通过其他省份的判决书的内容显示：AX 公司擅自从事具备期货交易特征的交易行为已于 2017 年 6 月 4 日被中国证监会湖南省证监局认定为“非法组织期货交易活动”。根据上述信息，笔者可以确定 AX 公司因“非法组织期货交易活动”而被定性为非法经营案。

2018 年 12 月 25 日，本案被起诉至审判机关，汪某在六中心的身份仍然被认定为副经理，但“诈骗金额为 5.7 余万元”。但该笔业务系单位同意离职后挂在汪某名下，且未获得任何利益，最主要的5.7万元具体损失的时间无法确定。结合挂至汪某名下的时间以及汪某“明知”的时间点，汪某无须为该5.7万元承担刑事责任。为此，笔者向法院申请补充2项证据：汪某的任命为副经理的证据以及任某损失的具体时间。

2019年2月20日至21日，本案第一次开庭审理。在质证环节公诉人明确陈述任某损失时间是2016年10月7日。根据该陈述，笔者发表质证意见“2016年国庆节假期是10月1日至7日，10月7日是国家法定节假日，按照常理属于期货市场休市期间，在国庆假期内不可能产生客损。因此笔者认为，任某的客损只能是任某在前期业务操作后损失的汇总，推断其发生时间应该在10月1日之前”。同时要求公诉机关就任某产生客损的事实提供客观证据。同时出示4份证据，以证实本案定性错误以及任某从未与汪某就业务进行联系。在辩护阶段，笔者从“上游合意与下游执行”角度认为本案不应定性为诈骗案件，而是非法经营案。基于非法经营案，本案存在单位犯罪，本案只要追究直接责任人员，一般业务员无须承担刑事责任。退一步讲，本案定性为诈骗案件，客户任某是同事离职后才挂在他下面，其从未与任某联系过；任某的询问笔录也印证了这一点。另外，从汪某的“明知”的时间点，本案也不应该认定汪某构成犯罪。

庭审之后，基于任某客损的时间点问题，笔者再次向法院申请补充证据，以明确具体时间。同时，笔者就本案的定性补充发表辩护意见。

2019年5月27日，本案第二次开庭。2019年5月30日，本案宣判。法院认定“被告人汪某的诈骗金额为5000元”，“判处有期徒刑一年二个月，并处罚金人民币1000元”。基于该判决，汪某于2019年6月18日出狱。

复　盘

本案自接案开始到一审结束，历时1年有余。笔者认为本案焦点有二：案件定性和客损时间。因此，笔者所有的辩护工作重心全部集中于上述两点。

案件定性主是诈骗罪与非法经营罪之间取舍。两罪区别明显，诈骗罪由行为人承担刑事责任，不存在单位犯罪；而非法经营罪存在单位犯罪，并追究直接责任人员的刑事责任。本案湖南 AX 商品交易有限公司提供的股价涨与跌并不受人为控制，完全依靠市场变动而产生价格变化，只是价格的涨与跌不能成为股市的价格，这一点与笔者提供的定性为非法经营罪的刑事审判参考案例完全相同。但是，审判机关对于笔者提供的关联案件中上游人员被判处非法经营罪的处理结果视而不见，依然坚持诈骗罪的定性。

客损时间直接关联汪某的涉案金额。这也是笔者为何执着申请调取相关证据的原因所在，均无结果。但是，笔者抓住了公诉人在质证环节确认“2016 年 10 月 7 日”是被害人任某产生客损时间的陈述，并对陈述的真实性、客观性发表了质证意见，进而改变了对汪某涉案金额的认定。

最终，法院以 5000 元的涉案金额对汪某判处有期徒刑一年二个月，而这个金额是汪某“明知”之后的工资金额。笔者认为，非法获利与诈骗金额不能混同，而且该 5000 元进入公司账户时间与“明知”时间点的前后关系没有任何说明。因此，从有利于当事人角度出发，应对汪某宣判无罪。即使定罪量刑，以诈骗 5000 元情节判处有期徒刑六个月属于正常结果，以“实报实销”判处有期徒刑一年二个月的司法实践，侵犯了汪某的合法权益。被告人汪某以上诉可能无结果、琐事积累繁多为由决定不上诉，接受本案结果。

证据运用

新兴行业中的很多犯罪行为，都被经过了精心包装，给大家营造在这里工作有希望、有目标，让我们以至不容易发现自己的行为存在违法犯罪因素，即使意识到后，多数已经成为温室中的青蛙而不能自拔，等到案发才幡然醒悟。基于此，对当事人“明知”的认定成为辩护的关键之一。

第一，需要考虑当事人的学识背景、工作经历。认识新兴行业，需要有专业知识或者工作经历，否则无法辨别问题所在。因此在案证据中，如果体现了对于有同业行工作经历且发生过被追究责任或被举报等情形的，应一般会认定为存在“明知”；辩护人要注重审查此类证据。反之，要通过工作时间、工作内容、接触群体等角度挖掘不具有认识能力的证据，反之，则不能直接认定。主张认定“明知”证据不足。

第二，需要考虑认知事件发生的时间点。工作过程中，当事人可能通过与同事、客户等沟通、交流出现对认知的改变，或者通过电视、手机等媒介看见相关的普法信息，获得重新认知。当这些事件发生后，在这种情况下，当事人继续工作的，应认定为“犯意”之下行为，难逃被追责。为此，辩护人要关注此类证据，判断是否足以导致当事人认识能力和意志要素发生改变。

第三，只能追究“明知”之后的行为。追究刑事责任，必须同时具备主客观两方面的条件，并要求主客观两方面的有机统一。即基于主客观相一致原则，只有在主观上“明知”的支配下，客观上实施了一定的危害社会的行为，才应当追究刑事责任。反之，客观上造成对刑法所保护的法益构成了严重威胁或已经造成现实的侵害，但主观上缺乏故意心态，不应当笼统以“帮助行为”认定共同犯罪。辩护人应当结合证据，把握“明知”认定的时间节点，对节点之前的行为做无罪辩护，对节点之后的行为争取罚当其罪。如果缺少主观或者客观其中任何一个条件，指控就不能成立。

拨云见日：从杂乱的证据中探求真相

陈蔚倩[1]

突破思路

在刑事辩护中，证据是定罪量刑的依据。一定程度上讲，发现关键证据的能力，重于策略的制定和语言的表达。然而，实践中没有那么多核心证据显露在外，等待辩护人去发现，相反，可能被证据的繁杂所掩盖，也可能被证据的表象所误导。因此，既要从全局把握，又要从细节挖掘，通过横纵双向对比，逐步厘清证据蕴含的价值，才能拨云见日，直抵真相，为有效辩护奠定基础。

案情简介

傅某（案发时18周岁）、蒋某（案发时17周岁）、钱某（案发时18周岁）、朱某均系就读于某职业技术学校的学生，且是同寝室友。谭某（案发时16周岁）与傅某通过某社交软件平台相识，两人虽关系暧昧，但不属于恋人关系。

2018年6月9日晚，傅某、蒋某、钱某、朱某四人邀请谭某到KTV喝酒唱歌，一直喝到次日凌晨2时许，喝醉了的谭某随傅某等人一起回到傅某就读的

1 盈科金华刑事法律事务部主任。

职业技术学校寝室内。后傅某、蒋某趁谭某醉酒无力反抗之际，强行轮流对谭某实施了性侵行为，傅某还在蒋某对谭某实施性侵行为时为其提供避孕套等帮助。两人在与谭某发生性关系后，随即通知寝室的其他人与谭某发生性关系，对此朱某予以拒绝。后钱某在与谭某强行发生关系时，因谭某酒醒强烈反抗而被迫停止。

次日，谭某向公安机关报案，公安机关迅速立案侦查。经过对现场进行勘验检查、取证鉴定、询问目击证人等，初步锁定傅某、蒋某、钱某为犯罪嫌疑人，并对三人以涉嫌强奸罪采取刑事拘留的强制措施。后向检察院报请审查逮捕，检察院审查后作出了批准逮捕的决定。

公安机关侦查后认为，犯罪嫌疑人傅某、蒋某、钱某强行对被害人谭某实施性侵行为，其行为已触犯了《刑法》第236条第3款第4项之规定，构成强奸罪；根据《刑法》第25条第1款之规定，三人系共同犯罪（轮奸），并移送检察院审查起诉。根据《刑法》第236条之规定，二人以上轮奸的，处十年以上有期徒刑、无期徒刑或者死刑。因此，本案三人均构成强奸罪的事实不存在疑问，也有确切的证据证明傅某和蒋某行为的性质确实属于轮奸，但钱某是否构成轮奸尚且存疑，这无疑成为本案辩护要突破的重点和难点。

办案过程

这是一个罪轻辩护案件，笔者在侦查阶段接受委托并会见当事人后，初步确定辩护方向——钱某是否构成轮奸。

一、侦查阶段细致摸排，明确辩护方向

笔者在接受委托后，第一时间前往看守所会见钱某，向钱某了解案发当晚的情况，寻找本案的突破口。据钱某本人描述，他对于当晚的事件经过记得并

不清楚，当晚五个人回寝室时均已处于醉酒状态，其本人也因饮酒过多而多次呕吐，并产生性欲，多次试图爬到上铺与谭某发生性关系，均未如愿。最后一次他虽顺利爬到上铺，但正打算与谭某发生性关系时，恰逢谭某酒醒，进行强烈反抗，钱某因酒精作用身体乏力，最终未对谭某继续实施性侵行为。基于上述事实，笔者与钱某达成共识，本案对检察院指控强奸罪的罪名没有异议，只能在量刑方向上寻找辩护空间。

会见结束后，结合与钱某沟通了解的案情，笔者认真研讨和分析了在案证据，对案情进行如下初步整理：(1)对公安机关认定钱某涉嫌强奸罪没有异议，认可当事人的认罪态度；(2)钱某称自己当晚处于不清醒状态，是否与傅某、蒋某有共同犯罪的故意存疑。因此本案的辩护重心在于能否将钱某从轮奸的犯罪情节中剥离出来，因轮奸亦或强奸，两者量刑差异很大。

在侦查阶段，笔者保持高频次的会见，对钱某进行必要的心理辅导。其间，通过申请取保候审、申请不予批准逮捕和申请羁押必要性审查等方式加强与侦查机关、检察机关办案人员的沟通，尽管未能成功办理取保候审，但也进一步获取了本案的有利信息；同时积极争取得到被害人谭某的谅解，以期最大限度从轻处罚。

二、审查起诉阶段据理力争，取得重要战果

2018 年 8 月 14 日，案件移送检察院审查起诉。笔者第一时间前往检察院复制了全部案卷材料。第一次阅卷后，笔者发现案件情况对钱某存在诸多不利：第一，当晚谭某与蒋某、傅某、钱某等人一起喝酒、一起回寝室并居于一室；第二，当晚到寝室已是将近凌晨 3 时，傅某、蒋某对谭某的性侵不止一轮，钱某欲与谭某发生性行为系在凌晨 5 时多，时间上极为接近；第三，根据傅某、蒋某的笔录，他俩对谭某轮流实施性侵后，积极主张同寝室的其他人也对谭某实施性侵，由此可见，两人对同寝室的其他人与谭某发生性关系持积极追求的态度；

第四，同寝室的朱某明确拒绝了傅某和蒋某的邀请，并离开寝室，但钱某未作表示；第五，钱某的笔录提及当晚他多次起来上厕所，有与谭某发生关系的冲动。在这种情况下，检察官坚定地认为钱某属于"轮奸"的共犯，该案件性质认定对钱某极为不利。

笔者在第二次深入阅卷后发现，傅某在一次笔录中提到"钱某回来（上厕所）以后，也想爬上我的上铺与谭某发生关系，我叫蒋某把他拉下来了"。这段文字不由让笔者产生疑问：既然傅某和蒋某都称曾邀请室友与谭某发生关系，为什么在钱某想爬上上铺与谭某发生关系的时候，要将钱某拉下来呢？有没有可能傅某基于什么原因，并不愿意钱某与谭某发生性关系？

于是，笔者反复观看了案发当晚的校园录像，发现当晚进校园时钱某的醉酒表现最为明显，走路都需他人搀扶，意识状态并不清醒，极有可能回寝室时倒头就睡、已无法意识到有人在实施强奸行为并发出邀请，那就不可能达成轮奸的共同犯意。如果傅某、蒋某与钱某之间没有共谋轮奸的犯意联络，那么钱某意图对谭某实施性侵，就属于独立的强奸行为，与傅某、蒋某实施的轮奸行为未形成意思联络，钱某的行为就不属于轮奸。于是笔者向检察院提出上述疑点，认为钱某轮奸性质认定存疑，从现有笔录中无法推定傅某、蒋某与钱某存在共同实施轮奸的犯意，请求退回公安机关补充侦查。

笔者再次会见钱某，核实当晚情形，钱某陈述当时意识不清醒，已不记得了，对傅某、蒋某发出的邀请并不清楚，只是模模糊糊有听到发生性行为的声音。这无疑进一步证实了笔者的猜测。

第一次提交法律意见书，与案件承办检察官进行交流时，明显可以感觉到检察官对本案的强硬态度，案件沟通异常艰难，检察官表示案件很快就进入下一程序。在此情况下，笔者克服种种困难，以多种方式寻求与检察官的沟通机会，并提交了自己制作的阅卷笔录、案件分析图表、监控视频的文字解说，同时提交书面辩护意见，多次沟通终于让检察官内心产生动摇，并以证据不足为由两次退回公安补充侦查。此时，笔者意识到案件侦查时间越长，改变定性的希望就越大。果不其然，在第二次补侦结束后，笔者联系检察官阅卷，检察官的态度已经发生了明显的转变，这就说明我们距离成功不远了。这次阅卷后发现，公安机关对傅某、蒋某重新进行了讯问，着重让两人说明为什么当时要把钱某“拉下来”，两人经回忆后均供述“当时钱某喝得太醉了，应该是怕出事情才把他拉下来”，同时对证人朱某也再次进行了询问，朱某也认可“钱某当晚喝得很醉了”。至此，检察官也终于认可了笔者的辩护观点，在起诉书中认定傅某、蒋某的行为构成轮奸，而钱某的行为适用《刑法》第 236 条第 1 款的规定，即构成强奸，否定了其构成轮奸的情节。

其间，钱某的父母传来喜讯，通过几个月坚持不懈的沟通安抚，被害人最终对钱某予以谅解，谭某谅解书的出具为本案提供了更有利的辩护依据。

三、审判阶段

2019 年 4 月 10 日，法院不公开开庭审理了本案，法院判决傅某犯强奸罪，判处有期徒刑十年三个月，蒋某（认定未成年）犯强奸罪，判处有期徒刑七年，钱某犯强奸罪，判处有期徒刑二年。从判决结果来看，本案关于钱某辩护思路的设定是非常成功的，判决结果远超出了当事人的预期，获得当事人的极大认可。

复　盘

本案的争议焦点：钱某的行为是否与傅某、蒋某构成《刑法》第 236 条第 3 款第 4 项中的轮奸？所谓轮奸，是指两个以上的行为人基于共同认识，在一段时间内，连续且轮流对同一妇女实施奸淫的行为。

首先，刑事案件证据的突破口在于深挖细节，能够透过现象看到案件本质，并非仅浮于表象，本案亦是如此。从表面看，现有证据似乎十分明确，涉案几人一起从酒吧回来后共处一室，在很短的时间内先后对被害人实施了性侵，属于证据确凿的轮奸案件，毫无辩点可言。但是，作为辩护人，能否发现隐藏在证据表象之下的疑点就显得尤为重要。例如，本案中笔者抓住傅某“把钱某拉下来”这一细节，从而深入探究并对其原因进行大胆推演，小心求证，抽丝剥茧，最终才让案件有了重大突破。

其次，案件辩护要想获得成功同样离不开律师的早期介入，刑事案件关乎当事人的人身权益，律师尽早介入案件才能更好地为当事人提供有效的服务。律师若能够在第一时间了解案情，对当事人进行有针对性的心理辅导，让其在做笔录时坚持实事求是，最大限度还原案件真相，这样才能为当事人寻求最大的公正。

最后，与司法人员有效沟通是加速案件突破的有力推手。律师在侦查阶段、审查起诉阶段应当尽可能保持与司法人员的密切联系，主动交流自己对案件的观点，积极提交相关证据与法律意见，与办案人员形成良性互动。倘若在审查起诉阶段能与检察机关对案件的定性达成基本共识，那么就可以在最大限度上保障当事人的合法权益，获得较为圆满的处理结果。

证据运用

如何打破控方固有思维？核心是从在案的证据中，寻找突破性证据，围绕辩护方向，形成互为佐证的证据链，如此方能增强说服力。就此而言，笔者从言词证据审查与运用角度，提供如下分析案件的思路以供借鉴。

1. 运用比较思维审查证据。在办理刑事案件中，针对实物证据较少，多为言词证据的案件，要善于仔细查阅每一个人的言词，灵活运用同异比较法，分析当事人叙述内容的真实性，再通过表格、思维导图、人物关系图等方式考察各言词证据的真实性和关联性。

2. 巧用证据呈现有利事实。无论是言词证据还是实物证据，都是脱离现场的片断事实。要想全面了解案情，找到对当事人有利的法律事实，不仅要把言词证据与实物证据结合起来，更重要的是找准言词证据的矛盾突破口，搭建强有力的证据链，证据之间相互佐证，形成法律上认可的证据事实。

3. 围绕证据提出法律意见。证据是法律意见的灵魂，缺乏证据的支撑，法律意见就成了猜测性言论，依据证据归纳整理的法律意见更具有说服力。法律意见提交的时间对其实际效果的发挥具有重要影响，作为辩护律师要善于创造机会适时提出法律意见，运用证据动摇承办人的惯性思维。

打蛇七寸：直击证据要害
销售假药案二审改判无罪

聂晓东[1]

突破思路

古语有云："蛇有七寸，在头之下，腹之上，觑得清，击得重，制其要害之处，得之矣。"笔者认为，刑事辩护工作亦如是。如何在强大的公权力面前，为当事人争取不捕、不诉甚至无罪？是潜心研究、寻找突破还是另辟蹊径，案外取证？正所谓擒贼先擒王，与其冒险取证，不如潜心研究指控事实探寻案件关键定案根据，打蛇七寸，直击要害，如此方能百战不殆。

案情简介

笔者办理的本起案件，发生在2018年8月。被害人张某通过被告人白某的微信了解到关于瘦脸针的信息，后主动电话联系白某，并提出想打一剂瘦脸针，后白某根据被害人张某的需求推荐张某打美国"保妥适"牌肉毒素瘦脸针，约定收费标准为3000元一针。后白某在明知被告人李某没有任何医疗资质和没有美国"保妥适"药品，且用药是非正规渠道进货的情况下，仍将张某介绍到了李

1　盈科太原刑事法律事务部一部主任。

某位于某市Y区的美容店。张某也顺利在店内注射了一针功效相同但品牌名为“HUTOX INJ”的瘦脸针。用药后，张某将3000元费用通过微信转账给白某。白某自己留下1200元，将剩下的1800元转账给了李某。同年9月6日，民警依法到李某位于某市Y区的美容店内进行常规检查，在店内查获了“HUTOX INJ”药品空瓶一支，未使用的“HUTOX INJ”2支。后经某市食品药品监督管理局鉴定，上述药品未获得进口药品注册证书，认定该药品应按假药论处，并将李某、白某二人涉嫌销售假药罪一案正式开展立案侦查。案发后，被告人李某、白某将赃款及时退还给被害人张某，并获得谅解。一审法院经审理后认为被告人李某、白某违反国家药品管理法规，明知是假药仍进行销售，其行为侵犯了国家药品管理制度和公民的生命、健康权利，构成销售假药罪，各判处二人拘役四个月，缓刑六个月，并处罚金3000元。一审判决后，正值新修订的《药品管理法》颁布实施，原《药品管理法》第48条第3款第2项关于“依照本法必须批准而未经批准生产、进口，或者依照本法必须检验而未经检验即销售的”按假药论处的适用情形被废止，依照新法规定，二被告人销售未经进口批准的药品已不再被认定为假药，某市食品药品监督管理局据旧法所做出的鉴定因此将失去法律效力，据此被告人白某上诉至某市中级人民法院要求改判无罪，二审法院经审理认为本案事实不清证据不足发回一审法院重审，然而一审法院依旧认定二被告人通过非正常渠道获取假药而进行销售，其行为危害国家药品管理秩序，构成销售假药罪，但因二被告人情节轻微，改判二被告人免予刑事处罚。一审判决作出后，被告人李某找到笔者，希望能参与并帮助其进行最后的二审上诉。

办案过程

本案的委托过程可谓一波三折。检察院审查起诉后，犯罪嫌疑人李某因犯罪情节轻微，办理了取保候审。为寻求救济李某夫妇四处寻找律师，经多番打听后又通过朋友找到笔者。约见当天二人神情焦急忐忑，并多次询问笔者该案是否可以无罪辩护，仿佛溺水的人在寻找浮木。笔者由于当时还未阅卷，对于证据情况了解不多，表示本案很难做无罪辩护。李某夫妇听闻此番分析后显然十分失落。作为多年奋战在一线的刑事辩护律师，完全能理解李某心中的执念，无罪常常是涉案当事人所追求的终极目标，可何尝不是辩护律师孜孜以求的终极辩护目标呢？但是现实中又有多少案件能真正无罪呢？要知道即使在大规模推进冤假错案平反的2013年至2017年，无罪判决率最高也不过万分之九啊！带着一丝遗憾，李某夫妇悻悻地走了。

2020年元旦，李某再次与笔者进行了电话联系，表示一审刚刚宣判，自己被判缓刑，对于这样的结果其实笔者早就料想到。电话中李某直言因为对案件没有了信心，放弃了上诉，而同案的白某不服一审判决已经上诉。李某询问笔者二审如果委托是否还有无罪转机。其实自从李某夫妇上次走后，她的案子我就持续关注，电影《我不是药神》的原型推动了《药品管理法》的修改，新的《药品管理法》已经于2019年12月1日生效实施。这就意味着，李某销售的减肥药针剂将不再因未获得进口药品注册证书而被认定为假药。对此笔者将该情况和李某进行了认真的沟通，告知其即使没有上诉，但因为二审会综合全案证据和法律适用等问题进行全面审理，二审还是有希望的，但基于严峻的司法实践与李某心底的诉求，笔者并未作出确定性承诺。李某听后思索再三，说再和家里好好合计下就挂了电话，之后再无音讯。

一晃半年多过去了，2020年7月初的一天，李某夫妇突然登门律所来见笔者，夫妇二人面容憔悴，一脸倦怠。尤其是李某，眼睛里布满血丝，面色蜡黄暗沉，难以置信半年多的时间竟将一个从事美容行业的老板娘折磨成这般模样，令人唏嘘。二人坐定，说明来由，原来李某的案子上诉后，中级人民法院将案件又发还 Y 法院重审，从量刑来说，李某和白某虽由缓刑变更为免予刑事处罚，但二人依然构成销售假药罪。看似对李某和白某二人从轻发落，但究其本质还是有罪。基于李某夫妇的信任，时隔 1 年半的时间笔者最终还是承接了该起案件。笔者心里明白这次上诉将是他们最后的机会，为了这样的信任，哪怕背水一战，笔者及团队都得奋力一搏！

接受委托后，笔者马上召开团队会议，依照团队成员特点及办案能力迅速组建专案小组。针对销售假药罪的法律规定进行详尽检索，同时就《药品管理法》修改的背景及初衷展开深入研究。精准检索与本案类似的司法判例、第一时间联系一审法院沟通调阅本案全部证据资料、制作详细的阅卷笔录，要求小组成员各司其职，分工协作，及时就检索情况进行汇报并实时开展案件研讨会议，寻找案件突破口。同时安排专门的律师负责盯紧该案上诉进展，以期在第一时间提交委托手续，获得案件进展的最新资讯。经反复研究，团队一致认为面对利弊相依、繁冗复杂的案卷资料，想达到无罪辩护的效果，关键在于如何推翻某市食品药品监督管理局作出的《关于对〈关于“A 型肉毒杆菌内毒素”等两种疑似假药认定的请示〉的回复》(以下简称《回复》)。

那么问题来了，首先，某市食品药品监督管理局作出的回复性质如何认定呢？要知道刑事案件的证据有且仅有八种类型。如果非要沾边，可能是第六种证据类型——鉴定意见。按照《刑事诉讼法》第 146 条的规定，为了查明案情，需要解决案件中某些专门性问题的时候，应当指派、聘请有专门知识的人进行鉴定。鉴定意见有其最基本的形式要件，例如，委托人、鉴定机构、鉴定人、鉴定程序、鉴定方法、鉴定过程等。反观该《回复》，系上级单位某市食品药品监督管理局向下级 X 区食品药品监督管理局关于对两种药品疑似假药的回复，并不具有鉴定意见应当具备的基本要件，因此就形式来说就不能将其认定为鉴定意见。

其次，就该《回复》的内容来看，主要分为三个部分，第一产品情况，记录涉案产品经W公司翻译，且依据该公司《翻译说明》进行标示；第二翻译情况，记录标示为第一类的产品，经翻译为“A型肉毒杆菌内毒素”，由位于韩国某公司生产，在其外包装盒标示该产品含有A型肉毒杆菌内毒素，在其内附说明书标注有[使用方法][用药剂量]等内容。标示为第二类的产品，经翻译为“德彩透明质酸”，由位于江原道某地生产，在其外包装盒标示“本产品是一次性无菌医疗器械”，在其内附说明书标示“本产品是医疗器械”，且标注有[使用方法]等内容；第三认定情况，记录按照《药品管理法》及《医疗器械注册管理办法》的规定，涉案两种药品属于应当获得进口药品注册证书及向国家药品监督管理局递交备案或注册资料并取得《医疗器械注册证》的药品，故产品应按假药论处。

短短329个字，直接将本案药品认定为假药，将美容店老板娘推向犯罪的深渊。看起来铁一般的证据，如将其作为本案的定案依据，其中却存在重大问题。第一，翻译公司的资质和人员未进行附卷整理，导致翻译内容的真实性、客观性存疑。第二，产品说明与翻译情况应当进行比对，以核实翻译内容的准确性，而案卷中显然也没有。第三，结合案卷扣押清单，民警扣押的系李某店面冰箱中的“HUTOX INJ”药品空瓶一支，未使用的“HUTOX INJ”2支，在案卷中缺乏李某笔录及李某对空瓶的辨认，在案发时间与扣押时间间隔如此长的情况下，民警如何在冰箱众多药品及空瓶中辨别出该空瓶就系案涉瘦脸针剂空瓶？又是如何将其准确地与张某使用过的瘦脸针剂相联系？不得而知，但很显然扣押物品本身就存在重大问题，何谈假药问题？

最后，就《回复》适用的法律条款来说，认定假药的依据系《药品管理法》第48条第3款第2项依照该法必须批准而未经批准生产、进口，或者依照该法必须检验而未经检验即销售的药品，以假药论处的规定。然而该条款已由立法机关进行了重新修订，予以删除，并于 2019 年 12 月 1 日颁布实施。按照刑法关于溯及力的规定，本案虽有判决产生，但仍未生效，案件仍在审理过程中应适用新的法律规定，如此李某销售的“HUTOX INT”并不能认定为假药。

基于上述，我们认为认定李某销售假药罪的关键证据确实漏洞百出，在公安、检察机关未进行补充鉴定的情况下，显然不能将该《回复》作为定案的依据。

转眼时间来到了 12 月，李某的案件终于迎来了开庭，开庭当天虽清冷但太阳高挂，笔者的内心却犹如重石在身，李某能否无罪这是最后的机会。笔者内心紧张又沉着，沉着来自团队的坚实力量，来自对法治的信仰。紧张则是因为见证了李某从意气风发的美容店老板娘到沧桑忧虑的中年妇人，深知一个错误的判决对当事人的影响可谓是致命的。但生活的道路一旦选定，就要勇敢地走到底，绝不回头。就在开庭快要结束时，检察官却称我们完全同意辩护人的意见，认可李某是无罪的！庭后不久我们便收到了太原市中级人民法院的二审判决，只见判决书上赫然写到：辩护人提出的相关辩护意见符合法律规定，出庭检察员对此意见表示认可，本院对上诉及辩护意见予以采纳。经本院审判委员会研究决定判决撤销原审判决，上诉人李某、白某无罪。本判决为终审判决。至此上帝的归上帝，凯撒的归凯撒，一切尘埃落定。

复　盘

博登海默说，正义有着一张普罗透斯似的脸，变幻无常、随时可呈不同形状并具有极不相同的面貌。当我们仔细查看这种脸并试图解开隐藏其背后的秘密时，我们往往会深感迷惑。整个案件从接受委托到尘埃落定前后持续 5 个月的时间，团队成员为案件的无罪结果付出了太多太多。但其实在案件重新移送至二审法院时，我们曾约见法官沟通案情，承办法官表示本案历经一审、二审、发回重审、再次二审，刑期从缓刑到免处，已经考虑到本案的特殊情形，但要想做到无罪，着实困难。毕竟现在能做到免处已经是胜利了。对此我们也灰心了许久，但面对当事人的唯一期许，我们也不得不从失落与沮丧中走出来，重塑信心，继续努力完善相关资料。庭审中我们一方面针对案件情况详尽表述辩护意见，另一方面也向法院提交了10份从案件时间、性质、特征、争议焦点、法律适用方面分类整理的裁判案例及不起诉决定书。如此一来，让法官注意到销售假药罪自新的《药品管理法》实施以来，销售未经批准、未经注册但药品功效真实的案件不再被认定犯罪已是大势所趋，同案应当同判，如果本案再将李某认定为销售假药罪，将严重背离刑事司法应有的价值观念，为法官作无罪判决注入强心剂。

证据运用

律师办理刑事案件必须牢固树立以证据为重心的观念，从控方证据体系中找到关键要害并集中火力进行攻击，才会起到釜底抽薪瓦解控方证据体系的作用。那么如何快速找准案件“七寸”，笔者总结了两点经验：

1. 以常见罪名入手，总结每种犯罪的定罪量刑关键。每类案件的“七寸”都与构成要件相关，执业律师要凭借办案经验培养职业敏感。例如，像故意杀人、故意伤害等犯罪，法医鉴定往往是定罪关键，死因是否存疑？创口与“工具”是否一致？像受贿罪证据隐蔽性较强，言词证据的作用更为突出，口供的稳定性非常重要，而盗窃罪、抢劫罪等数额犯罪，涉案财产价格认定报告是定罪量刑的重要依据，滥用职权、玩忽职守犯罪则要关注是否存在介入因素的证据等。

2. 以团队研讨为依托，逐步探究个案的“七寸”。尽管类罪有相通之处，但终究案案不同，而且，律师容易注意到的问题，办案人员同样会注重证据的收集和审查。因此，时常会出现面对“扎实”的证据辩无可辩的情况，思维容易陷入僵局。这时需要开阔思路，最好的方法就是“三人行必有我师”，由团队成员分别从不同的视角挖掘，隐藏的“七寸”就会不断浮出水面。

化敌为友：检律协同维护当事人合法利益

秦　钢[1]

突破思路

是否明知为毒品，是毒品犯罪案件认定的要点和难点。司法实践中，一般结合被告人的供述和证人证言来认定，同时还会结合一些书证如微信记录、通话记录等。对于“明知”存疑的案件，综合考虑证据情况和打击必要，可能作出“留有余地”的判决。实践中，辩护人往往就检察院认定有罪、罪重的案件，寄希望于法院纠正，但是，不能放弃反向辩护思维，申请检察院抗诉，也是罪轻辩护的可行方式。

案情简介

2018年1月初，犯罪嫌疑人李某某与暂时居住在云南省的犯罪嫌疑人张某（另案处理）经过预谋，双方约定从云南省将一批毒品海洛因运回湖北进行贩卖。为此，李某某先后多次通过微信和银行卡转账的方式向张某支付毒资共计4.35万元。2018年3月犯罪嫌疑人李某某又在犯罪嫌疑人张某的指使下办理

1　盈科荆州刑事法律事务部主任。

了一张专门用于与其联系毒品事宜的手机卡（被李某某在接货前丢弃）。同年7月，张某表示即将把毒品运回湖北A市B区，让犯罪嫌疑人李某某负责接收毒品，但李某某因害怕而不敢接收，张某遂联系多年的好友陈某帮忙代收，并承诺给陈某好处安排其到云南旅游，陈某由此怀疑张某邮寄的是违禁品，并未答应帮忙。同年7月29日，犯罪嫌疑人李某某按犯罪嫌疑人张某的授意又办了一张专门联系毒品事宜的不记名的电话卡，张某假借以买卖摩托车的名义欺骗陈某出来帮忙，然后让李某某在A市B区老区委院内将电话卡交给了陈某，想借此卡日后方便联系陈某来接收毒品，陈某年老出于贪便宜的心理收下电话卡。张某此前在外地工作时经常给陈某邮寄土特产品，后来说给他儿子邮寄了几罐奶粉让陈某帮忙代收，陈某便没有怀疑张某后续寄送的包裹究竟为何物，并勉强答应帮忙接收快递。2018年8月17日13时左右，陈某以为自己在网上购买的蜂蜜到了，便在A市B区C交叉口S花园门口将犯罪嫌疑人张某从云南省普洱市发过来的快递包裹收下，但由于觉得包裹有点大怀疑是张某邮寄的几罐“奶粉”，便放在S花园门口的小卖部门口，准备回家去核实（陈某出门未带手机），陈某刚回到家就被当地公安机关当场抓获。

公安机关在抓获犯罪嫌疑人陈某后对其进行政策宣讲，此后犯罪嫌疑人陈某积极协助公安机关的抓捕活动，通过打电话的方式告知张某包裹已经收到，让他尽快派人过来取走包裹。当日15时左右，犯罪嫌疑人李某某前往S花园小卖部门口，在正准备找犯罪嫌疑人陈某拿快递包裹时，被公安机关当场抓获。

公安机关在打开包裹后，从包裹内查出有6袋用“奶粉”包装和4瓶用咖啡瓶包装的疑似粉末状的毒品。后经司法鉴定中心鉴定：6袋“奶粉”包装中均检出了海洛因，净重2963克，海洛因的平均含量为44.88%，用玻璃瓶装有的疑似毒品未检出毒品成分。

办案过程

笔者接受犯罪嫌疑人陈某之子陈某某的委托，担任陈某涉嫌运输毒品罪一案的辩护人。接受委托后，笔者多次前往B区看守所进行会见，向犯罪嫌疑人陈某了解有关案情，询问他接受电话卡的时间以及后续的抓获经过，并告知其应有的诉讼权利。

通过多次会见陈某后，对案件基本情况及主要争点进行了梳理和总结。笔者认为，本案陈某主观是否明知是毒品的证据不确实、不充分。毒品类案件法律规定了较重的刑罚，而犯罪嫌疑人陈某年事已高，如果该案得不到公正的裁决，陈某则极有可能面临无期徒刑以上的刑罚。因此，笔者深知此案的重要性。在确定好办案思路后，笔者向区人民检察院提交了详尽的恳请对陈某作出不予批准逮捕的法律意见书，提出如下法律意见：第一，陈某不知运输的是毒品，在主观上没有运输毒品的故意。第二，陈某并未收受报酬，不符合常理。第三，陈某所谓的"运输毒品"行为并没有完成。张某在明知陈某住址的情况下执意将毒品送达陈某住宅小区，陈某在收到包裹后有不同的处理方式，但还没等陈某作出最终决定，警方就将其抓获。第四，陈某没有犯罪前科，且年老多病，对其没有逮捕的必要性。在此过程当中，笔者多次分别与承办本案的警官、检察官沟通，通过提交书面法律意见和面对面交流的方式，明确提出案件可能存在的疑问，表达笔者对案件的看法。批捕阶段，区人民检察院采纳了笔者的意见，对陈某没有批准逮捕。

2019年1月，因为该案涉案毒品数量较大，区人民检察院将该案件报送至市人民检察院，笔者便又向市人民检察院提出了补充法律意见书，补充的意见：(1)陈某起初以为包裹是蜂蜜的陈述为合理的，其有完整的证据链证明在此期间确实有购买蜂蜜的行为（笔者申请公安机关调取了陈某购买蜂蜜的证据，其手机淘宝订单载明在此期间确有购买蜂蜜的行为，并且还有百世快递单证明其购买的蜂蜜确已发货）。（2）从现有证据看，两次退侦后，侦查机关仍没有调取到陈某实施犯罪的充分、必要证据。根据《人民检察院办理不起诉案件质量标准（试行）》第 1 条第 1 项第 1、2 的规定，“1. 据以定罪的证据存在疑问，无法查证属实的；2. 犯罪构成要件事实缺乏必要的证据予以证明的”；属于达到不起诉案件质量标准，可以不起诉。故可以对陈某作出不起诉的决定。但最终市人民检察院还是将此案起诉到了法院。

在一审开庭审理中，笔者首先围绕证据问题发表质证意见：（1）陈某签收快递单只能证明陈某本人对包裹进行了签收，而不能证明快递签收单对陈某的指控具有关联性。（2）本案的鉴定报告不具有合法性，不能作为定案的依据。一方面，鉴定机构不具备法定的资质，案卷材料中并没有相关证据证明鉴定机构资质合法。并且案卷材料也没有证据显示两个鉴定人应具备的职称和相关工作年限，鉴定人资格资质存疑。侦查机关在选定鉴定机构的时候并未告知犯罪嫌疑人陈某、李某某等人，且也未告知其有申请回避的权利。另一方面，毒品称量笔录也不具有合法性。①毒品的称量不是当场进行的，且笔录制作的时间和照片时间不相符，该称量笔录不具有合法性。②称量过程中没有见证人签名。根据《办理毒品犯罪案件毒品提取、扣押、称量、取样和送检程序若干问题的规定》第 13 条规定，称量笔录应由称量人、犯罪嫌疑人和见证人签名。犯罪嫌疑人拒绝签名的，应当在称量笔录中注明。③卷宗材料中没有计量检定证书，故无法准确确定毒品的数量。此外，讯问笔录中陈某的亲笔供词与庭审供述不一致，其亲笔供词存疑，侦查机关未将部分询问内容如实记载。④录音录像中也表明，陈某在接受讯问时其说的是有可能是“违禁品”，但公安机关在笔录中记载的却是“违禁品”（毒品）。

在辩论阶段，笔者重点提出如下意见：第一，陈某不知道运输的是毒品，在主观上也没有运输毒品的犯意。并且现有证据也不能确实、充分地证明陈某明知是毒品。第二，即便认定陈某构成犯罪，陈某在共同犯罪中应为从犯。第三，被告人陈某协助公安机关抓获同案犯的行为应认定为重大立功。第四，陈某没有犯罪前科，也没有收取报酬，实施毒品犯罪也有违常理。在第二轮辩护中，笔者提出：第一，陈某签收包裹的原因是以为前不久在网上购买的蜂蜜，这一辩解是合理的。侦查机关也调取到了陈某的购买记录、支付信息以及物流信息等。第二，陈某在收到包裹后认为包裹较大，怀疑不是蜂蜜，便放在小卖部门口，准备回家核实，还未等到核实便被公安机关抓获。被告人陈某前期确实受到了张某的欺骗，张某经常给陈刚寄一些特产，因此陈某有理由相信包裹可能是让其帮忙代收的"奶粉"。并且卷宗中也载明陈某受张某欺骗去卖摩托车，陌生男子给陈某电话卡时，陈某还问"不是买摩托车吗？"，这说明陈某确实是受到了张某的欺骗。第三，办案机关将陈某供述的"违禁品"直接认定为毒品属于扩大解释，陈某被抓获后，能够判断出包裹并不是普通食品，因此怀疑是违禁品没有拿回家，而办案机关却未作出有利于被告人的解释。第四，张某尚未归案，被告人陈某主观上是否明知是毒品的事实仍存在疑问。

但是，A 市中级人民法院仍然作出判决，判处陈某无期徒刑。曾经取保候审的当事人，被处以这样严厉的刑罚，笔者团队对该判决结果表示难以接受。考虑到上诉难度很大，为增加二审改判机会，笔者选择争取检察机关抗诉。经过反复沟通，检察机关认可了笔者的辩护思路，认为该案件部分证据确实存在问题，市人民检察院于 2019 年 11 月 8 日作出刑事抗诉书，认为一审判决对被告人陈某量刑过重，主动向法院抗轻。笔者与团队后续积极跟进，及时了解案情的动态变化。2020 年 8 月 6 日省高级人民法院对本案二审进行开庭审理，在二审辩护中，笔者又积极利用调取到的证据，力证不能排除陈某不确定明知的合理怀疑，其仅仅出于好意帮忙拿快递，并未有运输毒品的故意，如果即便认定其运输毒品，根据案卷中的有关材料与证据表明，其也仅为从犯，所起的作用较小，并且该部分毒品并未在市场上进行流通，且案卷中有证据载明其在到案后，积极协助警方抓捕其上线，一审法院对其重大立功的行为也予以了认可，但并未在量刑上对其予以减轻处理。

2020 年 11 月 2 日，省高级人民法院作出判决，被告人陈某由无期徒刑被改判为有期徒刑 15 年。尽管量刑仍未达到笔者预期，但是较一审判决已有实质变化，体现了笔者的辩护价值。

复　盘

司法活动尤其是刑事案件，律师要做到的不仅是打赢官司、收获荣誉，更为重要的是努力寻找案件的突破思路，切实地维护好当事人的诉讼权益。

虽然本案前期的进展不太顺利，但是笔者并没有放弃，依法申请调取了大量有利于被告人的证据，并形成了相应的证据链，推翻了前期公诉机关不利于被告人的指控。笔者合理运用已掌握的信息，申请调取了有利于被告人的证据。比如，陈某协助警方抓捕其上线应认定重大立功的证据；陈某淘宝上购买蜂蜜的订单、快递员的送货单据、陈某手机上的收货短信等一系列证据材料，可以证明其没有犯罪的故意，“以为是蜂蜜而不明知是毒品”的辩解是合理的。

除此之外，笔者认识到，刑事辩护要依法团结一切可以团结的力量，要突破与公诉机关只对抗不合作的固有思维，既要理性对话，也要依法协作，充分利用法律共同体在知识结构、法治思维上的共通性，最大限度争取对被告人有利的裁判结果。

在“全面加大禁毒工作力度，全力打赢新时代禁毒人民战争”的背景之下，检察机关对毒品案件抗轻实属不易，该案已被收录为省级人民检察院毒品类犯罪抗诉典型案例，笔者备受鼓舞，更坚定了前行的信心。

证据运用

结合本案，笔者就贩卖毒品犯罪的主观证据，总结出证据运用的几点思路，可供参考。

第一，被告人供述的审查规则。毒品案件的被告人供述是最为关键的直接证据，必须全面审查贩卖毒品犯罪的动机、目的，预谋过程，共同作案人，实施犯罪的时间、地点、次数，毒品的来源、种类、数量、去向及毒品的真伪，作案手段、作案工具、资金渠道、获利数额、赃款去向，上下线及同案被告人的地位和作用、被告人的财产状况等细节内容，重点拣取缺乏犯罪动机、认知能力以及没有获利等有价值信息。

第二，证人证言的审查规则。毒品案件的犯罪手段较为隐蔽，应当着重审查证人的身份，与案件有无利害关系，揭发人的证人证言是审查重点；要审查证人对证明的案件事实是来自其直接感知，还是道听途说，证人猜测性、评论性、推断性的证言，不能作为定案的根据；要关注是否存在特情引诱，是否属于吸毒人员、受骗充当贩卖毒品交接毒品工具等情形，及时提出相应法律意见。

第三，辨认笔录的审查规则。对于贩卖毒品案件，要审查共同犯罪案件，是否组织被告人相互辨认，收集证人证言时是否对被告人制作辨认笔录。应当重点审查是否采用混杂辨认的方式，如果不具有相似性，则违背了辨认的要求；重点审查被辨认的人数、被辨认的照片数量、混杂的同类物品数量是否符合要求，如果少于法律规定的标准，则辨认程序违法。同时，要审查辨认的时间和地点，考察多个辨认人对同一辨认对象进行辨认时，是否由每位辨认人单独进行辨认，如果违反个别进行原则，辨认笔录不能作为证据使用。

对症下药：实现法律效果与社会效果的统一

张　冰[1]

突破思路

在刑事诉讼中，证据突破是有效辩护的基础。但是，对于社会背景复杂、涉及主体众多、缠讼上访严重的案件，辩护人不能单纯从法律关系入手，要想办法从根本上化解矛盾，修复社会关系，让当事人真正息诉止争。唯有如此，才能对症下药，有效排除案外干扰，回归到法律问题，进而依靠证据评判罪责，尽早终结诉讼程序，达成理想辩护目标，实现法律效果和社会效果的完美统一。

案情简介

当事人杨某某在新疆某市承包土地 1800 亩，主要耕种玉米、棉花等农作物。2017 年 5 月，杨某某从新疆某农资有限公司（以下简称农资公司）购进元素化肥 100 吨，农资公司分三批将化肥发往杨某某的承包地，存放在库房中的部分化肥因受潮结块及包装袋破损，农资公司股东刘某某兄弟（本案委托人）将其中出现结块及包装袋破损化肥回炉加工并重新包装，重新加工的化肥没有再

1　盈科乌鲁木齐刑事法律事务部主任。

次送检验部门进行检验，而是直接在包装袋标明生产日期为重新回炉加工的日期，将化肥运至杨某某承包地。

杨某某使用该批化肥后，发现种植的玉米等农作物长势不好，怀疑化肥存在质量问题，于是将剩余化肥委托检验部门进行鉴定，某市鉴定机构经专业鉴定后作出"化肥元素不达标、化肥质量不合格"的鉴定结果，随后杨某某向委托人提出巨额赔偿要求，委托人认为农资公司所销售的化肥只是部分回炉加工，该产品并不属于假冒伪劣产品而拒绝赔偿，杨某某索赔未果后向市场监督管理局进行投诉。市场监督管理局立案调查后，通知委托人协商赔偿事宜，但委托人认为农资公司是正规的化肥生产企业，所销售的化肥并不属于假冒伪劣产品，对化肥质量不合格的鉴定意见也不认可，鉴于杨某某提出的赔偿数额过高，双方分歧过大始终没有达成协议，市场监督管理局建议杨某某向法院提起诉讼。

杨某某投诉案件没有得到解决，也没有按照市场监督管理局的建议向法院提起民事诉讼，而是开始了长期、持续的上访，杨某某先后向某市市场监督管理局、市信访办、市委政法委、市纪检监察部门上访，后又频繁越级上访，上访时间历时2年多，成为本地区的"上访专业户"。2019年年底，杨某某持续上访事件受到市委领导的关注，市委领导为此召开专题会议，责令相关单位切实解决农户损失问题。随即，某市市场监督管理局对杨某某剩余化肥进行封存，并再次委托鉴定机构对化肥质量进行鉴定，鉴定结果为不合格。

2020年1月10日，市场监督管理局依据《公安机关受理行政执法机关移送涉嫌犯罪案件规定》的相关规定，将该行政案件移送市公安局立案侦查，市公安局在侦查期间认为农资公司、公司股东刘某某兄弟均涉嫌构成生产销售伪劣产品罪，并依法对刘某某兄弟采取强制措施，并办理取保候审手续。在侦查期间，因时隔3年农作物减产损失已不具备评估鉴定条件，杨某某实际经济损失无法通过第三方进行评估鉴定，但杨某美要求委托人赔偿农作物减产损失高达上百万元，杨某某与委托人本身就因巨额经济赔偿问题而剑拔弩张，现又因经济纠纷上升到刑事案件而情绪极为对立，根本无法坐到一起谈判，事态极为严峻。

办案过程

公安机关侦查终结后以犯罪嫌疑人涉嫌生产、销售伪劣产品罪移送到某市人民检察院审查起诉，案件进入审查起诉程序后，委托人才真正意识到自己可能会被追究刑事责任，遂委托笔者作为辩护人。

本案虽然案情比较简单，但案卷材料非常翔实。市场监督管理局作为主管的行政管理机关本身就对委托人所在的公司整个销售化肥经过作出极为细致的调查，并委托当地的鉴定机构作出鉴定意见，公安机关进入刑事侦查程序后，进一步扩大了侦查范围，对能够取得的证据都予以调取，对相关人员都作为证人做了笔录，并重新委托省级鉴定机构对涉案化肥质量进行鉴定，鉴定结果为涉案化肥部分元素含量不达标。笔者仔细查阅了案卷证据材料并与委托人详细核实证据后，提出对本案进行辩护的整体思路，即本案指控被告人构成生产、销售伪劣产品罪的证据不足，检察院应当对本案被告作不起诉处理。

刑事诉讼对证明标准的要求是“确实、充分，排除一切合理怀疑”，“确实”即真实可靠，“充分”即证据在量上足以得出确定的认定结论。笔者通过分析案件证据材料，发现证据体系存在如下重要问题：第一，涉案化肥虽然经行政机关和公安机关分别委托进行鉴定，市省两个具有合法资质的鉴定检验机构均作出化肥部分元素含量不达标的检验结果，但是，委托人陈述办案单位在取样过程并没有告知委托人，案卷中证据材料显示检材的提取过程确实没有委托人在场，在委托人未参与的情况下，据以鉴定检验的检材是否能够确定是委托人所销售？第二，从化肥销售至检验鉴定已时隔3年之久，检验鉴定结果认定化肥部分元素含量不达标，但元素含量不达标是销售当时就不达标还是因当事人存放不当造成？鉴定机构对此没有进一步的说明。第三，委托人经营的公司本身具备化肥产品生产加工销售的合法资质，公司对生产的化肥均已通过质检部门检验系合格产品，对已检验合格产品重新回炉加工的行为是否符合生产、销售伪劣产品罪的犯罪构成？第四，生产、销售伪劣产品罪是结果犯，《刑法》第140条对生产、销售伪劣产品罪的入罪标准有明确规定，本案中委托人向受害人销售的化肥总数达到数十万元，但委托人只对部分受潮和包装破损的化肥进行回炉加工，这部分所谓的“伪劣产品”数量具体是多少已使用无法查清。

鉴于此，笔者认为现有证据达不到“事实清楚、证据确实充分”的起诉标准，本案应当作出不起诉决定。通过对案件证据的梳理，笔者起草了一份建议不起诉的书面意见提交给了检察院办案人员，并与办案人员就案件的罪名、事实、证据问题及案件的处理进行了沟通。检察机关承办人对案件事实和证据进行了详细的研究，较为认可笔者的观点，但本案具有特殊的背景，即案件受害人杨某某是市信访办“挂号”的老上访户，本案被社会普遍关注，办案人员感到压力山大。在此期间，承办人曾联系过当事人双方，由于受害人的损失数额缺乏证据支持又期待过高，双方无法达成和解。如果矛盾没有化解，案件作出不起诉决定将“引火上身”，承办人认为最稳妥的办法就是尽快将案件起诉到法院，并建议法院尽快开庭并作出判决结果，给各方主体一个法律上的交代。

笔者提出，检察机关基于案件终身负责制的要求，“带病起诉”风险很大。况且，委托人属于本地正规的化肥生产企业，本案的办理要兼顾民营企业保护政策的落实。春耕季节到来，大量农户等待发货，企业负责人一旦被判实刑，企业将面临倒闭，工人将面临失业，必然产生社会不稳定因素。通过反复沟通，最终笔者与承办人达成一致，只要受害人出具谅解书，在结案后息诉息访，本案可以做不起诉处理。

通过这一回合的沟通，笔者意识到要想达到维护被告人合法权益、保障无罪的人不受刑事追究这一根本目的，必须坚持证据为本，同时也要从大局出发，彻底打消检察院办案人员的顾虑。时间非常紧迫，案件一旦诉到法院，委托人就会处于被动的境地，为了争取有利于委托人的结果，我们不但要有扎实的法学功底，还要有相应的工作技巧。

本案中，与受害人商谈赔偿与和解事宜是当务之急，但受害人索赔金额高达上百万，委托人宁愿坐牢也不愿赔偿。为了打破僵局，笔者马不停蹄做了四件事，一是与受害人委托的律师联系并见面沟通，强调诉讼程序证据为王，索赔百万没有证据支撑，法律上也难以支持，只有和解是受害人能够获得经济补偿的最佳途径，而达成和解就要实事求是，不能漫天要价；二是让委托人放下身段，承认错误，真诚向受害人道歉，请求受害人谅解，并积极筹措资金，保证达成协议时能够一次性赔偿到位；三是与市场监督管理局和公安机关的办案人员联系沟通，告知这两家办案单位的相关人员，目前委托人愿意和受害人进行和解，请求这两家办案单位的相关人员协助给受害人做工作，告诉受害人索赔要有依据，赔偿诉求要切实可行；四是到信访部门沟通刑事案件进展情况，本案属于信访挂号案件，信访部门最期待的是当事人能够和解，使受害人真正做到息诉止争。这一系列工作得到了各方积极回应，让笔者信心大增。整个调解过程历经艰辛，一波三折，好在功夫不负有心人，最终双方达成了书面和解协议，补偿数额为30万元，委托人签订协议当即履行完毕，受害人亦出具了谅解书。

谅解书很快交到承办人手中，承办人核实了受害人收到赔偿款和谅解的事实以后，为辩护人的敬业和工作效率点赞。随后，承办人主动向主管领导作出汇报，在汇报中将笔者提交的本案证据不足的辩护意见附在案卷后面，主管领导同意本案不起诉建议，并批示办案人员依据《人民检察院审查案件听证工作规定》举行拟作出不起诉决定的听证会。

2020年11月20日，听证会如期在检察院听证庭举行，检察院邀请市人大代表、政协委员等三人组成听证合议庭，市场监督管理局、公安机关办案人员及受害人、受害人代理人到庭，犯罪嫌疑人及辩护人到庭，检察院领导及检察院主办检察官、书记员等到场，主办检察官负责主持听证活动，整个听证活动极为规范，市场监督管理局、公安机关出庭人员、受害人、犯罪嫌疑人及律师均发表意见。笔者作为辩护人，在听证会上从"事实与证据、赔偿与谅解、打击与保护"等三个方面发表意见，充分阐述了本案客观存在的证据问题，以及作出不起诉决定有利于消除社会矛盾，符合最高人民检察院《关于充分发挥职能作用营造保护企业家合法权益的法治环境支持企业家创新创业的通知》的精神要求，能够挽救企业于破产边缘，使上百名工人不至失业。

听证程序结束后，三名听证员单独进行了审慎的评议，并当场公布评议结果，同意检察院对本案作出不起诉决定。听证会结束后，出现了温馨而感人的一幕，案件犯罪嫌疑人和受害人共同向检察院赠送了一面锦旗，锦旗上书写的"为官求真务实、为民排忧解难"两句话格外醒目，令在场人员都很受触动，这不正是"努力让人民群众在每一个司法案件中都能感受到公平正义"的最好体现吗？长达3年多的信访事件得以彻底圆满解决，正是法律效果与社会效果相统一的最高追求。

复　盘

本案看似是一起简单的刑事案件，但具有一定的代表性，案件的处理结果也具有一定的典型意义。本案辩护存在三大难点：首先，本案涉及一个在农作物受到损失后长期上访但问题一直得不到有效解决的老上访户，受害者的目的就是使损失得以弥补。其次，作为案件的犯罪嫌疑人刘某某兄弟俩及农资公司，在长达 3 年的时间内不愿意切实有效解决问题，是因为他们认为自己的企业是有正规经营资质并合法生产的企业，所生产销售的化肥之前已经过质检部门检验，重新回炉加工贴标并不是生产伪劣产品行为，他们始终认为自己没有过错，更不相信案件能够上升为刑事诉讼案件，自己面临刑事处罚的结果。最后，当信访事件引起领导重视并进入刑事诉讼程序后，承办案件的各个司法机关特别是办案人员均承受着巨大的压力，如何做到"案结、事了、人和"，考验着办理本案的每一个法律人。

因此，律师在办理这类复杂法律关系案件时，一定要了解整个案件背景，既要抽丝剥茧，透过现象看本质，找准案件的证据缺陷，从事实和法律角度立稳辩点，也要积极排除办案人员的后顾之忧，使案件真正回归到单纯法律适用的层面，督促办案人员下定决心，按照存疑有利于犯罪嫌疑人的原则作出正确决定。

证据运用

生产、销售伪劣产品罪的定罪关键是产品"伪劣"，其准确的理解应为"既伪又劣"，"伪而不劣""劣而不伪"均不能构成生产、销售伪劣产品罪。鉴于本罪最高可判处无期徒刑，因此，定性辩护和证据辩护是重中之重。

首先，要考察"伪劣"的证据。在生产、销售假冒伪劣产品罪中，鉴定意见是核心证据，但是，不乏鉴定机构混淆了"假冒"与"伪劣"的含义，并未对"伪劣"作出明确意见，仅以赝品与正品不完全相同来评判"以次充好"。这种情况下，认定生产、销售伪劣产品罪证据不足。

其次，要考察"冒充"的证据。生产销售伪劣产品罪的罪状中包括"掺杂、使假”，即掺入杂质或者异物，降低产品使用性能，却冒充原有性能销售。如果产品虽然客观上不符合国家标准，但行为人未以达标为宣传，而是真实披露性能，合理设定价格，则不宜以生产、销售伪劣产品罪论处。

最后，要考察“明知”的证据。以实践中假冒名牌包为例，消费者出于满足使用高档品牌商品的虚荣心，基于产品价格对商品系属假冒心知肚明。如果产品达到同类产品最低质量标准，则属于合格的产品，系“伪而不劣”，应认定为生产、销售假冒注册商标的商品罪，而非生产、销售伪劣产品罪。

有案可查：辩方调取证据打破有罪推定

王　飞[1]

突破思路

法律赋予了辩护人“调查取证权”，旨在保障辩方能够依法获取犯罪嫌疑人无罪或罪轻的证据，让事实与真相完整地呈现于法庭之上，防范冤假错案的发生。在公诉人办案专业化、精细化的情形下，辩护人应拓展思路，通过深入研判控方证据体系，发现控方证据疑点，严格按照法律规定的程序去调取能证明被告人无罪或罪轻的证据，攻破控方有罪指控。

案情简介

1999 年，贵州省某县为发展农副产业，邀请知名企业家陶某到该县投资。陶某起初并无投资黄酮厂意向，2000 年 5 月经邀请，与业内专家考察该县黄酮厂后认为：黄酮厂工艺设备和技术先天不足，无法正常生产，需投入大量资金进行技术改造。因某县政府反复邀请陶某投资，陶某便与某县政府多次公开磋商、洽谈长达 2 年，2002 年 6 月 5 日，陶某与当地政府达成一致，以 400 万元总

1　盈科贵阳刑事法律事务部主任。

价收购该县的黄酮厂。双方就收购黄酮厂事宜分别签订了4份合同，分别为：(1)《国有土地使用权出让合同》，将黄酮厂的土地使用权以10万元出让给陶某；(2)《机器设备买卖合同》，将黄酮厂的机器设备部分以30万元卖给陶某的公司员工翟某；(3)《房屋买卖合同》，将黄酮厂房屋产权部分以30万元出让给陶某；(4)《合作经营合同》，将黄酮厂技术及无形资产以330万元转让给陶某。与此同时，双方还签订了4份《付款确认书》，明确约定了付款方式和期限。合同签订后，陶某按约支付100万元首期转让款，根据合同约定，政府将黄酮厂的土地证、房产证办理至陶某名下。此后陶某用黄酮厂的土地证、房产证向银行抵押借款，款项用于陶某关联公司的厂房和生产线建设。2002年11月22日，因黄酮厂在陶某收购前存在土地权属纠纷（陶某对此不知情），陶某收到某法院的《协助执行通知书》，要求陶某暂停支付剩余300万元收购款，将300万元支付到该法院。陶某为此找到当地政府，沟通剩余300万元收购款是应付给法院还是政府未果，因此陶某与政府产生纠纷，同时，黄酮厂因种种原因一直未能生产出合格产品，因此陶某未支付剩下300万元收购款。2006年，该县政府称陶某公司不履行收购协议，决定注销原过户给陶某公司的黄酮厂土地证和房产证。2015年，土地和房屋的抵押权人因无法实现抵押权对该县政府和县房产交易中心提起行政诉讼，该县政府和房产交易中心败诉且因此承担了近400万元的赔偿责任，据此，陶某与政府间的矛盾进一步加深。

2015年1月，该县公安局对陶某以涉嫌诈骗罪立案侦查；2017年，陶某发现自己被公安机关网上追逃，主动到公安机关澄清事实，同年7月，陶某被采取强制措施。2018年3月，检察院以陶某涉嫌合同诈骗罪向法院提起公诉，指控陶某接手黄酮厂后，并未开展正常生产经营活动，得到银行抵押贷款后，未按照事先承诺，将资金、技术投入到黄酮厂的正常经营中，致使黄酮厂长期闲置，造成国有资产严重损失。2018年10月，该县法院一审判决陶某犯合同诈骗罪，判处有期徒刑十年，并处罚金 50 万元，责令陶某赔偿该县政府经济损失 396 万元。

办案过程

笔者团队二审中接受陶某的委托之后，通过多次会见了解案件的相关事实，陶某向我们表示黄酮厂的收购过程不存在任何欺骗、诈骗行为，并且她对黄酮厂投入了大量的资金进行技术改造和与生产经营，她的这次投资，不仅亏了钱，还把自己都投进去了，50 岁左右的陶某因此一夜白头。

通过多次与陶某进行交谈，笔者了解到陶某对黄酮厂的收购是在政府及相关部门的组织下进行的，经过长达 2 年的谈判与磋商，整个过程公开、透明，不存在任何虚构事实、隐瞒真相的行为。接手黄酮厂时，整个厂区破烂不堪，周边杂草丛生、厂房与机器设备年久失修。陶某投入了大量的人力、物力、财力，对黄酮厂进行了正常的生产经营管理和技术改造。并且在收购黄酮厂后，陶某依约支付了首期转让款，剩余款项未支付系收到了法院向陶某发出的暂停履行支付 300 万元债务的协助执行通知书，陶某系因执行法律文书而暂停支付。事后陶某就此事也曾多次找有关负责人，但对方均未明确处理方案，导致陶某一直不能决定如何支付剩余款项。

拿到本案全部卷宗后，笔者团队着重对相关证据进行分解验证。初步审查后，笔者团队发现侦查机关并未对案涉合同履行情况以及陶某的实际投入情况进行调查核实；对于购买机器设备、原材料、维修黄酮厂厂房、道路以及技术改造等情况没有进行侦查取证；对于陶某是否具备实际履约的能力以及购买案涉黄酮厂的目的和用途也未进行调查取证。现有证据不能形成一个完整的证据链认定陶某有罪，故确定为陶某作无罪辩护。

第一步：破有罪之控。

合同诈骗罪，主观上要以“非法占有为目的”，客观上要满足利用合同实施诈骗行为。控方对陶某的指控主要集中在以下四点，以证明陶某在不具备真实收购意图且没有履约能力的情况下，与医药公司签订合同占有黄酮厂，借此贷取高额款项占为己有：第一，陶某在明知无履行能力的情况下，收购黄酮厂；第二，未按照合同要求对黄酮厂进行资金投入，未开展正常的经营活动，未支付剩余转让费；第三，在未履行合同义务的情况下，将黄酮厂的资产抵押给银行，贷取巨额款项，取得贷款后未将款项用于公司经营，且县政府为避免国有资产流失，注销了原黄酮厂土地、房屋上的他项权，政府为此承担了赔偿义务，陶某的行为造成国有资产流失；第四，陶某与当地政府合同中约定的支付条款"债权债务解决清楚及改造后的黄酮厂能正常生产出合格、符合外贸出口标准的产品时，陶某等再支付技术转让、无形资产转让的费用"系陶某等人在合同中设置的陷阱，以此使价款支付遥遥无期。从控方提供的证据来看，没有任何证据显示陶某对黄酮厂进行了投入、经营以及技术改造，故陶某是否具有履约能力，是否实际履行合同，收购黄酮厂的真实目的，获取银行抵押贷款后是否按照承诺将资金用于黄酮厂生产、经营，这些都成为本案的争议焦点。

在案证据显示，陶某收购黄酮厂的行为是合法的，交易过程是公开透明的。陶某依约支付部分收购款，后续未付300万元收购款是因为该县黄酮加工厂土地权属存在纠纷，且收到其他法院的《协助执行通知书》明确告知陶某暂停支付，在纠纷并未解决的情况下，陶某有法定、正当理由不付款。此外，针对控方认为陶某未付剩余收购款的行为导致国家财产遭受损失，造成危害后果，控方出示的证据恰好证明损失系政府行政行为违法所致，并非是陶某未付款导致。通过分析控方证据，深入研究证据中的细节，辩方运用控方证据攻破控方认为陶某有罪的指控。

第二步：立无罪之名。

鉴于控方未提供陶某收购黄酮厂后进行投入、经营的证据，也没有搜集陶某涉案贷款去向的证据，但该组证据对陶某是否构罪至关重要。为此，为了攻破控方所指控的事实，笔者团队决定变被动为主动，详细梳理案发前陶某公司的经营状况，搜集、寻找陶某无罪的证据。在走访、调查过程中，笔者团队还发现了一个重要的线索，陶某公司的一位老员工在黄酮厂被收回时，将黄酮厂经营期间的所有材料及时收集并保存了下来，这一发现使我们更加坚定地认为陶某无罪。

通过搜集得到以下几方面证据：(1)陶某公司相关资产报告、财务资料及省政府官方批文等证据；(2)陶某个人资产、银行流水等证据；(3)陶某公司经营期间获得研发成果及专利情况；(4)陶某个人及其公司履历及获奖情况；(5)陶某经营黄酮厂期间所有人员管理、物资采购、生产情况、财务账簿、税务登记等经营材料。这些证据充分证明了陶某接手黄酮厂后，按照合同约定投入资金，进行经营管理，实际履行了合同义务。陶某及其公司具有很强的经济实力，具备收购黄酮厂的条件，收购黄酮厂后，投入了大量资金建设黄酮厂。投入款项远超控方指控违法所得，陶某的所有行为均为正常商业行为，不存在合同诈骗。

辩护策略确定以后，关键就在于说服二审法官开庭审理。笔者前后三次与二审法院沟通，主动提交法律意见书和证据材料，二审法院最终再次开庭。庭审中，控辩双方展开激烈论辩。可想而知，检察院不会轻易接受无罪辩护的观点。但是，随着笔者结合证据，对合同诈骗罪的构成要件与认定标准进行深入辨析，法官与出庭检察员的态度逐渐转变了，最终坚定了纠正一审判决的决心。2019 年 5 月，该市中级人民法院裁定撤销一审判决，发回重审。2019 年 11 月，一审法院重审再次开庭，这次庭审相对轻松很多，控辩审三方就案件证据问题达成了更多共识，接下来便是水到渠成。2020 年 8 月，一审法院作出准许检察院撤回起诉的裁定，2020 年 10 月，检察院作出不起诉决定。陶某从被判处 10 年有期徒刑，到恢复自由与名誉，人生际遇如从云端到谷底，又再度反弹，显然比任何一次商海沉浮都更让人唏嘘感慨。

复　盘

毋庸置疑，本案是一起合同诈骗罪的成功辩护案例，这样的逆转是幸运的，更是艰难的。笔者认为，此前一审判决陶某构成合同诈骗罪，亦不是无源之水。公诉机关在一审开庭时当庭出示大量合同类书证与证人证言证明被告人陶某合同诈骗罪成立。这些证据也能相互印证，但是，书证本身不能证明诈骗的故意，而证人证言存在不客观、不全面、避重就轻的问题，一审法院并未注意到其中蕴含的风险，对被告人的辩解未予重视，才导致作出错误认定。

笔者认为，本案合同诈骗罪是否成立，证据应该围绕陶某在收购黄酮厂时有无虚构事实、隐瞒真相，有无非法占有为目的，有无实际履约来进行收集和调取。在本案中，侦查机关带有明显的"偏见"，试图用客观未履行的事实，倒推主观的诈骗目的，而被害单位相关人员基于自身利益和追诉需要，并未真实还原当年的谈判和履约过程。可以说，本案暴露出的问题是合同诈骗案件中的常见现象，因此，辩护人敏锐发现问题，找准辩护方向，积极组建证据，是当事人的福音。

本案中，笔者在二审接受委托，面对一审判决的被动局面，没有放弃希望，更没有走过场，才争取到了案件的转机。在这类案件中，当事人的坚定，能为辩护人增加信心，同时，辩护人的坚定，也为当事人注入勇气。

证据运用

合同诈骗类犯罪是无罪辩护应用较多的场域，其关键在于非法占有这一主观目的的认定。对于被告人不认罪的案件，可以结合其他证据适用推定来认定主观方面。因此，律师在无罪辩护时，应当关注以下几点证据运用：

第一，紧扣言词证据的缺陷。合同诈骗案件中，被害人一方出于趋利避害的考量，会在陈述时刻意追求“被骗”的效果，为了寻求印证，往往会出现多份证言指向同一事实且高度一致。越是出现这种情况，越要引起辩护人的警惕。辩护人要通过与被告人的沟通，挖掘证言的不合理性与反驳依据，以子之矛，攻子之盾，制造出合理怀疑。

第二，注重客观证据的收集。合同诈骗案件中，“虚构事实、隐瞒”真相都会留下蛛丝马迹，要重视书证与物证的审查，但是，不能停留于表面，仅解决有与无的问题，要深入分析证据与待证事实的关系，从不同角度进行解读，力求推翻证明目的。另外，在关键的签订、履行环节，可能存在侦查机关未全面调取、未全面移送的情况，辩护人要及时申请补充，必要时主动行使调查取证权，构建完成的无罪证据体系。

第三，善用证人出庭的对质。合同诈骗犯罪案件中，证人出庭是取得辩护实效的重要方面。一般庭审中，辩护人对证人的发问会起到相应效果，但是，被告人与证人之间的对质，往往更加身临其境，聚焦细节，能够把证人做伪证的状态、心理充分暴露出来。因此，即使在法官未主动询问的情况下，辩方也要积极申请对质，并提前做好对质准备和预案。

责有攸归：以公诉机关的举证责任为突破

王海军[1]

突破思路

古老的“谁主张，谁举证”原则，是举证责任分配的基本依据。在刑事诉讼中，控方应当承担被告人有罪的举证责任。这种举证责任包括提出证据的责任，也包括说服的责任，要求控方必须以严密的证据锁链证明所有的犯罪构件和量刑事实，举证达到“证据确实、充分”的证明标准。即使在不具备调查取证条件的情况下，辩方通过举证责任的抗辩，也能够“就地取材”构建出合理怀疑，成为有效辩护的突破口。

案情简介

2018年11月20日7时许，Y市公安局交通警察支队二大队民警接到110指令：“西羊桥桥东，有个老人不知被什么车撞了，对方已离开现场。”民警接警后赶赴事故现场勘查，当日未能排查出肇事人员和车辆信息。2018年11月21日，被车辆撞倒的于大爷经抢救无效死亡，同日该案被移交至Y市交警支队事

1 盈科盐城刑事法律事务部主任。

故处理大队处理，事故大队接收案件后立即开展侦查工作。

2018 年 11 月 23 日下午 15 时，Y 市公安局警察通过调取肇事车辆行驶路线上的监控录像，追踪到肇事车辆当日行驶到大庆菜场的一个摊位，经调查该摊位经营者为刘二。办案警察遂传唤刘二到事故大队接受询问，并现场扣留刘二所有的三轮摩托车。

刘二向公安机关陈述，其与妻子在 Y 市大庆菜场租赁一个摊位卖菜，每天凌晨自己驾驶三轮车到农贸市场批发蔬菜，然后回到大庆菜场销售。事发当日，因为车辆电力不足，所以驾车返回菜场时没有打开车辆大灯。车辆行驶至西羊桥桥东路口时，发生过异常抖动，当时并没有发现碰撞到人。因为当时雾比较大，担心后方来车会引发事故，遂继续行驶约 100 米后靠路右侧停车查看，发现右侧反光镜方向有点斜，于是将反光镜扳正后继续驾车前行。

经调查，事故现场位于 Y 市大庆东路西羊桥路口，该路口为“T”字形路口，大庆东路系东西走向，双向四车道，中间金属护栏隔离，北侧与无名道路相连，该路口无交通信号灯控制，路口内有人行横道线。2018 年 11 月 20 日 5 时 40 分左右，天气有雾，刘二驾车由东向西行驶到西羊桥时，与由北向南横过马路的于大爷发生刮擦，致于大爷受伤倒地。事发后，刘二驾车驶离现场，路人发现倒在地上的于大爷，遂报警，并拨打 120 施救。公安部门调取事故发生地点的监控录像观看，发现刘二在发生刮擦前后没有制动车辆、转向避让等情况。

2019 年 1 月 9 日，Y 市公安局交通警察支队事故处理大队作出交通事故认定书，认定因刘二过错导致道路交通事故发生，且事故发生后驾车逃离现场，根据《道路交通安全法实施条例》第 92 条、《道路交通事故处理程序规定》第 61 条第 1 款第 1 项规定认定：刘二承担本起道路交通事故的全部责任，于大爷不承担本起事故责任。

2019 年 1 月 14 日，刘二与被害人于大爷的近亲属协商达成赔偿、补偿协议，并履行完毕，取得被害人近亲属的谅解。2019 年 1 月 18 日，Y 市公安局直属分局对该案立案侦查。同日，该局决定对刘二执行取保候审。2019 年 3 月 21 日，某市公安局直属分局认定刘二构成交通肇事逃逸，以交通肇事罪移送公诉机关审查起诉。

办案过程

刘二的妻儿通过熟人找到笔者，一见面就拜托笔者一定要帮帮他们。在初次交谈过程中，笔者了解到刘二正留在事故大队接受处理，刘二的妻儿怎么也不相信刘二撞到人后逃离现场，他们对丈夫、父亲将来面临什么处罚有深深地担忧。笔者接受刘二妻子委托后，迅速对接办案警官，了解案情。

刘二第一次到笔者办公室时，穿着朴素，留着平顶头，看上去很久没有理过头发，沟通时话也很少。通过近两小时的交流，刘二才将事情的来龙去脉讲述清楚，同时其一再表示努力筹款赔偿被害人近亲属，希望最终能够判处缓刑，不能影响其继续经营一家人赖以生存的摊位。

根据刘二自己回忆，2018 年 11 月 20 日早上车辆在事发地点发生异常抖动时，考虑立即停车不安全，所以才慢慢将车辆减速，后停靠在路边检查车辆。当时天还没有亮，他还拿着手电筒向发生抖动处的方向照过去，没有发现异常，就继续赶路了。由于无法得到直接证据的支持，笔者判断侦查人员很难采信刘二"未发现撞到人驶离"的辩解。根据《刑法》第 133 条的规定，交通运输肇事后逃逸或者有其他特别恶劣情节的，处三年以上七年以下有期徒刑。同时，江苏省高级人民法院、江苏省人民检察院、江苏省公安厅《关于办理交通肇事刑事案件适用法律若干问题的意见（试行）》规定，可以在查明事故发生、驶离现场等事实后推定肇事者明知事故发生而驶离现场，构成肇事逃逸。该意见同时规定交通肇事后逃逸，未主动投案的，一般不得适用缓刑。

如何针对检方将来指控刘二肇事逃逸开展辩护？辩护人在深入研究案件后，形成了如下辩护思路：第一，通过量刑辩护，争取检方量刑建议有期徒刑三年，保留缓刑适用条件；第二，及时提出不明知事故发生的合理怀疑，争取辩护空间；第三，提出充分证据，为合理怀疑提供坚实的基础。

交通事故处理过程中，笔者也接受刘二委托，代为处理事故双方民事调解工作。由于刘二对于大爷是否系其车辆撞倒，以及是否有其他车辆二次伤害于大爷存在疑惑。笔者也希望第一时间弄清案件基本事实，为事故双方早日调解奠定基础。通过律师沟通，承办警官同意向律师和刘二公开事发现场的监控录像。视频录像中可以模糊地看到一辆三轮车通过路口时未明显减速，于大爷横过马路时步行速度也未做任何变化或停顿。笔者判断因为大雾对能见度产生严重影响，刘二与于大爷均没有观察到对方，在于大爷上身与三轮车右侧发生刮擦后，三轮车未做任何变向、变速措施继续向前行驶。

观看监控录像后，笔者与刘二核实录像中肇事车辆是否由其驾驶？刘二未作否认，其委托律师尽量协调与被害人近亲属的民事赔偿事宜。在律师多次协调下，刘二与被害人近亲属达成赔偿、补偿协议。依据双方约定，刘二向亲友筹措 40 万元，向被害人近亲属一次性支付赔偿款，取得了被害人近亲属的谅解。

笔者在观看监控录像中，发现事发当日凌晨的雾气特别大，刘二辩解没有看到自己的车辆碰撞到于大爷而驶离现场，有一定合理性。笔者一方面嘱咐刘二，一定要将事故发生时天气、车况、行驶过程中出现“异常”的处置方式等客观情况向办案人员说清楚。同时，笔者紧急安排团队律师调取到事发当日 4 时 34 分国家预警信息发布中心发布的《江苏省大雾预警》，预警信息主要内容为：“预警级别为红色，预警发生浓雾的地区包含 Y 市北部，预计未来 2 小时内上述地区的雾或浓雾将持续。”笔者向侦查机关提交《江苏省大雾预警》，并提出因为大雾天气导致能见度低，刘二未发现事故发生存在客观合理性，不应当认定其构成逃逸的法律意见。

笔者的法律意见得到了侦查机关的重视。办案人员走访现场，询问曾在事故现场出现的吉某，进一步了解事发时的天气情况。据吉某回忆，2018 年 11 月 20 日 5 时 45 分左右其从家里出门步行上班，发现大雾天气严重影响能见度，当时自己还拍了照片发在朋友圈上。然后，其刚走了 200 米左右到了事发地点，看到一个老人躺在地上。经侦查机关调取吉某微信朋友圈照片，发现照片上漆黑一片，可以说明事发现场的人员近距离也难以看清路面和周边物体，能见度极低，进一步印证笔者提交的《江苏省大雾预警》信息发布准确。

在审查起诉阶段，笔者通过阅卷发现，刘二在侦查机关的多次讯问笔录内容基本一致，其均称事故发生时未能发现车辆碰撞到于大爷。笔者与刘二再次沟通确认事发时的客观情况，结合事发时受大雾天气影响，客观上存在刘二没有发现行人于大爷的可能，遂以“事发时刘二未发现车辆与于大爷发生碰撞”为辩护重点。辩方没有能力提供充分的证据证明未发生的事实，但是天气因素足以令人产生“未发现”的合理怀疑，控方证据不能充分证明刘二在事发时知道事故发生，不能以目前证据直接推定刘二“明知”，应当由公诉机关承担刘二明知事故发生的进一步举证责任。笔者多次与公诉机关沟通，提出刘二不构成交通逃逸的辩护意见。遗憾的是，公诉机关未能采纳律师的辩护意见，但在量刑建议上保留对刘二适用缓刑的余地，建议对刘二判处有期徒刑三年至五年。

案件起诉到法院后，笔者坚持以上辩护意见。在庭审调查中，笔者进一步利用在卷证据，向法庭充分阐明事发现场情况，强调刘二不知道事故发生才驶离现场。这一辩护策略，成功改变了审判人员对公诉机关指控刘二构成逃逸的认识。法庭出于谨慎考虑，当庭要求公诉机关进一步补充证据，提交事故发生后侦查机关调查的具体细节，并对事故认定有关情况出具《情况说明》，特别强调《情况说明》内容应包含："如果刘二不构成逃逸，在事故中承担什么责任？"法庭要求公诉机关补充证据，已充分说明法官考虑到刘二如不构成肇事逃逸，是否应当以交通肇事罪追究其刑事责任。休庭后，Y 市公安局交通警察支队事故处理大队出具《情况说明》，说明刘二在本起事故中如不构成逃逸，应当承担事故的主要责任。

从法官要求公诉机关补充证据可以探究，法庭对刘二是否构成肇事逃逸产生了疑问。笔者在庭后及时提交内容详细的辩护词，并多次与法官沟通意见，将刘二不构成肇事逃逸的详细书面辩护意见提交法庭。2019 年 7 月的一个下午，笔者终于等来了承办法官的电话，告知正在安排刘二配合办理社区矫正的意见材料。笔者意识到，我们争取法院对刘二判决适用缓刑的辩护工作胜利在望。

综合全案证据来看，刘二交通肇事造成一人死亡，并承担事故主要以上责任，是既成事实。根据事故发生情况，通过复核、法院审查变更事故责任认定几乎没有可能，对刘二构成交通肇事罪进行无罪辩护没有空间。这时，笔者考虑到刘二全家人最大的期望是适用缓刑，遂将主要工作放在说服各方认同"刘二构成肇事逃逸存在疑问"这一观点。经过与公诉人、法官多轮沟通案情，法庭经合议突破"肇事后逃逸，未主动投案的，一般不得适用缓刑"的规定，最终判决被告人刘二犯交通肇事罪，判处有期徒刑三年，缓刑四年。虽然，判决仍认定刘二构成交通肇事逃逸，不过刘二获得不被收押的处理，能够继续经营自己的生意，这也是笔者和当事人所期望的。令刘二全家更欣慰的是，保险公司也向刘二支付了该起事故的理赔款，减轻了刘二家庭的经济负担。

复　盘

笔者团队总结认为，本案最终能够取得适用缓刑的辩护效果，关键是通过积极辩护，用证据提出合理怀疑，加重公诉机关对待证事实的举证责任，在公诉机关无法进一步举证时，获得正当辩护利益。积极辩护主要从以下三个方面进行：

1. 厘清证明内容和标准。在交通事故刑事案件中，公诉人通常注重摘取“事故发生”“驶离现场”的事实，按照事发时、事发后的客观行为，通过一般举证内容和规则推定肇事者明知事故发生。实际上证明肇事者明知事故发生的证据链条中，背后还隐藏着肇事者“视力正常”“视角范围内能够看到事故发生”等一般情形下无须举证的内容。

2. 运用证据，帮助产生合理怀疑。笔者在侦查阶段及时收集《江苏省大雾预警》，证明刘二无法认识到“事故发生”具有客观可能性，据此对逃逸的证据链条提出质疑。通过证据说话，最终法官对刘二是否明知“事故发生”产生怀疑。

3. 责有攸归，存疑时有利于被告人。交通事故逃逸，“逃跑”的原因是“逃避法律追究”，而“逃避法律追究”的前提是“明知”违法犯罪行为发生。笔者紧扣“明知”而“逃逸”的举证责任由公诉机关承担，如果公诉机关举证不能排除合理怀疑，则应当按照存疑有利于被告人的原则处理。

证据运用

在我国现行刑事法律制度下，辩护律师如何理解和适用刑事抗辩事由的举证责任尤为重要。笔者认为，以下三个方面需要重点注意：

第一，抗辩事由本身并不引起举证责任转移。无罪、罪轻属于被告人抗辩事由，抗辩的对象仍在犯罪构成要件的范围内。依据我国《刑事诉讼法》规定，控方必须对该类抗辩事由承担举证责任，即就该类抗辩事由的存在或者不存在收集、提供证据，予以证实或否认。

第二，抗辩事由可以加重控方举证负担。在司法实务中，如果辩方没有提出抗辩事由，司法机关一般推定案件不存在抗辩事由。所以，辩方应当以客观事实和证据为基础，及时提出合理的抗辩事由，主动发现、构建合理怀疑，越合乎常理的怀疑越能加重控方的举证负担。

第三，排除抗辩事由的举证必须达到证明标准。实务中，控方常常将重点放在排除抗辩事由上，不能排除时则推定抗辩事由存在。据此，辩方需要着重关注控辩双方对案件事实证明或证伪的证明力对比，虽然辩方的证据或有或无，但是控方所提供的排除抗辩事由的证据如果不能达到“证据确实、充分”的证明标准，则控方将承担举证不能的结果责任，辩方提出的抗辩事由将作为“不能排除合理怀疑”的基础。

勇于突破：认罪认罚制度下的刑事辩护

郝兴利[1]

突破思路

如何在认罪认罚案件中进行有效辩护是刑辩律师常有的困惑与面临的挑战。为使刑事辩护不流于形式，实践中有两种常见方式，一是被告人认罪认罚，律师进行独立的无罪辩护，这类辩护方式存在风险，律师必须与被告人充分沟通；二是被告人认罪认罚，律师就犯罪数额和量刑建议提出异议，此类辩护的难度也可想而知。对于后者，笔者认为，只要律师能够找准辩点、提出依据，可以达到公诉机关变更量刑建议、重新签订具结书的有效辩护效果。

案情简介

2018年10月至2019年3月，被告人李某德明知赵某生产、销售假药，仍多次为赵某提供假“立普妥”牌阿托伐他汀钙片的药盒及说明书，收取费用共计人民币11.5万元，公诉机关以生产假药罪追究李某德刑事责任。

笔者查阅卷宗后，发现本案案件事实较为简单，可以梳理如下：

1 盈科青岛刑事法律事务部二部主任。

1. 李某德系浙江省某纸塑制品厂的经营者。2018 年下半年，客户赵某委托李某德为其制作“立普妥”牌阿托伐他汀钙片的包装与说明书。后赵某分三次向其订购了共 7 万套名为“立普妥”牌阿托伐他汀钙片的药品的包装与说明书，约定付款方式为赵某先行向李某德支付 30% 的定金，收到货物后再支付剩余货款。

2. 赵某向李某德共计订购了 62,500 套“立普妥”牌阿托伐他汀钙片药品的包装与说明书，赵某通过其妻子王某的银行账户向李某德转账，第一次转账支付 20,000 元，第二次转账支付 50,000 元，共实际支付 70,000 元。后赵某本人通过 ATM 无卡存款的方式向李某德支付定金 45,000 元。

3. 李某德制作完成后进行物流发货，由于赵某此时已经因涉嫌生产、销售假药罪而被公安机关刑事拘留，并没有收到该批货物，后经公安机关核查该批货物不知去向。

公诉机关认定李某德生产假药销售金额为 11.5 万元，在本案第一次开庭前认罪认罚的量刑建议为有期徒刑一年六个月，李某德表示同意并签署了认罪认罚具结书。

庭审中，辩护人就案件事实和量刑情节均提出了异议。首先，根据卷中的银行转账记录及银行流水，认定生产假药销售金额为 11.5 万元证据不足，金额应当降为 7 万元；其次，对量刑部分，被告人具有如下情节：（1）被告人制作的包装盒说明书大部分未流向社会，社会危害后果小；（2）主动退赃；（3）自愿认罪认罚；（4）李某德帮助赵某实施犯罪，起次要作用，系从犯，应当从轻处罚。

在上述分析基础上，笔者仔细分析最高人民法院、最高人民检察院《关于办理危害药品安全刑事案件适用法律若干问题的解释》中关于数额及量刑的规定，认为李某德的量刑应当低于一年，在已经签署认罪认罚具结书的情况下，笔者仍有理有据提出主张，庭审结束后，公诉机关主动撤回了认罪认罚具结书，本案最终法院判决被告人李某德有期徒刑一年一个月，并处罚金人民币3万元。

办案过程

本案是一个轻罪案件，其典型意义在于，在公诉机关就认罪认罚案件精准量刑的情况下，笔者通过有效辩护实现了量刑建议的变更，最终法院以二次认罪认罚具结书的量刑建议作为判决依据。

笔者在接受该案件时，案件已经进入审查起诉阶段，在此之前，与被告人一同被起诉的另一名嫌疑人已经签署认罪认罚具结书，受其影响，李某德也签署了认罪认罚具结书，刑期为一年六个月。

笔者在阅卷后，发现了有利于被告人的两点案件事实：首先，关于涉案数额，李某德笔录笔录显示："具体数量我记不清了，大约12万元，具体数额以银行明细为准"；赵某的笔录及李某德银行卡交易明细能够确定，赵某转账给李某德第一次是20,000元，第二次是50,000元，一共支付了70,000元；卷中银行流水显示李某德银行交易明细中存在大量无卡存款记录，但无法直接确定哪些款项为用于支付假冒立普妥"阿托伐他汀片"的药品的包装与说明书。因此，笔者认为能够有证据证明的涉案数额为7万元，至于其他4.5万元，因为卷中的银行流水中没有该笔数据，且两个人从不见面，也互不认识，排除了现金支付的可能性，仅凭被告人供述和同案犯的笔录不能认定为涉案数额。其次，涉案物品未流向社会。李某德笔录显示："我最后一次发货之后，物流找我，说没有人提货，我就联系他（赵某），结果没有人接电话。"赵某笔录显示："第三次只付了45,000元定金，因为还没有收到货所以尾款未付。"公安机关出具的情况说明可以印证："案中犯罪嫌疑人张新德最后一次销售给温某的假冒立普妥牌阿托伐他汀钙片药盒及说明书，犯罪嫌疑人赵某接货当日被我单位抓获，遂最后一次没有收到李某德销售给其的假冒立普妥牌阿托伐他汀钙片药盒及说明书。”因此，笔者认为，被告人李某德制作的包装材料共 7 万套，定做人赵某收到了 2 万套，其余 5 万套未收到，该 5 万套包装盒和说明书未流向社会，未造成实际的社会危害后果。

笔者就辩护思路与公诉人展开沟通，部分问题达成共识，也存在一些分歧。其一，就犯罪数额问题，公诉人认为虽然没有存入 4.5 万元的银行记录，但被告人银行卡流水证明，有多笔 ATM 存款，数额达数十万元，上述款项中应包括 4.5 万元涉案款项；但笔者认为，被告人卡上的存入款项，无法确定款项来源，存款人的身份无法确定，便再次跟公诉人沟通。几日后，公诉人告知笔者，通过 ATM 的地址可以大体确定存款人的身份。对此，笔者同意该观点，但是卷宗缺少每笔款项存入的 ATM 所处位置的证据，仍无法确认存款人的身份，即使根据银行代码可以核实存款人所在的位置和确定存款人的身份，卷宗也没有该方面的相关证据。公诉机关认为案件基本事实清楚，不再退查，至此，笔者坚定认为，起诉书指控的 11.5 万元涉案数额错误。其二，就未流入社会问题，公诉人表示，对赵某没有收到 5 万套包装盒和说明书这一该事实无异议，但是被告人已经制作完成该 5 万套包装盒和说明书且已发货，其犯罪行为已经实施完毕，对该 5 万套涉案物品，应依法追求其刑事责任，量刑时可以予以酌情考虑。

案件开庭时，笔者重申了上述意见，提出具结书中量刑一年六个月的刑期过重，应对被告人李某德判处一年以下有期徒刑，并适用缓刑，主要理由如下：

首先，根据最高人民法院、最高人民检察院《关于办理危害药品安全刑事案件适用法律若干问题的解释》的规定，“生产、销售金额二十万以上不满五十万的”认定为“其他严重情节”，判处三年以上有期徒刑。本案中，即使李某德涉案数额为 11.5 万元，在不考虑其他量刑情节的情况下，对李某德的量刑在有期徒刑一年六个月左右较为适宜。但是，被告人涉案的包装盒及说明书共 7 万套，其中有2万套赵某已经收取，其余的大部分即5万套包装盒和说明书，赵某并未收到，也就是说该5万套涉案物品并未流向社会，未实际造成社会危害，加之李某德系从犯，又认罪认罚，综合考虑全部情节，其量刑应当为一年以下有期徒刑，并适用缓刑。

庭审结束后，笔者本以为法院将很快判决，却在一周后接到了公诉机关的电话，公诉人就本案的案件事实及量刑再次征求笔者意见，笔者再次从量刑规范化角度强调了辩护意见。公诉人认为，虽然4.5万元没有银行流水予以证明，但银行流水显示多笔款项存入被告人账户，数额高达几十万元，不能排除存入的款项就是本案的涉案款项，对于这个观点笔者并不认可，按照法律规定，应当由公诉机关就指控承担举证责任，证明标准应当达到“证据确实、充分”，而不是“不能排除犯罪的可能”。但是，公诉人表示，同意辩护人量刑过重的辩护意见，将撤回认罪认罚具结书，出具刑期更短的量刑建议。

一周后，笔者接到法院的二次开庭通知，于是笔者再次前往看守所会见被告人李某德，其告知笔者，公诉机关在庭审后对其进行提审，告知其将撤回认罪认罚具结书，将出具新的认罪认罚具结书，刑期为一年一个月；被告人考虑到根据刑期计算可以在春节前释放回家过节，表示愿意签署认罪认罚具结书。二次开庭前，公诉机关主动撤销了第一次签署的认罪认罚具结书，重新出具了新的认罪认罚具结书，量刑建议为有期徒刑一年一个月，被告人再次签署。法院最终判处被告人李某德有期徒刑一年一个月，刑期较原量刑建议降低了5个月。

复　盘

认罪认罚案件中，辩护律师要勇于突破，寻找案件突破点，提出具有建设性的辩护意见。本案中，笔者仅把握两大要点：

首先，就案件事实的认定，做到有“破”有“立”。所谓“破”，就是对于起诉书指控的案件事实予以反驳。本案中4.5万元的涉案数额，因缺失银行流水证明，而使得证据链条不完整，从而无法达到证据确实充分的证明标准，不能认定为涉案数额，此为“破”。所谓的“立”，就是对卷中有利于被告人案件的事实进行提取。本案中，涉案物品未流向社会，社会危害性小，可以作为量刑辩护中酌定从轻处罚情节，此为“立”。

其次，发表量刑辩护意见不因被告认罪认罚受限。目前认罪认罚案件中，量刑建议的协商性已逐步增强，并非司法机关单方面的意思表示。难能可贵的是，本案中公诉机关听取笔者庭审中的辩护意见，庭后主动与笔者进行沟通，最终撤回了被告人已签署的认罪认罚具结书，同时又出具有利于被告人的新的量刑建议，这在实践中较为少见。

本案中公诉人和辩护人就案件事实和量刑意见能够坦诚交流，使案件结果更加公平公正，增强了法律职业共同体建设法治社会的信心。

证据运用

作为一名刑事律师，如何运用认罪认罚案件中的证据进行有效辩护？笔者重点关注两个问题：

第一，认罪认罚案件中谅解书的证据价值。最高人民法院、最高人民检察院、公安部、国家安全部、司法部《关于适用认罪认罚从宽制度的指导意见》明确规定，办理认罪认罚案件，应当听取被害人及其诉讼代理人的意见，并将犯罪嫌疑人、被告人是否与被害方达成和解协议、调解协议或者赔偿被害方损失，取得被害方谅解，作为从宽处罚的重要考虑因素。实践中，退赃、赔偿往往是和解与谅解的前提，缺乏这个前提，认罪认罚从宽幅度会予以酌减，特别是有赔偿能力而不赔偿损失的，禁止适用认罪认罚从宽制度。因此，除非被害人诉求不合理，在认罪认罚案件中，律师要努力促成被告人家属通过退赔拿到谅解书，更要提示被告人不要抱侥幸心理。

第二，认罪认罚反悔时具结书的证据效力。最高人民法院、最高人民检察院、公安部、国家安全部、司法部《关于适用认罪认罚从宽制度的指导意见》明确规定，犯罪嫌疑人认罪认罚，签署认罪认罚具结书，在人民检察院提起公诉前反悔的，具结书失效，人民检察院应当在全面审查事实证据的基础上，依法提起公诉。实践中，对于“失效”的理解存在争议，一种观点认为是“失去全部效力”，不能作为被告人认罪的证据使用；另一种观点认为是“失去作为从宽依据的效力”，但仍能作为被告人的有罪供述使用。笔者赞同第一种意见，认罪认罚是被告人的权利，目的是追求量刑减让，即以认罪认罚为方式，达到减缓刑罚的效果。既然如此，被告人放弃认罪认罚，只能认为其放弃了程序选择权，不能以曾经认罪认罚作出有罪推定，人民法院应当根据审理查明的事实，依法作出裁判。

不在场证明：用一个支点撬动地球

胡 笳[1]

突破思路

不在场证明，通常从时、空入手，以达到证明实施犯罪时嫌疑人不在现场的目的。然而，律师在刑事辩护过程中发现不在场证据，并非像推理剧那样能够轻易使案件达到出罪的目的。它们往往不易被获取，也不必然能直接得到裁判者的认可。当案件确实存在关键的不在场证据时，辩护人必定不遗余力地申请调取，并以此证据为支点，撬动整个指控证据体系，说服法官作出公正判决。

案情简介

张某，现年61岁，福建省莆田县人。他为人老实巴交，平常话很少，基本不具备商业头脑，一直在某医院打工，当了多年的后勤人员，平时负责采买杂物、对账等简单工作。2019年8月30日，一向以老实著称的他，却因为涉嫌诈骗罪被刑事拘留，同年9月30日经某区人民检察院批准逮捕。

张某被拘留之后，在案件被移送审查起诉之前的4个月里，他始终不清楚

1 盈科昆明刑事诉讼与合规法律事务部主任。

自己因为做了什么违法的事被关到看守所，一度以为是不是其供职的医院看病贵所以被抓了。为了配合侦查人员回答好“有没有在医院给病人看过病”的问题，他甚至尽力回忆自己曾经在医院里跟到皮肤科看病的患者搭过两次话。直到律师看到了证据材料，他才了解到所涉案件的犯罪事实。

起诉意见书指控：2016 年 10 月至 2019 年 1 月，张某曾经供职的某医院泌尿科的两名医生、三名护士在泌尿科负责人（在逃）的指使下，分工合作，利用互联网宣传将身患隐疾的患者吸引至该医院泌尿科就诊。他们通过向患者出示“尖锐湿疣”等疾病的严重病变图片让前来就诊的患者产生恐惧心理，让患者决定就医，并承诺能根治隐疾。在“治疗”过程中，他们提取患者生殖器官分泌物进行虚假检测，在患者患处注射斑蝥药酒，使其生殖器官出现水泡，让患者认为自己病情严重必须花重金“治疗”。后续再通过不断出具患者病毒数量逐渐减少、病情逐渐好转的虚假检测报告的方式，使被害人陷入“治疗”有效果但为了根治还必须继续“治疗”的错误认识。五人“各司其职”，有人负责互联网上吸引患者到医院，有人负责当医生看病，有人负责做手术，有人负责注射斑蝥药酒，有人负责出具虚假报告，用既定套路先后骗取 26 名患者人民币共计 1,100,634.50 元。

在案的五名同案犯构成诈骗罪的犯罪事实是清楚的，证据也基本充分。但侦查人员显然也意识到认定张某犯罪的事实不清、证据欠缺，因此在做其他同案犯笔录及证人笔录时，总要针对张某多问上几个问题：“你认不认识张某？他跟你们一起实施诈骗吗？他给不给病人看病？”在案的五名同案犯、医院里的其他证人在侦查人员的反复追问下，却没有一人指证张某参与了泌尿科的诈骗犯罪。只有 26 名被害人中的两个人，在辨认笔录中指认张某是给他们看过病的医生之一。

2020 年 7 月 8 日，案件经两次退回补充侦查，某区人民检察院以张某等六人犯诈骗罪向某区人民法院提起公诉。张某是在案的唯一莆田县人，被排在起诉书第一位，可能需对涉案的全部诈骗数额承担刑事责任。

办案过程

2019年10月8日，笔者接受张某家人的委托，担任他的辩护人。案件移送审查起诉前，笔者到看守所多次会见张某，想通过沟通找到提出羁押必要性审查申请的理由。可是在该案移送审查起诉之前，由于侦查机关的缄口不言，张某又无法说清自己在这家医院究竟诈骗了谁，笔者除了可以通过微信公众号上与“莆田系医院”涉嫌诈骗罪有关的新闻报导文章对该案犯罪方法进行猜测外，始终无法明确他被羁押的具体理由。尽管张某反复说可能是因为医院泌尿科看病贵所以被抓了，也可能是因为有两次他在皮肤科医生不在的情况下，为了留住患者去跟他们搭了话。然而作为一个多年从事刑事业务的法律人，笔者深知他所描述的那些“可能”，是不会让他因涉嫌诈骗罪而身陷囹圄的。

2019年12月30日，案件移送审查起诉。笔者在认真审查了案件证据后，认为在案证据根本无法证实张某构成犯罪。根据张某供述及其本人向笔者叙述的情况，其在该医院工作期间从未在泌尿科给人看过病，其与患者搭话是在皮肤科而非泌尿科。张某没有参与实施诈骗，对泌尿科的套路诈骗行为毫不知情。在笔者向他核实证据时，张某回忆起2017年2月至6月，因其岳母患癌症，曾多次离开医院前往福建莆田老家照顾岳母并协助料理后事，有可能在指证他的被害人到医院泌尿科看病时，张某是不在医院的。

这样的信息让笔者感到非常振奋，笔者找到当时帮张某购买机票的吴某，吴某向笔者提供了其帮张某购买机票的订单截图，订单截图能够证实张某购买了2017年5月21日至28日回老家的往返机票。这个时间，正好是辨认笔录中称张某为其打过针的其中一名被害人到医院泌尿科看病的时间。该名被害人到医院就诊的门诊收费票据、付款记录显示其于 2017 年 5 月 22 日到医院就诊，共就诊 2 天，而张某在同年 5 月 21 日至 28 日恰好在 2000 多公里外的老家为其岳母办丧事，根本不在医院。

考虑到吴某手机内关于购买机票的截屏不符合刑事证据要求，不能有效证实张某在该期间确实不在医院，而笔者自己也无法找到涉案时间段内张某的所有乘机记录，不能核实另一个指证张某"看病"的被害人到医院就诊时，张某是否在医院，因此，笔者认为有必要向检察院申请调取张某的行动轨迹。笔者于 2020 年 2 月 12 日向承办检察官当面提交了《关于请求调取犯罪嫌疑人张某等六人涉嫌犯诈骗罪一案相关证据材料的申请》，申请调取张某在 2017 年 2 月 1 日至同年 6 月 1 日的行动轨迹。

该案于 2020 年 2 月 15 日第一次退回补充侦查。同年 3 月 19 日，笔者阅卷后发现第一次补查重报的证据中没有张某的行动轨迹。于是，笔者到某区人民检察院跟承办检察官当面沟通，反复说明调取该不在场证据的必要性，再次申请调取张某在案发时的行动轨迹。最后，检察官同意在第二次退侦时对该证据进行补充调取。

该案于 2020 年 4 月 30 日第二次退回补充侦查，然而第二次退查重报的证据中依然没有张某的行动轨迹。笔者立即赶到某区人民检察院主楼大厅并拨打承办检察官的办公室电话，请求其将书面的案卷证据交给辩护人，以核实拷贝的电子卷宗证据是否是全部的补充证据，向其申请查阅该案现有补充证据中显示公安机关已经提交人民检察院的电子卷宗以外的证据光盘，并询问补充证据中仍未补充到张某案发期间行动轨迹的理由。检察官拒绝与笔者进行当面沟通，并拒绝将案件卷宗及新补充的证据光盘交给笔者核对、阅卷。案件经过两次退侦，还是未调取张某的行动轨迹。

经过几个月的沟通，仍然没能调取到有利证据，已经严重阻碍了笔者作为辩护人的调取证据权、阅卷权。

首先，犯罪嫌疑人的行动轨迹是公安机关在其公安内网上可以查询到的关于犯罪嫌疑人在特定时间段内乘坐飞机、住宿等情况的相关记录，这样的证据不存在证据保存期限的问题，也不存在因设备损坏无法调取等原因，因此，公安机关对该证据在客观上有调取的条件。根据《刑事诉讼法》第 41 条、《人民检察院刑事诉讼规则》第 50 条、第 51 条之规定，辩护人认为有证明犯罪嫌疑人无罪或者罪轻的证据材料存在，申请人民检察院向公安机关调取的，人民检察院负责捕诉的部门应当及时审查。依据上述法律规定，笔者请求检察机关对张某不在场证据依法进行调取，人民检察院应当同意。

其次，根据《刑事诉讼法》第 40 条、《人民检察院刑事诉讼规则》第 49 条之规定，辩护律师对案卷材料有查阅、摘抄、复制的权利。因此笔者有权对二退的补充证据进行核实、对补充的证据光盘进行查阅。承办检察官不同意笔者对二退重报的补充证据进行核实、对补充的证据光盘进行查阅的做法阻碍了辩护人的阅卷权。在沟通无果的情况下，笔者认为通过普通的沟通渠道，已经无法保证案件能够得到公正办理了。在征得张某本人同意的情况下，笔者依据《人民检察院刑事诉讼规则(2019)》第 57 条、第 58 条关于辩护人认为人民检察院及其工作人员具有阻碍其依法行使调取证据权、阅卷权等行为，向同级或者上一级人民检察院申诉或者控告的，人民检察院负责控告申诉检察的部门应当接受并依法办理，其他办案部门应当予以配合之规定，整理了能够证明案件确实有可能存在不在场证明的证据材料，把承办检察官和笔者的通话录音刻录了光盘并附上语音转文字说明，写了《关于纠正阻碍律师行使诉讼权利行为的申诉控告书》，把承办检察官拒不调取对犯罪嫌疑人有利的证据及阻碍辩护人行使阅卷权的问题向其所在检察院的控申部门提起申诉控告。通过与控申部门负责人的多次沟通，一个星期以后，笔者终于见到了张某的行动轨迹，而这个行动轨迹也如笔者所愿，恰好能证实其中一名被害人对张某的辨认出现了错误。

2020 年 8 月 21 日，案件在某区人民法院公开开庭审理。庭审中，通过张某的行动轨迹能够直接确定其中一名被害人的辨认是错误辨认，结合其他几份辨认笔录中存在的与张某身高、发型明显不符的描述，可得出因证据卷内辨认照片是张某年轻时的照片，与其现在样貌之间存在巨大差异，有极大可能导致多名辨认人出现错误辨认的结论。由此，张某的不在场证明，直接推翻了张某对其中一位被害人实施过“看病”的诈骗正犯行为的证据，同时以辨认照片不像本人导致辨认出错为由，对另一位被害人的辨认证据提出弹劾。在此基础上，笔者进一步论证在没有同案犯指证张某对于诈骗知情的证据条件下，仅凭张某从事相关后勤、对账工作，无法证明其存在共同犯罪中帮助犯的主观故意，不能认定其构成诈骗罪的共犯。

2021 年 4 月 26 日，在控方指控张某应对所有涉案犯罪事实承担刑事责任、参与诈骗数额为 1,100,634.5 元、建议量刑六年零六个月至八年的情况下，某区人民法院认定张某仅对控方起诉的其中一起无法证明其不在场的、有被害人指证张某“看病”的犯罪事实承担刑事责任，涉案金额 77,490.5 元，系从犯，对张某作出了“实报实销”一年零八个月的减轻判决。

复　盘

办理本案的过程，如逆流而上、道阻且长。笔者将经验总结如下：

在长期使用套路实施诈骗犯罪的案件中，仅找到其中一起诈骗行为发生时的不在场证据，并不能够达到“真凶再现”“亡者归来”案中直接出罪的效果，不能在调取到不在场证据时就躺在阶段性成果上沾沾自喜。本案指控张某有罪的最主要理由：张某是泌尿科的后勤人员，对泌尿科长期存在的诈骗行为必然知情，成立诈骗罪的共犯。仅凭不在场证明，无法说服法官张某不构成共同犯罪的帮助犯。

本案的不在场证据，之所以能够成为扭转判决结果的重要支点，是因为笔者在运用该证据确定其中一个被害人辨认错误的基础上，通过对辨认照片及张某近照的直观对比，得出辨认照片不像张某导致二名被害人辨认结果均不可信的结论，弹劾指控张某是诈骗犯罪正犯的证据。加之没有同案犯指证张某对套路诈骗知情，无证据证实其经手涉案款项，仅凭张某从事后勤工作不可推定其明知在帮助正犯实现诈骗罪，最终推翻张某是诈骗罪共犯的认定。

虽然，比起期待中的无罪判决，本案的判决结果仅是尽量减轻对张某的处罚，仍让人感到遗憾。但这样的判决结果也是对刑事辩护工作的认可，更是激励笔者继续前行的动力。

证据运用

在刑事辩护中，不在场证明的重要性不言而喻。但如何才能及时、合法、有效地取得和运用好不在场证据？笔者认为，以下三个方面值得重点关注：

第一，不在场证明的信息来源。在侦查阶段，当事人主要通过公安机关的讯问获悉自己涉嫌的犯罪事实，这时当事人一般会基于本能反应，表明自己当时是否在场。但由于时间久远或者过于紧张等原因，当事人可能未及时向办案机关反馈。辩护人要引导当事人回忆细节，深度挖掘案件是否存在出罪关键证据。案件移送审查起诉之后，就当事人未提及不在场证明的案件，辩护人要结合证据构建案件事实所处时空，再次与当事人核实，获取不在场证明线索或者排除其存在的可能性。

第二，不在场证明的获取方式。不在场证明分为主观证据和客观证据：前者需要人来证实，即有人能够证明当事人不在案发地点，而在别处；后者需要车（机、船）票、移动信号、摄像头拍摄视频等证据加以证明，鉴于该类证据系间接证据，还需要当事人就具体活动作出合理解释。辩护人还要警惕不在场证明的“造假”风险，既要对当事人尽到风险告知义务，也要通过其他证据的印证关系加以辨别，更加不能帮助当事人“制造”不在场证明。

第三，不在场证明的调取时间。根据《刑事诉讼法》第42条规定，辩护人收集的有关犯罪嫌疑人不在犯罪现场的证据，应当及时告知公安机关、人民检察院，即不在场证明属于辩护人在侦查阶段可行使调查取证权调取的证据。当然，辩护人认为在侦查、审查起诉期间公安机关、人民检察院收集的证明犯罪嫌疑人、被告人无罪或者罪轻的证据材料未提交的，有权申请人民检察院、人民法院调取。笔者的经验是调取不在场证明须尽早，期间如果遇到阻碍，可以通过申诉控告等途径寻求突破，最终达到获取核心证据的目的。

后记：不忘初心，知行合一

“千里之行，始于足下。”在刑事诉讼中，思维是宏观布局，证据是微观求证，两者相辅相成，缺一不可。继《“盈”的秘密：有效辩护的47个制胜思维》之后，盈科全国刑事法律专业委员会第二部集体作品《“盈”的秘密：有效辩护的53个证据突破》即将付梓，将盈科刑辩专业化与一体化建设再向前推进一步。本书扎根司法实践，立足证据辩护，从盈科全国遴选宣告或者改判无罪、不起诉、改变定性、减轻处罚的有效辩护案例，以鲜活的案件为基础，解构办案过程，揭示证据问题，展现沟通技巧，同时，坦陈作者内心的困惑、遗憾与希冀，以期对实务参考有所助益，为理论研究提供素材。

“他山之石，可以攻玉。”随着办案机关专业化程度日益提升，有效辩护面临更大的压力与挑战。最高人民法院《关于统一法律适用加强类案检索的指导意见（试行）》发布以来，《刑事审判参考》与大数据检索更加广泛应用于刑事辩护。但是，裁判文书囿于审判视角，在辩护思路与证据分析方面，往往细节呈现不够，仍不能满足广大律师的学习需求。律师从亲办案件出发，深度思考、及时总结、充分共享，是行业互惠和整体进步的重要路径。然大道至简，知易行难。作为盈科全国刑事法律专业委员会主任，我亲历了两本书从1.0版本到2.0版本的创作历程，深感从天上云，到地上雨，再到板上钉，是梦想与现实的距离。律师平时忙于业务，静心雕琢文稿不易，加之长期注重实务而疏于理论研究，从具体到抽象的提炼能力会略显不足。从2021年2月到8月，长达6个月时间，《“盈”的秘密：有效辩护的53个证据突破》几易其稿，我在与作者一一交流中，碰撞了许多火花，也开辟了新的视野。感恩盈科全国各分所刑事部门主任给予我莫大的尊重与配合，打造一本“拿得出手、读得进去、用得起来”的工具书，是我们对《“盈”的秘密：有效辩护的53个证据突破》的共同期待。尽管水平尚有局限，但本书结构规整、角度多元，各篇均从突破思路、案情简介、办案过程、复盘和证据运用五大方面展开，其中，复盘与证据运用是精华所在，前者结合案件提纲挈领明辨得失，后者跳出案件归纳一般性证据规则，致力于输出“可复制”的实操经验。概言之，《“盈”的秘密：有效辩护的53个证据突破》是一部诚意之作。

“不忘初心，方得始终。”金秋9月，素来是盈科全国刑事法律专业委员会的收获季节。2018年9月，“刑法与行政法交叉法律适用高峰论坛”在京隆重举行，拉开了连续五场千人刑辩高峰论坛的序幕；2019年9月，首届盈科全国青年刑法学者实务论坛在浙江大学之江校区惊艳亮相，开启了青年刑法学者与控辩审三方实务论道的征程；2020年9月，首届盈科全国刑事模拟法庭大赛火热进行，53支队伍激烈比拼、铿锵绽放，盈科刑辩未来之星秀出硬核实力；2021年，盈科全国刑事法律专业委员会除了延续品牌活动，还借鉴西北政法大学刑事辩护技能培训模式，推动盈科体验式实战培训在北京、沈阳、盐城三站有序落地，更添浓墨重彩的一笔。4年来，盈科刑辩围绕学术交流与业务精进开展的一系列活动，都是理论先导、实践反哺的生动例证。回顾激情燃烧的岁月，盈科刑辩人凝聚的力量与共识呼唤更多载体，积累的知识与技能渴望无私传承，《“盈”的秘密：有效辩护的53个证据突破》众望所归、如期而至。“学然后知不足，教然后知困。知不足，然后能自反也；知困，然后能自强也。故曰：教学相长也”。盈科刑辩人将以本书为契机，自知，自省，自勉，在雅意切磋与善意批评中蜕变成长。

服务法治，盈科而进。为加强对法律服务工作的研究，中国政法大学全面依法治国研究院与北京市盈科律师事务所于 2021 年 6 月联合成立“重大疑难刑事案件法律服务研究中心”，聘请知名专家学者担任顾问，确立中心三项重点工作：第一，聚焦重大疑难刑事案件，提供专业化法律咨询和法律服务，为经济困难的案件当事人提供免费法律援助；第二，关注刑事案件法律服务行业发展，开展专项课题研究，为刑事立法、司法改革和司法解释提供专业建议；第三，针对刑事案件法律服务领域热点难点问题，推出法律服务公开课，出版专业著作，开展法律服务专业培训。有鉴于中心立意高远的品质追求，盈科刑辩人任重道远、责有攸归。为此，从“有案办案，就案论案”到“以案说理，以案释法”是必然趋势，“以个案推动法治”应成为盈科刑辩人的奋进目标。出版《“盈”的秘密：有效辩护的 53 个证据突破》作为有益尝试，得到中心主任刘静坤教授与中心顾问林维教授、汪海燕教授的大力支持，盈科感念于心，更备受鼓舞。

“能用众力，则无敌于天下矣；能用众智，则无畏于圣人矣”。衷心感谢本书编委会成员和盈科全国刑事法律专业委员会副秘书长潘忠平、张倩雯、唐小娟、郭剑、肖亮斌为组织工作付诸的心力，感谢赵子耀、黄楚楚、耿新露、景彩宁、杨秀萍、雷蕾、廖新凤、林凯玲、刘莎、袁晓雨、苏俊豪、张文颖、郑中华、张超、胡聿州、佟炫雨、丛蕾、陈姝妹、杨盟、张品、曹倩文、岳科飞、武学谦、訾群、王增锴 25 位青年律师为校审工作付出的辛苦。盈科刑辩人将依托全国近百家分所，集思汇智，继往开来，以敬畏之心和专业态度，践行行业责任，彰显社会价值。

赵春雨

2021 年 9 月于北京